U0731126

湖南省“双一流”学科建设资金资助出版

INTERNATIONAL AND
COMPARATIVE LAW REVIEW VOL.27

国际法与比较法论丛

（第二十七辑）

主　　编　李双元
主编助理　黄文旭
主　　办　湖南师范大学法学院

WUHAN UNIVERSITY PRESS
武汉大学出版社

图书在版编目(CIP)数据

国际法与比较法论丛.第二十七辑/李双元主编.—武汉：武汉大学出版社,2021.12
ISBN 978-7-307-22811-5

Ⅰ.国… Ⅱ.李… Ⅲ.①国际法—文集 ②比较法—文集
Ⅳ.①D99-53 ②D908-53

中国版本图书馆 CIP 数据核字(2021)第 263695 号

责任编辑:胡 荣　　责任校对:汪欣怡　　版式设计:马 佳

出版发行：**武汉大学出版社**　(430072 武昌 珞珈山)
(电子邮箱：cbs22@ whu.edu.cn 网址：www.wdp. com.cn)
印刷:武汉邮科印务有限公司
开本:720×1000 1/16　印张:23.5　字数:422 千字　插页:2
版次:2021 年 12 月第 1 版　2021 年 12 月第 1 次印刷
ISBN 978-7-307-22811-5　定价:88.00 元

主编简介

李双元，湖南师范大学终身教授，全国杰出资深法学家，中国国际私法学会名誉会长，《时代法学》主编，曾任国务院学位委员会（第三届）学科评议组成员，中国法学会理事，全国博士后流动站管委会专家组成员，中国国际经济贸易仲裁委员会委员，中国行为法学会副会长。李双元教授在教育界和法学界耕耘数十年，持续为国际私法学术的繁荣发展做出重大贡献，被誉为新中国国际私法学的奠基人之一。他是最早对国际民事诉讼程序法进行系统研究的学者之一，提出了法律趋同化、国际民商新秩序、国际社会本位理念等具有先进的前瞻性和创新性的观点。如今，李双元先生尽管年逾九旬，却仍深耕在国际私法领域，不断更新完善自己的学术观点。

李双元先生出版了《国际私法（冲突法篇）》、《国际民事诉讼法概论》（经教育部审定列入研究生教材）、《中国与国际私法统一化进程》、《市场经济与当代国际私法趋同化问题研究》、《国际民商新秩序的理论建构》、《走向21世纪的国际私法——国际私法与法律趋同化》、《比较民法学》等在法学界享有盛誉的著作10余种。先后受司法部、教育部联合组建的法学教材编辑部、全国高等教育自学考试指导委员会及教育部考试中心等单位的委托，主编出版了全国统编教材《国际私法》《法学概论》《中国国际私法通论》《国际私法学》等10余种。他的这些成果，有多种先后或多次获国家及省部级一、二等奖。他先后在《中国社会科学》(中英文版)、《中国法学》、《中国国际私法与比较法年刊》、《法学研究》、《亚洲法律评论》等刊物发表学术论文，其中最具影响的有《必须重视对冲突法的研究》《论国际私法关系的法律选择方法》《关于中国国际法理论研究和立法工作中的几个问题》《市场经济与中国国际私法的进一步完善与发展》《中国与当代国际社会法律趋同化问题》《21世纪国际社会法律发展基本走势的展望》《法律趋向化问题的哲学考察》《重构国际民商新秩序的法律思考》《中国法理念的现代化的问题》等30余篇。

《国际法与比较法论丛》注释规范与每辑目录见李双元国际私法网（http://lsypil.hunnu.edu.cn），主编邮箱：gjfybjflc@163.com。

目　　录

国际私法

国　际　法

国际经济法

比较法与其他

国际法资料

书　评

TABLE OF CONTENTS

Comparative Law and Others

International Law Materials

Book Review

国际私法

我国涉外监护法律适用的特点、问题及改进建议

——基于56份裁判文书的实证分析

秦红嫚*

目　　次

随着我国跨国民商事交往的日益频繁，跨境合作呈对数增长，与此同时，人员跨境流动也日益频繁。跨国婚姻、移民、出国留学等活动亦较之以前增多。很多问题随之产生，其中因监护而引起的涉外纠纷案件也日益增多。涉外监护的核心问题就是在可供选择的法律中选出最适合或最恰当的法律来明确当事人之间的权利义务。《中华人民共和国涉外民事关系法律适用法》(以下简称《法律适用法》)第30条①对涉外监护作出了相应规定。该条文不仅增加连结点的数量，更是增加了“有利于保护被监护人”的弹性规定和立法理念。然而，涉外监护的法律适用条文较简单，且理论界与实务界对条文的理解又存在不同，故而在法律适用过程及涉外监护案件审理中均存在着较大争议。此外，我国监护实体法发生了改变，而现有适用规则制定于9年前，如何与新的监护实

* 秦红嫚，法学博士，浙江理工大学特聘副教授、硕士研究生导师，复旦大学法学博士后流动站人员。

① 《中华人民共和国涉外民事关系法律适用法》第30条规定：“监护，适用一方当事人经常居所地法律或者国籍国法律中有利于保护被监护人权益的法律。”

体法进行衔接需要进一步研究。本文主要探究《法律适用法》实施后涉外监护法律适用的实施效果，总结我国法院在涉外监护领域法律适用的一般情况，发现问题并提出完善建议。

一、样本选择及司法特点

（一）样本选择

样本搜集的时间跨度为 2011 年 4 月 1 日至 2020 年 6 月 20 日；搜集来源主要为中国裁判文书网、部分省市法院的官网。搜索方法主要为以“监护纠纷”作为案由、以“涉外监护”为关键词或者分别以法律依据为“《法律适用法》第 30 条”“《法律适用法》第 25 条”“《法律适用法》第 27 条”“《法律适用法》第 29 条”为搜索条件①。其中在中国裁判文书网中以“涉外监护”为关键词检索到的判决文书仅 1 件，而以法律依据为“《法律适用法》第 30 条”为搜索条件检索到与监护有关案件 8 件。以“涉外离婚”为案由并筛选涉及监护权纠纷的裁判文书共 8 件，以法律依据“《法律适用法》第 25 条”“《法律适用法》第 27 条”“《法律适用法》第 29 条”为搜索条件，筛选出与监护有关的案件 25 件。此外，以上述方法在部分省市法院的官网上搜索并筛选后，搜集到涉外监护纠纷法律适用案件的裁判文书 18 份。经过上述方式搜索，去除重复，共筛选到与本文密切相关的裁判文书 56 份。

因中国裁判文书启用时间有限，部分省市法院对公布判决书的要求也不一致等原因，且加上选择的案件是 2011 年 4 月 1 日以后的案件，即《法律适用法》实行以后，研究样本时间跨度约 10 年，使得依据上述方法检索到的民事判决书的数量有限。此外，《最高人民法院关于人民法院在互联网公布裁判文书的规定》第 4 条有明确规定，人民法院作出离婚诉讼或者涉及未成年子女抚养、监护的裁判文书不在互联网公布，这使得获取更多的涉外监护纠纷判决书更加困难，也使得研究样本相对比较少，数据相对单薄。即便如此，本文还是结合已经搜集到的案例分析我国关于涉外监护法律适用的现状，以小见大，探

① 之所以以法律依据“《法律适用法》第二十五条”“《法律适用法》第二十七条”“《法律适用法》第二十九条”为搜索条件搜索，是因为司法实践存在识别混乱导致适用法律错误的情形，即纠纷涉及监护的有关内容，有些法院将其作为父母子女关系、涉外离婚以及扶养进行处理。此外，本文所称的“涉外监护”案件包括涉港澳监护案件。

寻我国现有司法实践中存在的问题。

笔者归纳整理56份裁判文书后，制作了案件审理总体表，如表1所示。该表除包括每个案件的案号、当事人及案由，还比较全面地反映了法院审理每个案件的依据、涉外因素以及适用法律等情况。

表1　**涉及涉外监护法律适用案件审理总体情况表**

序号	案号	当事人及案由	涉外因素	选法依据	适用法律
1	(2012)琼民三终字第41号	符某某与甘某1(KAMHENG)同居关系纠纷上诉案	被上诉人系新加坡籍	《法律适用法》第25、29、30条	中国法①
2	(2012)深福法民一初字第4480号	周某与王某斌离婚纠纷	原被告均为美籍华人	《法律适用法》第27条	中国法
3	(2013)杭西民初字第1647号	陈某与郭某甲离婚纠纷	原告住所在美国被监护人系美国籍	《法律适用法》第27条	中国法
4	(2013)崇民初字第01751号	夏某甲与陆某甲离婚纠纷	被告系澳大利亚籍	《民法通则》第147条	中国法
5	(2013)闵少民初字第104号	陈某某与曲某某同居关系子女抚养纠纷	被抚养人系美国籍	《法律适用法》第25条	中国法
6	(2013)红民初字第4343号	杜一某与吴某某离婚纠纷	被告住所在新加坡	《法律适用法》第27条	中国法
7	(2014)杭西民特字第24号	陈某慧、寿某英申请宣告公民无民事行为能力	原、被告系美籍华人	《法律适用法》第12条第1款和第30条	中国法
8	(2014)杭西民特字第17号	王某、俞某丽等申请宣告公民无民事行为能力	申请人系美籍华人	《法律适用法》第12条第1款和第30条	中国法
9	(2014)杭桐民初字第1083号	练某甲与Beauchamp Justin Antony离婚纠纷案	被告系澳大利亚籍	《法律适用法》第27条	中国法

① 本书若无特别说明，适用"中国法"特指适用中华人民共和国大陆地区的法律。

续表

序号	案号	当事人及案由	涉外因素	选法依据	适用法律
10	(2014)深福法民一初字第579号	孙某甲、孙某乙等与孙某丁抚养费纠纷	原告系我国香港地区居民	无	中国法
11	(2014)厦民终字第2971号	王某春与蔡某津监护权纠纷	上诉人王某甲系我国台湾地区居民	无	中国法
12	(2014)海民初字第1707号	王某丙与蔡某乙监护权纠纷	原告王某丙系我国台湾地区居民	《法律适用法》第30条	中国法
13	(2014)穗云法江民初字第563号	韦某与卢某抚养纠纷	被告系我国香港地区居民	《法律适用法》第25、29、30条	中国法
14	(2014)梅县法民一初字第169号	杨某玉与AMI离婚纠纷	被告系贝宁籍	《法律适用法》第25、27、29、30条	中国法
15	(2014)梅县法民一初字第44号	李某与钟某意离婚纠纷	婚姻缔结地为英国	《法律适用法》第22、27条	中国法
16	(2014)深福法民一初字第3594号	黄某与陈某变更抚养关系纠纷	原告系我国香港地区居民	无	中国法
17	(2014)江新法民四初字第88号	黎某某与林某某同居关系子女抚养纠纷	原告系我国香港地区居民	《法律适用法》第25条	中国法
18	(2014)闽民申字第1223号	马某与拜仁·某抚养纠纷	再审申请人系美国籍	《法律适用法》第29条	中国法
19	(2014)朝民初字第40766号	李某与L某探望权纠纷	被告系澳大利亚籍	《法律适用法》第25条	中国法
20	(2015)延中民三初字第734号	高某某与李某某离婚纠纷	被告系韩国籍	《民法通则》第147条	中国法
21	(2015)延中民三初字第959号	金某某诉张某某离婚纠纷	原告系韩国籍	《法律适用法》第27条	中国法
22	(2015)闵民一(民)特字第39号	胡某某与余某某申请撤销监护人资格	申请人系加拿大籍	《法律适用法》第30条	中国法

续表

序号	案号	当事人及案由	涉外因素	选法依据	适用法律
23	(2015)闵民一(民)初字第13042号	孙某某与艾某某离婚纠纷	原、被告婚姻缔结地为西班牙，双方之子出生在西班牙	《法律适用法》第27、30条	中国法
24	(2015)榕民终字1624号	郑某与刘某等同居关系子女抚养纠纷	被监护人系我国香港地区居民	《法律适用法》第25、30条	中国法
25	(2015)佛顺法民一初字第473号	何某与庄某甲同居关系子女抚养纠纷	原告为我国澳门地区居民，住所在我国澳门地区	《法律适用法》第25条	中国法
26	(2015)佛顺法民一初字第431号	陈某与翁某甲离婚纠纷	原、被告有澳门行政区居留权	《法律适用法》第27条	中国法
27	(2015)三中民终字第08588号	S某与谭某离婚纠纷	上诉人、被监护人系美国籍	无	中国法
28	(2015)南法民一初字第805号	汤某某与被告陈某某离婚纠纷	被告经常居所地在美国	《法律适用法》第25、27条	中国法
29	(2015)鼓民初字第2457号	黄某甲与卓某离婚纠纷	被监护人系美国籍	无	中国法
30	(2015)九法少民初字第00067号	廖某与成某同居关系子女抚养纠纷	被抚养人系美国籍	《法律适用法》第25条	中国法
31	(2015)江新法民四初字第141号	杨某姿与郑某强离婚纠纷	原告系我国澳门地区居民	《法律适用法》第27条	中国法
32	(2015)江开法民四初字第391号	CHENBAOQIN(陈某琴)与甄某卫同居关系子女抚养纠纷	原、被告住所在加拿大和多米尼亚	《法律适用法》第25条	中国法
33	(2015)泸民一初字第215号	原告唐某某诉被告岩某离婚纠纷	被告系缅甸国籍	《法律适用法》第27条	中国法
34	(2015)珠横法民特字第1号	郑某正与郭某龙、黄某玉申请变更监护人纠纷	申请人系我国香港地区居民	《法律适用法》第30条	中国法

续表

序号	案号	当事人及案由	涉外因素	选法依据	适用法律
35	(2015)珠横法民初字第396号	黄某与LINYUU-CHEN离婚纠纷	被告系加拿大籍	《法律适用法》第27条	中国法
36	(2015)金义民初字第2299号	朱某甲与S某离婚纠纷	被告系约旦哈西姆王国籍	《法律适用法》第27条	中国法
37	(2016)川0121民初381号	李某燕与志某美之同居关系子女抚养纠纷	被告系日本籍，住所地为日本	《法律适用法》第25条	中国法
38	(2016)粤01民辖终2517号	张某某与张某某、余某某监护权纠纷	被上诉人系美国国籍	无	中国法
39	(2016)粤01民再131号	秦某、耿某1抚养纠纷案	抚养人与被抚养人均为我国香港地区居民	《法律适用法》第25条	中国法
40	(2016)粤0491民特1号	曹某珍与被申请人钟某、严某萍申请变更监护人纠纷	被申请人为我国澳门地区居民	《法律适用法》第30条	中国法
41	(2016)粤0606民初13061号	刘某丽与WONG-YUHONG同居关系子女抚养纠纷	被告系马来西亚国籍	《法律适用法》第30条	中国法
42	(2016)京01民辖终288号	P某与W某监护权纠纷	上诉人和被上诉人系德国籍	《法律适用法》第30条	中国法
43	(2016)鄂0192民初1130号	靳某与刘某甲变更抚养关系纠纷	被告系美国籍	《法律适用法》第25条	中国法
44	(2016)皖0111民初5088号	周某与刘某甲离婚纠纷	婚姻缔结地在英国	《法律适用法》第22、27条	中国法
45	(2016)皖0123民初6号	鹿某与孙某离婚纠纷	被告系美籍华人	《法律适用法》第27条	中国法
46	(2017)云0926民初1036号	赵某与李某1离婚纠纷	被告系缅甸籍	《民法通则》第147条	中国法
47	(2017)闽01民终1156号	林某、石某雅同居关系子女抚养纠纷	被上诉人系我国香港地区居民	《法律适用法》第25条	中国法

续表

序号	案号	当事人及案由	涉外因素	选法依据	适用法律
48	(2017)粤0305民初29号	原告曾某诉被告L某离婚纠纷	被告系美国籍	《法律适用法》第27条	中国法
49	(2018)云3102民初字289号	喊所与仔依伦离婚纠纷	被告系缅甸籍	《法律适用法》第27条	中国法
50	(2018)云0926民初244号	杨某1与普某离婚纠纷	被告系缅甸籍	《民法通则》第147条	中国法
51	(2018)渝05民终1121号	赖某与刘某李某等探望权纠纷	上诉人系新西兰公民	《法律适用法》第25条	中国法
52	(2018)渝0112民初17924号	赵某与唐某同居关系子女抚养纠纷	被抚养人系美国籍	《法律适用法》第25条	中国法
53	(2018)粤06民终2839号	B抚养费纠纷	上诉人与被上诉人均为爱尔兰籍	《法律适用法》第30条	中国法
54	(2018)粤1973民初20672号	汪某1与黄某离婚纠纷	被告系新加坡籍	《法律适用法》第27条	中国法
55	(2019)粤0305民初14086号	金某1与金某2侵权责任纠纷	被告主要在我国香港地区居住	《法律适用法》第25条	中国法
56	(2019)浙0106民特422号	申请认定被申请人王某亚无民事行为能力	申请人系美国籍	《法律适用法》第12条第1款和第30条	中国法

(二)司法特点

通过表1涉外监护法律适用的案件审理的总体情况，可以看出我国法院在审理涉及涉外监护案件时，主要呈现以下特点：

其一，上述案件中有关“涉外”因素的判断多是从主体涉外考量。现有56份判决书中，涉港澳案件有15个，其他的涉外案件中多是当事人一方主体具有外国国籍。56个案件中涉及的国家和地区主要为美国、新加坡、贝宁、加拿大、西班牙、爱尔兰、德国、马来西亚、缅甸、澳大利亚、英国、新西兰、日本、中国澳门地区以及中国香港地区等。

其二，涉外监护的案件中涉及成年人监护的案件比涉及未成年人监护的少很多。56份裁判文书中仅有4份①涉及成年人监护，且3个案件的案由均是申请宣告公民无民事行为能力。有关涉外未成年人监护案件的53份判决书中，具体案由存在差异：直接涉未成年人监护权纠纷的案件有9个，其中案由为撤销监护人资格的1个，案由为变更监护权纠纷的2个，案由为探望权纠纷的2个，直接以监护权纠纷为案由的案件4个；涉外离婚后对子女监护的案件有25个，② 所有案件的案由均为离婚纠纷；另有18个案件涉及涉外抚养权纠纷，③ 其中案由为同居关系子女抚养纠纷的11个，以抚养费纠纷为案由的2个，以变更抚养权纠纷为案由的2个，直接以抚养纠纷为案由的案件3个。56个案件的具体案由表述分布如图1所示。

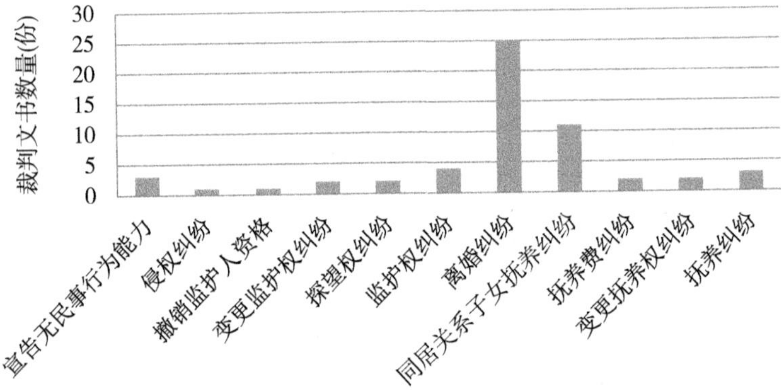

图1　所搜集案例案由的不同表达

其三，审理程序多以普通程序为主且案件多以一审审结。④ 法院在审理涉外监护案件时一般是依照普通程序组成合议庭审理案件，其中有1个案件⑤法院先适用简易程序审理，后因案情复杂，依法组成合议庭适用普通程序审理；

① 案号分别为：(2014)杭西民特字第24号、(2014)杭西民特字第17号、(2019)粤0305民初14086号、(2019)浙0106民特422号。

② 25份判决在处理涉外离婚案件时，一并处理了未成年子女的监护与抚养等问题。考虑到判决书中的表述有些使用的是“抚养”，有的使用“监护”，有些将两者交叉使用，且都会涉及监护的具体事项，因此暂且将其归入涉未成年人监护权纠纷的案件范畴。

③ 此处选取的18份判决，虽案由或定性为抚养权纠纷，但因纠纷很多内容涉及监护事项，是故将其纳入本文的研究对象。

④ 秦红嫚：《涉外监护法律适用理论与实证研究》，法律出版社2020年版，第302页。

⑤ (2015)闵民一(民)初字第13042号。

有 8 个案件①采用了简易程序审理；有 6 个案件②启用了特别程序。56 个案件中，有 45 个案件一审审结；9 个案件二审审结；2 个案件再审审结，其中有 1 个案件③被裁定驳回再审申请。上述案件的审理程序和审级具体比例如图 2 所示。

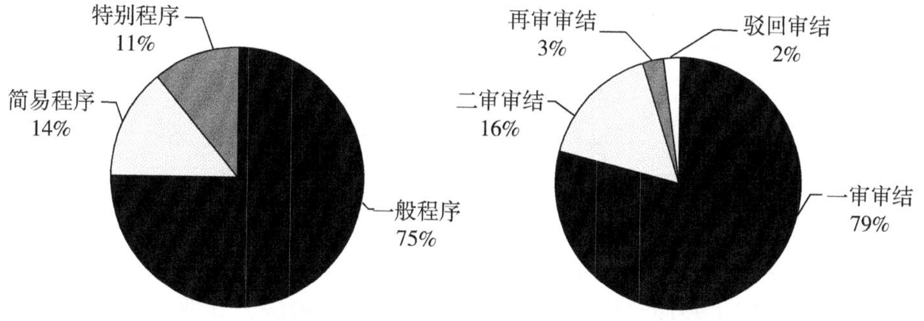

图 2　审理程序和审级所占比例

其四，如图 3 所示，56 份判决书作出法院所在地区的分布情况。有 21 份是广东省地方各级法院作出的，居全国首位。这主要与广东省的涉外民商事往来比较频繁、其地理位置与港澳地区比较近且涉外婚姻家庭领域的纠纷较之其他地区比较多有关。福建省和浙江省各级法院作出的判决书均以 6 份并列排在第 2。云南省各级法院作出的 4 份判决中的当事人均涉及缅甸籍，这与云南省和缅甸地理位置接邻、民族风俗习惯相近而使得婚姻家庭领域交往密集相关。北京市、上海市和重庆市各级法院各自均作出 3 份判决，且涉及的国家比较分散，这与上述各城市的对外开放程度密切相关。

① 案号分别为：(2014)深福法民一初字第 3594 号、(2014)江新法民四初字第 88 号、(2014)朝民初字第 40766 号、(2014)海民初字第 1707 号、(2015)九法少民初字第 00067 号、(2015)江新法民四初字第 141 号、(2015)珠横法民初字第 396 号、(2018)渝 0112 民初 17924 号。

② 案号分别为：(2014)杭西民特字第 24 号、(2014)杭西民特字第 17 号、(2015)闽民一(民)特字第 39 号、(2015)珠横法民特字第 1 号、(2016)粤 0491 民特 1 号、(2019)浙 0106 民特 422 号。

③ (2014)闽民申字第 1223 号。

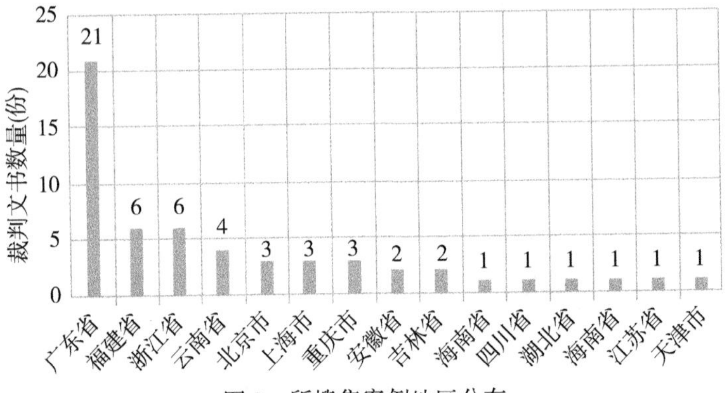

图 3　所搜集案例地区分布

其五，法院确定准据法的选法依据存在差异。56 份裁决书中有 6 份未说明选法依据，即未经冲突规范的指引而直接适用中国法，其他 50 份因案由和识别不同分别适用不同的冲突规范，援引条文的具体情况如图 4 所示。涉外未成年监护案件中选择准据法的依据主要集中于父母子女关系、离婚关系、扶养关系以及监护关系的冲突规范，即《法律适用法》第 25 条、第 27 条、第 29 条或第 30 条选择准据法，其中有 3 份判决以《民法通则》第 147 条作为选法依据。涉外成年人监护案件中选法的依据则主要是民事行为能力和监护关系的冲突规范，即《法律适用法》第 12 条第 1 款和第 30 条。此外，有 11 份判决书中同时引用两条或两条以上冲突规范选择准据法。

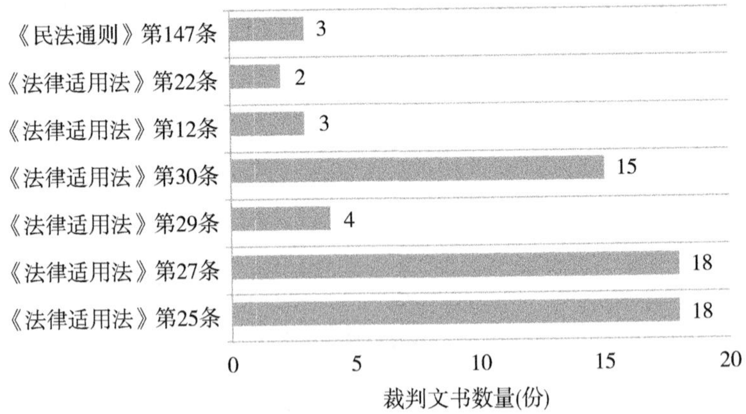

图 4　所搜集案例法律适用条文分布

其六，56 份判决书中处理纠纷的准据法均为中国法（涉港澳案件适用内地法）。虽然搜索到的56个案例在定性上存在着差异，但最终结果均以中国法作为准据法。甚至有些案件的判决书中并没有选法的具体说理和论证而直接适用中国法。这在一定程度上反映出有些法院在处理涉外案件选法的过程中缺乏严谨性和合理性。

二、我国涉外监护法律适用司法实践中存在的问题

通过深入研读上述每份裁判文书可以发现我国法院在处理涉及涉外监护案件的法律适用时，主要存在以下三个方面的问题：

（一）识别混乱

涉外案件的审理过程中，倘若识别出现问题，则可能会造成援引的冲突规范存在错误或者混乱。我国法院在处理涉外监护案件尤其是审理涉外未成年人监护案件时，常因监护与亲权、离婚、抚养等概念关系密切，在范围上存在交叉或包含，导致在对案件进行识别时混淆相关法律关系。① 具体而言：

1. 未区分监护与父母子女关系

有些法院在审理涉未成年人监护事项的案件时，未区分监护与父母子女关系，而存在识别不清或错误等问题。具体表现为：其一，采用模糊定性的手段，将涉及监护、抚养、父母子女关系等事项的案件笼统识别为涉外民事案件。例如，在杨某玉与AMI离婚纠纷一审民事案②中，法院并未定性案件中有关子女监护的法律关系。而在何某与庄某同居关系子女抚养纠纷案③、刘某丽与WONGYAHONG同居关系子女抚养纠纷案④中，法院将案件分别定性为涉澳、台民事纠纷和涉外民事纠纷，却分别援引父母子女关系和监护的冲突规范确定整个案件的准据法。其二，将包括监护事项在内的整个案件定性为父母子女关系纠纷。例如，在郑某与刘某等同居关系子女抚养纠纷案⑤中，一审法院将整个案件定性为解除收养关系纠纷，并认为属于父母子女人身法律关系。其

---

① 秦红嫚：《涉外监护法律适用理论与实证研究》，法律出版社2020年版，第308页。

② （2014）梅县法民一初字第169号。

③ （2015）佛顺法民一初字第431号。

④ （2016）粤0606民初13061号。

⑤ （2015）榕民终字第1624号。

三，未对案件进行定性，交叉使用监护与父母子女关系的表述。例如，在王某春与蔡某津监护权纠纷案中，法院判决书中写道："父母与子女间的关系，不受父母离婚的影响，离婚后无论由哪一方直接抚养，子女依旧是双方的。监护权是监护人对于子女的人身权益、财产权益所享有的监督、保护的身份权。监护权的行使应有利于子女的身心健康，不得增加其心理负担或明显违背其个人意愿。"①从该表述中可以看出，法院并未将父母子女关系以及监护区分开来。此外，不同法院对同一案由的案件识别存在差异。例如，在同样都是申请撤销监护人资格纠纷中，申请人胡某某与被申请人余某某申请撤销监护人资格案②中的法官将纠纷中的法律关系识别为监护关系，而在 P 某与 W 某申请撤销监护人资格上诉案③中，法官却将纠纷中的法律关系识别为父母子女关系。

监护和父母子女关系是两种不同的法律制度。正是由于我国监护实体法中采用不区分亲权和监护(大监护)的立法模式，而冲突规范中却采取亲权与监护分别规定准据法的立法模式，才会造成法院在处理具体案件时并未明确定性具体的法律关系，而同时罗列监护与父母子女关系的冲突规范，混淆适用相似法律关系的准据法的现象。

2. 未区分涉外监护与涉外离婚

根据我国现行的法律规定，在父母离婚或者分居以后，父母仍然均对其享有监护权(法律上的监护权)，只是监护权的行使方式会产生变化，其中一项就包括未直接对子女行使监护权的一方要向另一方(享有生活监护权的一方)承担抚养费用。而在现实生活中，一般父母离婚后，也要争夺子女的人身监护(我国司法实践中常用抚养权来代替)。在一些涉外离婚案件中，当事人往往会一并提出子女的监护或抚养④事宜。目前理论界一般认为父母对子女的监护

---

① (2014)厦民终字第 2971 号。

② (2015)闵民一(民)特字第 39 号。

③ (2016)京 01 民辖终 288 号。

④ 法院在处理涉外离婚案件时，常常混淆未成年子女的监护与抚养等问题，作出的判决书中表述有些使用的是"抚养"，有的使用"监护"，有些将两者交叉使用。本部分选取的案例大多会涉及监护的具体事项，即原判决书中有些表述采用的是"抚养"，其实质内容仍然是属于监护的内容。本部分为行文方便，除非特别说明外，一般会采用判决书中原来的表述。

问题是离婚所带来的法律后果之一。① 法院在处理离婚纠纷时，也常将子女监护问题与离婚事项一并处理。然而，子女监护问题准据法的确定与其定性密切相关，不同的定性将影响冲突规范的选择，进而影响准据法的确定。② 若将离婚后父母对子女的监护问题视为离婚的效力范围，则适用离婚的冲突规范确定监护的准据法；若将子女监护问题认定为不属于离婚的效力范围，而是不同于离婚的一种独立的法律关系，则应适用监护的冲突规范确定准据法。我国法院在处理此类案件时，仅有少数案例③区分监护和离婚，而多数案例未区分离婚中的子女监护问题和离婚的关系。实践中的做法又可分为以下两种：

第一种，很多法院并未区分案件中监护和离婚的关系，而是将涉外监护当作涉外离婚的附属问题，且将整个案件定性为涉外离婚纠纷。例如，在原告曾某诉被告 L 某离婚纠纷一案④中，法院认为本案被告是美国公民，系涉外离婚纠纷案件，于是根据我国《法律适用法》第 27 条确定中国法作为解决纠纷的准据法，且根据该准据法处理原被告的离婚诉求和子女的抚养等问题。又如，在汪某 1 与黄某离婚纠纷案⑤中，广东省东莞市第三人民法院认为被告黄某系新

---

① 吴用：《我国未成年人监护的法律适用——以〈涉外民事关系法律适用法〉第 30 条的司法应用为中心》，载《第四届涉外家事法论坛论文集》2019 年 5 月，第 68 页。

② 秦红嫚：《涉外监护法律适用理论与实证研究》，法律出版社 2020 年版，第 313 页。

③ 我国法院在处理涉外离婚中子女监护问题的案件时，在孙某某与艾某某离婚纠纷案件中同时罗列适用《法律适用法》第 27 条和第 30 条确定准据法，即适用离婚和监护的冲突规范确定准据法。法院未对案件进行定性，直接适用中国法处理了离婚和子女监护、扶养等问题。法院在适用中国法后，在判决书的末端同时罗列离婚和监护的冲突规范，并未进行任何具体分析。在杨某玉与 AMI 离婚纠纷案中，法院亦是将案件识别为涉外民事案件，同时罗列父母子女关系、离婚、监护与扶养等关系的冲突规范，并未进行说理和定性。此外，在孙某甲、孙某乙等与孙某丁抚养费纠纷一审民事判决书中，法院判决则区分了离婚和监护权归属的问题。法院在判决书中写道："在原告孙某乙、孙某丙的抚养权在本案离婚协议书中没有约定，抚养权的争议正在诉讼过程中，抚养权（包括监护权）尚需确定"，即离婚与监护权的纷争分别诉讼，分别处理。值得注意的是在原告汤某某与被告陈某某离婚纠纷案中，该院认为："被告的经常居住地在美国，故本案民事关系应属涉外民事关系。基于原告是起诉离婚并涉及对夫妻财产以及父母子女人身的处理，故依法应适用我国法律。"该案中的"依法"在判决书的最后罗列了《法律适用法》第 25 条和第 27 条。上述案件分别参见（2015）闵民一（民）初字第 13042 号、（2014）梅县法民一初字第 169 号、（2014）深福法民一初字第 579 号、（2015）南法民一初字第 805 号。

④ （2017）粤 0305 民初 29 号。

⑤ （2018）粤 1973 民初 20672 号

加坡籍公民，本案为涉外离婚纠纷，援引《法律适用法》之规定确定案件的准据法，判决原被告婚前所生子女汪某2由原告抚养，被告应一次性支付抚养费。该案中，法院并未区分离婚与监护、抚养的法律关系。再如，在黄某与LINYUCHEN离婚纠纷案①、练某甲与Beauchamp Justin Antony离婚纠纷案②、喊所与仔依伦离婚纠纷案③和原告鹿某诉被告孙某离婚纠纷一案④中，法院均是将案件定性为涉外离婚纠纷，均援引诉讼离婚的冲突规范确定准据法处理了包括子女监护、抚养在内的所有问题。

第二种，有些法院未区分涉外离婚和涉外监护，而是笼统地将案件识别为涉外民事纠纷。例如，在陈某与郭某甲离婚纠纷⑤中，法院认为原告陈某现居住在美国，将案件定性为涉外民事诉讼，且在判决书中未单独分析子女抚养等问题，援引涉外离婚的冲突规范直接确定了对于子女抚养问题的准据法。又如，在原告唐某某诉被告岩某离婚纠纷案⑥中，泸水县法院认为，因被告是缅甸国国籍，故属于涉外案件并未区分离婚和监护问题的选法依据。法院判决中表明："关于婚生子唐某某的抚养问题，因被告岩某经本院合法传唤未到庭应诉，视为放弃直接监护子女的权利，故原告要求判令婚生子唐某某归其抚养的诉讼请求，本院予以支持。婚生子唐某某(2010年9月13日生)由原告唐某某自行抚养。"此外，在陈某与翁某甲离婚纠纷案⑦、杨某姿与郑某强离婚纠纷案件⑧中，法院均未区分涉外离婚和监护，将案件笼统地识别为涉外(澳)民事案件。

虽然，理论界和实务界对于离婚后有关子女的监护问题和抚养问题的界定尚存在争议，但我国多数法院在处理涉外离婚案件中的子女监护或抚养问题时，仍然将案件直接定性为离婚纠纷，且多直接适用离婚的准据法解决涉及监护或抚养事项的内容。离婚关系和监护关系当属不同的法律关系，现有司法实践中未将离婚后子女的监护和离婚分别定性的做法有待商榷。

---

① (2015)珠横法民初字第396号。

② (2014)杭桐民初字第1083号。

③ (2018)云3102民初字289号。

④ (2016)皖0123民初6号。

⑤ (2013)杭西民初字第1647号。

⑥ (2015)泸民一初字第215号。

⑦ (2015)佛顺法民一初字第431号。

⑧ (2015)江新法民四初字第141号。

3. 未区分监护与抚养

监护和抚养属于不同的法律制度，在具体内容及制度功能等方面具有独立性。① 学界的理论研究对两种制度的界定尤其是对于离婚后子女的监护与抚养之间的界定比较模糊；加之，我国现行实体立法关于两种制度的规定存在交叉，且对离婚后子女抚养和监护问题的立法存在“重抚养，轻监护”倾向。② 这些导致法院在处理涉外监护案件尤其是涉及未成年人监护案件的司法实践中，常会混淆监护和抚养关系。具体而言：

其一，法院将包括监护事项在内的整个案件识别为抚养纠纷。例如，在马某与拜仁·某抚养纠纷申请再审案件③中，法院处理婚生女寇某音受教育的合法权益及抚养问题时，认为拜仁·某的行为不仅影响了寇某音正常学习和生活，也侵犯了寇某音接受义务教育的权利，将纠纷识别为抚养纠纷。此外，在黎某某与林某某同居关系子女抚养纠纷案④、CHENGBAOQIN（陈某琴）以及甄某卫同居关系子女抚养纠纷案⑤中，法院将包括监护事项在内的整个案件识别为同居关系子女抚养纠纷。

其二，在以抚养纠纷为案由的案件中，法院将案件识别为涉外民事关系，交叉使用监护和抚养表述。⑥ 例如，在郑某与刘某等同居关系子女抚养纠纷案⑦中，无论是一审法院还是二审法院，对于涉及监护事项的纠纷并未明确作出定性，多次使用“监护抚养”表述。又如，在原告刘某丽与被告WONGYAUHONG因同居关系子女抚养纠纷案⑧中，法院将案件识别成涉外民事纠纷。法院表述时则采用“被抚养人”“携带抚养”“子女的抚养权归属的确定”“抚养费问题”等，未区分抚养和监护的关系。又如，在上诉人B因与被上

---

① 吴用：《我国未成年人监护的法律适用——以〈涉外民事关系法律适用法〉第30条的司法应用为中心》，载《第四届涉外家事法论坛论文集》2019年5月，第63页。

② 袁发强、吴豪雳：《离婚后父母子女抚养与监护法律问题的澄清》，载《青少年犯罪》2019年第2期，第15页。

③ （2014）闽民申字第1223号。

④ （2014）江新法民四初字第88号。

⑤ （2015）泸民一初字第391号。

⑥ 秦红嫚：《涉外监护法律适用理论与实证研究》，法律出版社2020年版，第311页。

⑦ （2015）榕民终字第1624号。

⑧ （2016）粤0606民初13061号。

诉人 R 抚养费纠纷一案①中，一审法院将纠纷识别成涉外民事纠纷，援引监护的冲突规范确定准据法。

根据《中华人民共和国民法典》(以下简称《民法典》)的规定，监护包括抚养、照顾，还包括子女的教育、人身和财产保护等权利义务。法院在审理案件时，经常会把涉及监护事项的纠纷定性为抚养纠纷；或将抚养和监护的内容混为一谈，将案件直接识别为涉外民事纠纷，上述做法会因识别错误而影响到案件准据法的选择。

(二)冲突规范的适用存在错误

法院在适用涉外监护冲突规范的过程中，主要存在以下三个问题：

1. 冲突规范的“范围”理解存在问题

我国《法律适用法》分别规定了父母子女关系、离婚、扶养以及监护的冲突规范，但因我国实体法上有关各制度的规定存在交叉，导致对于每条冲突规范的适用范围存在差异，进而造成司法实践中援引的冲突规范存在混乱或错误的现象时有发生。

(1)同时罗列多条冲突规范

法院在审理案件时，经常会把涉及监护事项的纠纷定性为抚养纠纷，并未理解涉外监护冲突规范的适用范围，同时罗列监护和抚养等冲突规范。例如，在韦某与卢某抚养纠纷案②中，法院将案件定性为涉外抚养纠纷，却同时援引父母子女关系、扶养和监护的冲突规范作为选法依据。再如，在符某某与甘某1(KAMHENG)同居关系纠纷上诉案③中，一审法院认为案件是因同居关系引起的动产、不动产析产纠纷及子女抚养纠纷，在处理子女抚养纠纷时，却同时罗列了《法律适用法》第 25 条、第 29 条和第 30 条的规定。二审法院最终认为原审判决认定事实清楚，适用法律正确，认可了一审法院将案件识别为子女抚养纠纷且同时罗列三条冲突规范的做法。

此外，还有法院将抚养和监护的内容混为一谈，将案件直接识别为涉外民事纠纷或未定性，混合适用抚养、监护的冲突规范。例如，在杨某玉与 AMI

---

① (2018)粤 06 民终 2839 号。

② (2014)穗云法江民字第 563 号。

③ (2012)琼民三终字第 41 号。

离婚纠纷一审民事案①中，法院认为案件是涉外民事案件，将案中涉及监护事项纠纷定性为抚养纠纷，却同时适用抚养和监护的冲突规范。再如，在郑某与刘某等同居关系子女抚养纠纷案②中，一审法院将整个案件定性为解除收养关系纠纷，并认为属于父母子女人身法律关系，却同时援引《法律适用法》第25条、第29条和第30条之规定确定以中国法为准据法判定确认原告刘某与非婚生子郑某乙(又名陈某丙)存在亲子关系；确认被告陈某甲、林某与原告刘某、被告郑某甲所生孩子郑某乙(又名陈某丙)的收养关系不成立；被告陈某甲、林某应于本判决生效之日将郑某乙(又名陈某丙)交由原告刘某抚养和监护。二审法院在处理法律适用问题时，未对案件进行识别，而援引《法律适用法》第25条和第30条之规定确定适用中国法作为案件准据法。二审法院还认为一审法院将本案案由认定为解除收养关系纠纷有误并予以纠正，基于对本案的实体处理结果不产生影响，最终判决驳回上诉，维持原判。在该案件中，无论是一审法院还是二审法院，在判决书均未明确识别涉及监护事项和其他法律关系，仅同时罗列不同法律关系的冲突规范。

(2)定性与援引的冲突规范存在冲突

通过梳理已有判决书，法院适用冲突规范的过程中存在定性与援引的冲突规范相冲突的现象：一是，有法官将案件识别为父母子女关系，却援引监护的冲突规范。例如，在P某与W某申请撤销监护人资格上诉案③中，法院将纠纷中的法律关系识别为父母子女关系，却援引《法律适用法》第30条作为选法依据。二是，有法院将案件纠纷识别成抚养费纠纷却援引涉外监护的冲突规范。例如，在上诉人B因与被上诉人R抚养费纠纷一案④中，一审法院将纠纷识别成涉外民事纠纷，援引《法律适用法》第30条规定，选择中国法作为案件准据法。而二审法院则将案件识别为抚养费纠纷，认为一审法院认定事实清楚，适用法律正确，最终维持原判。又如，孙某某与艾某某离婚纠纷案⑤中，法院援引《法律适用法》第30条有关监护的规定确定子女抚养和抚养费纠纷的法律适用。三是，法院将案件定性为抚养纠纷，适用父母子女关系的冲突规范。例如，在秦某、耿某1抚养纠纷案⑥中，再审法院认为案件系抚养权纠

① (2014)梅县法民一初字第169号。

② (2015)榕民终字第1624号。

③ (2016)京01民辖终288号。

④ (2018)粤06民终2839号。

⑤ (2015)闵民一(民)初字第13042号。

⑥ (2016)粤01民再131号。

纷，其在确定涉案准据法的适用问题时，认可了二审法院援引《法律适用法》第25条适用中国法审理抚养权及抚养费纠纷实体问题的做法。又如，黎某某与林某某同居关系子女抚养纠纷案①、CHENGBAOQIN(陈某琴)以及甄某卫同居关系子女抚养纠纷案②中，法院将包括监护事项在内的整个案件识别为同居关系子女抚养纠纷，援引《法律适用法》第25条作为选法依据。而在李某燕与志某美之同居关系子女抚养纠纷案③中，法院认为案件被告系日本公民，原告的诉请系同居期间子女扶养、监护及相应财产关系，援引《法律适用法》第25条确定案件的准据法。此外，在靳某与刘某甲变更抚养关系纠纷案④中，法院将监护的内容识别为涉外案件，援引《法律适用法》第25条规定。

2. 未定性而直接援引冲突规范

法院在审理涉外监护案件时，还常常存在未对相关法律关系进行定性而直接援引冲突规范的现象，具体又可以分为三类：

其一，未定性而直接援引父母子女关系的冲突规范确定案件的准据法。例如，在廖某与成某同居关系子女抚养纠纷案⑤和赵某与唐某同居关系子女抚养纠纷案⑥中，法院均未识别案件，只在判决书的最后提及《法律适用法》第25条是本案的法律依据。无独有偶，在赵某与唐某同居关系子女抚养纠纷案⑦中，重庆市渝北区法院的做法与上述案例如出一辙。此外，在林某、石某雅同居关系子女抚养纠纷案⑧中，二审法院并未对案件进行识别，直接援引《法律适用法》第25条之规定，认为一审法院适用一方当事人林某经常居住地法律即中国内地法律并无不当。在陈某某与曲某某同居关系子女抚养纠纷案⑨中，法院也存在未识别案件中涉及抚养和监护事项的争点，而援引《法律适用法》第25条作为选法依据确定准据法统一处理案件中的所有法律关系。

其二，未定性而适用抚养的冲突规范。例如，在马某与拜仁·某抚养纠纷

---

① (2014)江新法民四初字第88号。

② (2015)泸民一初字第391号。

③ (2016)川0121民初381号。

④ (2016)鄂0192民初1130号。

⑤ (2015)九法少民初字第00067号。

⑥ (2018)渝0112民初17924号。

⑦ (2018)渝0112民初17924号。

⑧ (2017)闽01民终1156号。

⑨ (2013)闵少民初字第104号。

申请再审案件①中，再审法院未对案件进行定性，直接援引《法律适用法》第29条之规定确定整个案件的准据法。再审法院在处理马某与拜仁·某婚生女寇某音受教育的合法权益及抚养问题时，认可了二审法院的认定。本案中再审法院未对案件进行识别，而直接援引抚养的冲突规范处理整个案件包括监护和抚养关系的做法有待商榷。

其三，有些法院在处理涉外离婚中的监护问题时，并未对相关问题进行定性，而直接援引涉外离婚的冲突规范确定整个案件的准据法。例如，在周某与王某斌离婚纠纷案件②中，法院未提及纠纷的性质，而直接适用诉讼离婚的冲突规范选择法律用以处理原被告的离婚纠纷和两个小孩的抚养及监护等问题。又如，在朱某甲与S某离婚纠纷案③中，法院仍未对案件进行定性，直接适用中国法处理婚姻关系的解除和子女的监护问题。法院只是在判决书的附注部分罗列了《法律适用法》第27条的具体内容。此外，在原告金某某诉被告张某某离婚纠纷案④和杜一某与吴某某离婚纠纷案⑤中，法院亦均未对案件中的法律关系作出定性，而直接援引离婚的冲突规范确定包括监护事项在内的整个案件的准据法。还有些法院未对案件进行定性，同时罗列《法律适用法》第22条和第27条的规定确定案件的准据法。例如，在李某与钟某意离婚纠纷案件⑥中，法院在未对案件进行定性的情况下，直接援引《法律适用法》第22条和第27条分别确定婚姻效力和离婚的准据法，并根据该法一并处理了离婚后有关子女的抚养与监护等问题。无独有偶，在原告周某诉被告刘某甲离婚纠纷案⑦中，法院在未对案件中相关法律关系进行定性的情况下，直接援引结婚手续和诉讼离婚的冲突规范确定案件的准据法，并据此判决了子女的监护权、抚养费以及探视权等事项。

3. 援引已废止的冲突规范

法院将案件识别为涉外离婚纠纷，援引《民法通则》第147条作为选法依

① (2014)闽民申字第1223号。
② (2012)深福法民一初字第4480号。
③ (2015)金义民初字第2299号。
④ (2015)延中民三初字第959号。
⑤ (2013)红民初字第4343号。
⑥ (2014)梅县法民一初字第44号。
⑦ (2016)皖0111民初5088号。

据。例如，在夏某甲与陆某甲离婚纠纷案①中，法院将案件定性为涉外婚姻案件，援引《民法通则》第 147 条有关诉讼离婚的冲突规范确定处理离婚中有关抚养权和抚养费等相关事项的准据法。又如，在高某某与李某某离婚纠纷案②中，法院将案件定性为涉外婚姻家庭纠纷，援引《民法通则》第 147 条规定确定了结婚效力、离婚和有关子女抚养的准据法。再如，在赵某与李某 1 离婚纠纷一案③和杨某 1 与普某离婚纠纷一案④中，云南省耿马傣族佤族自治县人民法院均将案件识别为涉外婚姻纠纷，援引《民法通则》第 147 条确定案件准据法，分别判决婚生长子李某 2、次子李某 3 由原告赵某监护抚养，被告李某 1 不承担抚养费；婚生女儿杨某 2 由原告杨某 1 监护抚养，被告普某不承担抚养费。暂且不论上述案件中离婚后双方关于子女的监护和抚养如何划分，适用离婚的冲突规范处理有关监护或抚养的相关事项本身就存在不合理之处。此外，上述案件中的原告分别于 2013 年、2015 年、2017 年和 2018 年提起诉讼；法院也分别于 2015 年和 2018 年作出判决，却仍然援引《民法通则》中有关诉讼离婚冲突规范的做法属于援引冲突规范错误。

(三)确定准据法时存在“轻法律选择”问题

1. 适用“有利于”条款的困境

第一，未说明“有利于”的考量因素。有些法院在审理涉外监护案件选择法律前，未提及“有利于”的任何因素，也未比较选择案件应适用的准据法，而直接适用中国法。例如，在靳某与刘某甲变更抚养关系纠纷案⑤、赵某与唐某同居关系子女抚养纠纷案⑥以及李某燕与志某美之同居关系子女抚养纠纷案⑦中，法院均援引《法律适用法》第 25 条之规定，未做任何说明而直接适用中国法作为处理原被告同居期间子女抚养、监护关系的准据法。还有法院仅说明管辖权的依据，而未提及法律选择的“有利于”的限定条件。例如，在黎某

① (2013)崇民初字第 01751 号。
② (2015)延中民三初字第 734 号。
③ (2017)云 0926 民初 1036 号。
④ (2018)云 0926 民初 244 号。
⑤ (2016)鄂 0192 民初 1130 号。
⑥ (2018)渝 0112 民初 17924 号。
⑦ (2016)川 0121 民初 381 号。

某与林某某同居关系子女抚养纠纷案①中，法院认为被告的住所地在广东省江门市新会区，故对本案享有管辖权，同时，直接援引《法律适用法》第25条的规定，认为案件适用中国法调整。法院不仅在审理涉外未成年人监护案中存在未提及“有利于”保护被监护人选择法律的现象，在成年人监护案件中亦有相似情形。例如，在徐某恒、王某亚认定公民无民事行为能力、限制民事行为能力案②、申请人陈某慧要求宣告潘某华为无民事行为能力人案③和申请人王某要求宣告蔡某领为无民事行为能力人案④中，法院均援引第30条规定，未做任何说明而直接适用中国法。

第二，忽略“有利于”的判断条件，直接依据某一连结点选择准据法。有些法院忽略冲突规范中“有利于”的选择条件，只要当事人经常居所地在中国，就选择适用中国法。例如，在CHENBAOQIN（陈某琴）与甄某卫同居关系子女抚养纠纷案⑤，曹某珍、钟某申请确定监护人案⑥，李某与L某探望权纠纷案⑦，P某与W某申请撤销监护人资格上诉案⑧和郑某正与郭某龙、黄某玉申请确定监护人特殊程序案⑨、马某与拜仁·某抚养纠纷申请再审案件⑩中，法院均认为当事人双方经常居所地在中国，认为应适用中国法作为案件准据法。又如，在林某、石某雅同居关系子女抚养纠纷案⑪、原告刘某丽与被告WONGYAUHONG因同居关系子女抚养纠纷案⑫和上诉人B因与被上诉人R抚

① （2014）江新法民四初字第88号。

② （2019）浙0106民特422号

③ （2014）杭西民特字第24号。

④ （2014）杭西民特字第17号。

⑤ （2015）江开法民四初字第391号。

⑥ （2016）粤0491民特1号。

⑦ （2014）朝民初字第40766号。

⑧ 一审法院及二审法院均认定中华人民共和国北京市海淀区为W某的经常居所地。因此，本案管辖法院的判断应当适用中国法。（2016）京01民辖终288号。

⑨ 法院认为，因本案双方当事人均住在珠海市，故本案应适用我国内地法律作为审理本案的准据法。（2015）珠横法民特字第1号。

⑩ （2014）闽民申字第1223号。

⑪ 一审和二审法院均认为，适用一方当事人林某经常居住地法律即中国内地法律并无不当。（2017）闽01民终1156号。

⑫ 法院认为，被抚养人刘某一直在佛山市顺德区居住，适用中华人民共和国法律有利于保护其利益，故应适用中华人民共和国法律审理。（2016）粤0606民初13061号。

养费纠纷一案①中，法院均是基于当事人的经常居所地在中国，认为中国法是最有利于保护被监护人的法律。此外，还有法院罗列出多个连结点，以被监护人的经常居所地的法律作为有利于保护被监护人的法律。例如，在何某与庄某甲同居关系子女抚养纠纷案②中，法院认为，“原告何某在澳门生活，被告庄某甲在台湾生活，被告监护人庄某乙在佛山市顺德生活，为未成年人”，然后直接选择被监护人的经常居所地的法律，即中国法作为案件的准据法。又如，在郑某与刘某等同居关系子女抚养纠纷案③中，法院认为：“由于本案的原、被告均系中国公民，原告刘某住所地为福建省福州市；被告郑某甲已自行确认其住所地为福建省；被告陈某甲、林某住所地为福州市，即使本案所涉及的非婚生子女郑某乙(又名陈某丙)出生在香港，系香港居民，但其出生后至今的经常居所地均为中华人民共和国福州地区，故本案适用当事人经常居所地法律，即本案适用中华人民共和国法律。”

第三，忽略冲突规范中“有利于”的选择条件，只要当事人的国籍是中国，就选择适用中国法。例如，在赖某与刘某、李某等探望权纠纷案④中，二审法院在处理案件的法律适用问题时，援引《法律适用法》第 25 条，认为李某、巫某 1 系中国公民，且系失独老年人，认为适用中国法是合理的。

第四，依据多个连结点的集中地，选择“有利于”的法。在有些案件中，法院忽略“有利于”的条件限定，通过寻找冲突规范中多个连结点的集合，然后复合多个连结点选择准据法。⑤ 有些法院基于当事人的国籍和经常居所地与中国相关联，即认定中国法为“最有利”的法，进而适用中国法。例如，在符某某与甘某 1(KAMHENG)同居关系纠纷上诉案⑥中，一审法院和二审法院均是基于符某某及甘某均为中国公民，甘某 1 与符某某的共同经常居住地在中

① 法院认为，被抚养人一直在中国上海市居住，适用中华人民共和国法律有利于保护其利益，故应适用中华人民共和国法律审理。(2018)粤 06 民终 2839 号。

② 法院认为：“虽然，原告何某在澳门生活，被告庄某甲在台湾生活，被告监护人庄某乙在佛山市顺德生活，为未成年人，应适用中华人民共和国法律审理。”(2015)佛顺法民一初字第 473 号。

③ (2015)榕民终字第 1624 号。

④ (2018)渝 05 民终 1121 号。

⑤ 张丽珍：《涉外扶养案件法律适用的实证考察——以〈法律适用法〉实施以来的案例为研究对象》，载《中国国际私法与比较法年刊》(第 19 卷)，法律出版社 2017 年版，第 82 页。

⑥ (2012)琼民三终字第 41 号。

国，在罗列《法律适用法》第25、29、30条后，认为该案应适用中国法。又如，在韦某与卢某抚养纠纷案①中，法院基于卢某欣为中国公民，现居住于中国境内，且被告的经常居住地亦在中国，认定本案适用中国法作为准据法。再如，在郑某与刘某等同居关系子女抚养纠纷案②中，二审法院则是综合考虑被监护人的父母的国籍和经常居所地等因素，确定准据法。二审法院认为："虽然郑某乙系香港永久性居民，但其生父母均系中华人民共和国公民，且郑某乙长期以来在中华人民共和国福建省福州地区居住、生活，现仍在福州地区上学，故本案的诉争应适用中华人民共和国法律。"上述法院的做法本质上是以法律适用上的"有利于"之名，行"最密切联系"法律选择之实。③

第五，倒置法律适用前和法律适用后"有利于"的判断。有些法院在对"有利于"进行说理时，存在混淆法律选择前和法律选择后的"有利于"的判断。例如，在廖某与成某同居关系子女抚养纠纷案④中，法院认为："……现原、被告都愿抚养子女，但原、被告所生子女虽有美国护照，但出生后一直随被告共同生活，并在重庆上幼儿园，如改变生活环境对子女健康成长明显不利。故本院认为被告抚养子女较为有利……"该判决书中的"有利于"的判断实则是在确定准据法后，从实体法层面对"有利于"的判断，而非选择法律层面上的判断。又如，在马某与拜仁·某抚养纠纷申请再审案件⑤中，法院依据我国《婚姻法》作为案件的准据法，在判决书中写道："子女抚养问题应从切实保护子女权益，有利于子女身心健康成长出发，结合双方的具体情况进行处理。对有识别能力的子女，要事先征求并尊重其本人愿随父或随母生活的意见。拜仁·某与马某离婚后，寇某龙一直随马某共同生活由其直接抚养，且寇某龙现已年满10周岁，在诉讼中寇某龙亦表示其愿随马某共同生活，对此，双方当事人没有争议。"可见，本部分有关于"有利于"的判断更多的是依据我国《婚姻法》之规定，其实质是实体法层面的判断而非法律适用层面的判断。还有些案件未援引任何冲突规范选择法律，却在判决书中直接判定实体层面的"有利于"。例

---

① （2014）穗云法江民字第563号。

② （2015）榕民终字第1624号。

③ 张丽珍：《涉外扶养案件法律适用的实证考察——以〈法律适用法〉实施以来的案例为研究对象》，载《中国国际私法与比较法年刊》（第19卷），法律出版社2017年版，第82~83页。

④ （2015）九法少民初字第00067号。

⑤ （2014）闽民申字第1223号。

如，在S某与谭某离婚纠纷案①中，法院在论述双方所生之女J某抚养权问题时认为："因J某系女孩，尚且年幼，从双方分居至今一直跟随谭某生活，且谭某年龄较大，其身体状况可能不再适宜生育，且S某还有两个孩子，故J某由谭某抚养更加合适。J某系美国国籍，原审法院考虑到其日后在美国生活的问题，在判令谭某对J某享有抚养权的同时明确S某亦对J某享有监护权并无不妥。"《法律适用法》第30条中的"有利于"是指在法律适用的过程中，法院在确定准据法之前，从众多与案件有实际联系的国家实体法中选择一个有利于保护被监护人的权益法。② 而上述案件中"有利于"的判断则多是侧重于实体法部分的判断，而非法律选择阶段。

法院在审理涉外监护案件中，之所以会出现适用"有利于保护被监护人权益的法律"的困境，有两方面原因：其一，与我国现行的立法有着密切的关系。无论是我国现有实体法的规定还是冲突规范，虽都提及保护被监护人的权益，但缺乏对"有利于"的判断标准和考量因素，这就为实践中适用该原则存在障碍埋下了伏笔。其二，"有利于"条款的适用与司法便利原则存在冲突。③司法实践中，法院在审理此类案件时，需查明条文中连结点以及其所指向的实体法内容，然后再比较这些实体法中哪个法律对于保护被监护人权益"有利于"。④ 这不仅增加了法院查明外国法的任务，还要求法院应熟知各国实体法，这无疑给法院带来了繁重的司法任务。而我国的司法现状却难以满足对法院提出的极高要求，从而导致"有利于"条款的实施往往是适用法院地法，即我国的法律，而非适用最有利于保护被监护人的法律。⑤

2. 未进行任何说明而直接适用中国法

其一，在有些案件中，法院既为对案件进行定性，亦未援引任何冲突规

① (2015)三中民终字第08588号。

② 袁发强：《有利的法——实质正义的极端化》，载《现代法学》2015年第3期，第152页。

③ 吴用：《我国未成年人监护的法律适用——以〈涉外民事关系法律适用法〉第30条的司法应用为中心》，载《第四届涉外家事法论坛论文集》2019年5月，第65页。

④ 袁发强：《有利的法——实质正义的极端化》，载《现代法学》2015年第3期，第152页。

⑤ 徐伟功：《〈涉外民事关系法律适用法〉实施研究》，法律出版社2019年版，第382页。

范，而直接适用中国法。如S某与谭某离婚纠纷案①和黄某甲与卓某离婚纠纷一案②中，法院既未对案件中的法律关系进行定性，亦未援引任何冲突规范选择准据法，而直接适用我国《婚姻法》中有关离婚的规定处理包括子女监护问题在内的离婚案件。又如，在孙某甲、孙某乙等与孙某丁抚养费纠纷案③中，法院既未对案件进行定性，亦未提及任何冲突规范，而是直接适用我国《婚姻法》第37条处理案件中的监护和抚养等问题。另外，在S某与谭某离婚纠纷案④中，法院不仅未对离婚后子女的监护问题定性，亦未援引任何冲突规范，而是直接适用我国《婚姻法》第32条、第39条之规定判决双方所生之女J某由谭某抚养，S某对J某同样享有监护权。再如，周某与王某斌离婚纠纷案件⑤、王某春与蔡某津监护权纠纷案⑥和原告黄某诉被告陈某变更抚养关系纠纷案⑦中，法院均在未进行选择法律的情形下，径直适用我国婚姻法处理了监护相关问题。

其二，还有些案件中，虽然法院对案件进行了定性，但却未援引任何冲突规范，直接适用我国《婚姻法》中有关离婚的规定处理子女监护问题。例如，在原告唐某诉被告张某离婚纠纷案⑧中，法院将案件识别为涉外婚姻，未援引冲突规范直接适用中国法处理了包括离婚、抚养权问题。

其三，法院仅在判决书中罗列冲突规范，未进行任何说明而直接适用中国法。这类现象除在上文提到的未说明“有利于”的考量因素案件中出现外，在其他一些案件中亦有出现。例如，在陈某某与曲某某同居关系子女抚养纠纷案⑨中，法院在未进行选法说明的情况下，直接“根据我国法律规定，对子女抚养问题，应当从有利于子女身心健康，保障子女的合法权益出发……”仅在判决书的法律依据部分直接罗列《法律适用法》第25条的规定。还有些案件会罗列不同的冲突规范，未做任何说明而直接适用中国法。例如，在杨某玉与

---

① (2015)三中民终字第08588号。
② (2015)鼓民初字第2457号。
③ (2014)深福法民一初字第579号。
④ (2015)三中民终字第08588号。
⑤ (2012)深福法民一初字第4480号。
⑥ (2014)厦民终字第2971号。
⑦ (2014)深福法民一初字第3594号。
⑧ (2015)钦北民初字第932号。
⑨ (2013)闵少民初字第104号。

AMI 离婚纠纷一审民事案①中，法院首先认定本案属于涉外民事案件，后又同时罗列了《法律适用法》第 25、27、29、30 条，未做任何说明而直接适用中国法解决案件中的离婚关系、子女的抚养和监护等问题。

法院无论是在基于缺乏"有利于保护被监护人权益的法律"的判断，还是在未援引任何冲突规范抑或援引冲突规范而不做任何说明的情况下，均习惯直接适用法院地法，即中国法，作为案件的准据法。判决书中对于选择中国法的依据和说理总是一笔带过，有的甚至无视或忽略援引冲突规范，或者任意或错误地选择中国法。② 这一审判思维可以反映出法院在审理涉外案件时存在"轻法律选择"的审判问题。

三、改进我国涉外监护法律适用的建议

正是由于我国现有立法忽视监护实体法和冲突法的衔接，加之监护冲突规范的规定过于简洁，不能完全应对涉外监护纠纷频发的处境，因而法院在涉外监护的法律适用的司法实践中存在着上述问题。鉴于此，笔者建议可以通过立法和司法解释且以司法解释为主的形式对存在的问题进行规定。具体而言：

（一）明确监护的适用范围

冲突规范的指引最终会指向某一国家的实体法，而实体法的规定与冲突法中的规定应尽量保持一致，才能保证一国法律体系的完整性。③ 我国《法律适用法》第 30 条冲突规范的范围是涉外监护关系，然而现有立法却没有明确规定涉外监护关系的范围。又因我国《民法典》总则重新规定了监护制度。实体法中的监护制度的内容与制定《法律适用法》时监护的内容比较而言发生了变化，且现有监护制度的内容更为丰富。鉴于此，建议明确冲突法中的监护范围要与实体法的范围保持一致，即明确《法律适用法》第 30 条监护的适用范围既包括监护的设立、变更和终止，也包括监护和被监护人资格和范围，还包括监护人的监护职责以及在监护管理过程中所产生的一系列问题；既包括未成年人

---

① （2014）梅县法民一初字第 169 号。

② 张丽珍：《涉外扶养案件法律适用的实证考察——以〈法律适用法〉实施以来的案例为研究对象》，载《中国国际私法与比较法年刊》（第 19 卷），法律出版社 2017 年版，第 82 页。

③ 秦红嫚：《涉外监护法律适用理论与实证研究》，法律出版社 2020 年版，第 343 页。

监护也包括成年人监护(包括老年人监护);既包括法定监护,也应当包括新增的意定监护和遗嘱指定监护等内容。① 之所以如此规定,一是希望我国法律适用中的监护范围尽量要与实体法中监护范围相一致。我国实体法中的监护制度的内容与制定《法律适用法》时监护的内容比较而言发生了变化,现有的监护制度的内容更为丰富。二是考虑其他国家监护制度的发展。②

可以通过修改立法和司法解释的途径明确监护的适用范围。具体而言:其一,在修改《法律适用法》中监护的冲突规范时,建议采用分割立法的方式。可采用诸如"监护的设立、变更和终止,适用……""监护人的权利、义务(监护职责),适用……"等表述。之所以建议采用分割方法对监护的法律适用作出规定主要是因为我国实体法上的监护立法理念和具体内容已经发生了变化,其范围和内容比较多,且在不同种类的监护以及监护的不同的层面所侧重保护的权益存在差异,统一适用概括式的监护立法已经无法满足现有监护制度的内容。③ 此外,采用分割方法来解决冲突法案件,尤其是包含多个复杂关系的案件,体现了法律适用的灵活性以及注重实体公正的价值取向。④ 因此,分割方法在冲突法领域具有优势。考察国外有关监护法律适用冲突规范的立法例可知,很多国家在立法时针对监护的不同内容分别制定冲突规范。例如,《格鲁吉利亚关于调整国际私法的法律》第 54 条、《德国民法典施行法》第 24 条等。其二,在现有立法无法改变的情况下,可以采用司法解释的方法明确《法律适用法》第 30 条的适用范围。明确法律适用中的监护范围要尽量与实体法中监

---

① 秦红嫚:《涉外监护法律适用理论与实证研究》,法律出版社 2020 年版,第 344 页。

② 考察各国监护实体法可知,监护既包括人身监护也包括财产监护;监护的内容既包括监护的设立、变更和解除,也包括监护人和被监护人的资格、监护人的职责等。同时,随着老龄化社会的到来,各国也都改革成年人监护制度,增加或修正老年人监护、成年人意定监护等内容。这是因为监护的内容比较丰富,种类也比较繁多。

③ 秦红嫚:《涉外监护法律适用理论与实证研究》,法律出版社 2020 年版,第 345 页。

④ 很多英美法系国家,例如美国、英国、澳大利亚、加拿大等国,无论是立法还是在司法实践都对分割方法持肯定态度。随着两大法系的相互融合,以传统的制定法为主要法源的大陆法系国家亦愈来愈重视司法的灵活性和案件结果的可接受性,基于此,分割方法在其涉外民商事案件中亦有被采纳的情形。参见王卿:《论国际私法中的"分割方法"》,载《法律方法》2012 年第 12 期,第 363 页;John Ahern & William Binchy, The Rome II Regulation on the Law Applicable to Non-Contractual Obligations: A New International Litigation Regime, 139-144 (Brill, 2009).

护范围相一致，即包括未成年人监护(包括父母作为监护人的监护)和成年人监护(包括老年人监护)，监护的设立、变更和终止，监护人的职责，法定监护、意定监护和遗嘱指定监护，人身监护和财产监护等内容。

(二)厘清与其他相关法条的关系

我国监护实体法中监护与亲权、扶养、离婚等概念关系密切，在范围上存在交叉或包含。法院在具体案件的审理中定性不准确；在准据法确定过程中存在混淆适用法条的现象。司法实践中对于究竟是适用监护的准据法，还是适用父母子女关系的准据法，或适用扶养的准据法，抑或是适用离婚关系的准据法，莫衷一是。① 为减少法院混淆适用监护、父母子女关系、扶养以及离婚的冲突规范，有必要厘清相似法条之间的关系。具体而言：

1. 厘清与《法律适用法》第 25 条的关系

我国《法律适用法》第 25 条和第 30 条分别规定了父母子女关系和监护的冲突规范，两者选择法律上的差别在于“有利于”原则的顺序不同。前者首先适用双方当事人的共同经常居所地法，没有共同经常居所地时，才适用一方当事人经常居所地法律或者国籍国法律中有利保护弱者权益的法；而后者则是规定直接适用一方当事人经常居所地法律或者国籍国法律中有利于保护被监护人权益的法律。

《法律适用法》第 25 条的适用范围是父母子女人身、财产关系。而不同学者对于父母子女人身、财产关系具体的内容尚未达成一致观点。有学者主张：涉外父母子女人身关系，主要解决的是非婚生子女亲生父母之间的亲权关系确认、再婚父母与非亲生子女的养父母关系确认等，并非亲生父母对非婚生子女、养父母对被收养子女的抚养义务关系；父母子女之间的财产关系是一个确权和分割的问题。② 有的学者则认为：第 25 条中父母子女人身关系主要涉及父母子女关系的成立及效力，既包括婚生与非婚生父母子女关系的成立或否认、准证及认领等，又包括父母对子女的监护和教养以及父母、子女间的扶养等；父母子女财产关系包括财产的管理、保护、处分以及相互继承财产等；同

① 吴用：《我国未成年人监护的法律适用——以〈涉外民事关系法律适用法〉第 30 条的司法应用为中心》，载《第四届涉外家事法论坛论文集》2019 年 5 月，第 58 页。

② 袁发强：《我国国际私法中弱者保护制度的反思与重构》，载《法商研究》2014 年第 6 期，第 101 页。

时强调监护、扶养、继承另有规定，不受本条调整。① 而《法律适用法》第30条规定中的监护则应与我国实体法中的监护范围相一致。这是因为我国《法律适用法》在立法中明确规定了识别的准据法依据法院地法，即我国法院审理涉外案件要依据我国实体法进行识别。而我国实体法中的监护采用的是广义的监护概念，因此，在适用涉及未成年人监护尤其是父母是未成年子女的监护人时，可能会出现适用父母子女关系和监护冲突规范竞合的现象。② 从上述我国的司法实践亦可知，法院在对案件进行定性时存在混淆监护和父母子女关系进而适用冲突规范错误的问题。造成这一现象的主要原因之一是我国在《法律适用法》立法时并未充分考虑我国实体法对于监护制度用语的广义性，在立法模式上采用了“监护”和“父母子女关系”双重立法模式。③

本文建议通过司法解释明确规定：将《法律适用法》第25条中的父母子女关系限定为除监护、扶养外的父母子女人身和财产关系，以及婚生子女的确定和非婚生子女的准证等问题。④ 在父母子女关系与监护的法律适用产生竞合时，由法官结合当事人的诉讼请求，如无特殊情形，适用涉外监护法律适用规则，即《法律适用法》第30条。理由如下：父母子女关系中，父母对子女的权利义务关系既包括监护也包括其他的内容，其范畴较之监护更为广泛，前者多是属于一般性的规定，而监护则可以看作父母子女关系中的特殊事项。在处理法条竞合时，常常采用“特殊规定优于一般规定”，而关于监护的法律适用条款较之父母子女关系的法律适用规则更为具体，属于特殊规定，因此，在发生竞合时，适用特殊规定，即适用监护的法律适用规则。⑤ 当然，若条件允许的话，今后在我国《国际私法典》的编撰中，亦可明确规定父母子女关系和监护冲突规范的适用范围。

---

① 黄进：《〈中华人民共和国涉外民事关系法律适用法〉建议稿及说明》，中国人民大学出版社2011年版，第66页。

② 秦红嫚：《涉外监护法律适用理论与实证研究》，法律出版社2020年版，第352页。

③ 吴用：《我国未成年人监护的法律适用——以〈涉外民事关系法律适用法〉第30条的司法应用为中心》，载《第四届涉外家事法论坛论文集》2019年5月，第67页。

④ 徐伟功：《〈涉外民事关系法律适用法〉实施研究》，法律出版社2019年版，第379页。

⑤ 秦红嫚：《涉外监护法律适用理论与实证研究》，法律出版社2020年版，第352页。

2. 厘清与《法律适用法》第29条的关系

扶养是指一定亲属间在经济上相互供养的法律制度，包括配偶之间的扶养、亲子之间的扶养和其他亲属间的扶养这三类。[①] 我国实体法根据扶养权利人和义务人的辈分又将扶养划分为抚养、赡养和扶养。[②] 我国《法律适用法》第29条规定："扶养，适用一方当事人经常居所地法律、国籍国法律或者主要财产所在地法律中有利于保护被扶养人权益的法律。"该条之规定顺应了国际上对于扶养关系立法的新趋势，没有分门别类地对扶养关系规定准据法，而是适用统一的冲突规范。[③] 现有民法中对于监护和抚养以及赡养等制度划分不明确，加上冲突法上既有监护的冲突规范，又有扶养(包括抚养和赡养)的冲突规范，导致法院在处理涉外监护案件尤其是在处理因离婚而引起的子女监护权的实践中，常因混淆监护与抚养的概念，进而造成准据法选择混乱的情形。

父母对未成年子女的抚养义务来源于罗马法中的"家父"责任，是独立于亲权或监护之外的父母对子女在经济上(物质上)扶助供养、提供衣食住行、生活照料的法定义务。[④] 无论是国际组织还是各国的立法都积极制定父母对子女承担抚养义务的公约和立法。其中，有关抚养的国际公约多是侧重于抚养费的追索等问题。从我国《民法典》第26条第1款的表述来看，监护既包括父母对未成年子女的抚养义务，也包括对子女的教育和保护义务，这种表述与我国当前的婚姻家庭编立法中有关抚养的规定容易让人产生混淆。我国婚姻家庭编根据不同主体间的关系明确了抚养、扶养和赡养，其中父母对未成年人子女的经济供给义务属于"抚养"的内容。关于"抚养"的规定主要包括父母对子女具有抚养的义务、抚养费的给付以及离婚后抚养权的归属等问题。婚姻家庭编中有关抚养具体内容的规定，有些则与监护的内容具有高度的重合性，即将属于监护制度规范的内容规定到抚养制度中。例如，婚姻家庭编中规定的离婚后抚养权与探视权的内容在本质上与其他国家的监护制度规定的内容一致。正是因

① 陈钊：《我国成年人监护制度立法完善研究》，中国人民公安大学出版社2019年版，第24页。

② 杨大文：《亲属法与继承法》，法律出版社2013年版，第234页。

③ 秦红嫚：《涉外监护法律适用理论与实证研究》，法律出版社2020年版，第353页。

④ 夏吟兰：《民法典未成年人监护立法体例辩思》，载《法学家》2018年第4期，第5页；又见陈钊：《我国成年人监护制度立法完善研究》，中国人民公安大学出版社2019年版，第25页。

为我国监护法律制度采用的是大监护的立法例，导致我国司法实践中抚养(直接抚养与间接抚养)与监护概念纠缠不清，并直接造成在司法实践中使用抚养权、直接抚养权、监护权以及随某某共同生活等术语时的混乱。① 考虑到我国现有监护立法的特点，在无法改变我国现行立法框架的前提下，可以通过司法解释明确监护和抚养的具体内涵。父母对未成年子女的监护既包括《民法典》第26条规定的抚养、教育和保护的义务，也包括该法第34条和第35条规定的监护人的监护职责。其中，第34条明确规定了监护人的职责除了为法定代理权外，还要对被监护人的人身权和财产等其他权益进行保护。这里的人身监护和财产监护与父母对子女的抚养、教育和保护都属于监护的范畴，即监护具有义务和权利的双重属性。抚养对父母而言是一种法定义务，具有强制性。而有关抚养的内容则是侧重于在经济上父母给予子女的扶助供养、提供衣食住行等义务。明确在父母与未成年子女的关系之中，抚养是父母纯粹的义务，多表现为经济上的金钱给付，其并不能涵盖监护的范畴。②

因赡养义务具有法定性、不可转让性和特殊身份属性。③ 从上述赡养的概念和各国的立法可知，赡养制度是一种与监护制度并行的制度。两者在内容侧重点上有所不同，但是又存在着重合。从内容上看，成年人监护设立的目的是管理被监护人的财产和照顾其人身，以期让被监护人尽快地融入正常生活之中；而赡养则注重对被赡养人在人身上的照顾和提供赡养费。不可否认，当赡养人是监护人而被赡养人是被监护人时，无论是在人身照顾层面还是在财产管理层面都会有所重合。然而，赡养法律制度的赡养人除了监护人外，还可能是非监护人，即赡养制度中的被赡养人除了被监护人外，还包括其他缺乏成年子女照料的成年人，即赡养法律制度的内容不局限于监护中成年子女对父母的照顾。此外，赡养人未经授权并不当然具有代理被赡养人实施民事法律行为的权限，不能以被赡养人的名义处分其财产，为买卖行为、赠与行为以及作出有关人身照护、医疗养护决定等。④ 国外很多国家的立法都基于监护和赡养制度保

① 夏吟兰：《民法典未成年人监护立法体例辩思》，载《法学家》2018年第4期，第4页。

② 袁发强、吴豪雳：《离婚后父母子女抚养与监护法律问题的澄清》，载《青少年犯罪》2019年第2期，第22页。

③ 王雷：《婚姻、收养、监护等有关身份关系协议的法律适用问题——〈合同法〉第2条第2款的解释论》，载《广东社会科学》2017年第6期，第227页。

④ 刘金霞：《中国老年意定监护实施的几个问题》，载《北京社会科学》2018年第10期，第22页。

护的对象以及内容不同，而对不同制度进行分别立法。① 大陆法系的很多国家，例如，法国、德国、日本等在立法时强调父母与子女之间的扶养义务是相互的，其中子女对父母的扶养义务是赡养。基于此，有必要区分成年人监护和赡养的具体内容。

总之，法院在处理案件时，应当结合我国实体法中有关监护与扶养的内涵和外延的界定，即监护侧重于监护人对被监护人人身和财产等方面的保护，而扶养侧重于扶养人为被抚养人提供的全方位的精神和经济支撑。②《法律适用法》第29条和第30条在法律选择上均体现保护弱者的倾斜，但前者在连结点上多了"主要财产所在地法律"，一定程度上也说明其更多地强调了经济上的供养。因此，法院在援引冲突规范前，一定要结合案件中的具体法律关系进行精准的识别，从而选出相应的准据法来保护被监护人的合法权益。③

3. 厘清与《法律适用法》第27条的关系

夫妻离婚后，除婚姻关系终止外，父母子女之间的权利义务以及父母之间关于子女的权利义务亦会发生变化，即父母中未同子女共同生活的一方，其承担抚养义务的方式、行使监护权或承担监护义务的方式都会与之前有所不同。④ 从上述我国的司法实践可知，法院在处理涉外离婚案件时，不仅容易混淆离婚后父母与子女之间的抚养和监护关系，而且习惯适用离婚的准据法一并处理离婚后子女监护问题。

我国《法律适用法》第27条规定："诉讼离婚，适用法院地法律。"该条的适用范围包括离婚的条件和离婚的效力两部分。有学者认为离婚后子女监护属于离婚的法律效力，所以可以适用离婚的准据法处理此事项。⑤ 有学者认为离

① Ann Laquer Estin, International Family Law Desk Book, 1-3 (2nd ed., American Bar Association 2016); Robert E. Oliphant, Nancy Ver Steegh, Family Law, 103-109, 193-210 (3rd ed., Aspen 2009); Lara Walker, Maintenance and Child Support in Private Intenational Law, 8-13 (Hart 2015).

② 秦红嫚：《涉外监护法律适用理论与实证研究》，法律出版社2020年版，第353页。

③ 吴用：《我国未成年人监护的法律适用——以〈涉外民事关系法律适用法〉第30条的司法应用为中心》，载《第四届涉外家事法论坛论文集》2019年5月，第69~70页。

④ 袁发强、吴豪雳：《离婚后父母子女抚养与监护法律问题的澄清》，载《青少年犯罪》2019年第2期，第15页。

⑤ 万鄂湘：《〈中华人民共和国涉外民事关系法律适用法〉条文理解与适用》，中国法制出版社2011年版，第189页。

婚后子女监护问题不属于离婚的效力范畴。①

建议可以通过司法解释明确离婚后子女的监护问题不属于离婚的效力问题，其是独立于离婚的法律关系，应当援引监护的冲突规范选择法律。② 主要理由如下：从实体法来看，离婚和监护制度本身的价值存在差异，且子女监护问题只是离婚带来的结果之一。我国学者一直呼吁完善监护制度时应增加离婚后父母对子女监护问题的相关规定，可知离婚后子女监护问题属于监护制度的内容。而我国《法律适用法》第30条是专门针对涉外监护的冲突规范，因此，将该问题纳入监护的适用范围更为妥当。此外，我国学者也提出离婚准据法通常适用于离婚的要件及效果。但如果离婚某一方面的效果有独立的冲突规范，则不适用离婚的准据法。③ 再者，依据《最高人民法院关于适用〈中华人民共和国涉外民事关系法律适用法〉若干问题的解释(一)》第13条之规定，若案件涉及两个或者两个以上的涉外民事关系时，法院应分别确定应当适用的法律。基于此，离婚后子女监护和离婚应该分别援引各自的冲突规范确定其准据法。

(三)确定有利于被监护人权益法的突破路径

将有利于原则引入涉外监护领域，对保护被监护人的权益有着重要的意义，且赋予法官充分的自由裁量权也体现了法律选择的灵活性。然而，若没有任何的标准限制有利于保护被监护人判断，则会造成法官自由裁量权过大的局面。参考其他国家的立法与实践并结合我国具体情况，建议通过司法解释的方式具体化“有利于保护被监护人权益”的考量因素，促进法律选择的灵活性和裁判的确定性之间的平衡，增强法律适用的可操作性；特定化“一方当事人”的范围，提高诉讼效率，实现公正价值和效率价值的统一。

1. 明确有利于被监护人权益的考量因素

法官在审理涉及涉外监护案件时，需要依据冲突规范选择最有利于保护被监护人权益的法律，通常需要结合法院地的实体法判断有利于被监护人权益法。有利于被监护人作为监护制度的一项原则，体现了现代监护立法以被监护

① 吴用：《我国未成年人监护的法律适用——以〈涉外民事关系法律适用法〉第30条的司法应用为中心》，载《第四届涉外家事法论坛论文集》2019年5月，第68页。

② 秦红嫚：《涉外监护法律适用理论与实证研究》，法律出版社2020年版，第354页。

③ 吴用：《我国未成年人监护的法律适用——以〈涉外民事关系法律适用法〉第30条的司法应用为中心》，载《第四届涉外家事法论坛论文集》2019年5月，第69页。

人的利益为首要原则和目的的立法理念。考察现代各国的监护立法，几乎都对有利于被监护人原则进行了规定。英美法系一些国家还对有利于被监护人原则的考量因素等内容进行了具体的规定。① 我国新的监护实体立法也将有利于被监护人原则写入了监护规则中，但是尚未有其他规定对该原则进行细化。在规定有利于被监护人原则的内容时，可考虑给出考量因素而非具体的细则，这样既可避免过于具体的规定会限制法官的自由裁量权，也可在一定程度上防止法官的自由裁量权过大，进而达到灵活性和确定性的平衡。因未成年人监护和成年人监护具有不同的特点，两者遵循不同的规则规律。前者遵循最佳利益，而后者强调尊重本人意愿。② 因此，在制定考量因素时，可以分开予以考虑，具体而言：

首先，在未成年人监护中，有利于被监护人原则最直接的体现就是要实现“未成年人最佳利益”，即要求监护人在处置未成年被监护人的事务前，应切实满足被监护人的利益而非监护人的利益，同时还要遵循未成年人的心理成熟程度，使其逐渐参与决定。③ “未成年人最佳利益”需要重点衡量其健康、幸福与尊严，关注其生存发展权，涉及其事务的要鼓励其自主参与。防止出现监护人对被监护人事务过度插手、无视被监护人的行为。有限特殊保护被监护人是制定考量因素首要考虑的问题。④ 英美法系很多国家的立法都细化了未成年人最佳利益原则的考量因素，并规定这些因素同时适用于离婚时对于未成年人子女的监护权的判决中。这些考量因素概括起来主要包括以下几个方面：未成年子女的年龄、成熟程度、意愿；其平时生活的稳定性、持续性；其免受情感、身体等伤害；监护人有满足其适当需求的能力；与其利益息息相关

---

① David Hodson OBE, The International Family Law Practice, 748 (4th ed., Jordon Publishing 2015); Ghislaine Lanteigne, Best Interests of the Child in Relocation: The Work and Views of Lawyers in England and Wales, in Alison Diduck, Noam Peleg, Helen Reece, Law in Society: Reflections on Children, Family, Culture and Philosophy, 395-396 (Koninklijke Brill NV 2015); Jean Zermatten, The Best Interests of the Child Principle, Literal Analysis and Function, 18 Int'l J. Children's Rights, 483-499 (2010).

② 李霞、陈迪：《从〈残疾人权利公约〉看我国新成年监护制度》，载《法治研究》2019年第6期，第48页。

③ 秦红嫚：《涉外监护法律适用理论与实证研究》，法律出版社2020年版，第329页。

④ 曹贤余：《儿童最大利益原则下的亲子法研究》，群众出版社2015年版，第63页。

的其他因素等。① 这些规则使得"未成年人最佳利益"更易操作。因我国的未成年人监护既包括父母对未成年人子女的监护，也包括其他近亲属或者其他组织对于未成年人的监护，因此可以借鉴国外相关标准，在讨论未成年人事务时侧重以下要素：第一，未成年人的生父、生母或者生父母双方的意见；第二，根据未成年人的年龄和理解能力，在允许的情况下考虑未成年人对监护人的意愿；第三，未成年人与其父母一方或者双方、兄弟姐妹以及其他对其最佳利益产生影响的人之间的关系；第四，其对家庭、学校等环境的适应度；第五，其年龄、性别以及家庭等；第六，与上述因素相关的人的心理和身体健康情况；第七，法官的自由裁量权。②

其次，在成年人监护领域若要做到最有利于被监护人，一般要做到支援其自主决定、最少限制以及最佳利益等几个方面。③ 现代各个国家和地区的成年人监护立法中都规定了最佳利益原则④，即监护人在处理被监护人的财产管理和人身监护的过程中，必须要优先考虑被监护人的希望与福祉。⑤ 有些立法还

---

① ［英］凯特·斯丹德力：《家庭法》，屈广清译，中国政法大学出版社 2004 年版，第 229~231 页。Maebb Harding, Teetering on the Brink of Meaningful Change?, in Bill Atkin, Fareda Banda, The International Survey of Family Law, 165 (Jordon Publishing 2015); Andrew I. Schepard, Children, Courts, and Custody: Interdisciplinary Models for Divorcing Families, 162-163 (Cambridge University Press 2004); Jane Mair, The Place of Religion in Family Law: A Comparative Search, 64 (Intersentia 2011).

② 秦红嫚：《我国监护制度的发展、问题与完善建议——兼评〈民法典(草案)〉总则中的相关规定》，载《浙江理工大学学报(社会科学版)》2020 年第 3 期，第 314 页。

③ 秦红嫚：《涉外监护法律适用理论与实证研究》，法律出版社 2020 年版，第 331 页。

④ 例如，《德国民法典》第 1901 条第 2 款规定："照管人必须以符合被照管人的最佳利益的方式，处理被照管人事务。被照管人的最佳利益，包括在其能力所及的范围内按照自己的愿望和想法安排其生活的可能性。"我国台湾地区 2008 年新修正的"民法"在成年监护部分则多次提到最佳利益原则(如新法第 1111 条之 1、第 1097 条第 2 项准用)。英国《意思能力法》第 1 条第 5 款规定了最佳利益原则(Best Interests)，该条款规定了代替意思能力欠缺人所做的行为或决定，必须为了其最佳利益。Pamela B. Teaster, Winsor C. Schmidt Jr., Erica F. Wood, Susan A. Lawrence, Marta S. Mendiondo, Public Guardianship: in the Best Interests of Oncapacitated People?, 7-8 (Praeger 2010).

⑤ 李霞：《成年监护制度研究——以人权为视角》，中国政法大学出版社 2012 年版，第 85 页；Rebecca Lee, The Use of the Trust in Adult Guardianship in China: Prospects and Challenges, 8 J. Int'l Aging L. & Pol'y 69 (2015); Allen E. Buchanan, The Limits of Proxy Decisionmaking for Incompetents, 29 Ucla. L. Rev. 386.

对如何判断最佳利益作出了规定。我国可以在结合其他国家和地区立法的基础上给出考量的因素：(1)在作出某项决定时，要以被监护人如果具有意思能力时也会作出或者期待作出这种选择；(2)监护人要尽量鼓励或者允许被监护人参与事务决策中去，或者尽力改善被监护人参与事务决策的能力；(3)被监护人过去或现在的感情和希望、信仰、价值观等其他要素；(4)咨询家属、护理者或者其他人的意见确定被监护人的意思；(5)其他有利于被监护人的情形。①

2. 特定化“当事人”的范围

《法律适用法》第30条的规定采用的是复数连结点，即“经常居所地”和“国籍国”，且条文在连结点前设有条件即“一方当事人”，那么法院在选择有利于被监护人法的过程中需要对“一方当事人经常居所地法律或者国籍国法”进行权衡和判断。但是，该条未规定“当事人”是指纠纷争议的当事人还是专指监护人与被监护人双方。“当事人”的范围在一定程度上影响着法院查找、分析、比较对应实体法的数量，而“当事人”的范围越大，法院查明、理解和比较的实体法的数量就越多，这在一定程度上会增加法院的司法负担，与司法便利原则相冲突，无法实现公正价值和司法效率的统一，进而影响被监护人的合法权益。② 此外，因我国现有立法和司法解释尚未明确“当事人”的范围，导致实践中法院常常适用法院地法即我国法律处理案件。因此，有必要特定化“当事人”的范围，助力有利于被监护人法的选择。

在确定“当事人”时，要明确此处并非指纠纷争议的当事人，也不建议直接将其理解为“监护人和被监护人”。理由如下：其一，对于监护的设立、监护人的资格以及选任等问题。在监护关系设立以前，尚未确定谁是监护人，而选择准据法的目的是解决这个问题。此时选法的目的是确定谁是监护人。在此种情形下，若将当事人理解成监护人和被监护人双方，那么该问题就转变成了依据监护人或者被监护人一方经常居所地或者国籍国法律中有利于被监护人的法律来确定监护人资格等问题。既然已经确定了谁是监护人，又根据监护人与被监护人一方的法律来确定谁是监护人，这在逻辑上很混乱。其二，如果案件所要处理的监护纠纷是监护权的归属、监护人的确定等纠纷，将当事人解读成

① 秦红嫚：《我国监护制度的发展、问题与完善建议——兼评〈民法典(草案)〉总则中的相关规定》，载《浙江理工大学学报(社会科学版)》2020年第3期，第314页。

② 袁发强：《有利的法——实质正义的极端化》，载《现代法学》2015年第3期，第152页。

监护人与被监护人仍然会存在问题。在监护权归属案件中，纠纷的当事人应当是争夺监护权的主体，而非监护人与被监护人，即被监护人不可能会争夺自己的监护权。因此，此种情况下若将当事人理解成监护人与被监护人仍然会出现逻辑上的问题。当然，若处理关于监护人照管被监护人的财产或者如何照顾被监护人、监护人的职责等问题时，适用监护人或者被监护人一方经常居所地或者国籍国法律中有利于被监护人的法律在逻辑上尚可解释得通。

基于上述分析，建议关于涉及监护的设立、变更和终止等有关监护人和被监护人资格和身份的法律适用问题，明确直接适用对被监护人最有利的法律。① 可通过修改立法将原条文改为："监护的设立、变更和终止、监护权的归属、监护人的确定，适用被监护人的经常居所地或国籍国法中有利于被监护人权益的法律。"在无法改变立法的情形下，采用司法解释的方法，将一方当事人限制为"被监护人"。原因如下：首先，在涉外监护中，被监护人的确定较之监护人的确定比较容易。在涉外监护中，无论是涉及多方当事人争夺监护人资格的纠纷，还是因履行监护职责过程中产生的纠纷，或者因管理监护财产与其他主体产生的纠纷等，在这些纠纷中往往比较容易确定被监护人的身份，因此在涉及监护的设立、变更和终止等有关身份问题时，适用被监护人的属人法比较容易确定。其次，一般而言，对于关系到被监护人的人身权益的监护纠纷，往往与被监护人的经常居所地或者国籍国有实质的联系，通过对被监护人的特殊保护也有利于实现保护被监护人的利益。最后，采用被监护人的经常居所地或国籍国法中有利于保护被监护人权益的法律也符合现代国际私法的发展趋势。一些国际条约②和一些国家的新近立法③都规定了优先适用被监护人的惯常居所地法。而有关监护人照管被监护人的财产或者如何照顾被监护人、监护人的职责等问题的法律适用，此处的当事人限制解释为"监护人与被监护人"。理由主要是基于监护具有权利和义务双重属性。现代监护立法的价值取

① 汪金兰：《关于涉外婚姻家庭关系的法律适用立法探讨——兼评〈涉外民事关系法律适用法〉(草案)》，载《现代法学》2010年第4期，第171页。

② 例如，1996年海牙《关于父母责任和保护儿童措施的管辖权、法律适用、承认、执行及合作公约》第3章法律适用部分就规定，对于儿童的保护措施优先适用"儿童的惯常居所地法"；2000年的海牙《关于成年人国际保护公约》第13条至第15条规定对成年人的保护措施允许通过协议或双边行为在被保护人的惯常居所地法、本国法或与被保护的成年人有实质联系的法律中指定应适用的法律。

③ 例如，1998年《突尼斯国际私法典》第50条、2005年《保加利亚国际私法典》第86条等也都规定了优先适用被监护人的惯常居所地法。

向，即要平衡各方当事人的合法利益，不能过分牺牲某一方的利益来维护对方的利益。

（四）规范裁判思路，强化文书说理

上述建议为处理涉外监护案件提供了前提，在处理涉外监护的法律过程中还要注意规范裁判思路和强化文书说理，进而减少涉外民商事审判中"重实体判定、轻法律选择"①以及强制适用中国法的现象。

1. 规范裁判思路

第一，要对案件进行准确的识别，正确援引条文，依据法院地法即我国法律的规定识别纠纷。主要包括：首先，判断案件是否属于涉外案件，需要从主体、客体以及内容等多角度进行考量，而非仅仅局限于判断主体是否涉外。其次，还要判断案件是属于监护纠纷案件，还是属于其他相似制度规范的案件。如果经定性后认为属于涉外监护的范畴，则可以援引《法律适用法》第 30 条的规定；如果是涉外离婚纠纷中包含监护纠纷的案件，涉外监护关系的法律适用要单独进行判断，即将涉外监护问题识别成独立的问题。

第二，要结合具体的案件寻找并列出相关的连结点。如果案件是涉及监护的设立、变更或者终止等与被监护人的人身有密切关系的身份权的，要确定被监护人的经常居所地和国籍国；若是因为履行监护职责或者因管理监护财产等的监护纠纷，则需要将监护人和被监护人的经常居所地和国籍国列出，这样做的目的就是尽量周全地列出连结点，以期为后面的选法作出更加全面的选择，进而真正做到找出最有利于保护被监护人权益的法律。

第三，判断和取舍准据法。对于准据法的判断，一般情况下是在上述连结点中，结合有利于保护被监护人权益的法律作出判断，有条件地选择对保护被监护人权益有利的法律作为准据法。具体而言：首先要明确依据法院地法即我国的法律对是否有利于保护被监护人进行判断。其次，针对涉及监护纠纷案件，具体分析如何适用法律，不能采用一刀切的做法，即杜绝无论涉及监护关系的哪些方面全部依照当事人的住所地进行判断的做法。对于涉及监护的设立以及监护人的确定等与被监护人身份关系密切相关的，建议选择被监护人的经

① 张丽珍：《涉外扶养案件法律适用的实证考察——以〈法律适用法〉实施以来的案例为研究对象》，载《中国国际私法与比较法年刊》（第 19 卷），法律出版社 2017 年版，第 78 页。

常居所地法或者国籍国法中有利于保护被监护人的法律；对于监护关系的其他方面则建议从监护人和被监护人一方的经常居所地或者国籍国法中选择有利于被监护人的法律。

2. 强化文书说理

笔者研读上述56份裁判文书时发现上述文书的通病之一就是说理不严谨且不充分。加强裁判文书的说理，既是制作裁判文书的基本要求，也是实现诉讼目的、彰显司法公正、提升司法公信力的必然要求。① 建议我国法院在裁判涉外监护争议案件中适用法律时必须说明理由、呈现推理过程。

总之，涉外监护法律适用是一个很漫长且复杂的过程，既需要相应的冲突规范予以指引选择适当的准据法，又需要完善的国内实体法予以配合，两者缺一不可。在规定涉外监护的法律适用时，我国应当从立法层面和司法层面两个层面进一步完善细化涉外监护法律适用规则，可通过明确监护的适用范围、厘清与其他相关法条的关系、规范裁判思路，强化文书说理等方式，缓解涉外监护案件法律适用司法实践中存在的困境。同时，考虑到保护被监护人的权益、选择有利于保护被监护人权益的法律成为一种趋势，还可通过司法解释的方式具体化“有利于保护被监护人权益”的判定因素，促进法律选择的灵活性和裁判的确定性之间的平衡。只有几者相互配合才能做到真正地保护监护各方的利益，尤其是被监护人的合法权益，最终实现国际私法的实体正义、冲突正义和程序正义的相互统一。

---

① 转引自肖永平、赵运成：《中国法院适用强制性规范解决涉外劳动争议之实证分析》，载《中国国际私法与比较法年刊》（第22卷），法律出版社2019年版，第183页。

跨国代孕亲子关系法律适用问题研究

张正怡　邹升阳*

目　次

代孕是由于人工辅助生殖技术(Assisted Reproductive Technology，ART)的发展而出现的相对较新的现象。除了代孕，现有人工辅助生殖技术还包括人工体内受精和人工体外受精(试管婴儿)两种，而这两种技术类型已被我国在内的国际社会普遍认可。① 代孕是指女性接受他人委托，将人工授精或体外受精所形成的胚胎通过移植技术植入其子宫内孕育孩子，产后将孩子交由委托方抚养的行为。② 代孕中若由代孕母亲提供卵子，便可能涉及贩卖儿童的伦理争议和代孕母亲拒绝让与抚养权的法律争议，因此实践中的代孕安排较少出现此类情况，本文亦不讨论。当代孕中的代孕母亲、代孕行为等具有涉外因素时，代

---

* 张正怡，法学博士，上海政法学院副教授，研究方向：国际私法、国际经济法；邹升阳，上海政法学院国际法学院硕士研究生，研究方向：国际私法、国际经济法。

① 马龙倩：《国内代孕乱象及其规制路径》，载《东南大学学报(哲学社会科学版)》2020年第22卷增刊，第59页。

② 袁泉、罗颖仪：《跨境代孕国际私法问题研究》，法律出版社2019年版，第3页。

孕便可能成为跨国代孕。对于跨国代孕，尤其是商业性代孕，① 各国立法态度与司法实践迥异，并不统一。国际家庭法领域也无统一法律规范可以适用。

跨国代孕亲子关系如何认定与法律适用，是国际法与国内法两个层面立法缺失或冲突后必然面临的问题。实践中，一国意向父母委托他国代孕母亲怀孕，分娩成功后根据代孕协议的抚养权让与条款得到代孕儿童的亲权，继而寻求政府行政性或司法性确认。从表面上来看，法定父母应当依据意向父母与代孕母亲的代孕协议具体内容进行确定，维护当事人意思自治。但实际上，法定父母的确认包含对法律价值与人权价值的考量，也是在权衡儿童的个体权益和国家公共秩序。

一、问题的引出

自 1978 年第一例体外人工受孕(In Vitro Fertilization, IVF)成功之后，不到半个世纪，全世界范围内的跨国代孕产业蓬勃发展，② 为不孕不育父母、同性恋者、单身男性或者女性等群体提供了一种延续后代的理想方式。可以预见的是，代孕产业在世界范围内纵深发展的趋势已无法避免，随之而来的如何确定亲子关系、各国国内法的现实冲突等国际私法问题也将必然面临与应对。跨国代孕涉及诸多复杂的法律问题。核心问题之一便是亲子关系的认定。不可否认，跨国代孕本身及其规制存在着多重复杂性，如跨国代孕行为本身便比自然生育及其他人工辅助生殖技术难度更大，涉及主体可能更多，其在国际法与国内法两个层面存在着立法缺失或冲突，各国监管和司法实践协调程度较低。

第一，行为自身的复杂性。同自然生育相比，代孕会借助人类辅助生殖技术实现整个生育流程的推进，便可能会出现技术上的差错。代孕母亲的孕育及分娩是源于代孕初始与意向父母签订的代孕协议。另外，代孕儿童同意向父母的基因关系也不存在必然联系，有可能的情况是意向父母同代孕儿童完全无血缘关系。

---

① 根据对代孕母亲的补充是否在合理范围之内，可以分为商业性代孕和非商业性代孕。商业性代孕是指代孕安排中代孕母亲的报酬超过了与代孕本身有关的费用。本文提及的代孕若无特别说明，均指商业性代孕。

② Permanent Bureau of the Hague Conference on Private International Law, A Study of Legal Parentage and the Issues Arising from International Surrogacy Arrangements, Prel Doc No. 3B, 2014, p. 15, https://assets.hcch.net/docs/6403eddb-3b47-4680-ba4a-3fe3e11c0557.pdf, visited on 1 May, 2021.

第二，涉及主体的多元性。就可能涉及的“父母”而言，在最为极端的情况下，跨国代孕安排会涉及意向父母、代孕父母、基因父母，即精、卵提供人及其配偶等八位“父母”。但实际上，由于现代代孕产业的安排，基因父母通常与代孕父母消息隔绝，互不了解，因此不易发生基因父母基于血缘关系主张代孕儿童抚养权的纠纷。即使跨国代孕纠纷不考虑基因父母的参与，当代孕母亲基于分娩与照顾主张对于儿童的抚养权时，各国司法实践也大相径庭，各自依据国内的规则与价值进行权衡确认。

第三，国际立法的缺失。现有国际条约并无直接规制跨国代孕的规定，海牙国际私法会议于2010年正式关注跨国代孕领域，并于2015年成立专家组专门研究这一领域的问题，旨在于适合的时候制定一部新的公约。鉴于跨国收养与跨国代孕存在类似之处，实践中便有不少跨国代孕纠纷的亲子关系认定最后通过收养方式解决，同时也有学者提出借鉴《海牙跨国收养公约》的成功经验，制定代孕相关公约。① 但不可忽视的是，收养与代孕之间的巨大差异。首先，与代孕不同的是，收养是国际社会普遍认可的一种建立家庭的方式，而商业代孕在大多数国家是禁止或者限制的。将收养的经验移植到应对代孕的问题上，存在本身就需探讨。其次，公约从制定、签订、生效到国家批准、加入这一过程往往耗时甚久。即使公约得以制定完成，许多国家是否签署该公约也有待考究。因为亲子关系作为个人身份中最为核心的问题之一，被认为有涉主权，②同时跨国代孕中的国籍确认问题也被认为涉及主权。

第四，各国立法的冲突。各个国家以不同的方式进行管理和规范涉及本国的跨国代孕行为。横向来看，基于社会、经济、文化及宗教等国情因素，各国对于代孕是否合法、亲子关系如何认定、合同协议是否有效及可执行性以及儿童国籍的取得等方面规定各异，属于各国内部家庭法处理的范畴。纵向来看，国际社会对代孕的态度也会发生变化，这意味着一国对于代孕的立法与实践处于非确定性状态之中。如2002年宣布商业代孕合法化的印度，曾为世界主要代孕目的地国之一，但其于2015年开始禁止了涉及外国国民的商业代孕，以避免面临复杂的跨国代孕纠纷。而这也代表着部分代孕国态度的转变，越南早

---

① 袁泉、罗颖仪：《跨境代孕中的法律冲突及其解决路径——〈跨国收养方面保护儿童及合作公约〉的经验》，载《国际法研究》2019年第2期，第123~126页。

② Ergas, Yasmine, Babies Without Borders: Human Rights, Human Dignity and the Regulation of International Commercial Surrogacy, Emory International Law Review, Vol. 27, No. 1 (January 2013), p. 141.

在2014年禁止存在商业目的的代孕，泰国于2015年宣布涉及外国国民的商业代孕不合法，之后，柬埔寨于2016年颁布禁止商业代孕的法令。①

面对跨国代孕本身的复杂性，相关规制立法的空白或冲突，尽管海牙国际私法会议从国际法上试图填补空白和统一私法，但是国家层面的应对显得更为重要。目前，部分国家已经意识到国内立法的空白可能会导致对亲子关系及儿童权利产生严重的负面影响，政府会提前提醒拥有代孕意愿的父母，进行跨国代孕可能存在的法律风险。例如，比利时外交事务部在其官网明确表示，由于现有的立法空白，他们可能无法承认其他国家与跨国代孕相关的法律文书，也无法认定亲子关系或为代孕儿童提供旅行证件。因此，建议有意向的父母不要寻求代孕，并在代孕儿童出生后向相关法院及时寻求补救。②

二、跨国代孕亲子关系认定中的法律冲突问题

各国现有法律之冲突主要存在以下两方面：一是关于代孕是否具有合法性的冲突，二是遵循不同学说的各国亲子关系认定标准间的冲突。

（一）代孕合法性的法律冲突

根据各国对于代孕的立场及态度不同，通常会分为四种类型。③

第一种是完全禁止型，代孕会因违反法律而无效且代孕协议不可执行，如德国、法国、意大利等国家。此类国家大多为大陆法系国家，同时这些国家大多遵循着分娩说确定亲子关系。

第二种是完全允许型，即对代孕（包括商业性代孕和非商业性代孕）持完全开放的态度，如俄罗斯、乌克兰等国家。

第三种是限制型，即国家会允许利他代孕（即非商业性代孕）的发生，但条件通常较为特殊或苛刻。如以色列于1996年宣布利他代孕合法化，政府会负责审核每一份代孕协议。禁止家族内代孕，禁止跨宗教代孕。意向父母需为

---

① 刘长秋、严佳扬：《代孕立法东南亚各国有何新动向》，载《健康报》2020年5月16日，第3版。

② Federal Public Service Foreign Affairs of Belgium, "Acknowledgement of Parentage", https://diplomatie.belgium.be/en/services/services_abroad/registry/acknowledgement_of_parentage, visited on May 1, 2021.

③ 严红：《跨国代孕亲子关系认定的实践与发展》，载《时代法学》2017年第6期，第100页。

具有不孕不育或类似情况的异性配偶家庭，代孕母亲不得由已婚妇女担任，同时不得在代孕时提供卵子。①

第四种是法律并无直接规定型，如中国(大陆)。但在处理代孕案件时，国家司法机关通常会具有一定的倾向性，展示出该国对此的态度与立场。

在跨国代孕安排中，意向父母国即接受国，其法律通常禁止或限制代孕，如上述第一种类型的国家，因此其国内有代孕意向的公民会前往另一个监管相关宽松的国家进行代孕，如选择上述第二种类型的国家。

需明确的是，代孕行为合法性与否与代孕亲子关系如何确认，并无直接联系。② 代孕行为合法性的争论核心在于个体自由与公序良俗之间的权衡，即哪一价值具有优先性的问题。禁止代孕的国家的出发点往往在于对国内公共秩序的维护和当事人权益的保护。然而，代孕亲子关系的确定是在代孕儿童已经存在的前提下，有必要确定儿童的亲属权以维护其作为独立的人的权利与人格。因此，尽管接受国的法律可能禁止或限制代孕行为，接受国也应当独立地对待亲子关系认定这一法律问题。

(二)亲子认定标准的法律冲突

纵观各国立法与实践，对于代孕亲子关系通常由四种学说予以认定。

一是基因说，即根据儿童的基因确认父母的身份。在现代技术不断冲击人类生殖伦理的当下，亲子之间存在基因与否仍是其关系认定的关键参考因素之一。在 Paradiso and Campanelli 案中，③ 意大利 Paradiso 夫妇经历过次体外受精失败后，前往俄罗斯进行代孕。代孕成功后，将儿童带回意大利时，意大利当局发现该夫妇与代孕儿童并无基因联系，出生证明信息是伪造而成。夫妇起诉之后，法院认为该夫妇涉及双重非法：一方面伪造出生证明，另一方面付出 49000 欧元获得一个无任何基因联系的儿童，并将其带回意大利的行为涉嫌人口贩卖。于是采取强制措施带走了代孕儿童并启动收养程序。二是分娩说，即依据“谁分娩，谁为母”的认定逻辑确定母亲身份。在自然生育的情形下，基

---

① 石雷：《功能主义视角下外国代孕制度研究》，华中科技大学出版社 2020 年版，第 77~78 页。

② 谈婷：《价值冲突与选择：代孕亲子关系确认的困境破解》，载《苏州大学学报(哲学社会科学版)》2020 年第 3 期，第 90 页。

③ Paradiso and Campanelli v. Italy [GC], Application No. 25358/12, Judgment of 24 January 2017, https://lovdata.no/static/EMDN/emd-2012-025358-2.pdf, visited on May 1, 2021.

因说与分娩说的认定结论通常并无差异，妊娠的女性同时提供了卵子，并无法律上的区分。三是契约说，即基于代孕协议的自愿安排确定父母亲身份。这是尊重私主体意志自由的表现，也是契约进入婚姻家庭领域的体现，彰显了代孕同收养的主要区别：跨国代孕建立在跨国代孕协议之上，而跨国收养则不以协议为基础。四是子女最佳利益说，即根据案件实际情况，寻找最能够维护儿童利益的父母，从而确定亲子关系。

很明显的是，接受国亲子关系认定规则可能会与出生国不一致，即各个原则之间可能发生冲突。在 Manji 案中①，印度代孕母亲顺利生下了代孕儿童 Manji，在意向父亲山田裕文意图带儿童回到接受国日本而为儿童申请日本护照时，日本使馆依据其国内法律有关规定，儿童国籍的获得取决于其分娩母亲之国籍，即遵循分娩说，拒绝为 Manji 发放护照。

目前，四种学说均有不少的国家或地区予以坚持，与前三种学说可以直接指向父母身份的归属相比，第四种学说——子女最佳利益说仅是一种原则性的描述，依据具体情况予以确定。四种学说影响着各国的立法与实践，难以建立统一的亲子关系认定规则与程序。就我国而言，司法实践中恪守着分娩说，这符合我国传统伦理观念与大众认知的同时，也是加重代孕者责任的体现。

三、冲突规范之界定

跨国代孕中的各国法律冲突，直接影响意向父母、代孕儿童等当事人之间的权利义务关系，不仅可能引发“跛脚代孕”亲子关系②的出现，也可能导致儿童处于无国籍状态。如在 Baby Manji 案中③，意向父亲山田裕文因接受国日本拒绝为 Manji 提供国籍与护照，而向印度申请护照，寻求将婴儿带回日本。印度政府依据 1955 年《公民法》的规定，即为婴儿申请护照必须持有登记有双亲姓名的出生证，而山田裕文已离婚，出生证上只有意向父亲一方姓名。于是印度政府拒绝为其提供国籍。尽管后续山田裕文进行了多次申诉，婴儿最终获得

---

① Baby Manji Yamada v. Union of India, the Supreme Court of India, (C) No. 369 2008, https://indiankanoon. org/doc/854968/? type=print, visited on May 1, 2021.

② “跛脚代孕”亲子关系即指此类关系依一国法律有效而依另一国法律无效或可被撤销。参见黄志慧：《代孕亲子关系的跨国承认：欧洲经验与中国法上的选择》，载《环球法律评论》2021 年第 2 期，第 178 页。

③ Baby Manji Yamada v. Union of India, the Supreme Court of India, (C) No. 369 2008, https://indiankanoon. org/doc/854968/? type=print, visited on May 1, 2021.

了国籍。但 Manji 也有长达两年的时间处于无国籍儿童状态。

如何在一系列法律冲突之间确认代孕儿童的抚养权，这就需要法院根据冲突规范的指引确定适当的准据法。目前，国际上尚无统一的相关实体法或冲突规范，跨国代孕亲子关系认定的问题主要由各国国内的冲突规范确定准据法。

（一）连结点与准据法分析

法院地国，即接受国，一般会通过三种方式认定亲子关系。一是根据国内法对亲子关系予以确认。如在一般情况下，意向父母根据接受国有关法律的要求，提供必要的资料后，为儿童申请国籍，接受国予以行政或司法确认。二是承认与执行他国已生效亲子关系证明文件，包括行政性的证明文件和司法性的判决文书。三是采用折中的方式——收养，为意向父母和代孕儿童形成拟制的亲子关系。

跨国代孕亲子认定的案件中，依照法院地国冲突规范确定准据法时，会适用到意向父母的惯常居所地法（或国籍国法）或者儿童的惯常居所地法，而上述被指引的准据法通常与法院地法一致。即一般情况下，拒绝承认亲子关系的接受国为法院地国。很明显的是，依据意向父母国禁止或限制代孕的法律规定，意向父母与代孕儿童的亲子关系可能并不具备法律效力，即意向父母并不享有对代孕儿童的抚养权，“跛脚代孕”亲子关系并有可能发生。

收养程序确认亲子关系，并非意向父母的优先选择，而是在司法实践中的被动适用。对于跨国收养，一些国家采用了单边冲突规范，如 1942 年《意大利民法典》第 20 条①与 1959 年《法国民法典私法法规（第二草案）》第 4 条。② 也有较多国家的法律采用重叠适用的冲突规范，这也是目前世界各国立法发展的趋势所在。如我国《涉外民事关系法律适用法》第 28 条规定，③ 冲突规范中规定多个连结点，增加连结点选择的灵活性，也是软化连结点的方式之一。

（二）公共秩序保留制度

在法院地国禁止或限制代孕的情况下，对于本国意向父母在他国合法确立

---

① 1942 年《意大利民法典》第 20 条规定：“收养人和被收养人之间的关系，适用收养人收养时的本国法。”

② 1959 年《法国民法典私法法规（第二草案）》第 4 条规定：“收养的实质要件和收养的效力依收养人的属人法。”

③ 《涉外民事关系法律适用法》第 28 条规定：“收养的条件和手续，适用收养人和被收养人经常居所地法律。”

的亲子关系，法院地国通常会主张公共秩序保留制度拒绝承认与执行。这种做法不仅是为保持跨国代孕和国内代孕具有同等法律后果，即在法律上一视同仁，统一按照本国法处理，也是出于维护本国人权与法律价值的考量。公共秩序作用之一便是当外国法的适用同本国公共秩序有所抵触时，排除或否定外国法的适用。① 在 Labassée 案中，② 一对法国的意向父母前往美国进行代孕。出生的代孕儿童同意向父母在美国建立了合法亲子关系，但美国开具的出生证明未得到法国当局的承认。意向父母上诉后，法国法院以与本国公共秩序不符为由，拒绝承认美国已生效的亲子关系证明。

四、应对跨国代孕亲子关系法律适用问题的路径探析

基于国际家庭法的特殊性，不同国情背景下的各国有关实体法，相差甚大。海牙国际私法会议已计划制定有关跨国代孕的国际公约，未来立法方向将是统一的冲突法公约，在不同法律体系之间搭建桥梁。③ 我国现行立法与跨国代孕亲子关系法律适用问题有关的是《涉外民事关系法律适用法》，但该法难以应对跨国代孕亲子关系认定的纠纷问题，如跨国代孕中的意向父母与代孕儿童的亲子关系并不适宜由该法第 25 条④中的父母子女关系调整。

鉴于此，基于顺应国际趋势与国内形势的需要，我国立法机关有必要尽快出台一部涉及跨国代孕问题的专门法律或者行政法规，规范现有或潜在的跨国代孕问题。具体法律适用原则及规则考虑如下：

（一）跨国代孕亲子认定法律适用的原则

1. 儿童最佳利益原则

儿童最佳利益原则在国际法上的正式确立源于联合国 1989 年《儿童权利公

① 李双元、欧福永：《国际私法》，北京大学出版社 2015 年版，第 136 页。

② Labassée v. France, Application No. 65941/11, Judgment of 26 June 2014, https://hudoc.echr.coe.int/fre#{%22itemid%22:[%22001-145389%22]}, visited on May 2, 2021.

③ 余提：《跨国代孕的法律问题研究》，中国政法大学出版社 2020 年版，第 128 页。

④ 《涉外民事关系法律适用法》第 25 条规定：“父母子女人身、财产关系，适用共同经常居所地法律；没有共同经常居所地的，适用一方当事人经常居所地法律或者国籍国法律中有利于保护弱者权益的法律。”

约》,① 具体内涵可以从国内法和国际法两个角度加以审视。② 就国际法层面而言,《儿童权利公约》中规定的儿童基本权利与其他国际人权条约中所规定的儿童基本权利,如《减少无国籍状态公约》中第2条、第3条中③的有关规定,应当包括其范围内。而从国内法来看,各国国内关于儿童权益保护的专门法与其他法律中所规定的儿童权利,也应当涵盖在一国司法的儿童权利范围以内。如我国《未成年人保护法》作为一部综合保护儿童权益的专门法,《收养法》也对涉及儿童权利保护问题做了相应规定。④ 认定跨国代孕亲子关系时坚持儿童最佳利益原则,这不仅是各国立法层面上的普遍运用,亦是各国实践层面中处理跨国代孕亲子关系认定法律适用问题的一种主要趋势,已成为法院或行政部门处理相关问题的首要原则。⑤

代孕儿童作为整个跨国代孕安排中的弱势方,其合法利益的维护应贯穿于跨国代孕过程的始终,该原则的运用也应适时指导规则的适用,填补现有法律的漏洞和合理限定自由裁量权及其范围。如在双胞胎X与Y案中,⑥ 英国一对已婚意向父母前往乌克兰进行代孕,代孕十分成功,代孕母亲生下一对双胞胎:X和Y。但意向父母带代孕儿童回国时,发现尽管乌克兰认定了其合法的亲子关系,但英国遵循着分娩说,即代孕母亲为法定母亲,这意味着两国之间存在着法律冲突。法官结合案件具体情况和儿童最佳利益原则的共同考量,判决承认意向父母与双胞胎之间的父母子女关系。

---

① 《儿童权利公约》第3条第1款规定:“关于儿童的一切行为,不论是由公私社会福利机构、法院、行政当局或立法机构执行,均应以儿童的最大利益为一种首要考虑。”

② 袁泉、罗颖仪:《跨境代孕国际私法问题研究》,法律出版社2019年版,第240页。

③ 1961年《减少无国籍状态公约》第2条规定:“凡在缔约国领土内发现的弃儿,在没有其他相反证据的情况下,应认定在该领土内出生,其父母并具有该国国籍。”第3条规定:“为确定各缔约国在本公约下所负义务,凡在船舶上出生者,应视为在船舶所悬国旗的国家领土内出生;在飞机上出生者,应视为在飞机的登记国领土内出生。”

④ 《收养法》第2条规定:“收养应当有利于被收养的未成年人的抚养、成长,保障被收养人和收养人的合法权益,遵循平等自愿的原则,并不得违背社会公德。”

⑤ 严红:《跨国代孕亲子关系认定的实践与发展》,载《时代法学》2017年第6期,第104页。

⑥ Re X and Y, [2008] EWHC 3030 (Fam), https://www.familylawweek.co.uk/site.aspx?i=ed28706, visited on May 1, 2021.

2. 限制公共秩序保留制度原则

对于他国已生效亲子关系证明文件或判决，各国法院拒绝承认时，大多选择适用公共秩序为由。在 Mennesson 案中，① 一对法国意向父母在美国加利福尼亚州进行代孕后获得了一名儿童。在代孕母亲妊娠期间，加州最高法院判决意向父母与代孕儿童的亲子关系合法成立，这是出于自己辖区公共秩序的考量，具体理由有三：代孕母亲具有个人自主权，保护意向父母基本权利和维护儿童利益。但意向父母携带代孕儿童回到法国时，法国政府决定调查该跨国代孕过程，审查美国亲子关系证明文件。在意向父母多次起诉之后，法国最高法院仍以公共秩序为由拒绝承认美国加州的认定判决，具体理由有二：身份权不得让与和保护儿童利益。② 这实质上便使亲子关系认定陷入了某种死循环：接受国与出生地国基于各自辖区公共秩序的维护而对亲子关系作出独立认定，相互冲突时无法有效应对，令意向父母与代孕儿童长期处于法律上的不稳定状态之中。

因此，限制公共秩序保留制度的适用便有其存在的必要，同时有助于冲突规范中确定准据法的适用。具体而言，可以通过区分公共秩序适用标准上的“客观说”与“主观说”，③ 达到限制公共秩序适用的目的。只有当“明显违反一国公共秩序”时，方才适用公共秩序保留制度，同时与儿童最佳利益原则共同加以考虑。

（二）跨国代孕亲子认定法律适用规则的建构

1. 新增软化连结点相关的条款

我国《涉外民事关系法律适用法》第 25 条是有条件的选择性冲突规范，规定了父母子女人身关系的法律适用，反映了对弱者利益的维护。但这种类型的

---

① Mennesson v. France, Application No. 65192/11, Judgment of 26 June 2014, https://hudoc.echr.coe.int/fre#{%22itemid%22:[%22001-145389%22]}, visited on May 2, 2021.

② 王艺：《外国判决承认中公共秩序保留的怪圈与突围——以一起跨国代孕案件为中心》，载《法商研究》2018 年第 1 期，第 172~173 页。

③ “客观说”是指在决定是否援用公共秩序保留时，不但重视外国法的内容是否不妥，而且注重外国法的适用结果在客观上是否违反法院国的公共秩序。与此相对应的，“主观说”是指只要外国法本身之规定与法院地国的公共秩序相悖，即可排除外国法的适用。

冲突规范实际上只能选择一种可以适用的法律，并不适宜应对复杂的跨国代孕亲子关系认定问题。此外，该冲突规范的适用前提是已合法认定的亲子关系，故不可直接适用于跨国代孕亲子关系的认定。何种冲突规范方才适合，可先行考虑连结点范围。

从意向父母视角来看，跨国代孕亲子关系认定最为关键的一步是接受国法院或行政当局的承认。一国处理公民海外代孕后回国请求法院亲子关系认定时，理应主要选择适用意向父母共同居住地法。这不仅是出于与儿童未来生活居住环境相符的要求，也是接受国管理国内私法领域事宜的主权体现。

从代孕儿童视角来看，代孕儿童的惯常居所地和国籍国通常难以确定，而出生地国较为稳定和明确。将代孕儿童的出生地国作为连结点之一，不仅可以增进接受国与出生地国的司法协调，也能及时保护儿童权益。因为出生地国相比于接受国，对待代孕态度与立场一般更加开放，认定意向父母与代孕儿童的亲子关系的可能性较大。

此外，基于儿童最佳利益原则与跨国代孕的复杂性，可再行增设其他连结点，如意向父母一方惯常居住地和代孕母亲惯常居住地或国籍国。单一连结点的设置可能导致法律适用的僵化，有选择余地的连结点能让法院有更大选择空间去履行原则的要求。

经过上述分析，建议我国针对跨国代孕亲子关系认定的相关法律采取重叠适用冲突规范的做法，以适用意向父母共同居住地法为主要参考，同时考虑代孕儿童出生地国法，意向父母一方惯常居住地法和代孕母亲惯常居住地法或国籍国法。在意向父母没有共同居住地时，选择上述其他准据法中最有利于维护代孕儿童权益的法律。

2. 新增涉外亲子关系推定与否认条款

我国现行立法暂不承认同性婚姻，同时从我国代孕实践来看，意向父母通常为不孕不育夫妇。因此，此处法律推定与否认讨论的范围以男女合法婚姻为前提。从含义来看，亲子关系推定制度是指依据分娩确认母亲的身份后，在法律上推定生母之夫为法定父亲的制度。亲子关系的否认制度，是指特定当事人提出证据证明被推定的父亲与子女不具有亲子血缘关系而推翻亲子关系所作推定的制度。① 对于跨国代孕亲子关系中的法律推定与否认，推定对象并不应局

---

① 李志强：《亲子关系的推定与否认制度的建构》，载《行政与法》2012 年第 12 期，第 145~146 页。

限于父亲身份的推定，同时否认权的主体也不需局限于父亲，应对这两项制度进行扩大性理解。

意向父母同代孕儿童存在基因联系的情况下，可分为单方基因联系，即父亲或母亲一方同儿童存在基因上的联系，与双方基因联系，即儿童的基因均来自于意向父母双方。在存在单方基因联系且无阻却事由的情况下，存在基因的一方可直接认定为法定父亲或法定母亲，代孕协议签署时的另一方合法配偶作为法定母亲或法定父亲。两人需共同对代孕儿童承担国际上普遍公认的父母义务，即使后续婚姻状况存在问题，也不应当影响父母子女之间的权利义务关系。在Baby Manji案中,① 日本意向父母山田裕文夫妇在印度签署代孕协议时，婚姻存续。而在Manji出生时，意向父母已离婚，因为意向母亲没有前往印度为儿童办理相关手续，意向父亲山田裕文一人难以办理后续手续。出生之后的两年时间里，Manji处于无国籍状态。基于跨国代孕的复杂性和儿童最大利益的实现，意向父母应当保证代孕儿童出生后，始终处于稳定的成长状态。

意向父母同代孕儿童不存在基因联系的情况下，基于我国对待代孕（包括商业性代孕和非商业性代孕）的立场与国际社会对于代孕规制的分歧和不协调，建议目前暂不认可此类意向父母与代孕儿童的亲子关系。基因遗传应当为判断法定父母的实质标准,② 而无基因联系的代孕情形与贩卖儿童难以区分。从另一角度来看，承认无基因联系的跨国代孕亲子关系，则将极大提高现有的立法、执法与监管成本，加重同其他国家的联合协调负担。

综上所述，为应对国际法规范缺失与各国法律冲突，处理好跨国代孕亲子关系认定过程中的法律适用问题，建议我国加快推进跨国代孕领域立法，以应对跨国代孕问题的发生。对于该领域制度建构，可考虑以下原则及规则：在跨国代孕亲子关系法律适用原则方面，儿童最佳利益原则为核心及首要的原则，贯穿于跨国代孕始终，保护儿童权益不受过度侵害。同时限制公共秩序在该领域的适用，继而寻找适宜的准据法为代孕儿童确立好亲子关系。在跨国代孕法律适用规则方面，可软化连结点，尽可能增加连结点的灵活性和选择范围，提高维护儿童权益的可能性。同时确立亲子关系推定与否认条款，恒定法定父母之责任，不予认定意向父母与无基因联系的代孕儿童之间的亲子关系。

---

① Baby Manji Yamada v. Union of India, the Supreme Court of India, (C) No. 369 2008, https://indiankanoon.org/doc/854968/? type=print, visited on May 1, 2021.

② 杨成铭、潘坤：《非法代孕中的亲子关系认定规则研究——评典型非法代孕亲子关系纠纷案》，载《法律适用》2020年第24期，第8页。

五、结　语

全球范围内跨国代孕现象呈现不断扩大的趋势，已毋庸置疑。我国作为世界上人口最多的国家，特定群体存在着代孕的现实需求，代孕产业也在向前发展。目前，跨国代孕的特殊性在于，代孕手段的合法与否，与儿童权益的保护并无直接关系。未来我国如何正面回答跨国代孕中的儿童身份确认问题，这不仅关系到当事人之间的权利义务，更是会涉及我国对于代孕这一新兴社会现象的监管立场。

对此，可在我国未来立法之中，统一跨国代孕亲子关系认定的法律适用。以儿童最佳利益原则和限制公共秩序保留制度原则为导向，加强连结点选择灵活性，最大程度上维护儿童权益，同时增加亲子关系推定与否认条款，保障亲子关系的明确与稳定。从而在我国未来应对跨国代孕亲子关系法律适用问题时，确保立法清晰，法院能够有法可依，平衡个案中各种价值取向的同时，为代孕儿童提供及时有力的法律保障。

《海牙判决公约》诉讼费用条款谈判争议及其对我国的影响

陈泰男*

目　　次

一、引　　言

2019年，海牙国际私法会议第22届大会通过了《承认与执行外国民商事判决公约》(*Convention on the Recognition and Enforcement of Foreign Judgments in Civil or Commercial Matters*，以下简称《海牙判决公约》)，确立了民商事判决国际流通的统一规则。①《海牙判决公约》第14条名为"Costs of Proceedings"，故

---

* 陈泰男，武汉大学国际法研究所2020级硕士研究生。

① Convention of 2 July 2019 on the Recognition and Enforcement of Foreign Judgments in Civil or Commercial Matters, adopted on July 2019, Article 14, available at https://www.hcch.net/en/instruments/conventions/full-text/? cid=137, visited on 23 Feb. 2020.

称其为“诉讼费用条款”。[①] 该条款要求缔约国相互免除外国判决执行中的诉讼费用担保，并执行其他缔约国法院针对被免除担保者作出的诉讼费用命令。在诉讼费用条款谈判中，加拿大、以色列等国家以免除担保条款与国内法存在冲突为主要理由，对诉讼费用条款存在的必要性及具体内容提出了诸多意见和建议。谈判各方提出诸多方案以协调化解争议的过程，涉及诉讼费用担保制度在外国判决的承认和执行领域的适用，诉讼费用担保免除与保留的合理性之争，免除担保后如何合理地保护另一方当事人的利益等理论问题，值得深入探讨。考虑到我国未来加入《海牙判决公约》的可能，比较诉讼费用条款与我国关于诉讼费用担保的规则，研究我国如何处理与该条款的关系，有助于我国涉外民商事诉讼规则的完善。目前，国内外对诉讼费用条款的研究较少。本文首先介绍了诉讼费用担保及其免除的理论，梳理了国际公约中免除诉讼费用担保的规定，从而明确了《海牙判决公约》诉讼费用条款的产生背景。随后，本文以诉讼费用条款谈判争议的发生、来由和协调为线索，研究了该条款从初具雏形到最终通过的演变过程，从争议协调角度对该条款进行了评析。最后，本文比较了诉讼费用条款与我国的诉讼费用担保规则，对我国加入《海牙判决公约》后诉讼费用担保相关规则的完善提出了建议。

二、诉讼费用条款的产生背景

（一）诉讼费用担保及其免除理论

在国际民事诉讼中，法院可能要求国籍或住所不在本国的原告提供以后可能判决由他负担的诉讼费用的担保，这种制度被称为“诉讼费用担保”。[②] 诉讼费用包括在诉讼进程中实际支出的各种费用，如差旅费、出庭费、鉴定费等，但不包括在提起诉讼时就预交给法院的费用，如案件受理费。国际民事诉讼程序中产生的费用通常比较昂贵，并且外国原告诉讼请求被驳回时法院的费用判决在原告财产所在国经常难以获得承认与执行，从而给被迫应诉的当事人和管辖法院造成较大费用损失。因此，许多国家规定了诉讼费用担保，其意义在于

① 本文中，诉讼费用条款特指《海牙判决公约》第 14 条。

② 诉讼费用担保的概念有广义和狭义之分，本文介绍的是狭义的诉讼费用担保概念，即国际民事诉讼中以国籍或住所为基础的诉讼费用担保。广义的诉讼费用担保，指的是审理民事案件的法院要求原告提供以后可能判决由他负担的诉讼费用的担保。

防止原告滥诉或败诉后不承担诉讼费用，给被告和法院地国造成损失。

在有些国家的司法实践中，诉讼费用担保制度可能在外国判决承认和执行领域获得适用空间。这是因为各国规定的外国判决获得承认和执行的方式有所不同，这些方式大致分为审查、登记、重新判决三种类型。审查，即申请人提出执行外国判决的申请，法院审查后认为需要执行的签发执行令。登记，即申请人在本国法院登记外国判决后，外国判决即可获得执行。法院一般不要求以审查或登记方式寻求判决执行的申请人提供诉讼费用担保。一方面，这些申请人无须向法院起诉，当然无须提供诉讼费用担保；另一方面，诉讼费用担保是为了保证原告在败诉后承担诉讼费用，以弥补法院审理和被告应诉进程中的实际支出，保护两者的利益。在以审查或登记方式承认和执行外国判决的程序中，如果执行申请被驳回，被申请人和法院在程序中的支出一般非常少，所以无须要求申请人提供此类费用担保。但重新判决方式与审查和登记不同，它要求申请人向本国法院起诉，法院以该判决为既定债务或证据重新作出判决。在重新判决的程序中，申请人同时具备了诉讼中的原告身份，且诉讼程序常常令被申请人和法院产生很高的费用支出。若申请人不是本国国籍或住所不在本国，假若其申请被驳回，则要求其承担诉讼费用的命令存在执行上的困难，给被申请人和法院造成很大损失。因此，法院可能会要求外国判决执行申请人——假若他不是本国国籍或住所不在本国——提供诉讼费用担保，以保证当执行申请最终遭到法院驳回时，原判决债务人和法院在诉讼程序中的实际支出能得到弥补。

20 世纪以来，随着国际民事司法合作的深化，诉讼费用担保制度受到了不少批评。有学者提出，在国外提起诉讼本就很昂贵，用提供诉讼费用担保义务的方式加重原告的不利地位是不公平的。① 还有学者从国民待遇的实质精神角度指出，国民待遇意味着国家把给予本国国民的民事诉讼权利也给予在本国境内的外国人，所以不能因为当事人具有外国国籍或无国籍或在外国没有住所而要求其提供诉讼费用担保，限制其诉讼权利。② 然而，被告和法院国的利益也确实需要保护。因此，萨瑟认为，如果要废除诉讼费用担保制度，重要的前提条件是对有关原告或相互诉讼人的判决能够得到原告或相互诉讼人的居所或

① 李双元、谢石松、欧福永：《国际民事诉讼法概论》，武汉大学出版社 2016 年版，第 356 页。

② 韩德培、肖永平：《国际私法》，高等教育出版社、北京大学出版社 2014 年版，第 479 页。

财产所在地国家的承认和免费执行。如果该条件得不到保证，则只有当存在实质性互惠或当原告在诉讼法院所属国领域内有适当可扣押财产时，可以免除诉讼费用担保。① 对于外国判决执行中的诉讼费用担保，此类批评当然成立。若要免除外国申请人的费用担保义务，重要的前提条件是以后可能对他发出的诉讼费用命令能得到他的居所或财产所在地国家的承认和执行。如果这一条件得不到保证，可能的后果是：受理申请的法院会倾向于寻找理由拒绝启动承认和执行外国判决的程序，以避免诉讼费用命令难以执行带来的损失。

（二）免除诉讼费用担保的条约实践

根据倾向于免除诉讼费用担保的理论，20 世纪以来，部分国家致力于制定免除诉讼费用担保的国际规则，以促进国际民商事交往。1928 年泛美会议通过的《布斯塔曼特国际私法典》第 383 条规定，关于诉讼担保的提供，对缔约国的本国国民和外国人不得有所区别。② 1954 年海牙国际私法会议通过的《民事诉讼程序公约》第 17、18、19 条不仅规定了缔约国相互免除诉讼费用担保，还要求诉讼费用相关判决须得到各缔约国主管机关的免费执行，并规定了主管机关的审查方法。③ 1980 年海牙国际私法会议通过的《国际司法救助公约》认为，让外国原告享有与本国国民相同的免除诉讼费用担保的权利，并且诉讼费用支付令在缔约国内得以免费执行，应属于国际司法救助的一项内容。与《民事诉讼程序公约》相比，《国际司法救助公约》把免除诉讼费用担保的范围从"在缔约国有住所的缔约国国民"扩大到"在缔约国有惯常居所的人（包括自然人和法人、缔约国国民和非缔约国国民）"，且规定各国须指定转递申请的机关以减少申请人的困难，保证诉讼费用支付令的免费执行。④ 关于司法协助的双边条约和协定中也常常出现免除诉讼费用担保的规定。例如，1987 年中国与法国签订、1988 年生效的《中华人民共和国和法兰西共和国关于民事、商事司法协助的协定》第 1 条第 2 款规定："缔约一方的法院对于另一方国民，

---

① ［匈］萨瑟：《国际民事诉讼法》，第 436～437 页；转引自李双元、谢石松、欧福永：《国际民事诉讼法概论》，武汉大学出版社 2016 年版，第 356 页。

② Convention on Private International Law, adopted on Feb. 1928, available at https://www.oas.org/juridico/spanish/mesicic3_ven_anexo3.pdf, visited on 23 Feb. 2020.

③ Convention on Civil Procedure, adopted on Mar. 1954, available at https://www.hcch.net/en/instruments/conventions/full-text/?cid=33, visited on 23 Feb. 2020.

④ Convention on International Access to Justice, adopted on Oct. 1980, available at https://www.hcch.net/en/instruments/conventions/full-text/?cid=91, visited on 23 Feb. 2020.

不得因为他们是外国人而令其提供诉讼费用保证金。"①

特别地，许多关于承认和执行外国民商事判决的条约中出现了专门免除外国判决执行中的诉讼费用担保的规则。其中，区域性公约制定的免除担保规则比较容易获得认可并保持稳定，典型的是"布鲁塞尔体系"。1968 年欧洲经济共同体六国签订的《民商事司法管辖权和判决执行公约》(以下简称"布鲁塞尔公约")第 45 条规定："对于请求在一缔约国执行在另一缔约国作出的判决的当事人，不得因其外国人身份或者因在该国无住所或居所而要求任何名目的保证金和储存。"②1988 年签订的《卢加诺公约》第 45 条重复了该规定，③ 2000 年签订、2012 年最新修订的《布鲁塞尔条例》第 56 条亦采用了基本一致的表述，④ 且三个条约中均未允许针对该条的保留，表明该规定获得了缔约国的高度认可。区域性公约的缔约国地域相近，大多有相似的法律和文化传统，经济和政治联系紧密，互信程度高，司法合作程度深。这些条件都有利于抑制它们相互免除担保带来的不良后果，从而容易接受相关条款。

相反，在超越区域范围的国际公约中制定免除担保规则比较困难。1971 年海牙国际私法会议通过的《民商事外国判决承认与执行公约》(以下简称"1971 年海牙公约")第 17 条规定："申请人是自然人时，有惯常居所，或者不是自然人时有营业所于被请求国根据《公约》第 21 条规定订有补充协定的一缔约国境内者，不得由于申请人的国籍或其住所的原因，令其提供被请求国法律所规定的任何名目的担保、押金或保证金以保证诉讼费用的支付。"⑤然而，该条款把免除担保的条件设置得太过严苛，以至于很难发挥作用。首先，只有

① 《中华人民共和国和法兰西共和国关于民事、商事司法协助的协定》第 1 条(1987 年 5 月 4 日)，载北大法宝网：http：//pkulaw. cn/CLI. T. 632，2020 年 2 月 23 日最后访问。

② 《民商事司法管辖权和判决执行公约》(1968 年 9 月 27 日订于布鲁塞尔)第 45 条，见于中华人民共和国司法部司法协助局编译：《国际司法协助条约集》，法律出版社 1990 年版，第 108 页。

③ 参见《民商事司法管辖权和判决执行公约》(1988 年 9 月 25 日订于卢加诺)第 45 条，见于中华人民共和国司法部司法协助局编译：《国际司法协助条约集》，法律出版社 1990 年版，第 134 页。

④ Regulation (EU) No. 1215/2012 of the European Parliament and of the Council, Article 56, available at https：//www. legislation. gov. uk/eur/2012/1215/article/56/adopted, visited on 23 Feb. 2020.

⑤ 《民商事外国判决承认与执行公约》(1971 年 2 月 1 日订于海牙)第 17 条，见于中华人民共和国司法部司法协助局编译：《国际司法协助条约集》，法律出版社 1990 年版，第 24 页。

两个缔约国为了相互承认和执行判决订立了双边补充协定时，才可能免除当事人的费用担保义务。其次，申请人必须在缔约国之一有惯常居所或营业所，才能被免除费用担保义务。相比之下，《布鲁塞尔公约》的相关规定并未对申请人的身份做任何限制，只要求原判决法院为缔约国法院即可。最后，只有当被请求国法律规定了费用担保时，第 17 条才能发挥作用。而在许多实行普通法的国家，成文法律并不会规定申请执行外国判决的当事人是否要提供担保，而是把与费用相关的决定权交给法院，则第 17 条无法适用。因此，1971 年海牙公约第 17 条难以实际发挥免除担保的作用。这一并不成功的条款正是《海牙判决公约》诉讼费用条款的前身。

三、诉讼费用条款的谈判争议

（一）诉讼费用条款的存废

1. 诉讼费用条款形成中的反对意见

由于 1971 年海牙公约未能对国际民商事争议解决产生较大积极影响（仅有 5 个国家批准加入此公约），① 海牙国际私法会议计划重新订立一部关于承认和执行外国民商事判决的公约。2016 年，海牙国际私法会议特别委员会第一次会议形成了《海牙判决公约》核心条款草案。该草案中并没有诉讼费用条款，但会议中出现了与此相关的提议。欧盟代表在会上提出，所有外国判决执行申请人在诉讼地位上都应得到平等对待，故《海牙判决公约》应当制定一条“不歧视条款”：当事人在一缔约国申请执行另一缔约国作出的判决时，不能仅因其国籍或住所不在寻求执行的国家而要求他提供担保。② “不歧视条款”是诉讼费用条款的雏形。该条款之所以未被纳入核心条款草案中，是因为加拿大、以色列、瑞士等国提出了反对。它们提出了四点理由：一是 1954 年《民事诉讼程序

① Hague Conference, Status Table of the Convention of 1 February 1971 on the Recognition and Enforcement of Foreign Judgments in Civil and Commercial Matters, available at https://www.hcch.net/en/instruments/conventions/status-table/?cid=78, visited on 23 Feb. 2020.

② Special Commission on the Recognition and Enforcement of Foreign Judgments Working Documents No. 66. 转引自徐国建：《建立法院判决全球流通的国际法律制度——〈海牙外国判决承认与执行公约草案〉立法资料、观点和述评》，载《武大国际法评论》2017 年第 5 期，第 127~128 页。

公约》中关于免除诉讼费用担保的类似规定未获得广泛接受；二是当执行判决的申请遭到驳回，而受理申请的法院要求申请人支付诉讼费用时，该费用命令不一定能够在申请人的居所或财产所在地获得承认和执行；三是申请人的居所或财产所在地不一定是缔约国，因而这一条款无法解决实际问题；四是对于加拿大这样的国家而言，国内不同的法域在诉讼费用担保问题上规定不一致，故公约没有必要就此作出规定。① 由于各国无法达成一致意见，该问题被留待之后的会议进行讨论。

现在看来，在这四点反对理由中，第一点和第三点不太能站得住脚。布鲁塞尔体系的成功已经说明类似规定已经能在欧洲获得广泛接受，而早期国际公约免除诉讼费用担保条款的失败与立法技术不成熟存在很大的关系。如果相关条款能获得国际社会中大多数国家的接受和批准，该条款就能在很大程度上解决问题。对于第二点，正如前文所述，免除担保的前提条件在于针对申请人的诉讼费用命令应该能得到他的居所或财产所在地国家的承认和执行，因此可以将这一规定增加到“不歧视条款”之后作为第 2 款，就解决了问题。后来制定的诉讼费用条款草案正是这样做的。实际上，这些国家反对该条款的根本理由是第四点，即免除担保规则可能与国内法相冲突。

在 2017 年 2 月的第二次特委会会议上，诉讼费用条款首次被写入《海牙判决公约》草案(当时为第 16 条)。诉讼费用条款草案包含两款内容。第 1 款是免除担保的规定：当事人在一缔约国申请执行另一缔约国作出的判决时，不得仅以当事人是一个外国国民，或者在被请求执行国家没有住所或居所为理由，要求其提供担保。第 2 款是各缔约国应当执行诉讼费用命令的规定：对于根据第 1 款被免除了担保义务的人，一缔约国要求他支付诉讼费用的命令，应该在费用命令受益人的申请下，在各缔约国得到执行。② 与 1971 年海牙公约第 17 条相比，诉讼费用条款草案取消了对双边补充协定的要求，取消了申请人须在缔约国有居所或营业所的限制，删去了费用担保须由被请求国法律规定的限制。可以看出，诉讼费用条款草案第 1 款完全放弃了原来的诸多限制条件，转而学习了已在欧洲获得成功的《布鲁塞尔公约》第 45 条的表述，从而扩大了自

① Special Commission on the Recognition and Enforcement of Foreign Judgments (1-9 June 2016), Report of Meeting No. 12-Meeting of Wednesday 8 June 2016, paras. 32, 33, 35, 37, 40. 转引自徐国建：《建立法院判决全球流通的国际法律制度——〈海牙外国判决承认与执行公约草案〉立法资料、观点和述评》，载《武大国际法评论》2017 年第 5 期，第 128 页。

② Special Commission on the Recognition and Enforcement of Foreign Judgments (16-24 February 2017), February 2017 Draft Convention.

身的适用范围，整体表述更加合理。相比最初的“不歧视条款”，诉讼费用条款草案增加的第2款回应了特委会第一次会议中部分国家的提出的第二点反对理由。

诉讼费用条款草案没有妥善解决的问题为草案第1款(即免除担保条款)与国内法的冲突问题，即第一次特委会会议中部分国家提出的第四点反对理由。由于草案第2款(即执行诉讼费用命令条款)是适用第1款的必然结果，若放弃规定第1款，第2款将失去意义。因此，诉讼费用条款存在的必要性多次受到这些国家的挑战。2017年10月，加拿大和以色列提案请求完全删除诉讼费用条款。① 11月，乌拉圭提案称，如果第1款和国家的程序性法律冲突，应允许对第1款的保留。②

2. 免除担保条款与国内法的冲突

鉴于加拿大强烈反对诉讼费用条款，笔者研究了加拿大承认和执行外国判决程序中对费用担保问题的处理。加拿大对外国判决的承认和执行通常依各省制定的《相互执行判决法》(*Reciprocal Enforcement of Judgments Act*)处理。外国判决的债权人在加拿大实行普通法的各省寻求对外国判决的执行有三种方式：一是将原判决作为债务进行起诉，二是针对原来的争议重新提起诉讼，三是当该外国法院被指定为与本法院具有相互管辖权时，可以根据《相互执行判决法》登记该判决。③ 这其中，登记方式对当事人来说最为简便，对适用法院的限制则最为严格：只有作出原判决的外国法院适用该省的《相互执行判决法》时，债权人才能通过该途径寻求执行判决。以阿尔伯塔省的《相互执行判决法》为例，它指定的法院只包括加拿大除魁北克以外的各州法院、美国某些州的法院、澳大利亚某些州的法院，而其他外国法院的判决都无法通过“登记”获得执行。④ 在根据登记方式申请执行外国判决时，当事人能够以《相互执行

① Special Commission on the Recognition and Enforcement of Foreign Judgments Working Documents No. 181 E&F, Oct. 2017.

② Special Commission on the Recognition and Enforcement of Foreign Judgments Working Documents No. 185, Oct. 2017.

③ 李广辉：《加拿大对外国判决承认与执行制度初探》，载《太平洋学报》2006年第10期，第29页。

④ Reciprocating Jurisdictions Regulation—Alta. Reg. 344/85 (Reciprocal Enforcement of Judgments Act), Sched., s. 1.

判决法》为由拒绝提供担保，即没有担保义务。① 针对原来的争议重新提起诉讼的方式其实意味着不承认、不执行外国判决，失去了承认和执行外国判决的制度价值，并且流程繁冗，当事人一般不愿意选择此途径。因此，绝大多数外国判决需要在加拿大普通法各省获得执行，都要通过将原判决作为债务进行起诉的方式，即重新判决方式。将生效判决作为债务提起简易诉讼，能够简化诉讼过程。此时，债务人可申请法院命令外国债权人提供费用担保，是否允许则由法院根据实际情况自由裁量，法律没有具体规定。如果法院命令该外国债权人提供担保，具体做法以该省的诉讼费用担保规则为依据。此时，诉讼费用担保就在外国判决执行中发生适用。

在 2018 年的一份工作报告中，承担制定诉讼费用条款任务的第三工作组向特委会解释了免除担保条款的涵摄范畴。工作组称，尽管诉讼费用条款的第 1 款与 1954 年和 1980 年海牙公约的相关规定类似，但《海牙判决公约》不涉及法院在处理案件实体问题的诉讼中要求费用担保的问题。② 根据这一解释，若某一住所不在加拿大的当事人采取将原判决作为债务进行起诉的方式在加拿大寻求外国判决的执行，由于此时法院在诉讼中不再审查原案实体问题，只对形式问题进行审查，故法院在简易诉讼中对诉讼费用作出的决定属于第 1 款涵摄的范畴，第 1 款将阻止法院发出费用担保命令。然而，根据加拿大联邦及普通法各省关于诉讼费用担保的规则，由于原告的住所不在加拿大，法院可以命令其提供诉讼费用担保。③ 于是，免除担保条款与加拿大诉讼费用担保规则发生了冲突。如果加拿大打算接受第 1 款，就必须要求各省改变关于诉讼费用担保的规则，将当事人通过简易诉讼方式寻求外国判决承认和执行的情形列为可以免除诉讼费用担保的例外情形。可以看出，在国际公约中规定免除诉讼费用担保的阻力仍然非常大时，规定免除外国判决执行中的诉讼费用担保成为《海牙判决公约》立法者的选择，第 1 款希望各缔约国将外国判决执行中的诉讼费用列为可免除诉讼费用担保的例外。

然而，从立法权上看，各省法院适用的诉讼费用担保规则之立法权属于各

---

① 李广辉：《加拿大对外国判决承认与执行制度初探》，载《太平洋学报》2006 年第 10 期，第 29 页。

② Special Commission on the Recognition and Enforcement of Foreign Judgments Working Documents No. 255(E), May 2018.

③ 例如，加拿大联邦议会 1998 年通过、同年生效的《联邦法院规则》第 416 条第 1 款(a)项规定：原告的惯常居所不在加拿大时，根据被告的申请，法院可命令原告提供针对被告为诉讼所付出之费用的担保。

省自身的立法机构，联邦统一调整非常困难。如果各省的法律和第 1 款相冲突，第 1 款就难以获得执行。从法律传统上来看，作为普通法系国家，加拿大不愿意改变法官在诉讼费用问题上具有较大裁量权的传统做法，不愿轻易在成文法中增加诉讼费用担保的例外。① 从诉讼费用担保的实际意义来看，加拿大对免除担保后关于被告和法院所在地国利益的保护问题仍然有所疑虑。因此，加拿大表示不接受第 1 款，希望把诉讼费用担保问题留给各省自行规定。

(二)执行诉讼费用命令条款的适用范围

诉讼费用条款草案的第 2 款是针对被免除担保者的诉讼费用命令应在各缔约国获得执行的规定，可以称为“执行诉讼费用命令条款”。各国对于此条款存在的必要性没有异议。如果此条款不存在，那么对于一国法院作出的诉讼费用命令，缔约国可自行决定是否承认和执行。因为该命令与案件实质问题无关，不符合《海牙判决公约》第 3 条对“判决”的定义，② 所以无法依据《海牙判决公约》其他条款要求缔约国承认和执行之。③ 这将使诉讼费用命令的受益方承担命令难以获得执行的风险。当诉讼费用命令针对的是被免除担保的原判决债权人时，原判决债务人就承担了该风险。免除诉讼费用担保，不能仅仅减轻原判决债权人的负担，却不当地加重原判决债务人的风险。

围绕第 2 款的争议主要集中在其适用范围上。2017 年 11 月，加拿大和以色列的共同提案要求删除第 1 款并将第 2 款改为：一缔约国作出的与批准或拒绝承认或执行另一缔约国判决相关的诉讼费用命令，应当根据该命令的受益人的申请，在任何其他缔约国得到承认和执行。④ 这种修改方案扩大了第 2 款的适用范围：原先的第 2 款仅适用于根据第 1 款被免除了诉讼费用担保义务且后

---

① 根据加拿大联邦议会 1998 年通过、同年生效的《联邦法院规则》第 417 条规定，如果原告十分贫穷以至于要求担保可能使他无法继续诉讼，并且法官认为原告的诉讼请求有理，那么法院可以拒绝命令原告提供诉讼费用担保。这是《联邦法院规则》规定的唯一的诉讼费用担保之例外情形。

② 根据《海牙判决公约》第 3 条，“判决”指法院就实质问题作出的决定，以及与实质问题有关并可依《海牙判决公约》获得执行的关于诉讼费用的决定。

③ Francisco Garcimartín and Geneviève Saumier, Explanatory Report on the 2019 HCCH Judgments Convention, para. 322, available at https://assets.hcch.net/docs/a1b0b0fc-95b1-4544-935b-b842534a120f.pdf, visited on 26 May 2021.

④ Special Commission on the Recognition and Enforcement of Foreign Judgments Working Documents No. 232 E&F, Nov. 2017.

来需要承担诉讼费用的原判决外国债权人，而修改后的第 2 款可以在涉及外国判决执行中的诉讼费用的所有情况下获得适用，无论原判决的债务人还是债权人被要求支付诉讼费用，无论他们是内国人还是外国人。由于第 2 款的适用范围发生了扩大，它将成为独立的条款，不再依赖于第 1 款获得适用。对此，以色列解释称：第 1 款涉及启动外国判决执行程序的先决条件和单独的诉讼费用担保事项，而第 2 款涉及因执行程序产生的诉讼费用命令的执行问题，两者不应相互关联。①

实际上，关于第 2 款适用范围的争议，与部分国家不愿意接受第 1 款有关。原先，第 2 款获得适用的前提是为执行外国判决而起诉的原判决债权人根据第 1 款被免除了费用担保义务。因此，缔约国无法在对第 1 款声明保留的同时适用第 2 款。而这些不愿意接受第 1 款的国家希望能在对第 1 款声明保留的同时适用第 2 款，故提出第 2 款的适用范围应当扩大而不能依赖于第 1 款。

然而，以色列的修改提案并未获得多数国家的认同。该提案将第 2 款的适用范围扩张得有些过度，违背了第 2 款的设计目的。要确定第 2 款的适用范围，应当分别考虑如下情况：其一，如果原判决债权人不承担诉讼费用担保义务，而法院驳回他的申请并命令他承担诉讼费用，则该诉讼费用命令的执行可能会遇到困难。因此，为保护原判决债务人的利益，需要让他能容易地在原判决债权人的居所或财产所在地寻求执行该诉讼费用命令。其二，如果原判决债权人仍需提供诉讼费用担保，假若他的申请被驳回，担保的数额将用以弥补原判决债务人在诉讼中的支出，故而没有必要给予原判决债务人额外的保护。其三，如果原判决债权人的申请获得支持，则针对原判决债务人的诉讼费用命令通常能够在受理法院所在国得到执行，故而没有必要给予原判决债权人额外的保护。综上所述，第 2 款的适用大致应当以“原判决债权人不承担判决执行中的诉讼费用担保义务”为条件。此后，欧盟及以色列自身提出的第 2 款修改方案都以这一条件为基本立足点。

2019 年 5 月，欧盟提出了另一种修改第 2 款的方案。欧盟认为“根据第 1 款被免除了担保义务的当事人”范围太小，应改成“根据第 1 款或根据诉讼地国法律规定被免除了担保义务的当事人”，理由为：根据有些国家的法律，国籍和住所之外的其他理由也可能令当事人承担或豁免诉讼费用担保义务。在申请执行外国判决的当事人并未根据第 1 款，而是出于其他理由被免除担保义务的情况下，

① Special Commission on the Recognition and Enforcement of Foreign Judgments Working Documents No. 257, May 2018.

如果法院命令他承担诉讼费用，该费用的受益人也应能要求各缔约国的执行。① 这种修改方案扩大了第2款的适用范围，但不像之前以色列的提案那么激进。

在欧盟方案的基础上，以色列进一步提出相关表述应该改成“诉讼地国法院不要求该当事人提供担保”。② 这是因为有些国家的法律不因为外国判决执行申请人国籍或惯常住所不在本国而强制其提供担保，但允许法院自行决定是否要求其提供担保。这些国家或许会选择对第1款声明保留且接受第2款。此时，如果法院决定免除该当事人的担保义务，该当事人就不属于“根据第1款或根据诉讼地国法律规定被免除了担保义务的当事人”，但要求其支付诉讼费用的命令也应当在其他缔约国得到执行。

四、诉讼费用条款评析

（一）条款发生的变动

2019年7月，海牙国际私法会议第22届大会正式通过了《海牙判决公约》。诉讼费用条款位于第14条，总共包含3款规定。第1款规定：当事人在一缔约国申请执行另一缔约国作出的判决时，不得仅以当事人是一个外国国民，或者在被请求执行国家没有住所或居所为理由，要求其提供担保、保证金或者押金，无论实际称谓如何。第2款规定：针对第1款或根据诉讼地国法律所规定的免于提供担保、保证金或者押金要求的人，在一缔约国作出的由其支付诉讼费用和开支的命令，如果依此命令享有权益的人提出申请，可在任何其他缔约国执行。第3款规定：一缔约国可声明不适用第1款，或者声明指定其某法院不适用第1款。与草案相比，诉讼费用条款的内容发生了两项主要变动，分别服务于前述两项争议的协调。

第一项变动是增加保留条款。在谈判中，大多数国家愿意接受免除担保条款，而以加拿大为代表的少数国家由于该条款与国内法的冲突而不愿意接受。支持该条款的国家同意了增加保留条款的折中提议。最终，诉讼费用条款增加了第3款，允许缔约国对免除担保条款声明保留。根据《海牙判决公约》解释报告，一缔约国国可以声明本国的部分或全部法院不适用免除担保条款。如果

① Recognition and Enforcement of Foreign Judgments (twenty-second session) Working Documents No. 10 E, May 2019.

② Recognition and Enforcement of Foreign Judgments (twenty-second session) Working Documents No. 30 E, June 2019.

缔约国对第 1 款声明了保留，会造成两个后果：一是不适用第 1 款的法院作出的判决在外国被申请执行时，申请人不能根据第 1 款被免除担保，即不能从第 1 款中获利；二是当不适用第 1 款的法院承认和执行外国判决时，如果其要求申请人提供诉讼费用担保，则其作出的诉讼费用命令将不能根据第 2 款获得其他国家的执行。①

第二项变动是把根据诉讼地国法律免除诉讼费用担保义务的情况纳入第 2 款的适用范围，即采纳欧盟 2019 年 5 月提出的修改方案。采纳该方案的理由为：缔约国免除外国判决执行申请人的诉讼费用担保义务可能是因为公约中不能仅以国籍或住所的理由要求其提供诉讼费用担保的规定，也可能是因为内国法中免除诉讼费用担保的规定（这可能是出于国籍和住所之外的其他理由），因而需要将内国法考虑进来以弥补草案第 2 款的缺陷。对于以色列在 2019 年 6 月提出的某些国家法院自行决定诉讼费用担保问题的情况，《海牙判决公约》解释报告认为，“根据诉讼地国法律”包含了诉讼地国法律根本就没有对诉讼费用担保作任何规定的情况。②

（二）条款的优点和不足

1. 保留条款设计兼具进步性和灵活性

参与谈判的国家采用增加保留条款的方法协调免除担保条款与部分国家国内法的冲突问题，这种方法是目前解决争议的最合理手段。已有的国际公约中，1954 年《民事诉讼程序公约》第 32 条和 1980 年《国际司法救助公约》第 28 条均允许缔约国对公约中与诉讼费用担保相关的条款声明保留。③④ 考虑到诉

① Francisco Garcimartín and Geneviève Saumier, Explanatory Report on the 2019 HCCH Judgments Convention, para. 325, available at https://assets.hcch.net/docs/a1b0b0fc-95b1-4544-935b-b842534a120f.pdf, visited on 26 May 2021.

② Francisco Garcimartín and Geneviève Saumier, Explanatory Report on the 2019 HCCH Judgments Convention, para. 323, available at https://assets.hcch.net/docs/a1b0b0fc-95b1-4544-935b-b842534a120f.pdf, visited on 26 May 2021.

③ Convention on Civil Procedure, adopted on Mar. 1954, Article 32, available at https://www.hcch.net/en/instruments/conventions/full-text/?cid=33, visited on 23 Feb. 2020.

④ Convention on International Access to Justice, adopted on Oct. 1980, Article 28, available at https://www.hcch.net/en/instruments/conventions/full-text/?cid=91, visited on 23 Feb. 2020.

讼费用担保制度的意义以及许多国家仍然坚持诉讼费用担保制度的现状，完全免除诉讼费用担保既无必要也不可行。因此，免除担保条款与国内法的冲突不能通过要求缔约国废除诉讼费用担保制度来解决。

另一种可能的解决方案是：把诉讼费用担保适用于外国判决执行领域的情况视为可以不适用第1款的例外。前文已经提及，加拿大由于联邦制和法律传统等原因很难接受这种方案。至于被告和法院地国利益的保护问题，外国判决执行中免除诉讼费用担保的规定相较一般免除诉讼费用担保的规定更为周全。一方面，外国法院已经作出了对外国判决执行申请人有利的判决，表明其诉讼请求有依据，在受理法院重新起诉基本不存在滥诉的可能性；另一方面，如果第2款能够在实践中取得良好效果，则该款能有效地保护被告和法院地国利益。这是外国判决执行中免除诉讼费用担保的特殊优势所在。

综合前文分析可知，外国判决执行中免除诉讼费用担保的规定在长远上符合国际民商事司法合作的发展趋势，且相比一般免除诉讼费用担保的规定缺点更小，诉讼费用条款的立法理念是正确的。但是，允许针对免除担保条款的保留几乎是目前唯一合理的争议解决方案。对于本国诉讼费用担保规则和免除担保条款存在冲突的国家而言，如果它愿意接受免除担保条款，那么它可以自行修改本国相关法律；如果不愿意接受，则可以声明保留并接受对等原则下保留的后果，且同时接受《海牙判决公约》的其他部分。允许缔约国对第1款声明保留，使得诉讼费用条款能够灵活适应不同国家的法律制度状况。同时，缔约国不会由于对诉讼费用条款有意见而拒绝缔约，《海牙判决公约》缔约国的范围得以扩大。

此外，将保留的适用限制在第1款，而非像1980年《国际司法救助公约》第28条那样允许缔约国对"关于诉讼费用的担保及诉讼费用支付令的可执行性"整章声明保留，能令《海牙判决公约》促进判决国际流通的目的能得到最大程度的实现。比如，加拿大对第1款声明保留，但仍接受第2款，这意味着如果某一未声明保留的缔约国法院对一个符合第2款条件的当事人发出了费用命令，该当事人在加拿大有财产，则费用命令的受益方可以依据第2款在加拿大寻求费用命令的执行。此时，第2款仍然可以在加拿大法院得到适用。

2. 准确解释声明保留的后果

就声明保留的后果而言，《海牙判决公约》解释报告的修改过程值得关注。大会于2019年10月发布的解释报告草案称：声明保留的国家或法院发出的诉讼费用命令，在任何情况下都不能引发第 2 款的适用。① 大会正式公布的解释报告将这一内容修改为：当声明保留国的法院要求当事人提供诉讼费用担保时，第 2 款不适用于该法院作出的诉讼费用命令。② 这一改动弥补了原解释的缺陷。缔约国针对国际公约中的条款声明保留的后果应根据对等原则予以确定，关键在于把握“对等”的具体内涵。例如，加拿大对第 1 款声明保留，意味着它可能会要求申请执行外国判决的外国债权人提供诉讼费用担保。与此对等的后果是：加拿大法院作出的判决在其他缔约国被申请执行时，不能依据第 1 款免除申请人的诉讼费用担保义务。但是，“对等”不意味着解释报告草案所言的另一后果——加拿大法院在执行外国判决时作出的诉讼费用命令不能根据第 2 款在其他缔约国获得执行。该命令能否根据第 2 款得到执行，应取决于加拿大法院是否出于公约之外的因素免除了申请人的担保义务。如果加拿大法院仍然要求申请人提供担保，那么它发出的诉讼费用命令自然不能引发第 2 款的适用。但若加拿大法院根据本国法律免除了申请人的担保义务，则第 2 款应能适用于该案件中法院发出的诉讼费用命令。否则，其他缔约国法院发出的诉讼费用命令的受益方可以依据第 2 款在加拿大获得诉讼费用的执行，而加拿大法院发出的诉讼费用命令在任何情况下都无法依据第 2 款获得执行，这是不公平的。正式公布的解释报告把握了“对等”的内涵，对声明保留的后果作出了准确的解释。

3. 执行诉讼费用命令条款适用范围应扩大

在执行诉讼费用命令条款的适用范围上，诉讼费用条款最终把根据诉讼地国法律免除费用担保义务的情况纳入第 2 款的适用范围，这促进了诉讼费用命令在缔约国之间的流动。值得考虑的问题在于，第 2 款的适用范围是否有继续扩大的空间？2019 年 6 月，以色列建议把第 2 款的文字表述改为“诉讼地国法院不要求该当事人提供担保”，该修改建议没有被《海牙判决公约》采纳。笔者认为应当采纳以色列的这一建议。对于外国判决执行中的诉讼费用担保，国际公约可以规定其免除，国内法同样可以规定其免除，具有诉讼费用自由裁量权

① Hague Conference, Draft Explanatory Report on the HCCH Convention of 2 July 2019, para. 324.

② Francisco Garcimartín and Geneviève Saumier, Explanatory Report on the 2019 HCCH Judgments Convention, para. 325, available at https://assets.hcch.net/docs/a1b0b0fc-95b1-4544-935b-b842534a120f.pdf, visited on 26 May 2021.

的法院亦可决定其免除。所有这些被免除了诉讼费用担保义务的当事人在诉讼费用的承担上应当完全平等。如前文所述，有些国家的法律根本没有规定相关担保，完全交给法院裁量。若仅仅规定“根据诉讼地国法律免于提供担保”，难以涵摄这些国家的实践情况。如前所述，《海牙判决公约》解释报告将“根据诉讼地国法律免于提供担保”解释为包含法律未对担保作任何规定的情况，不愿意在条款文本上作出修改。该解释较为牵强。

五、诉讼费用条款对我国的影响

假如我国加入《海牙判决公约》，诉讼费用条款对我国产生的有利影响包括如下几个方面：一是当事人在其他缔约国法院申请执行我国判决时，将不需要提供诉讼费用担保，有利于当事人积极推动我国判决在国外的执行；二是当事人在我国法院申请执行其他缔约国判决时，我国不再需要考虑对等原则的适用，其适用已经被第 1 款所排除；三是我国法院在裁定是否执行外国判决时关于申请费由谁负担的决定将能容易地在各缔约国获得执行，能更充分地保障受益人的利益。同样的，外国法院的同类决定在我国执行的难度也会降低，因为有了明确可依的规定。从整体上来看，加入《海牙判决公约》有利于我国更加便捷地处理国际民商事争议，也有利于提升我国司法制度在世界上的公信力。不过，诉讼费用条款与我国相关法律制度毕竟存在差异，它将对我国民事诉讼规则的完善提出挑战。

(一)我国的诉讼费用担保制度

在历史上，我国曾经实行以国籍为基础的诉讼费用担保制度。1984 年最高人民法院审委会通过、1985 年生效的《民事诉讼收费办法(试行)》第 14 条第 2 款规定：“外国人、无国籍人、外国企业和组织在人民法院进行诉讼，应当对诉讼费用提供担保。”

1989 年 7 月 12 日，最高人民法院审委会通过了《人民法院诉讼收费办法》。该文件于 1989 年 9 月 1 日生效，《民事诉讼收费办法(试行)》同时废止。自此，我国法律不再对诉讼费用担保做明确规定。《人民法院诉讼收费办法》中与诉讼费用担保相关的内容是第 35 条：“外国人、无国籍人、外国企业和组织在人民法院进行诉讼，适用本办法。但外国法院对我国公民、企业和组织的诉讼费用负担，与其本国公民、企业和组织不同等对待的，人民法院按对等原则处理。”其中，第一句表明我国法院在诉讼收费中原则上平等地对待内国人和外国人。既然我国法律中不再明确规定诉讼费用担保，那么内国人和外国人都不会被要求提供诉讼费用担保。第二句意味着我国法院适用对等原则时可能要求外国当事人提供诉讼费用担保。如果该国法院区分对待我国和其本国当事人，基于国籍或住所原因要求我国当事人提供诉讼费用担保，则我国法院会对等地要求该国当事人提供诉讼费用担保。

2006年12月8日，国务院常务会议通过了《诉讼费用交纳办法》。该行政法规于2007年4月1日生效(至今仍有效)，《人民法院诉讼收费办法》同时废止。《诉讼费用交纳办法》第5条规定："外国人、无国籍人、外国企业或者组织在人民法院进行诉讼，适用本办法。外国法院对中华人民共和国公民、法人或者其他组织，与其本国公民、法人或者其他组织在诉讼费用交纳上实行差别对待的，按照对等原则处理。"它完全重复了《人民法院诉讼收费办法》第35条的规定。

在外国人的民事诉讼地位上，全国人大常委会2017年修改通过、同年生效的《民事诉讼法》第5条规定了国民待遇原则和对等原则。第1款规定了国民待遇原则："外国人、无国籍人、外国企业和组织在人民法院起诉、应诉，同中华人民共和国公民、法人和其他组织有同等的诉讼权利义务。"第2款规定了对等原则："外国法院对中华人民共和国公民、法人和其他组织的民事诉讼权利加以限制的，中华人民共和国人民法院对该国公民、企业和组织的民事诉讼权利，实行对等原则。"《人民法院诉讼收费办法》第35条和《诉讼费用交纳办法》第5条都体现了这两项原则，与《民事诉讼法》第5条具有一致的内在精神。

目前，我国学界一般将我国当前的诉讼费用担保制度界定为"实质互惠免除"之类型，① 简述为"在互惠前提下互免担保"。② 理解我国的"实质互惠免

① 目前各国国内法中免除诉讼费用担保的例外主要包括以下几类：一是实质互惠免除，即规定免除外国原告提供诉讼费用担保的义务，但以当该原告在本国法院处理相应案件时不要求该有关国家国民提供类似担保为条件，这类国家如德国、日本。二是财产免除，即外国原告在法院管辖权领域内拥有足以支付诉讼费用的可扣押财产，即可免除担保义务，这类国家如法国、巴西。三是对特定人群免除，如法国、比利时法律规定，该外国原告为享受豁免权的常驻外交代表或合法避难者时，免除其担保义务。四是对特定案件免除，如奥地利法律规定，除票据、婚姻、要求支付、反诉等案件之外，外国人要提供担保。五是司法救助免除，如前文提及的加拿大《联邦法律规则》第417条规定，如果当事人极为贫穷以至于要求其提供诉讼费用担保将导致其无法进行诉讼，且当事人的诉请有根据，则免除其担保义务。许多国家的法律规则设置了以上一种或多种免除担保义务的条件。有些普通法国家则未明确规定条件，而是要求法官结合案件的具体情形、当事人是否有困难等作出灵活决定。

② 金彭年：《国际民事程序法》，杭州大学出版社1995年版，第33页。

除”时，不能把免除诉讼费用担保作为例外来看待。我国当前的诉讼费用担保立法把不要求诉讼费用担保作为原则而非例外，只要外国法院不以国籍或住所为理由对我国当事人施加诉讼费用担保义务，我国法院就不会要求该国当事人提供诉讼费用担保。相反，许多国家在明确规定基于国籍或住所的诉讼费用担保的基础上，允许当存在实质互惠时免除诉讼费用担保(即以前者为原则，以后者为例外)。虽然这些国家的诉讼费用担保制度亦属于“实质互惠免除”，但在以要求担保为原则还是例外方面与我国相反。

除了国内法的相关规定以外，我国与不少国家签订的双边司法协助条约中也存在免除诉讼费用担保的规定，例如，前文提及的《中华人民共和国和法兰西共和国关于民事、商事司法协助的协定》第1条第2款。但是，美国、日本、英国、德国等与我国民商事交往密切的主要国家尚未同我国签订此类条约，而其中不少国家明确规定了以国籍或住所为基础的诉讼费用担保制度。因此，《诉讼费用交纳办法》第5条中规定的“对等原则”在我国法院审理国际民商事案件时有很大的适用空间。

但是，由于我国法律中目前没有诉讼费用担保的概念，法院在具体案件中适用《诉讼费用交纳办法》第5条规定的对等原则存在较大的困难。例如，《国际司法救助公约》将诉讼费用担保的免除视为司法救助的内容，故《诉讼费用交纳办法》第6章“司法救助”规定的缓交、减交、免交诉讼费用的情形理论上可以适用于诉讼费用担保，但其中一些标准适用于诉讼费用担保是否合理尚有值得怀疑之处(例如第44条第2款规定“诉讼费用的免交只适用于自然人”，而大多数国家在诉讼费用担保的免除上不区分自然人和法人)，这些情形是否全面涵盖了诉讼费用担保理应被允许缓交或减免的所有情形也需要进一步探讨。

我国承认和执行外国判决的方式是原判决债权人向法院提出申请，法院审查后发出执行令。《民事诉讼法》第282条规定：“人民法院对申请或者请求承认和执行的外国法院作出的发生法律效力的判决、裁定，依照中华人民共和国缔结或者参加的国际条约，或者按照互惠原则进行审查后，认为不违反中华人民共和国法律的基本原则或者国家主权、安全、社会公共利益的，裁定承认其效力，需要执行的，发出执行令，依照本法的有关规定执行。违反中华人民共和国法律的基本原则或者国家主权、安全、社会公共利益的，不予承认和执行。”在这种方式中，申请人无须向法院起诉，故不适用诉讼费用担保。但执行程序属于诉讼程序的一部分，《诉讼费用交纳办法》中规定了当事人申请执行外国法院判决需要交纳申请费，申请费属于诉讼费用。① 在申请费的缴纳标准上，申请执行外国法院判决与申请执行我国法院判决完全一致，只与执行金额或价额有关。② 如果判决得到执行，则申请费由被执行人负担。③ 否则，申请费由申请人负担。

虽然我国法律并未规定申请执行外国判决的当事人要提供诉讼费用担保，但从理论上说，因为申请费的交纳属于“诉讼费用交纳”的一环，所以根据《诉讼费用交纳办法》第 5 条规定的对等原则，诉讼费用担保在我国仍应有适用空间。然而，并未发现我国在外国判决承认和执行中的诉讼费用担保问题上适用对等原则，这背后或有两个原因。第一个原因在于我国同对方国家承认和执行外国判决的方式不同。当对方国家以重新判决方式承认和执行外国判决，并以国籍或住所为基础要求我国当事人提供诉讼费用担保时，法院适用的规定是该国的诉讼费用担保规定，那么我国关于申请费的规定无法与之匹配。第二个原因在于，我国申请费的数额标准只与执行金额或价额有关，考虑的是法院在执行程序中的花费；而外国判决执行中的诉讼费用担保考虑的是弥补原判决债务人在参加关于承认和执行原判决的诉讼时实际支出的费用，数额与其在诉讼中的实际支出有关。两者的设计目的与确定金额的方式完全不同，亦难以互相匹配。

（二）条款与我国法律的异同

我国参加了《海牙判决公约》的谈判。对于诉讼费用条款，我国并未提出异议。关于外国判决执行中的诉讼费用担保之免除，我国法律与诉讼费用条款存在如下异同：

第一，对于外国判决执行申请人，诉讼费用条款不允许法院仅基于国籍或住所原因要求他提供诉讼费用担保，仍然允许基于其他理由要求他提供诉讼费用担保，而我国司法实践中完全不要求他提供诉讼费用担保。在保障外国人民事诉讼地位上的国民待遇方面，我国法律与诉讼费用条款保持相同的立场。

第二，在理论上，如果一国基于国籍或住所原因要求在该国申请执行外国判决的我国当事人提供诉讼费用担保，则我国可以基于对等原则要求在我国申请执行外国判决的该国当事人提供诉讼费用担保。这种“对等”和缔约国对第 1

① 参见《诉讼费用交纳办法》第 10 条。

② 参见《诉讼费用交纳办法》第 14 条。

③ 参见《诉讼费用交纳办法》第 38 条。

款声明保留产生的对等后果是两回事。声明保留产生的对等后果为：该国的判决在其他缔约国被申请执行时，不能依据第1款免除申请人的担保义务。但该国国民在另一缔约国(未声明保留)申请执行其他缔约国(也未声明保留)作出的判决时，受理的法院仍要遵循第1款。因此，如果我国真的适用对等原则而要求某国当事人提供诉讼费用担保，而该国是对第1款声明保留的《海牙判决公约》缔约国，则我国将可能违反诉讼费用条款。实际上，如此适用《诉讼费用交纳办法》第5条规定的对等原则有很多不妥当的地方。除了前文已经提及的原因之外，在身为《海牙判决公约》缔约国时这样做，会涉及对作出判决的第三国的不合理对待。并未发现我国在实践中如此做过。

第三，第2款规定了诉讼费用命令在各缔约国的执行。对于符合第2款条件的诉讼费用命令，任何其他缔约国应在受益人的申请下予以执行。我国法律中对于外国法院作出的诉讼费用命令的执行没有规定。

总体看来，我国对于诉讼费用担保免除得较为彻底，符合国际民商事争议解决的发展趋势，实践了国民待遇。而诉讼费用条款由于需要获得不同法律制度的各国认可，在免除担保上不如我国彻底。但我国相关立法的缺陷在于缺乏诉讼费用担保的概念，对于这些问题不如诉讼费用条款规定得明确具体，导致处理相关争议时缺乏可靠的依据。因此，诉讼费用条款的规定也有值得我国法律学习的地方。至于诉讼费用条款第2款对被申请人提供的保护，这是一国法律所无法规定的，是国际公约独特作用的体现。

(三)完善我国相关法律的建议

除了实践中从未适用的对等原则之外，我国法律与诉讼费用条款没有冲突，相容性良好。尽管如此，加入《海牙判决公约》仍将对我国国际民商事诉讼规则的完善提出挑战。诉讼费用条款带来的最大挑战是：关于诉讼费用担保及其在外国判决执行中的适用等问题，我国当前法律缺乏明确具体的概念和规则。在此背景下，《诉讼费用交纳办法》第5条笼统规定的“对等原则”之适用必然存在诸多问题。对此，笔者提出如下建议：

第一，在《民事诉讼法》第四编“涉外民事诉讼程序的特别规定”中增加一条，专门规定诉讼费用担保。第1款明确诉讼费用担保的概念。第2款规定：我国原则上不要求诉讼费用担保，但当一国法院仅基于国籍或住所的理由要求我国当事人提供诉讼费用担保时，我国法院亦对该国当事人要求诉讼费用担保。第3款规定提供担保的方式、范围和程序。

第二，在《诉讼费用交纳办法》第5条末尾增加第3款和第4款。第3款规定：诉讼费用担保的对等适用，参照《民事诉讼法》的相关规定执行。第 4 款规定：申请承认和执行外国法院判决的，不要求交纳担保费用。

六、结　　语

《海牙判决公约》诉讼费用条款以免除外国判决执行中的诉讼费用担保为目标，以允许缔约国声明保留的方式避免了条款与部分国家诉讼费用担保规则的冲突，其保留条款的设计既体现了国际民商事司法合作的公约理念，又灵活适应了不同国家法律制度的现状。作为免除担保条款得以落实的必要条件，执行诉讼费用命令条款的适用范围较为合理，既保障了外国申请人民事诉讼地位中的国民待遇，又保障了被申请人的合理利益。因此，诉讼费用条款较好地协调了谈判中的两个主要争议点，体现了先进的国际规则制定技术。然而，《海牙判决公约》解释报告对执行诉讼费用命令条款的解释存在牵强之处，该条款适用范围不够广泛，值得改进。

我国法律与诉讼费用条款相容性较好，两者在免除担保的基本立场上是一致的。如果我国加入《海牙判决公约》，诉讼费用条款将有利于我国深化与其他缔约国的司法合作，增进对国际民事诉讼当事人利益的保护，提升我国司法公信力。同时，诉讼费用条款也对我国法律的完善提出了挑战，且提供了可资借鉴之处。目前，我国在诉讼费用担保及其在外国判决执行中的适用问题上缺乏概念与规则，实践中如要适用对等原则将非常困难，建议在《民事诉讼法》和《诉讼费用交纳办法》中对相关概念和规则予以明确。

国际法

证券法域外适用的理论与实践：美国经验及其启示*

张　建**

目　次

一、证券法域外适用的必要性分析

经济全球化是当今世界经济活动的主旋律。作为经济全球化重要组成部分的证券市场也日益国际化。证券市场的国际化不仅为全球资本实现了跨国境的自由融通，同时又为不法行为人跨国开展证券违法活动提供了便利条件。针对跨境证券不法行为的规制，各国在积极参与共建国际监管路径的同时，也相继

* 本文为党的十九届四中全会精神国家社科基金重大项目“我国法域外适用法治体系构建研究”(20ZDA031)和首都经济贸易大学北京市属高校基本科研业务费专项资金资助项目阶段性成果。

** 张建，法学博士，首都经济贸易大学法学院讲师，硕士生导师，研究方向为国际私法。

从单边视角加强国内证券法的域外适用。① 通常认为，证券法既涵盖了与证券募集、发行、交易、服务活动有关的法律制度，也囊括了对证券市场进行监督管理的法律规范，因而兼具公法与私法的双重属性。相应地，作为证券法调整对象的社会经济关系，既有平等主体之间的横向关系（如证券买卖关系、证券服务提供者与消费者的服务关系），又有不平等主体之间的纵向关系（如证券主管机关与证券经营机构间的管理关系、行使管理权的政府部门与证券市场参与者之间的监督关系），还兼涉刑事司法机关运用强制力对证券犯罪活动进行处罚的刑事制裁关系。证券活动的复杂性决定了法律调整方法的多元性。在证券领域，综合运用民商法、行政法、刑法多重体系进行全方位调整，是完善社会主义市场经济体系的内在要求。②

伴随证券市场国际化程度的不断提升，跨境证券发行和交易活动日渐频繁。因各国的经济发展水平、对外开放程度、营商环境法治化指数各不相同，证券法律制度亦存在显著差异，加之与证券有关的跨国违法活动日益猖獗，而国际社会当前欠缺统一的监管立法和有力的执法体系，故国内证券法的域外适用成为经济全球化下保障国际商事交易交往有序运转的必然选择。然而，鉴于证券法兼具公法与私法的双重属性，各国国际私法立法与实践在解决跨境证券法律冲突方面存在明显差异，这在证券法反欺诈条款的域外适用问题上体现得尤为明显。

二、证券法域外效力与证券纠纷域外管辖的理论意涵

在对制度和实践展开论述之前，有必要对证券法的域外效力与国家机关的域外管辖这两项重要概念进行界定。首先，一国国内法的域外效力是针对某一法律发生效力的范围而言的。具言之，一部具体的立法在适用上有其特定范围，通常无法事无巨细地适用于各类主体在任何时间于世界各个角落实施的一切行为，而是有其特定的主体、客体、时间、空间适用范围。就空间维度而言，以立法者与受规制的行为所在地之间的关系为标准，可区分为域内效力与域外效力。概言之，证券法的域外效力，即一国证券法对发生在其所辖领域之

① 邱润根：《证券跨境交易的监管模式研究》，载《北方法学》2006 年第 2 期，第 144 页。

② 范健主编：《商法学》，高等教育出版社 2019 年版，第 256 页。

外的行为所具有的拘束力。其次，管辖权这一概念是建立在主权观念基础上的一项国家基本权利。[①] 事实上，每个主权国家都可以按照自己的政策和法律行使其根据属地和属人的优越权所具有的管辖权。《美国第三次对外关系法重述》将管辖权划分为立法管辖权、司法管辖权和执行管辖权。其中，立法管辖权也称规制管辖权，是指一国立法者制定法律的权能，即其通过颁行特定立法，将其法律适用于特定活动、法律关系或特定利益的权力；[②] 司法管辖权也称裁判管辖权，是指国家司法机关适用特定法律对案件进行管辖、审理并裁判的权力；执行管辖权也称执法管辖权，是指政府利用各类资源诱导或强制相关主体遵从法律的权力。[③] 所谓域外管辖，囊括了一国国内立法、司法或执法机关将本国法律推行至域外主体、客体或行为的各种情形。

然而，域外管辖权的延伸并非无远弗届，而是受到国际法和国内法的双重约束。换言之，一国行使域外管辖权需要尊重国际法的基本准则，尤其是关于管辖权分配的国际条约及习惯国际法。通常认为，国际法上据以确立和分配管辖权的基础主要包括属地管辖原则、属人管辖原则、保护性管辖原则、普遍管辖原则等，其中涉及国内法域外适用的主要是前两者。从实践视角来看，属地管辖也称领土管辖权，根据这项原则，在不存在一项许可性国际法规则的情况下，一国不得在其边界以外行使管辖权。常设国际法院在 1927 年“荷花号”案判决中对属地原则进行了详尽的阐释，并指出这项原则存在客观适用和主观适用两个方面，前者允许一国对本国内开始而不在本国内完成的行为行使管辖权，后者则允许一国对虽非在本国内开始但在本国内完成的行为行使管辖权。[④] 相比之下，属人管辖也称国籍管辖，其包括主动属人与被动属人两种情况。其中，前者也称行为人国籍管辖，即由不法行为实施者的国籍国进行管辖；被动属人原则也称受害人国籍管辖，是国家根据受害人具有本国国籍的事实对外国人在外国实施的不法行为行使管辖权的一项原则。[⑤]

此外，国际礼让原则经常在跨境证券欺诈案件中被提及，意在使国家之间

---

① 周鲠生：《国际法》，商务印书馆 1976 年版，第 217 页。

② 江国青：《国际法中的立法管辖权与司法管辖权》，载《比较法研究》1989 年第 1 期，第 34 页。

③ 李庆明：《论美国域外管辖：概念、实践及中国因应》，载《国际法研究》2019 年第 3 期，第 3 页。

④ 戴龙：《反垄断法域外适用制度》，中国人民大学出版社 2015 年版，第 55 页。

⑤ 马呈元：《论被动属人原则》，载《公安研究》2003 年第 6 期，第 93 页。

相互尊重各国立法、行政法规及司法裁判的效力，是法院用以判断法律域外效力的重要考虑因素。当证券发行商与投资者分属不同国家，或证券交易的各个环节发生于不同法域时，各国对于将其证券法适用于本国境内的欺诈行为具有国家监管层面的政策利益，而在相关主体的国籍及其行为地均处于境外时，国际礼让原则的适用便要求一国尊重并承认他国的法律和利益，从而预防并减少相应的冲突。

综上所述，国际法对国内法域外适用的限制主要是基于对公共利益与私人利益平衡的考虑，具体涵盖三个方面：其一，尽管一国立法者可以自行对其国内立法设定域外效力范围，但基于国家主权平等原则，在他国明确反对的情况下，一国不应将本国的国内法制强行施加于他国境内的主体和行为；其二，在判定国内法能否适用于域外时，各国之间需要兼顾对本国私人的保护，尤其是保障本国个人免遭不公正的、臆断的、不可预测的实体法的适用；其三，国内外的域外适用不应当对正常的国际商事交易秩序构成不合理的冲击，出于维护正常国际商业活动的需要，国内外的域外适用需要以增加互惠、推进合作、加强互助为抓手，避免与其他国家加剧法律冲突或激化外交矛盾。

三、美国证券法域外适用的法律规范演进

(一)1933 年《证券法》第 17(a)条

作为全球范围内证券市场最为发达、证券监管法治最为严格的国家，美国的证券立法与司法实践相对较为成熟，而证券法域外适用的理论与实践亦发轫于此。1933 年，美国国会通过《证券法》，开启了美国证券立法进程。这部法律是在借鉴英国证券立法经验并吸纳美国各州“蓝天立法”的基础上起草的。就其历史意义而言，该法系美国第一部引入信息披露制度、切实保护金融消费者的联邦立法，也是美国第一部有效的公司融资监管法。1933 年《证券法》第 17 条就证券欺诈行为作出了规定，其所规定的证券欺诈涵盖两种情形：第一，为欺诈或欺骗目的而利用州际商业。具言之，行为人在出售或要约出售任何证券或订立证券互换协议时，如果利用州际商业中的任何交通、通信手段或工具或利用邮递直接或间接从事下列活动，均属违反：①使用任何手段、计谋或诡计实施欺诈；②通过对重大事实的不实陈述或有意遗漏而获取金钱或财产；③参与对购买人形成或可能形成欺诈或欺骗的任何交易、做法或业务过程。第

二，为发售而利用州际商业。具言之，行为人利用州际商业中的交通、通信手段或工具或者利用邮递来公布、宣传或传播任何通知、通告、广告、报纸、文章、信件、投资服务或通信，该等活动即使并不旨在发售证券，但若说明该证券已经或将要直接或间接从发行人、承销商或交易商获得对价，却未充分披露过去或将来收取的该等对价及其金额，亦属违法。值得一提的是，1933 年《证券法》第 17(a)条在适用范围上仅限于证券销售者或要约方的活动，不适用于购买者实施的证券欺诈。此外，该条款仅规定可适用于州际证券欺诈行为，对跨国证券欺诈行为并未明确提及。

(二)1934 年《证券交易法》第 10(b)条及第 30(b)条

1934 年，美国国会通过《证券交易法》，该法构筑了美国证券法律体系的基石。1934 年《证券交易法》第 10 条为对利用操纵和欺诈手段的监管，该条 b 款对证券欺诈作出了专门规定，根据这一条款，在全国性证券交易所注册或未在证券交易所注册的任何证券或者以证券为基础的任何互换协议，任何人使用或利用任何操纵、欺诈手段或计谋，违反证券交易委员会制定的规则或条例的行为均属违法。从文义来看，1934 年《证券交易法》第 10(b)条的规定较为原则，并不具有较强的可操作性，其实施有赖于联邦证券交易委员会制定实施细则。特别值得一提的是，1934 年《证券交易法》第 10(b)条虽未就域外适用作出规定，但该法第 30(b)条规定了证券法适用的例外。具言之，如果个人进行的证券交易不在美国管辖范围内，且不违反证券交易委员会规定的对防止逃避为实施本章所制定的必要规章和条例，则不得适用本章或本章下的规则和条例。换言之，1934 年《证券交易法》第 30(b)条实际上将美国管辖范围以外的证券交易排除在该法及相关实施细则的适用范围之外，除非有确凿的证据足以证明发生在美国领土之外的交易行为旨在规避 SEC 的禁止性规定，或者规避行为可能隐藏或导致国内违法行为。

(三)美国证券交易委员会 10b-5 规则

根据《证券交易法》的立法授权，美国于 1934 年成立了美国证券交易委员会(Securities and Exchange Commission，SEC)。为了保证美国证券法的贯彻与实施，SEC 于 1942 年根据 1933 年《证券法》第 17(a)条和 1934 年《证券交易法》第 10(b)条制定了 10b-5 规则，以兜底条款的方式确立了反证券欺诈的一般规则。具言之，第 10b-5 规则的标题为“操纵和欺诈手段的使用”，其规定：

"任何人，无论是直接抑或间接，通过州际商务通讯手段、工具、邮件或全国性证券交易所的设施实施的以下行为均构成犯罪：a. 制订计划、密谋或设置圈套进行欺诈；b. 对于当时的情况的而言必须记录的重大情况，进行不真实的陈述或予以隐瞒；c. 从事任何对证券买卖构成或可能构成欺诈的行为、业务或者其他商务活动。"就规范要旨而言，10b-5 规则明令禁止买卖双方在证券交易过程中实施虚假陈述、隐瞒重要事实、内幕交易、操纵市场及其他各类欺诈行为。就适用效果而言，这一规则暗含着对私人诉权的确认，即在证券活动中遭受欺诈的私人有权就其所受损害向不法行为人提起诉讼索取赔偿，同时追究欺诈方的民事责任、刑事责任、行政责任。经过近 90 年的历史演进，10b-5 规则现已成为证券欺诈集团诉讼的首选利器。

（四）2010 年《多德-弗兰克法》第 929P(b) 条及第 929Y 条

2010 年《多德-弗兰克华尔街改革与消费者保护法》(*Dodd-Frank Wall Street Reform and Consumer Protection Act*，以下简称《多德-弗兰克法》)是美国遭遇金融危机背景下，为了防范系统性风险、重塑金融体系、适应金融发展所制定的一项重要的金融监管立法，其被称为美国自 1929 年至 1933 年"大萧条"以来最为严厉的金融改革法。就其内容而言，《多德-弗兰克法》第 929P(b)条和第 929Y 条是关于证券法域外效力的规定。其中，第 929P(b)条标题为"联邦证券法反欺诈条款的域外管辖"，其对 1933 年《证券法》、1934 年《证券交易法》、1940 年《投资顾问法》进行了修订，重点规范由 SEC 和美国政府机构提起的跨境证券欺诈诉讼。具言之，根据《多德-弗兰克法》第 929P(b)条，SEC 或美国政府机构就下列行为提起的证券欺诈诉讼，美国法院应当享有管辖权：①行为发生在美国境内并构成欺诈的实质性行为，即使证券交易在美国境外发生，并且整个欺诈活动仅涉及外国投资者；②行为发生在美国境外，但对美国产生可预见的实质性影响。

引人关注的是，尽管《多德-弗兰克法》第 929P(b)条明文规定"域外"一词，但是这一文字表述背后的立法意图并不是非常清晰，争论主要集中于这一条款究竟是关于美国法院域外管辖的规定抑或关于美国证券法域外效力的规定。对于《多德-弗兰克法》第 929P(b)条的立法意图，学理上存在分歧，以文义解释的方法观之，这一条款可以从语法解释、逻辑解释、历史解释、体系解释四个层面加以分析，详见表 1。

表 1 《多德-弗兰克法》第 929P(b)条立法意图的文义解释①

解释要素	解释方法核心内容	《多德-弗兰克法》第 929P(b)条的解释
语法解释	原则上应当首先依托于法条的字面含义和语法结构进行解释，只有字面含义不清或语法解释与立法意图严重背离时，才考虑其他方法。	第 929P(b)条标题虽使用“联邦证券法反欺诈条款的域外管辖”，但管辖权一词并不必然仅限于法院的事项管辖权，该词在美国对外关系法语境下还包括立法管辖权、执行管辖权，故不能仅仅通过“管辖权”一词断定该条只涉及事项管辖权而不涉及域外效力。
逻辑解释	当某个法条的字面含义简单明确时，应当按照字面含义解读，但如果这种解释与整部立法的宗旨和目的不符，则需要运用逻辑解释。	凭据第 929P(b)条中的“管辖权”一词不能直接推知立法者的目的，国会制定这一条款的目的是赋予外国证券交易和外国投资者以事项管辖权，如果仅因不符合交易标准而拒绝管辖，逻辑上难于立足。
历史解释	在解释法条的含义时，需要借助于特定的历史语境转换，综合立法之时法律规则确定的情况是否适合于当下的法律关系。	第 929P(b)条在 Morrison 案判决之前起草，在该案判决之后颁布。Morrison 案确立了反域外适用的推定、推翻了“效果与行为标准”，第 929P(b)条却重新确立“效果与行为标准”，尽管判决在立法通过前，但判决后立法草案并未作出改动，导致二者存在冲突。据此，第 929P(b)条的目的旨在推翻反域外效力的推定和交易标准。
体系解释	在对特定法条进行解释时，需要与上下文保持体系上的内在一致，不应使法条中的任何语句、词汇归于无效或难于实施。	鉴于第 929P(b)条的前款规定已经就 SEC 的事项管辖权作出安排，若将第 929P(b)条的立法意图仅仅解释为赋予美国法院对不符合本国交易标准的跨国证券案件以管辖权，将导致该条成为冗余规定。据此，将第 929P(b)条解释为实体法的域外适用范围，可避免与其他法律的重复。

鉴于私人执行对美国证券法的实施具有重要的实践价值，但《多德-弗兰克法》929P(b)条仅规定了 SEC 和美国政府部门对证券欺诈提起诉讼的管辖，对于私人能否就域外证券欺诈提起诉讼没有规定，《多德-弗兰克法》第 929Y

① 参见舒艾琳：《美国证券法域外效力探析》，武汉大学 2017 年硕士学位论文，第 24 页。

(a)条要求 SEC 向与 Morrison 案不存在直接关联的第三方国家机构及个人征求意见，在此基础上就私人能否依据“效果与行为”标准就域外证券欺诈提起诉讼出具研究报告。该研究报告重点探讨了四个方面的问题，特整理如表 2 所示：

表 2　**1934 年《证券交易法》第 10(b)条下私人诉权跨境范围的研究报告**

问题一	依据 1934 年《证券交易法》反欺诈条款，私人的证券诉权能否拓展至美国境外的证券交易欺诈，私人的范围是否仅限于机构投资者。	调研报告结合受调查对象反馈的意见，对“效果与行为”标准及“交易标准”两类观点进行了梳理和总结，并就私人诉权拓展至域外证券欺诈的可行路径进行了分析，但未就美国投资者就其在境外遭遇的证券欺诈可否行使私人诉权进行论证。此外，报告中列举了若干私人行使跨境诉权对他国证券监管和国际礼让造成影响的案例。
问题二	赋予私人证券诉权对国际礼让的积极影响和消极影响。	
问题三	将私人证券诉权拓展至跨国证券欺诈的成本与收益分析。	
问题四	在美国证券法反欺诈条款域外适用方面，应否采取比“效果与行为”标准更严格的“交易标准”。	

由上述研究报告可知，如果否定私人就域外证券交易中的欺诈行为提起诉讼，则美国证券投资者的合法权益将难以得到有效救济。事实上，美国历来高度重视私人诉权，国会在 1995 年专门出台了《私人证券诉讼改革法》，美国联邦最高法院则将证券反欺诈的私人诉讼视为 SEC 和美国司法部提起的民事及刑事诉讼的重要补充。在美国证券法的域外适用方面，如果采取“效果与行为”标准，显然比“交易标准”更为宽松，更有利于支持投资者基于《证券交易法》第 10(b)条提起私人民事诉讼，从而纾解 SEC 进行域外监管执法的压力，最大限度地保障投资者在国内及海外的合法权益不受非法侵犯。

四、美国证券法域外适用的判例法变迁

(一)“效果与行为标准”在 Morrison 案之前的运用

通常认为，信息披露与反欺诈是美国证券法的两大目标，美国所有的证券

立法均围绕这二者展开。就美国证券法的地域范围而言，在效果原则作为确定美国法院域外管辖的标准之前，美国法院的地域管辖范围奉行严格属地主义，即使案件所涉当事人的行为发生在美国领土范围以外，即使该不法行为在美国境内产生了后果，美国法院亦不行使管辖权。此种绝对属地主义的代表性判例是 1901 年的 American Banana Company 诉 United Fruit Co. 案。① 在该案中，双方当事人均为美国公司，原告控诉被告在水果进口中以掠夺性定价方式维持不合理价格，致使原告被排挤出市场竞争，从而确立被告的独占目标。与此同时，原告通过在哥斯达黎加修筑铁路和购买果园等方式参与竞争，但被告唆使哥斯达黎加军方接管果园并阻止铁路修筑，原告依据《谢尔曼法》向法院提起反托拉斯民事诉讼要求三倍损害赔偿。主审该案的美国联邦大法官 Holmes 在判决中对"反域外效力推定"进行了阐释，最终以涉案行为均发生在美国领土之外为由驳回起诉。② 此后，美国法院在相当长的一段时期内以该案为圭臬，拒绝美国法的域外适用。1970 年前后，美国联邦最高法院在处理涉外证券诉讼的过程中，逐渐突破了严格属地主义的束缚。

在 Schoenbaum 诉 Firstbrook 案③中，美国联邦第二巡回法院首次提出"效果标准"，开创了以不法行为的效果作为判定发生在美国领土之外的证券活动是否受美国证券法约束的先河，标志着美国证券法域外适用的萌芽正式从理念走向实践。④ 在该案中，Banff 石油公司系一家在美国 SEC 登记的加拿大公司，其在美国境内并无商业经营活动。原告系 Banff 公司的美国股东，三名被告分别是一家法国石油公司在加拿大设立的子公司、一家法国银行在美国特拉华州设立的子公司、Banff 公司的董事。原告控诉称，三名被告在明知勘探石油后 Banff 公司股票将会大涨的情况下蓄意隐瞒石油勘探结果并在公开这一重要内幕信息前低价购入股票，后高价抛售，这严重损害了原告利益，亦违反 1934 年《证券交易法》第 10(b)条及 SEC 的 10b-5 规则，以此向纽约州南区法院起诉索赔。一审法院基于"反域外适用推定"认定美国证券法在本案中并不适用，故驳回原告的起诉。但联邦第二巡回法院则推翻了一审裁判，其指出：1934 年《证券交易法》第 30(b)条的例外规定并不能充分表明国会否定将该法其他

---

① American Banana Company v. United Fruit Co., 213 U. S. 347 (1909).

② 舒昕：《美国管辖权"效果标准"研究》，中南财经政法大学 2017 年硕士学位论文，第 23 页。

③ Schoenbaum v. Firstbrook, 405 F. 2d 200 (2d Cir. 1968).

④ 罗志亮：《美国联邦法院对证券法域外管辖权的实践及对中国的启示》，华东政法大学 2020 年硕士学位论文，第 11 页。

条款适用于域外，鉴于该法旨在维护美国证券市场和美国证券投资者的利益，而被告在境外实施的证券交易行为对美国投资者的利益造成减损，无疑对美国国内商业的正常进行和秩序维持产生了重大影响。鉴此，美国证券法在本案中可适用于交易发生在境外但在美国国内具有重大影响的不法行为，联邦法院拥有管辖权。

在 Bersch v. Drexel 案中，关于美国证券法的域外适用问题，联邦第二巡回法院再次推翻了纽约州南区法院的一审判决。① 本案是一起集团诉讼，原告系以美国公民 Howard Bersch 为代表的数千名外国公民，被告为包括六家证券承销商在内的 Drexel 集团，其中两家承销商系美国银行，在美国与欧洲均有营业，而另外四家则是外国承销商，营业地位于美国领土之外。原告购买了被告承销发售的 IOS 公司的股票，IOS 公司是一家依据加拿大法律注册成立的金融公司，其主营业地位于瑞士。原告指控由于被告没有对 IOS 公司的招股说明书履行尽职调查职责，Andersen 会计师事务所也没有遵照公认的会计准则加以审计，导致财务报表存在虚假的误导性陈述，最终引发股价急剧下跌，投资者遭受严重经济损失，依据美国证券法主张索赔。对此，第二巡回法院经审查后总结了联邦证券法反欺诈条款适用的三大准则：其一，美国证券法适用于住所和国籍均在美国的公民因证券出售所遭受的损失，无论造成损失的证券不法行为发生在何地；其二，美国证券法适用于居住于外国的美国公民因出售证券所遭受的损失，但仅限于具有实质重要性的不法行为发生于美国领土之内，且该原因行为是引发损失的直接原因，此即“直接、实质、可合理预见”标准；其三，美国证券法原则上不适用于住所地在美国境内的外国人因出售证券所遭遇的损失，除非该证券不法行为发生在美国领土内并直接地导致了损失的发生。鉴此，考虑到本案当事人多为外国公民，且证券发售行为发生在美国境外，由此产生的一般效果不足以赋予外国公民依据美国证券法的反欺诈条款提起私人诉讼。简言之，该案判决对美国法域外适用的“效果标准”进一步加以明确，综合考虑证券投资者的国籍与居住地，兼顾导致损失且具有实质重要意义的行为是否发生在美国等情形加以判定。该案确立的规则具有较强的可操作性，因此在后续一系列案例中被法官援引。

此外，美国证券法域外适用的历史上还存在其他若干典型判例。在 Leasco 诉 Maxwell 案中，原告 Leasco 系一家美国公司，被告 Maxwell 系英国 Pergamon

① Bersch v. Drexel Firestone, Inc., 519 F. 2d 974, 993 (2d Cir.), cert. denied, 96 S. Ct. 453 (1975).

公司的控制人，为了促成 Leasco 公司与 Pergamon 公司在欧洲共同设立合资公司开展投资合作，被告多次向原告提供虚假的年度报告和具有误导性的陈述。在双方签署合作协议后，Leasco 公司在英国伦敦股票交易所购买 Pergamon 公司的股票，但随后 Leasco 公司在对 Pergamon 公司进行调查时发现了相关误导性陈述并拒绝进行要约收购。原告以被告违反 1934 年《证券交易法》第 10(b)条及 SEC 的 10b-5 规则，诱导原告以超出真实价值的价格购买购票为由提起诉讼。本案中，一审法院纽约州南区法院以 1934 年《证券交易法》第 10(b)条在措辞方面没有明确体现出国会意图将该条款适用于域外为由，认定对本案缺乏事项管辖权并驳回起诉。然而，联邦第二巡回法院则指出，尽管本案所涉及的证券交易行为并不在美国领土内，但第 10(b)条的模糊的措辞可以体现出国会有意对美国公司在境外的证券交易行为加以规制。此外，本案中被告的欺诈行为发生在美国境内，欺诈是诱导原告签署合作协议的主要原因，也是整个证券交易中具有实质重要性的关键环节，尽管在购买股票过程中实际支付价款的是 Leasco 公司的荷兰子公司，但各方均认可原告是该证券交易的真正主体。种种迹象表明，涉案证券欺诈行为对美国公司及其该公司的股东产生了严重影响。简言之，本案确立了以地域为基础的“行为标准”，意即只要证券欺诈活动中的重要行为发生在美国领土内，即使未对美国产生影响，其仍受美国证券法的支配，且美国司法机关亦对此享有管辖权。① 不过，“行为标准”在实践中的运用具有不确定性，意即并非每一项与证券欺诈有关的行为均具有支撑证券法域外适用的结论，而必须是对整个交易和欺诈具有实质重要性的行为，但是究竟如何鉴别某一具体行为与损害结果之间的关系是否符合实质重要性的因果关系，美国各联邦巡回法院之间不乏分歧。②

结合上述论述可知，尽管“效果标准”与“行为标准”最初是作为两项相对独立的确定美国法域外适用的原则，但随着实践的推进，越来越多的法院注意到有必要将二者结合起来以适应裁判需求，由此便衍生了“效果与行为标准”。具言之，“效果与行为标准”指的是虽然运用某一单独标准无法满足域外管辖的要件，但结合二者可以充分体现美国利益时，法院便可据此确立域外管辖权。在 1995 年的 Itoba 诉 Lep 案中，法院认为没有必要将两项标准区分开来单独适用，将二者结合可以更充分地展现出美国有足够的介入理由，从而将域外

① Leasco Data Processing Equipment Corp. v. Maxwell, 319 F. Supp. 1256 (1970).

② 参见彭岳：《美国证券法域外管辖权的最新发展及其启示》，载《现代法学》2011 年第 6 期，第 142 页。

管辖的正当性建立在行为地与效果地两项标准“二合一”的混同模式。① 本案中，原告Itoba公司是ADT公司美国境外的离岸子公司，而ADT是一家在纽约证券交易所上市的美国跨国公司，其总部位于百慕大群岛。被告Lep集团在英国伦敦拥有50家子公司，其所发行的普通股在英国注册，且证券交易场所亦在英国境内。后Lep集团在美国发行存托凭证，ADT公司指令Itoba公司购买了大量Lep公司的股份以试图收购该目标公司，股票交易行为发生在伦敦证券交易所。在收购即将完成之际，Lep集团披露一系列业务逆转信息，致使股价暴跌，ADT公司为此遭受了1亿美元的损失，于是以被告违反1934年《证券交易法》第10(b)条、第20条及SEC的规则10b-5未能及时披露重大交易信息为由主张索赔。本案中，联邦第二巡回法院通过将“效果标准”与“行为标准”有机结合起来，实现了两项标准的优势互补，显著拓宽了美国证券法的域外适用范围。② 不过，单纯凭据无足轻重的个别行为和孱弱的法律效果，法院即可轻而易举地就域外管辖权予以裁量，这也在很大程度上缔造了美国法院的“长臂管辖”色彩，招致本国相关行业协会乃至世界上多数国家(包括英国、澳大利亚等)的强烈抵触和反对。③ 直至当下，“效果与行为标准”仍然尚未成为国际社会普遍接受的通行规则，其对传统的属地主义形成显著的冲击和挑战，考虑到推行美国对外政策的需要，美国法院对这一标准的适用也出现了转变，此即著名的Morrison案。

(二)Morrison案确立的“交易标准”及反域外效力推定

由前文可知，在美国联邦最高法院2010年就Morrison v. National Australia Bank案作出判决之前，数十年间，基于“效果与行为标准”，美国各地法院已经受理了多起美国私人原告和美国政府根据美国联邦证券法对发生在美国境外的证券交易提起的域外索赔请求。这一标准主要考察在与被控诉的证券交易有关的各种行为中，是否有重要的不法行为发生在美国领土之内，或者被控诉的不法行为是否在美国领土内产生了实质效果。在对美国证券法的域外适用进行

---

① Itoba Ltd. v. LEP GROUP PLC, 32 F. Supp. 2d 516 (1995).

② 罗晋航:《美国证券法域外管辖实践及对我国的启示》，华南理工大学2017年硕士学位论文，第23页。

③ 肖永平:《“长臂管辖权”的法理分析与对策研究》，载《中国法学》2019年第6期，第39页。

审查时，法院基本上将涉及域外证券交易的索赔视为事项管辖权问题。① 2010年6月，美国联邦最高法院就Morrison案作出判决，其中，在判定美国证券法反欺诈条款的适用范围时，法院否定了“效果与行为标准”，同时引入了“交易标准”。法院在该案中认定，联邦证券法应当仅仅适用于那些在美国证券交易所上市的证券的购买或销售活动，或其他任何在美国境内发生的证券购买或销售活动，以及与此有关的误述或疏忽行为。法院特别强调，联邦证券法的适用范围问题并不是一项管辖权问题，而是证券成文法的实体适用问题，默认的预设应当是反对将美国法律适用于域外，除非成文法上存在明示的立法指示。②

在本案判决作出之日起不到一个月后，时任美国总统的奥巴马于2010年7月签署了《多德-弗兰克法》。该法案长达850多页，其中有相当一部分篇幅试图就美国证券法的域外适用范围作出规定。特别是，该法案第929P(b)条在美国联邦《证券法》及《证券交易法》的基础上增加了关于域外适用的规定。具言之，联邦地区法院应当有权管辖由SEC或美国提起的任何主张违反证券法的诉讼或程序，其中涵盖两种情况：其一，当美国境内发生的行为构成违法指控的重要步骤，即使证券交易发生在美国之外且仅仅涉及外国投资者，亦受美国联邦法院管辖和美国证券法支配；其二，当行为发生在美国境外，但是在美国境内产生可预见的实质效果时，该案亦受美国联邦法院管辖和美国证券法支配。③

① Subject Matter Jurisdiction，事项管辖权，也称诉讼标的管辖权，指法院审理和裁决某一类案件的权限范围。如美国对不同州籍公民间民事争议的管辖权、联邦问题管辖权、对海事和破产案件的管辖权等都属于联邦法院的事项管辖权。薛波主编：《元照英美法词典(缩印版)》，北京大学出版社2013年版，第1300页。

② Jennifer Wu，“Morrison v. Dodd-Frank：Deciphering The Congressional Rebuttal to The Supreme Court's Ruling”，in University of Pennsylvania Journal of Business Law，Vol. 14，No. 1，p. 317.

③ 《多德-弗兰克法》第929P(b)条原文规定：Extraterritorial Jurisdiction of the Antifraud Provisions of the Federal Securities Laws. —(1) Under the Securities Act of 1933. —Section 22 of the Securities Act of 1933 (15 U. S. C. 77v (a)) is amended by adding at the end the following new subsection：(c) Extraterritorial Jurisdiction. —The district courts of the United States and the United States courts of any Territory shall have jurisdiction of an action or proceeding brought or instituted by the Commission or the United States alleging a violation of section 17 (a) involving—(1) conduct within the United States that constitutes significant steps in furtherance of the violation, even if the securities transaction occurs outside the United States and involves only foreign investors; or (2) conduct occurring outside the United States that has a foreseeable substantial effect within the United States.

据此，《多德-弗兰克法》被视为立法者重构并修复证券法域外管辖之"效果与行为标准"的努力。然而，即使在不久之前联邦最高法院才刚刚在Morrison案中阐明证券法的域外适用范围问题不是管辖权问题，《多德-弗兰克法》在规定相关问题时却仍然采用了"管辖权"这一表述。事实上，《多德-弗兰克法》并不旨在对《证券法》及《证券交易法》的实体法律责任问题作出任何修改，而仅仅旨在拓宽这两部法律对美国境外证券交易活动的域外适用。然而，毋庸置疑的是，在Morrison案中，美国联邦最高法院首次试图澄清在跨境证券诉讼领域长期混淆的管辖权与法律适用问题，究其根源，主要在于证券法领域充斥着大量与证券违反行为监管相关的公法规范，而"公法禁忌"的传统否定了公法的域外适用。①

（三）《多德-弗兰克法》颁行后证券法域外适用判例法的新发展

在Morrison案中，联邦最高法院提出证券法的关注重心并不在于欺诈行为的起源地和效果地，而是在美国的证券交易，以此否决了传统的域外适用标准，并确立了"交易标准"。

此后，2010年颁布的《多德-弗兰克法》（*Dodd-Frank Act*）对Morrison案确立的"交易标准"再次加以修正，但是由于该法在域外适用方面存在语义表述模糊不清的问题，理论界与实务界对其理解存在显著的分歧。在《多德-弗兰克法》颁行后，美国联邦法院关于证券法域外适用的实践又经历了新的发展。就美国证券法域外适用的标准而言，美国联邦法院基本遵循了联邦最高法院在Morrison案中所确立的"交易标准"。就跨境证券诉讼的原告类型来看，由美国证券交易委员会（SEC）起诉的案件居于多数，且法院对SEC的诉求基本上达到了"有求必应""凡诉必胜"的程度；② 就标准而言，尽管"交易标准"获得了美国各级法院的普遍适用，但这些案例主要是在该标准提出后三年内作出判决的。"效果与行为标准"在短暂的消逝后，又逐步得以复活。

首先，联邦第二巡回法院在Absolute诉Ficeto案中提出了"承担不可撤销责任"理论，对"境内完成的交易"进行严格解释。③ 本案中，原告系一家注册成立于开曼群岛的基金公司，因受美国经纪商和投资经理的欺诈，原告购买了

---

① 朱巧慧：《美国反域外适用推定规则》，苏州大学2019年硕士学位论文，第13页。

② 罗志亮：《美国联邦法院对证券法域外管辖权的实践及对中国的启示》，华东政法大学2020年硕士学位论文，第25页。

③ Absolute Activist Value Master Fund Ltd. v. Ficeto, 677 F. 3d 60 (2d Cir. 2012).

非美国上市公司的股票，而购买股票的真正目的是完成被告的股票抛售计划，原告为此遭受了1.95亿美元的损失。第二巡回法院对“发生在美国境内的交易行为”解释为三方面要件：其一，当事人在美国境内产生购买或交付证券的不可撤销的责任；其二，所有权的转移行为在美国境内完成；其三，满足以上二者之一的要求。随后，联邦第二巡回法院将“不可撤销的责任”这项原则再次运用于Pontiac诉UBS案中。① 在本案中，原告通过在美国境内发出指令，购买了在境外交易所上市的公司证券。法院指出，本案当中，原告仅仅是在美国境内发出购入指令，但并不能据此认定整个证券交易在美国境内完成，更无法产生不可撤销的责任，故而无法满足“在美国境内交易”的条件，裁定驳回起诉。2018年，联邦第二巡回法院在Giunta诉Dingman案中进一步明确了不可撤销责任的认定。② 在该案中，原告系美国投资者，其因听取被告Dingman公司的不实陈述而投资购买一家巴哈马公司的股票。在投资遭遇损失后，原告依据美国证券法中的反欺诈条款对被告提出索赔请求。联邦第二巡回法院认定，不可撤销责任自交易当事方无法随心所欲地撤回时产生，无论相关交易此后是否需要政府审批，都不影响责任认定。

其次，联邦第二巡回法院在Parkcentral诉Porsche案中确立了“交易的经济本质”理论，主要依据交易活动在本质上是否以发生在外国的行为为主来判断域外适用，这实际上在原有的“交易标准”基础上进一步细化，从而对美国证券法的域外效力范围设定了更严格的限缩。③ 该案中，美国投资者购买了一份互换协议，协议收购的目标是在外国上市交易的Volkswagen公司股票。后股价暴跌，美国投资者遭受严重的经济损失，于是根据美国证券法的反欺诈条款提起诉讼要求赔偿。法院认定，美国证券法的反欺诈条款并不必然适用于所有满足“交易标准”的证券交易活动，机械地套用“交易标准”将使很多与美国关联性不强的境外证券交易也纳入进来，与反域外适用的推定不符。该案中，尽管互换协议在美国领土内签订，然而交易行为的经济本质主要是对境外上市的外国公司的股票进行购买，而此种购买活动无疑与美国证券法原则上仅适用于域内交易的理念严重背离，不能满足“交易标准”，故驳回起诉。

① City of Pontiac Policemen's System v. UBS AG, 752 F. 3d 173 (2014).

② Ryan Giunta, Erik H. Gordon v. James T. Dingman, Bahamex Ltd., 893 F. 3d 73 (2018).

③ Parkcentral Global Hub Ltd. v. Porsche Auto. Holdings SE, 763 F. 3d 198 (2014).

最后，美国犹他州法院在 SEC 诉 Traffic Monsoon and Scoville 案①中重新确立"效果与行为标准"在判定美国证券法域外适用上的主导地位。2010 年之后，若干当事人曾经对美国证券法的域外适用标准问题提出争辩，但没有法院对《多德-弗兰克法》是否成功地修复了"效果与行为标准"在 SEC 诉讼中的适用作出正面回应。作为替代方案，这些法院尽管已经清醒地注意到了《多德-弗兰克法》与联邦最高法院在 Morrison 案中的裁判意见所存在的潜在冲突及矛盾，最终却基本都支持了 SEC 的诉求，并认定这些诉求即使根据 Morrison 案确立的"交易标准"也已经成立。而与这些法院不同的是，犹他州法院则落入了当事人预先所设下的"圈套"并对这一关键问题作出了裁判。在 Traffic Monsoon and Scoville 案中，Traffic Monsoon 是一家注册于美国犹他州的公司，其主要通过向其成员销售广告包进行营利，其中几乎 90%以上的成员居住于美国境外并且可合理推断这些境外成员是在其母国境内向 Traffic Monsoon 购买广告包。SEC 指控称，Traffic Monsoon 的广告包销售活动构成一项非法的"庞氏骗局"②，违反了《证券交易法》第 10(b)条和《证券法》第 17 条。作为被告，Traffic Monsoon 抗辩称，至少对于美国境外的交易活动而言，法院不应对据称的违法行为行使管辖权，原因是在境外的交易行为中，仅涉及其他国家的消费者，他们在美国领土之外通过互联网方式购买了涉案广告包。由此，本案的争议焦点在于《多德-弗兰克法》对于管辖权的修正，是否改变了 SEC 基于"效果与行为标准"就域外不法行为适用《证券法》及《证券交易法》提起诉讼。被告辩称，《多德-弗兰克法》第 929P(b)条的文义并没有明示推翻 Morrison 的核心观点。法院认定，被告的这一主张是正确的，原因是《多德-弗兰克法》第 929P(b)条仅仅针对于法院的管辖权，而并没有修改证券法的实体适用范围。但是，本案法院又注意到，联邦最高法院在 Morrison 案呈现出来的反对美国法域外适用的基本推定是可以被反驳的，只要所有关于立法含义的可用证据均表明在具体情况下该法律可适用于域外，这些证据包括相关成文法的上下文、修改立法的历史、立法背后的目的以及立法史等。在考虑了相关证据的基础上，本案法院得出结论称：尽管《多德-弗兰克法》第 929P(b)条在用语上规定的是"管辖权"而

① SEC v. Traffic Monsoon, LLC and Scoville, 245 F. Supp. 3d 1275, 1282 (D. Utah 2017).

② 所谓庞氏骗局，指的是行为人通过欺诈的方式骗取投资者向虚设的企业投资，再以后来投资者投放的金钱作为快速盈利给付给最初投资者，从而引诱更多的投资者上当。作为金字塔骗局的始祖，庞氏骗局常被非法传销组织用作敛财方式，在金融领域和证券领域较为常见。

未明示提及实体上的域外适用，但结合其他各方面证据，可认定美国国会对证券法的修正案已经表明了立法允许 SEC 和美国基于“效果与行为标准”对违反证券法的行为提起诉讼请求。特别是，法院注意到，《多德-弗兰克法》草案的最初版本在 Morrison 案判决作出前就已经起草出来了，其主要是为了回应第二巡回法院催促国会澄清联邦法院将美国证券法适用于美国境外的交易行为确立管辖权的问题，而关于草案初稿的会议报告在 Morrison 案判决后五天就签发了。尽管在制定立法时，国会被认为应当熟悉地了解联邦最高法院的先例，但更合理的解释是国会所应当考察的司法状况应以立法之前以及立法之时业已裁判的案件为准，而 Morrison 案的判决在立法同步进行过程中作出得过于迟缓，以至于国会无法及时将 Morrison 案的裁判意见纳入立法的参考范围之内。对此，犹他州法院非常形象而生动地作出了比喻，其认为：要求国会在制定《多德-弗兰克法》的最后一刻使第 929P(b) 条遵从莫里森案的判决意见，就像强令一艘正在航行的战舰急转弯去取回掉入海中的救生衣一样。

基于此，法院并不认为国会有意使第 929P(b) 条无效。在本案中，犹他州法院最终适用了“行为标准”来判定美国证券法的域外适用问题，并得出结论称，SEC 的指控已经满足了这一标准，原因是尽管据称的违法行为欺诈的是外国投资者，但被告在美国境内已经存在经营活动。但是，法院同时指出，退一步讲，本案 SEC 的指控也符合 Morrison 案确立的“交易标准”，原因是被告已经将其产品通过互联网途径销售出去，据此便已经产生了在美国进行产品销售所引发的责任，而无论买方位于何处，此种责任都是不可撤销的。Traffic Monsoon 案的判决系美国法院首次直截了当地解决《多德-弗兰克法》起草过程中争议已久、悬而未决的问题。在此前的同类案件判决中，法院基本上不考虑是否适用《多德-弗兰克法》中的“效果与行为标准”，而是径直认定 SEC 的指控符合 Morrison 案的“交易标准”，从而极力去回避《多德-弗兰克法》与 Morrison 案的不一致问题。犹他州法院在审理 Traffic Monsoon 案的过程中，虽然也将这种方式作为一种替代性的推理论证，但是其首先却咬紧牙关、直击要害地对先例中所未曾触及的《多德-弗兰克法》的适用标准问题作出了阐释。根据《美国法典》第 28 卷第 1292(b) 条关于中间上诉审查的规定，美国第十巡回法院在二审中维持了犹他州法院的裁判意见。Traffic Monsoon 案的裁判很可能并非出乎意料的结论，尽管美国国会未能使《多德-弗兰克法》的修正案完全遵守 Morrison 案的判决，尤其是何者属于管辖权以及何者不属于管辖权的问题上，但国会的意图似乎是相对清晰的。法院有时勉为其难地与国会开展着众所周知的骗术，但 Traffic Monsoon 案则对自 2010 年以来各方广泛讨论的域外适用的标准问题提供了清晰的回应。

五、我国《证券法》域外效力条款的立法构造与完善路径

(一)立法演进

我国《证券法》自1998年12月29日通过后，已经历了三次修正和两次修订：分别是2004年8月28日第一次修正，2005年10月27日第一次修订，2013年6月29日第二次修正，2014年8月31日第三次修正，2019年12月28日第二次修订。[①] 长期以来，我国《证券法》以自我设限的方式将其适用范围严格划定在本国领土范围内的证券发行与交易活动。从学理上来看，对于是否应当赋予我国《证券法》以域外效力，始终存在赞成说、反对说、模糊处理说等不同观点。[②] 随着证券市场国际化程度的不断加深，资本跨境流动愈发频繁，为了对我国证券投资者的权益实现全方位保护，就产生了到对境外证券市场上的交易行为进行监管的必要性，而这一目标的实现首先必须赋予我国《证券法》以域外效力，否则难免将陷入“师出无名”的困局。故而，有限度地拓展我国证券法的域外效力，扩张我国法院对境外证券不法行为的管辖权，具有迫切意义。为此，在2019年最新一次修订中，《证券法》第2条中增设第4款，专门就该法的域外适用这一关键问题作出明确规定。[③] 依据这一条款，如果境外

① 在中国立法体系中，法律的修正与修订存在显著区别：首先，审议内容不同。法律的修正通常提出修正案草案，审议机关的审议是针对修正案草案进行的，未作修改的部分不审议；法律的修订通常提出全面的修订草案，审议机关的审议是针对草案文本的全部内容，而不是针对修改内容进行审议。其次，表决内容不同。法律的修正，在表决通过时，通过的是修改某法律的决定或者修正案；法律的修订，表决通过的是整个修订草案，如《公司法》的修订。最后，公布方式不同：法律修正的公布方式有两种：一种是公布修改决定，即国家主席发布主席令公布全国人大常委会通过的法律修改决定，再由有关部门根据修改决定将修正后的法律予以重新公布；法律的修订，没有修改决定，国家主席令直接公布全国人大常委会修订通过的法律文本全文。

② 参见杜涛：《美国证券法域外管辖权：终结还是复活？——评美国联邦最高法院Morrison案及〈多德-弗兰克法〉第929P(b)条》，载《国际经济法学刊》2012年第4期；另参见邱永红：《证券跨国发行与交易中的若干法律问题》，载《中国法学》1996年第6期。

③ 《证券法》第2条第4款规定：“在中华人民共和国境外的证券发行和交易活动，扰乱中华人民共和国境内市场秩序，损害境内投资者合法权益的，依照本法有关规定处理并追究法律责任。”

的证券发行和交易活动扰乱我国境内的市场秩序，损害境内投资者合法权益，我国《证券法》便可启动域外效力，从而对境外的证券不法行为进行规制和监管。从文义而言，此种证券法域外适用模式与美国证券法的"效果标准"基本一致。但是，为了促进和维持正常的国际交往，我国法的域外适用以遵循国际法的基本准则作为前提，应当有意识地避免美国式单边国内法域外适用路径，并对证券法域外适用的效力范围设定合理的限度。据此，有观点提出，证券法域外适用应当划定"可为"与"勿为"的界限，以"直接、实质、可合理预见性"的影响结果作为触发域外效力的判定标准。①

（二）完善路径

首先，构筑"攻防兼备"的证券法域外适用制度体系。

由以上分析可知，我国当前已初步构建了《证券法》域外适用的法律体系，允许我国《证券法》对发生在域外的不法行为进行必要的约束和规制。然而，目前来看，我国的证券法域外适用体系还欠缺对其他国家过度域外适用的应对和防御。具言之，美国证券法经历多年的实践变迁，已经形成了综合"效果与行为标准""交易标准"的相对完备的域外适用体系，我国投资者不时会受到美国法院的域外管辖。对此，有必要从私人执法和公共政策两个视角探寻解决对策。一方面，我国当事人有必要重视对美国国内法下"效果与行为标准""交易标准"等制度运行的机理和制度内涵的理解，以便在赴美诉讼时无论是作为原告抑或被告，都能够有理有据有节地加以抗辩，从而维护自身合法权益；另一方面，对于美国 SEC 的单方面域外执法，我国商务部于 2021 年 1 月颁行的《阻断外国法律与措施不当域外适用办法》提供了阻却他国法律过度管辖域外行为的反制手段，这可以对证券从业者和投资者防御外国不当监管措施提供制衡的法律依据。

其次，澄清长臂管辖与证券法域外适用的区分标准。

如前文所言，我国现行《证券法》第 2 条第 4 款以发生在境外的证券活动对我国境内市场秩序或境内投资者合法权益造成损害或扰乱效果作为法律域外适用的判定标准，这与美国历史上长期采用的"效果标准"基本一致。然而，在美国证券法反欺诈条款域外适用的判例法发展史上，始终存在着混淆法律适用与管辖权的问题，将证券法的域外适用直接等同于美国法院的域外司法管辖

① 苗昕：《证券市场国际化背景下我国证券法域外管辖权问题研究》，华东政法大学 2016 年硕士学位论文，第 31 页。

权，从而使长臂管辖的趋势愈演愈烈。① 因此，在中国证券法域外适用法律体系的构建方面，基于中美双方证券法律制度及诉讼体制的差异，不宜简单地移植美国法下的证券法域外适用机制。就司法实践而言，中国法院在将本国证券法适用于域外行为时，需要依托合理的管辖权根据，同时要警惕域外管辖权的不适当扩张。事实上，相比于美国，我国在立法的域外效力与法院的域外管辖这两个问题上存在明确的“分水岭”，前者由实体法自身予以规范或者通过国际私法上的冲突规范加以指引，后者则由民事诉讼等程序立法进行规范，二者泾渭分明，通常不会混为一谈。不过，鉴于美国证券法具有公法与私法相融合的二元属性，其实施包括公共执法与私人诉讼两个维度，而我国证券法则重点是围绕着证券市场监管和违法行为制裁，主要是由行政机关予以行政处罚或通过刑事诉讼追究刑事责任的方式加以实施，故我国《证券法》更多具有公法或准公法属性。② 由此，便决定了单纯依托《证券法》无法解决所有与证券相关的跨境民事诉讼中的责任认定问题，而必须依托《民法典》关于侵权损害赔偿的规则以及《涉外民事关系法律适用法》关于涉外侵权法律适用的规范。在今后进一步完善我国《证券法》域外适用法律体系时，需要将《证券法》本身现有的域外适用条款与相关联的其他立法进行有效衔接，从而保障法律规范的体系性，更好地区分好程序意义上的域外管辖与实体意义上的域外适用之间的关系。

最后，引入国际礼让以妥善处理证券法域外适用所涉外交关系。

正如有学者所言，证券市场国际化所触发的问题，远不仅仅是证券法的问题，更是宪法问题，甚至是政治问题。③ 在对《证券法》予以域外适用时，需要考虑到法律问题背后潜在的利益冲突和权力博弈。鉴于此，强化国际礼让原则的适用，有助于避免引发管辖权的积极冲突，从而预防并缓和其他国家的对抗和抵制。不容否认的是，美国在过往强势推进其《证券法》的域外适用，不遗余力地过度扩张美国法院对境外证券活动的长臂管辖权，在一定程度上加剧了证券法上的法律冲突，同时也涉嫌对他国司法主权的干预。而国际礼让原则正是缓和管辖权冲突、消除平行程序、减少对抗和摩擦的“黄金法则”。我国历

① 参见杜涛：《论反垄断跨国民事诉讼中域外管辖权和域外适用问题的区分——以中美新近案例为视角》，载《国际经济法学刊》2019 年第 1 期，第 53 页。

② 陈竹华：《证券法域外管辖权的合理限度——以美国法为例的研究》，中国政法大学 2006 年博士学位论文，第 161 页。

③ 朱伟一：《美国证券法判例解析》，中国法制出版社 2002 年版，第 9 页。

来遵守国际法的基本原则，反对他国肆意行使长臂管辖，高度重视礼让和协作。① 在跨境证券监管和涉外证券纠纷司法管辖方面，尤其应当重视国际礼让原则的运用。事实上，将《证券法》适用于域外证券活动时隐含着这样一项前提，即当发生跨国证券欺诈致使国内外投资者受损时，只有在证券发行和交易行为所在国不能予以有力惩戒时，效果所在国才有必要基于对本国投资者合法权益及本国证券市场秩序的保护出发启动域外管辖。反言之，当行为地国基于属地主义提供了有效保护时，效果国为了避免和减轻对抗与冲突，没有必要耗费本国的司法和执法资源对域外行为予以监管。由此可见，国际礼让原则在实践中的运用以比例原则为要素，以必要性为前提，是在充分尊重国家司法主权的前提下对跨国证券监管所作的协调。

① 邓建平、牟纹慧：《瑞幸事件与新〈证券法〉的域外管辖权》，载《财会月刊》2020年第12期，第135页。

多边条约的“入场费”：论缔约加入模式

孙一榕　王佳琦*

目　　次

一、引　　言

早期国际条约不包含允许其他国家加入的条款，直到多边条约兴起情况才有所改变。1648年《威斯特伐利亚条约》(*the Treaty of Westphalia*)允许非谈判方通过一致同意或单方的提名加入条约。1815年的*General Treaty*对维也纳大会成员开放，加入方可以发起正式通知(declaration)经全体原缔约方同意和正式批准(ratification)后加入。1852年《伦敦条约》(*Treaty of London*)则取消了正式批准这一步骤，在加入方发出通知后经该约保管机关(depository)同意加入。1885年的《柏林总议定书》(*General Act of Berlin*)作出了另一程序性创新，根据

* 孙一榕，清华大学法学院2017级本科生；王佳琦，清华大学法学院2018级本科生。指导老师：杨国华教授。

该约第37条规定，加入方只需发出加入通知即可加入。① 此后，条约加入制度逐渐成文化，绝大多数开放性多边条约均在最后条款(final clauses)中规定了加入条款。② 根据《维也纳条约法公约》第15条，不包含加入条款的条约不可被推定为开放性条约。

本文根据加入条款规定的加入程序将加入条款分为三类。第一类加入条款为“通知加入模式”，加入方以单方书面通知的方式即可加入，无须再次取得原缔约方或者条约保管机关的同意。③ 联合国秘书处保管的开放性条约大多采取了通知加入模式。④

第二类加入条款为“同意加入模式”，加入方的加入通知需要经全体成员的一致或多数同意后加入，通常对于多数同意即可加入的条约，该约会允许反对方保留条约在其与加入方关系上的适用。例如多边经贸条约中，《阿加迪尔协定》(*Agadir Agreement*)要求加入必须取得全体成员的一致同意，条约必须整体适用。⑤《拉丁美洲一体化协会》(*Latin American Integration Association*)要求全体成员一致同意加入。⑥《亚太贸易协定》(APTA — *Asia Pacific Trade Agreement*)要求至少三分之二成员推荐，且除反对方可以对其与加入方之间的适用进行保留外，该条约不允许任何保留。⑦

第三类加入条款为“缔约加入模式”。加入方以与各方议定的条件加入，议定的条件记载于“加入书”中，其中“议定的条件”往往关涉实体权利义务的调整。此类“缔约加入模式”常见于开放性经贸协定中，例如1947年《关税与贸易总协定》(GATT 1947)，⑧ 1994年《建立世界贸易组织的马拉喀什协定》

① Oliver Dörr and Kirsten Schmalenbach, Vienna Convention on the Law of Treaties: A Commentary, Springer-Verlag GmbH Germany, 2018, p. 218.

② 《维也纳条约法公约》第15条。

③ 参见联合国官网加入书范本，https://treaties.un.org/doc/source/modelinstruments/加入书范本-Chinese.pdf.

④ 参见联合国秘书处保管的条约官网：https://treaties.un.org.

⑤ Article 30, Agadir Agreement.

⑥ Article 58, Latin American Integration Association (LAIA).

⑦ Article 25/26, Asia-Pacific Trade Agreement (APTA); Article 30, Bangkok Agreement.

⑧ 1947年《关税及贸易总协定》第33条：“A government not party to this Agreement, or a government acting on behalf of a separate customs territory possessing full autonomy in the conduct of its external commercial relations and of the other matters provided for in this Agreement, may accede to this Agreement, on its own behalf or on behalf of that territory, on terms to be agreed between such government and the contracting parties. Decisions of the contracting parties under this paragraph shall be taken by a two-thirds majority.”

(《马拉喀什协定》)。[①] 在各国的条约实践中，美国是缔约加入模式的忠实实践者。在其加入过的16个自由贸易协定(FTA)和区域贸易协定(RTA)中，11个嵌入了加入条款，均为缔约加入模式。[②] 这些加入条款在基本特征上大多与《马拉喀什协定》一致。[③] 其他的多边经贸协定中，采取缔约加入模式的还有《共同经济区协议》(CEZ — *Common Economic Zone*)，[④]《建立欧洲自由贸易联盟公约》(EFTA — *European Free Trade Association*)，[⑤] 以及《太平洋岛国贸易协议》(PICTA — *Pacific Island Countries Trade Agreement*)。[⑥]

与"通知加入"和"同意加入"对原条约仅带来缔约方的变化不同，"缔约加入"不仅改变了原条约的缔约方，也将"议定的条件"带入原条约的权利义务体系中，产生了独特的条约加入实践。然而，由于加入条款中所谓"议定的条件"这一描述过于简略，无法给确定"议定的条件"的性质、内容、程序提供指导。[⑦] 导致实践中，包含"议定的条件"的加入书法律性质模糊，记载"议定的条件"的加入书中的"一体化条款"效力存疑，[⑧] 与多边条约的法律关系模糊，引发了"议定的条件"的可诉性和冲突解释问题。理论中，"议定的条件"的合法性也存在诸多争议。有学者表示，在"议定的条件"中存在允许减损WTO义

---

① 《建立世贸组织的马拉喀什协定》第12条："1. Any State or separate customs territory possessing full autonomy in the conduct of its external commercial relations and of the other matters provided for in this Agreement and the Multilateral Trade Agreements may accede to this Agreement, on terms to be agreed between it and the WTO. Such accession shall apply to this Agreement and the Multilateral Trade Agreements annexed thereto. 2. Decisions on accession shall be taken by the Ministerial Conference. The Ministerial Conference shall approve the agreement on the terms of accession by a two-thirds majority of the Members of the WTO."

② 参见 https://ustr.gov/trade-agreements/free-trade-agreements/.

③ Hamanaka Shintaro, "Accession Clause of TPP: Is it Really Open?", IDE Discussion Paper, Vol. 606 (2016)。

④ Article 8, Common Economic Zone (CEZ).

⑤ Article 56, European Free Trade Association (EFTA).

⑥ Article 27, Pacific Island Countries Trade Agreement (PICTA).

⑦ WT/ACC/10/Rev. 4, II. Relevant WTO Provisions.

⑧ Qin, Julia Ya, "Mind the Gap: Navigating between the WTO Agreement and Its Accession Protocols" (February 2, 2016). Wayne State University Law School Research Paper No. 2016-05, available at SSRN: https://ssrn.com/abstract=2727031 or http://dx.doi.org/10.2139/ssrn.2727031/.

务的条款，违反了WTO原多边协议中相关禁止保留的规定。① 此外，众多学者对于不加限制的“议定的条件”导致多边条约的普遍规则变成针对各成员(特别是新加入成员)的特殊规则(member-specific rulemaking)这一问题，即多边条约的碎片化问题表示担忧。②

本文将首先分析“议定的条件”发生法律约束力的依据，随后就以上“议定的条件”存在的三大难题——可诉性、冲突解释和合法性进行分析，从“缔约加入模式”的特性切入，对以上批判进行回应，并提出相应建议。

二、“议定的条件”约束力的法律基础

对于“议定的条件”以何种方式对全体缔约方发生法律约束力，以WTO的加入条款为例，学界主要存在三种意见：第一，“议定的条件”是加入方与国际组织之间的国际条约，其中的一体化条款(integration clause)发生将“议定的条件”并入(incorporate)WTO协议的效果；③ 第二，“议定的条件”通过决定条款(decision-making clause)以国际组织的决定的形式对全体缔约方发生法律约束力；④ 第三，“议定的条件”通过加入条款对全体缔约方发生法律约束力。⑤ 进而，本部分对“议定的条件”约束力的法律基础从四个路径进行剖析，分别是国际条约、一体化条款、决定条款和加入条款。

(一)国际条约

1. “议定的条件”能否构成国际条约?

根据国际法委员会1962年临时性草案的定义，条约是国家间或其他国际法主体间达成的书面国际协议，其文书数量和文件名称对判断是否构成条约不

---

① Mitali Tyagi, “Flesh on A Legal Fiction: Early Practice in the WTO on Accession Protocols”, (2012), Journal of International Economic Law 15(2).

② Qin, *supra* note 16.

③ *Id.*, p. 226.

④ Steve Charnovitz, “Mapping the Law of WTO Accession'in Merit E. Janow”, Victoria Donaldson & Alan Yanovich (eds.), The WTO: Governance, Dispute Settlement & Developing Countries, Juris Publishing, 2008, p. 63.

⑤ *Id.*, p. 63.

产生影响。[①] 即国际条约的构成要件有三：(1)缔约方达成合意；(2)缔约方为国际法主体(数量大于等于二)；(3)采用书面格式。对于“议定的条件”而言，关键在于其缔约方是否为国际法主体，以及是哪些国际法主体。基于“议定的条件”缔约方的不同，可以将加入条款分为三类。

第一类，缔约方均为国家(包括单独关税区)。此时，缔约方均为国际法主体且对“议定的条件”达成合意，“议定的条件”满足国际条约的构成要件。此类加入条款的实践主要为美国签订的一系列开放性双边贸易协定，如美国-澳大利亚自由贸易协定，美国-巴林(Bahrain)自由贸易协定，美国-哥伦比亚贸易促进协定，美国-韩国自由贸易协定，美国-摩洛哥自由贸易协定，美国-阿曼(Oman)自由贸易协定，美国-秘鲁贸易促进协定，美国-新加坡自由贸易协定。[②]

第二类，缔约方为加入方与国际组织。此时，缔约方亦均为国际法主体，构成加入方与被加入国际组织之间的国际条约。此类加入条款的实践主要为开放性多边贸易协定，如《WTO 协定》、《中美洲自由贸易协定》(CAFTA-DR)、《北美自由贸易协定》(NAFTA)。[③]

第三类，缔约方为加入方和临时性国际主体安排(*modus vivendi*)。[④] 临时性国际主体安排不具有独立的国际法人格，并不一定具有独立缔结条约的能力。比如，在曾经的 1947 年关税与贸易总协定中，第 33 条加入条款规定“议定的条件”是在缔约方全体与加入方之间同意的条件，缔约方全体的同意以三分之二多数同意作出，根据第 25 条，缔约方全体是“采取联合行动的各缔约方”。[⑤] 此时，“议定的条件”很难直接满足国际条约的构成要件。

上述缔约方的判断直接出自加入条款的规定，即加入条款规定“议定的条件”在何者间作出(be agreed between A and B)，即条件议定方。然而，加入条

---

① James Crawford, Brownlie's Principles of Public International law (9th edition), Oxford University Press, 2019, p. 355; ILC Yearbook 1962/II, p. 161.

② US — Australia FTA, Chapter 23; US — Australia FTA, Article 21. 4; US — Colombia TPA, Article 23. 5; US — Korea FTA, Article 24. 4; US — Morocco FTA, Article 22. 5; US — Oman FTA, Article 22. 4; US — Peru FTA, Article 22. 5; US — Singapour FTA, Article 21. 6.

③ 《建立世贸组织的马拉喀什协定》第 12 条；中美洲自由贸易协定第 22. 6 条；北美自由贸易协定 第 2204 条。

④ It means a temporary, provisional arrangement concluded between subjects of international law and giving rise to binding obligations on the parties. James Crawford, *supra* note 22, p. 157.

⑤ 1947 年《关税及贸易总协定》第 33 条、第 25 条。

款中条件议定方与加入决定作出方可能不一致。譬如目前已有七个国家或单独关税区宣布有兴趣加入的《全面与进步跨太平洋伙伴关系协定》(CPTPP)，及其"前身"《跨太平洋伙伴关系协定》(TPP)，CPTPP 和 TPP 的加入条款均规定加入方"以与原缔约方议定的条件，按照适用的程序规则加入"。①根据其后的加入程序规则，加入的决定由 CPTPP 或 TPP 委员会下设的工作小组作出，设立工作小组的决定由委员会作出。规定时间内没有国家书面反对，上述委员会和工作小组的决定视为作出。

于是，虽然"议定的条件"的缔约方为国家(包括单独关税区)，但加入效果的发生是依据加入条款由委员会作出，导致"议定的条件"的生效不仅需要缔约方的同意还需要委员会的同意。TPP 和 CPTPP 的实例不仅对"议定的条件"的缔约方认定产生了冲击，更是对于"议定的条件"是否真的是通过"国际条约"的方式对缔约方产生法律约束力提出了有力的挑战，后文详述。

2. "议定的条件"能否对原缔约方以国际条约的方式发生法律约束力?

由于临时国际法主体安排不能构成国际条约，值得讨论的仅存两种情形，即加入方与原缔约方间的"议定的条件"，以及加入方与被加入组织的"议定的条件"。

对于第一种情形，"议定的条件"在没有加入条款的帮助下似乎已经能够对缔约方产生法律约束力。然而，根据加入条款的描述，加入方要"以议定的条件加入"，即"议定的条件"不仅要对加入方和原缔约方产生约束力，更重要的是要发生加入方加入原条约的效果。如果"议定的条件"以独立的国际条约的方式发生法律约束力，则加入效果的发生会与"议定的条件"的生效相分离。理论上，可能会出现加入失败，但"议定的条件"依旧生效的吊诡情形，并且在该路径下"议定的条件"独立于被加入条约，与其相关的争议也无法通过被加入条约的争端解决机制处理。可见，在第一种情形下，国际条约这一路径并不妥当。

对于第二种情形，"议定的条件"仅能在国际组织和加入方间发生法律约束力，原缔约方因为拥有独立的法人格，并不直接被"议定的条件"约束。②此时，对原缔约方法律约束力的产生必须通过其他路径解释。

由此可见，"议定的条件"并非以国际条约的方式对其缔约方发生法律约

---

① Article 30.4, TPP; Article 5, CPTPP.

② James Crawford, *supra* note 22, p. 169.

束力。因为第一，存在部分“议定的条件”不能构成国际条约；第二，对原条约的加入与“议定的条件”的生效被不当分离；第三，“议定的条件”无法诉诸原条约的争端解决机制；第四，与国际组织“议定的条件”无法直接对组织成员产生法律约束力。

(二)议定的条件中的“一体化条款”

对于WTO的加入实践，多数学者表示入世议定书能成为WTO协定一部分是由于入世议定书中包含的“一体化条款”。“一体化条款”指入世议定书中的标准条款“本议定书……应成为WTO协定的组成部分”。[①] 进而，学界对此种“一体化条款”展开了三点质疑：第一，加入书是加入方与该委员会(国际组织)的双边条约，“一体化条款”使该双边条约变成多边条约的效力存疑；第二，相比于WTO协议第2.2条的列举，该“一体化条款”将加入书变成WTO协议一部分的效力存疑；[②] 第三，以“一体化条款”作为成为WTO协定一部分的依据属于循环论证(*petitio principii*)。[③]

如果一体化条款能发生使“议定的条件”成为WTO协定一部分的效果，则一体化条款构成对WTO协定的修正(amendment)。然而，一体化条款未经WTO协定规定的修正程序，进而此种效果的发生是不被允许的。如果一体化条款单纯能使“议定的条件”变成加入方与原缔约方之间的多边条约，则会遭遇在上文国际条约路径下的两大困境，即对原条约的加入与“议定的条件”的生效不当分离和“议定的条件”无法诉诸原条约的争端解决机制。

换言之，一切试图从“议定的条件”为起点的效力讨论路径都会存在上述两大问题，而一旦试图克服上述问题，与原条约建立联系或者并入原条约，就会发生对于原条约修正规则的违反。进而，以“议定的条件”出发考虑其生效的法律依据是不当的。

(三)被加入条约中的“决定条款”

有学者指出，“议定的条件”以总理事会(General Council)或部长级会议(Ministerial Conference)的决定的方式对全体成员发生法律约束力。[④] 对此观点

---

① 如《中国入世议定书》第1.2条。

② Mitali Tyagi, *supra* note 17, p.400.

③ Steve Charnovitz, *supra* note 20, p.42.

④ *Id.*, p.43.

最大的反驳在于，该部长级会议的决定可能涉及越权(*ultra vires*)。第一个越权可能性在于，“议定的条件”中的针对加入方的特别规则(country-specific rules)违反了WTO协议的目的与宗旨。第二个越权可能性在于，部长级会议无权修改“适用协定”(covered agreement)的范围。

仅对全体成员发生法律约束力这一点来看，通过被加入条约的“决定条款”对全体成员发生法律约束力会构成对违反修正规则的违反。因为，《马拉喀什协定》的《决定规定》的第2款明确表示“本款不得以损害第10条中有关修正规定的方法使用”。① 进而，以“决定条款”作为“议定的条件”对全体成员发生法律约束力的依据并不妥当。

(四)被加入条约中的“加入条款”

在排除了上述路径之后，仅存以“加入条款”作为法律约束力的依据这一条路径。根据ILC报告，传统的条约加入，虽然具有单边的形式，但由于其内容与被加入条约有依赖性，② 即需要被加入条约中的加入条款确认才发生效力，属于条约法范畴。

缔约加入模式相比于传统的条约加入，对于原条约除了发生缔约方变更的效果外，还发生条约内容变更的效果。并且，两个效果并不独立发生，即如果未达成议定的条件，加入方无法加入；如果达成议定的条件但加入方加入失败，议定的条件也不会构成单独的国际条约在缔约方间生效。从而，缔约加入模式下的条约加入同样需要被加入条约中的加入条款确认才发生效力。脱离加入条款发生效力是不现实的。

并且，通过加入条款发生效力能够避免部长级会议决定与修正程序规定的冲突。虽然有学者批评加入条款本身成为规避修正程序的漏洞，③ 但加入程序与修正程序在原条约中属于并列的程序，并且相对于决定条款为决定条款的特殊规定，“缔约加入模式”是有意为之的制度设计，而非实践中的法律漏洞，在后文合法性部分详述。

(五)小结

“议定的条件”确有构成国际条约的可能，但其对原缔约方的法律约束力

---

① 《建立世贸组织的马拉喀什协定》第9.2条。

② First report on unilateral acts of States, by Mr. Vi’ctor Rodri’guez Cedenõ, Special Rapporteur, A/CN.4/486, 5 March 1998, para. 97.

③ Mitali Tyagi, *supra* note 17, p. 419.

并不来自于“议定的条件”自身，而是依赖于被加入条约的加入条款发生效力。

三、“议定的条件”与被加入条约的关系

议定的条件与被加入条约的关系决定两个问题：争端解决方式的管辖权；议定条件与被加入条约条款的冲突解释问题。对于前者，主要涉及议定的条件如何被纳入争端解决机制所援引的法律渊源；对于后者，主要涉及“议定的条件”与被加入条约的效力位阶优先顺序。为厘清这两个问题，需要先对议定的条件究竟是以何种途径“加入”条约作出讨论。

中国稀土案的专家组和上诉机构与中方抗辩为处理这一问题提供了思路。该案中，上诉机构以缺乏文本明示为由拒绝认定入世议定书具体条款与《关贸总协定》的联系，将入世议定书作为单独的法律文件处理。上诉机构将中国议定书第1.2条“本议定书……应成为《WTO协定》必不可少的组成部分”解释为：议定书是《马拉喀什协定》及其附录所构成的一揽子“WTO条约群”的内在组成部分，而非中国所主张的每一份/某一份具体条约或条款的内在组成部分。[①] 换言之，如果把专家组和上诉机构对议定书“加入”效果的理解比作“一列火车穿过欧盟地区”，那么中国所主张的理解就是“火车穿过每一个欧盟国家，例如法国/德国/意大利……”二者是截然不同的。

由此，可以得出两种不同关系的并入途径：议定的条件可以作为一个整体，并入被加入条约原本组成的条约群；也可以分别对应被加入条约的相关部分，针对具体的对应条款发生局部修正的效果。前一种即“整体并入”，后一种即“分别并入”。接下来针对争端解决管辖权和冲突解释两个问题的讨论，都将在这种二分法的基础上进行。

（一）可诉性

1. 整体并入

存在两种不同可能的整体并入方式：其一，议定的条件整体并入被加入条约中的加入条款，如认为入世议定书并入《马拉喀什协定》第12条；[②] 其二，

---

① ABR, *China-Rare Earths*, para. 5.52-5.53.

② Matthew Kennedy, “The Integration of Accession Protocols into the WTO Agreement”, Journal of World Trade 47, No. 1 (2013), p. 49.

议定的条件整体并入争端解决机制所可管辖的条约列表总和，即被加入条约组成的权利义务群，但并不具体并入任何一条条款。对争端解决管辖权(可诉性)的问题，将在此种细化分类上进行分析。

(1)并入“加入条款”

当议定的条件被认为整体并入了加入条款时，争端解决机制的管辖权能否延及“议定的条件”，取决于加入条款原本是否属于该管辖权内。即其可诉性是附属于加入条款的。WTO体系内，曾有案例通过这种途径来就“议定的条件”提起诉讼：中国汽车零部件案的专家组阶段，起诉方采取了此观点，① 但上诉机构并未采纳。②

此种解释路径存在两大问题：其一，议定的条件与加入条款之间不一定具有逻辑联系，强行并入可能与语义不符，如《马拉喀什协定》第12条本身就没有规定“成员入世后的具体承诺”，而仅规定了加入程序。从文义上，其明确指向部长级会议在成员入世过程中的准入过程，而非确认成员的入世后承诺的权利义务(即入世议定书内容)。③ 其二，加入条款本身的可诉性可能受到限制，从而使得议定的条件无法在争端解决过程中全面适用。如《马拉喀什协定》并不属于DSU第22条中明示的可以据之发起反制措施的条约，④ 因此如果《入世议定书》的诉争条款是对《马拉喀什协定》第12条的“修正”，起诉方也无权对被诉方采取反制措施。

(2)直接并入“列举式的争端解决范围清单”

条约关于争端解决机制的规则中，往往会自带一份列举式的管辖权清单，但其中不一定明文涵盖了“议定的条件”。以WTO的争端解决机制为例：包含在入世议定书中的“议定的条件”，就并没有被所列举的争端解决范围所包括——该清单为DSU第1.1条所引向的附录1“适用协定”。⑤ 然而，适用协定中仅包括《马拉喀什协定》及《马拉喀什协定》附录1-4的多边、复边协定，而没有明文列入任何成员国的议定书。因此，尽管现有实践中，尚未有任何当事

① PR, *China-Auto Parts*, para. 8.1 B(c)(ii).

② ABR, *China-Auto Parts*, para. 253.

③ Dylan Geraets, Accession to the World Trade Organization: A Legal Analysis, Edward Elgar Pub, 2018, at 4.2.2.3.3.

④ 《关于争端解决规则与程序的谅解》第22条(g)项。

⑤ 《关于争端解决规则与程序的谅解》附录1。

方对入世议定书的可诉性提出过争议,[①] 但专家组/上诉机构没有给出明确的法律基础,均以"双方均无异议"作为理由("Jurisdiction by agreement"),[②] 秘书处亦只给出过是立场坚定、然而止步于宣示性的表态,支持议定书可以在争端解决程序中适用。[③] 入世议定书原则上在争端解决程序中"寸步难行"。

若想将议定的条件不借助任何中间具体条款,整体直接并入在文义上并没有涵盖它的列举清单,有些困难。一种方法是可以通过加入书开头的一体化条款,[④] 整体并入条约义务群,如入世议定书开头:"本议定书……应成为《WTO协定》的必不可少的组成部分。"然而,即使对《WTO 协定》做广义理解,即包括《马拉喀什协定》及其全部附录在内的 WTO 协定群,也难以解释为何议定书本身属于 DSU 附录 1 的适用协定,因为 DSU 附录 1 并不指向整个 WTO 协定群,而是通过罗列的方式指向既有的每一份适用协定。

另一种方法是基于嗣后实践将整份加入书解释进清单。例如,在 WTO 体系内,尝试重新解释 DSU 中"适用协定"的管辖范围。《维也纳条约法公约》第31、32 条是被 WTO 承认的一般国际习惯规则。按照第 31 条第 3 段(b)项,嗣后实践可以对先前条约具有解释效力。如果将前述实践中各国对《入世议定书》的一致同意看作嗣后实践,那么就可以对 DSU 中涉及管辖范围的条款作出解释,认为该范围默示地包含了各国的入世议定书。

嗣后实践的构成要求比较宽松。它不要求以固定形式作出,[⑤] 亦对明示进行了实践的成员国数量没有明确要求,[⑥] 且认可对实践的默许。[⑦] 同时,它还可以包括国际组织及其附属机构作出、成员国没有异议的实践,只要其能"建立成员方的合意(establishes the agreement of parties)"。[⑧] 现有实践中,上诉机

---

① Panel Report and Appellate Body Report, *China — Measures Affecting Imports of Automobile Parts*, WT/DS342/R and WT/DS342/AB/R, adopted 12 January 2009; Panel Report, *China—Measures Related to the Exportation Of Rare Earths, Tungsten, And Molybdenum*, WT/DS433/R; Panel Report, *China—Measures Related to the Exportation Of Various Raw Materials*, WT/398/R.

② Mitali Tyagi, *supra* note 17, p. 399.

③ WTO Secretariat, Technical Note on The Accession Process (2001), WT/ACC/10, 3.

④ 韩秀丽:《论入世议定书的法律效力——以〈中国入世议定书〉为中心》,载《环球法律评论》2014 年第 2 期,第 23 页。

⑤ Oliver Dörr and Kirsten Schmalenbach, p. 597.

⑥ ILC Draft Conclusions 10 (9) para 2 in Report 2016.

⑦ Oliver Dörr and Kirsten Schmalenbach, p. 599.

⑧ ICJ, *Kasikili/Sedudu Island* (1999), ICJ Rep 1045, para. 63.

构、专家组、诉争当事方、第三方成员都从未对此议定书的可诉性表示过任何异议，报告中更是将这一实践中的“默示同意”明文写出，且未遇反对。正如同国际法院曾经考虑联合国预算的实践、① 考虑 IMCO 秘书处工作报告的实践、② 考虑联合国大会的实践，③ 从而为成员签署的该组织的公约提供基于合意的解释一样，此时也可以将从机构到成员的统一实践作为对 DSU 解释的资料。尤其是 DSU 的性质也和这些既存案例中被解释的条约相似：是针对该组织内部运行和职能的规则。一旦这一步站稳，接下来就“条条大路通罗马”了。这一实践对于 DSU 管辖范围的关联度无疑是直接相关的，可以起到较大的解释效力。例如，可以将 DSU 附录 1 中的“适用协定”实质上解释为等于《马拉喀什协定》本身和其附录 1、4 组成的总条约群，从而使得议定书的“一体化条款”通过融入条约群的方式发挥作用。

然而，这一方法也存在一定的缺陷：它就像一个自指的命题，将可诉性建立在“曾经可诉”的实践基础上。一旦某个成员在争端解决机制中对其可诉性提出挑战，嗣后实践的解释效力对其就有限了。或许可以这样解释：对于在中国汽车零部件案裁决时④已经加入的成员，或许可以结合国际法的禁止反言原则和善意原则，认为其参与了自该案起的一系列嗣后实践，对其后续临时提出异议进行限制，从而保证此种解释的持续稳定性；而对于新加入的、尚未参与过“嗣后实践”的成员，则认为其已经明知已有的全部诉讼实践，却仍然没有在入世时提出异议，在实质上默认许可了该实践，也受到禁止反言的限制。当然，禁反言原则并非 WTO 体系内的固有规则，其适用仍待商榷，⑤ 在其他条约中是否能够适用也尚存疑。

2. 分别并入

分别并入，即认为每一条“议定的条件”都是对被加入条约中具体对应的原义务条款的“修正”，其可诉性根据被加入条约的可诉性而自然附随产生。

例如，WTO 体系内，《入世议定书》中减让表部分的争议便可以理解为该解决路径的一种实践：该减让表条款明确写出了与既有多边协定的联系，在中

① ICJ, *Certain Expenses of the United Nations* (1962), ICJ Rep 151, para. 160.

② ICJ, *Constitution of the Maritime Safety Committee* (1960), ICJ Rep 150, para. 168-170.

③ ICJ, *Construction of A Wall* (2004), ICJ Rep 136, para. 27-28.

④ 该案为 WTO 体系内部首个涉及入世议定书的争端。

⑤ Appellate Body Report, *EC — Export Subsidies on Sugar*, WT/DS265/AB/R, WT/DS266/AB/R, WT/DS283/AB/R, adopted 28 April 2005, 310, 312.

国汽车零部件案中，中国入世时对进口税具体数值作出的承诺便被转引到在《关贸总协定》第 2.1 条(b)项下关于进口税的原义务。①

然而，“议定的条件”和被加入条约中的条款对应关系并非总是明确。对没有有明文指出与原义务相联系的部分，则成为扰人的难题。在 WTO 体系内，目前尚不存在以确定议定书可诉性为目的，研究入世议定书义务是否存在对应原义务的实践，但在其他涉及入世议定书与原义务对应的争端(如关于《关贸总协定》一般抗辩是否能够援引)时，现有结论是需要专家组、上诉机构对条款之间的联系作出实质判断。例如，在前述的中国稀土、中国原材料案中，专家组和上诉机构给出的最终标准便是“是否存在客观联系(objective link)”。但“议定的条件”与原条款的对应关系不一定是一一对应的。其可能指向多项被加入条约的原条款，如俄罗斯入世工作组报告中的政府采购例外条款就同时涉及《关贸总协定》《服务贸易总协定》等。②

更复杂的问题在于，其可能难以指向任何一项被加入条约的原条款。纯粹的新增义务至少在 WTO 体系内会较为罕见，因为《关贸总协定》和《服务贸易协定》中有部分条款弹性较大，通过一定解释可以作为广泛的原义务基础，例如前述中国音像制品案中上诉机构对中国“不限制贸易商”承诺和《关贸总协定》的“货物贸易”之间建立联系而非把它认定为独立的新增义务条款。③ 即使对于中国议定书中“为国内规章提供翻译”④、“为措施提供公众评议期间”⑤和“及时回复信息公开申请”⑥(其原义务均只存在于 TRIPS、SPS、TBT 等协议中，如果诉争措施不落入它们规制的范围，⑦ 则会陷入“无根浮萍”的尴尬境地)，也可以认为其针对的是被加入条约一切可能与此种义务的原义务产生逻辑上的“客观联系”的条款，如任何一份可能涉及信息公开申请的条约。此时，“加入”的效果则视同将这一条条款写入了每一部相对应的原条约中。

---

① ABR, *China-Auto Parts*, para. 253.

② 参见 Matthew Kennedy, p. 67, fn 120.

③ PR, *China—Audiovisual Products*, para. 227.

④ General Council, Report of the Working Party on the Accession of China (2001), WT/ACC/CHN/49, para 334.

⑤ The Ministerial Conference, Protocol on the Accession of the People's Republic of China (2001), WT/L/432, 2(C)(2).

⑥ 同上，2(C)(3).

⑦ 例如，中国风力措施案(DS419)中的诉争措施就只属于 GATT 和 SCM 协议的管辖范围。

（二）冲突解释

如前所述，“议定的条件”伴随加入行为而对全体成员生效。然而，当加入书中“议定的条件”与被加入条约的权利义务条款出现冲突时，应当以哪一份文件为准，仍然是问题。举例而言，在世贸组织体系内，其他国家根据中国入世议定书而对中国出口产品采用保障措施的标准为“市场扰动（market disruption）”，远低于《保障协定》第2.1条下“必须达到严重损害（serious injury）”的规定。

冲突解释的问题本质是效力位阶比较。接下来按照前述两大模式进行分别讨论。

1. 整体并入

在整体并入模式下，效力位阶的比较极为困难：当含有“议定的条件”的加入书，与被加入条约仅仅是并存于同一权利义务体系内时，无论是现有条约内，还是加入书内，都并没有具体规则来比较其效力高低。同时，在援引一般规则时，整体并入模式也不关注“议定的条件”与被加入条约的具体条款之间是否存在明确对应关系，这导致国际条约法上的三种一般路径，在解释“议定的条件”的效力位阶和范围时均会遇到困难。

（1）“议定的条件”作为嗣后协定

具体而言，该路径将议定的条件作为《维也纳条约法公约》第31条第3段（a）项的“嗣后协定”，从而成为被加入条约的解释资料，将原本的权利义务条款“解释”为对新加入成员国有变动的版本。这种路径存在三个问题：

问题一，嗣后协定的是否可以反映出全员合意？《维也纳条约法公约》第31.3（a）条要求嗣后协定的签订者也是原条约的签订者，即“原条约的主人（masters of their treaty）”之合意，才有资格对条约的含义作出解释。① 尽管该条也承认以组织机关的决定（Decision）、决议（Resolution）为形式作出的嗣后协定，但其要求必须体现出所有成员的一致意见。② 然而，如前所述，当议定书

① Oliver Dörr and Kirsten Schmalenbach, p. 594; ICJ, Territorial Dispute (Libya v. Chad) (1994), ICJ Rep 6, para. 60.

② Oliver Dörr and Kirsten Schmalenbach, p. 595; ICJ, Whaling in the Antarctic (2014), ICJ Rep 226, para. 83 ("[W]ithout the support of all States parties to the Convention and, in particular, without the concurrence of Japan", cannot be regarded as falling under Art 31 para 3 VCLT.").

的缔约双方是国际组织和加入国、不涉及其他成员，加入程序也并不要求全票通过时(尽管在实践中常常如此[①])时，很难说加入书能反映出明显持异议的成员的合意。这样一来，其作为解释资料对原协定的相关程度和解释效力就有限了，尤其是在涉及异议成员作为诉争当事方的情况下。

问题二，对加入方而言，“嗣后”如何理解？加入方并非原协定的既有签订者，先后两份条约对其同时生效，而不存在“嗣后”所要求的时间差。[②] 此时，可能需要一个“拟制的一秒钟”，在这一秒钟里在先协定生效，随后加入书生效，才可以保证其先是“在先”协定、再是“嗣后”协定的签订方。不过，这一解释较为抽象和复杂。以中国入世议定书为例，直接指向“入世程序”的条款存在于入世决议的开头主体部分,[③] 被加入条约随此条款对加入方生效。如是，在“拟制的一秒钟”内发生按顺序发生的是：入世决议主体部分先生效，随后跳转到被加入条约生效，最后跳转回入世决议附录部分的《入世议定书》生效。唯有遵循此复杂过程，才能使得此种解释方法对加入方发挥效力。

问题三，“解释”是否可以凌驾于原协议的明确文本，或其他解释资料？《维也纳条约法公约》第 31. 3(a)条最致命的问题是，它是条约解释规则而非直接冲突解决规则。[④] 用于“减小或扩大的可能的解释途径范围”。[⑤] 因此，尤其是在原协定已经明确规定对所有成员的权利义务时，解释空间有限，第 31 条可能难以提供给议定的条件凌驾于原协定之上的效力。同时，由于第 31 条内部不同的解释方法和解释资料，原则上是平等的。[⑥] 在对原协定的多种解释方

---

① 参见 Mitali Tyagi, *supra* note 17 p. 439, fn. 176.

② Appellate Body Report, *United States — Measures Affecting the Production and Sale of Clove Cigarettes*, WT/DS406/AB/R, adopted 24 April 2012, para. 262.

③ China's Accession Protocol 1. 2 (“The People's Republic of China may accede to the Marrakesh Agreement Establishing the World Trade Organization on the terms and conditions set out in the Protocol annexed to this decision.”).

④ ILC Draft Conclusions 7 Commentary para. 27 (“Indeed, the dividing line between the interpretation and the amendment or modification of a treaty is in practice sometimes difficult, if not impossible, to fix.”).

⑤ ILC Draft Conclusion 7 para. 1 (“narrowing, widening, or otherwise determining the range of possible interpretations”).

⑥ ILC Commentary 1966, 220 (“It considered that [Article 31], when read as a whole, cannot properly be regarded as laying down a legal hierarchy of norms for the interpretation of treaties. The elements of interpretation in the article have in the nature of things to be arranged in some order. But it was considerations of logic, not any obligatory legal hierarchy, which guided the Commission in arriving at the arrangement proposed in the article.”).

向中，议定的条件甚至不必然胜出。

由此可见，议定的条件作为《维也纳条约法公约》第 31 条下的嗣后协定对原协定冲突内容发挥解释效力的这条途径，相对性、不确定性的成分较高。同时，也未对效力位阶作出直接确认。

(2)“议定的条件”作为新法

具体而言，该路径将议定的条件比拟为《维也纳条约法公约》第 30 条下的“后订条约”，按“新法优于旧法(lex posterior derogate lex priori)”的原则，在效力上优先。有必要提及的是，第 30 条的另一适用条件是先后约之间不存在明示的既存效力关系。① 因此，如果加入书中写明其服从于原协定(多见于“重申原义务的条款”)，则不构成冲突，不适用第 30 条，而是仍按原协定效力优先。中国音像制品案中，中国入世议定书的“without prejudice to”②一句，便是一例。这一路径同样存在三个问题：

其一，它同样涉及缔约方的问题：未对新成员加入表示同意的既有成员国，按照第 30 条第 4 段，议定书对其难以发挥作用。不过，在时间差的问题上，此条路径胜过前述第 31 条下解释规则的路径。在判定新旧法时，国际法委员会采取的态度是以条约通过日为准，而非相对于某个成员的生效日。③ 这是由于“新法优先”的原则基于一个拟制出的“统一立法者”假设，④ “时间差”是对该“立法者”(即条约的客观通过时间)而言的，即“绝对先后”，而非针对加入方的“相对先后”。

其二，何为同一事项(same subject matter)？目前一般的认定是发生冲突时，即两项义务不可能同时满足，则先约和后约指向同一事项，⑤ 即后约在同一事项的范围内发生优先效力。但如何确认同一事项的范围？即后约是与先约的某一具体条款冲突，从而部分优先适用(同时仍然从属于先约的一般条款)，还是与整份先约冲突，从而完全独立发挥效力？

其三，后法赋予加入书的优先效力是不稳定的。如果某成员加入后，经贸组织又通过了新的多边条约，其中涉及了与议定的条件中成员专门义务指向同

① 《维也纳条约法公约》第 30 条第 2 款。

② China Accession Protocol, 1.2; ABR, *China—Audiovisual Products*, paras. 219-222.

③ Oliver Dörr and Kirsten Schmalenbach, pp. 543-544.

④ Michaels, Ralf & Pauwelyn, Joost, Conflict of Norms or Conflict of Laws? Different Techniques in the Fragmentation of Public International Law, Faculty Scholarship, Duke Journal of Comparative and International Law, Vol 22: 349 (2012), p. 355.

⑤ Oliver Dörr and Kirsten Schmalenbach, pp. 544-545.

一事项、但彼此冲突的权利义务要求，那么在后法优先的框架下，“议定的条件”似乎就要失去效力。这一问题在后续讨论特别法与后法标准冲突的部分会再次详述。

(3)“议定的条件”作为特别法

特别法并非为《维也纳条约法公约》明文确认，但也属于国际公法中广为承认的冲突解释原则之一。① 如果将一定的条件作为针对单个成员的权利义务约定，那么与针对所有成员的既有多边协定相比，显然更“特殊”而可能获得优先效力。此种路径的问题如下：

其一，在缔约方问题上，与前两条路径类似，同样需要解释在“与组织缔约”的模式下，为何并非加入书缔约方、也没有对加入表示同意的成员，也会受到新约的约束。

其二，它同样涉及“何为同一事项”的问题。特别法同样只能在与一般法触及同一事项的范围内发挥优先效力。那么，它也绕不开那个难题：何为同一事项？对“事项”涵盖范围大小的判断，包含两个维度：权利义务主体的数量和权利义务客体(狭义“事项”)的范围。② 例如，在作为特别法的入世议定书中，对于中国保障措施特别规定的“议定的条件”，前一维度指中国，后一维度指保障措施的计算方法；在作为一般法的《保障协定》中，前一维度是全体成员国，后一维度也是保障措施的计算方法。因此，在特别法和一般法所涵盖范围的交集(也即冲突)部分，“议定的条件”优先。

如前文“新法优先”部分所述，在类似稀土案的案件中，按照“特别法优先”的路径，同样需要确定特别法在狭义“事项”维度上的覆盖范围。同样以稀土案为例，议定书中的出口税承诺可能是针对《关贸总协定》第 8 条、第 9 条的特别法，从而仍然劣后于第 20 条的免责援引；也可能作为“新增义务条款”，与《关贸总协定》的内部条款并没有特别或一般的事项重合关系，从而独立适用。然而，这与整体并入模式的逻辑本质上是相互冲突的，后续在“共性问题”部分将加以论证。

其三，确定何为特别法的标准可能出现内部冲突。如前所述的两个维

① Koskenniemi, “International Law Commission Study Group on Fragmentation, Topic (a): The function and scope of the lex specialis rule and the question of self-contained regimes” (2006), at 4.

② Koskenniemi, at 5.

度——权利义务主体和权利义务客体，很可能彼此冲突。① 一个假想的例子是：《入世议定书》中针对加入方一国、有关《关贸总协定》第 20 条(b)项中生命健康例外的承诺(在权利义务主体的维度上特殊)，《实施卫生与植物卫生措施协定》中针对全体成员国、但仅专门涉及检疫措施的规定(在权利义务客体的维度上特殊)，何者才是特别法呢？这是悬而未决的。

其四，“特别法优先”和“新法优先”的原则之间可能出现冲突。如前所述，在某成员加入后，经贸组织通过新的多边协定、且涉及同一事项的情况中，议定书所涉及的权利义务主体更少而具体，从而“特殊”，但多边协定却更“新”。此时优先效力同样难以判断。

(4)两个共性问题

总而言之，以上三种路径呈现出在整体并入模式下，适用冲突解释规则时，主要面对的两个问题：缔约方不一致，在被加入条约中对应的“同一事项”不一致。

其一，缔约方不一致。此处暴露出缔约加入模式的一个结构矛盾：加入书是一份“生效范围大于直接合意范围”的文件。同属此类型的文件如不需要《马拉喀什协定》第 9 条的有权解释、第 10 条的部分修正，均伴随着极其严苛的正当程序要求，往往限制于“不改动权利义务”的情况，且“修正”等词语本身就已经蕴含着“优先于所针对的旧条款”之明确含义。然而，关于加入书中“议定的条件”与多边协定的效力位阶，无论是加入书还是既有多边协定都未写清，“加入”一词本身也不含有如“修正”“保留”等词一样明确的含义；而求助于一般国际法其他既有制度，尽管加入书对全体成员具备效力，这效力却不一定来自于全体直接合意，因此无论是嗣后条约作为解释资料、新法、特别法，都欠缺要件。

一种可能的解决方案是：将“合意”包括“拟制的合意”，使得加入书的生效范围和合意范围相等。例如，在 WTO 体系内，未同意的成员可以按《马拉喀什协定》第 13 条的程序，拒绝与加入方之间多边协定的适用；② 而如果该异议成员没有援引这一条款，而是仍然默认接受与新成员之间的协定适用，那么

① Koskenniemi, at 5 (“The registers may overlap. Thus, there may be a rule that is general in subject-matter [...] such as a good neighbourliness treaty [...] but valid for only in a special relationship between a limited number [...] of States.”).

② 如：General Council, Invocation by the Republic of Turkey of Article XIII of the Marrakesh Agreement Establishing the World Trade Organization with respect to the Republic of Armenia (2002), WT/L/501.

就代表了拟制的同意。① 然而问题仍然存在：此处的“多边协定”指的是《马拉喀什协定》附录1、2的既有多边协定，并不包括入世议定书。按照此前论证，WTO现行法框架下，议定书并非“附随、内含加入”既有的多边协定内部，因此不当然属于异议成员所可以拒绝适用。如果异议成员对入世议定书从头就没有援引第13条拒绝适用的权利，那么嗣后的不作为也自然不能拟制为合意。为此，可能需要采取类似前文“通过嗣后实践解释原条约”的方式，通过现有的12次实践②来得出“第13条中可以拒绝适用的协定范围也包括入世议定书”的结论。那么，对未援引第13条来拒绝适用包括入世议定书在内协定的异议成员，就等同于在后地给出了自己的合意。此种方式可以拟制出成员的在后合意，从而使得冲突解释规则可以适用。然而，如前所述，禁反言原则的适用仍然存疑。

其二，对“同一事项”的艰难判断。对同一事项的认定，本质是在认定作为新法或特别法的“议定的条件”相对于既有多边协定的优先效力之范围。与“修正”“保留”等既有制度鲜明对应所替代的原条款所不同，加入书未能明确其本身的效力范围。如果认定两者存在一个具体的同一事项，那么加入书只在其范围内优先，而不对被加入体系内的其他条款(尤其是一般抗辩条款)优先。

然而，整体并入模式下，这一判断几乎没有空间。一旦“议定的条件”作为独立整体存在于加入书中，加入书平行于其他被加入条约，则自然没有援引其他条约下一般抗辩条款的道理。这类似于认为“议定的条件”涉及的是全然的独立事项，在一定程度上承认了其具有类似自足协议(self-contained agreement)之性质，从而赋予了其与整部被加入条约并驾齐驱的效力。

在德黑兰案中，国际法院对自足制度(self-contained regime)作出的定义是指自成一体，内部已经提供了完全充足有效(entirely efficacious)的抗辩救济的法律集合，③ 其不再适用其他体系内的例外抗辩。在稀土案中，中国就曾多次表示“入世议定书不是自足协议”，来力争获得《关贸总协定》第20条的一般抗

① 需要注意的是，这种拟制的路径与此前本文在“加入书的文件性质”部分下试图解释1947年《关贸总协定》的效力基础时采取的路径异曲同工。尽管后者是加入方与原缔约方全体缔结的条约，而《入世议定书》的缔约方是加入方和WTO，但在对《议定书》适用冲突解释规则时，亦需要建立在相关成员本身的合意之上。

② WTO Analytical Index—Practice of Article XIII of Marrakesh, available at https://www.wto.org/english/res_e/publications_e/ai17_e/wto_agree_art13_oth.pdf.

③ ICJ, *Case Concerning United States Diplomatic and Consular Staff in Tehran* (*United States of America v. Iran*) (1980), ICJ Rep 40, para. 86.

辩救济。[①] 学界有观点认为，自足制度的本质就是强效力形式的特别法。的确如此，在涉及冲突解释的问题时，它如化骨绵掌，看似"拒绝承认冲突的存在"，从而独立适用，实际上却垄断了对诉争事项的管辖权，拒绝了被加入条约中的一般救济，事实上达到了拒绝适用被加入条约，而适用"议定的条件"的实质优先之强效果。

不过，国际公法领域迄今还没有认定过任何一个绝对的自足条约的例子。在前文援引的德黑兰案判决后，也出现了异议和相反判决，认为外交规则绝非自成一体、自给自足，并不能提供"完全充足有效"的例外抗辩(国际法院在同案判决中自己也承认正当防卫抗辩就没有被其包括在内，但却被可以为其免责)。[②] 这正说明"议定的条件"的独立性，必须和其内部所提供救济的合理和充分程度挂钩。完全将"议定的条件"与其他被加入条约中提供的一般规定相割裂，拒绝退回(fall-back to)一般规则的可能，与国际法的善意原则、多边经贸组织体系内部的公平发展等目的均不符合。这也正是中国在稀土案中力争的立场所在：若将"出口税"和《关贸总协定》割裂开，则将有违 WTO 的基本原则、目的、价值。因此，在作出"并非同一事项范围内优先、而是全面独立适用"的判断时，争端解决机构必须格外小心。

综上所述，在没有明确约定彼此效力位阶时，如果加入书已经包括阐明效力位阶的条款，则没有冲突，按照条款适用；如果并非涉及"同一事项"，则也不冲突，成员需要分别独立履行在两份协定下的义务。而在冲突时，"议定的条件"可以作为新法或特别法对被加入条约的"同一事项"在冲突时具有优先效力。即使在整体并入模式下，也不能将加入书认为是纯然独立的"自足条约"，而排除一切一般条款抗辩适用的可能。

2. 分别并入

在分别并入模式下，"议定的条件"分别对应被加入条约中的条款，发生局部"修改"。因此，其对于"被修改"的条款当然优先，一旦发生违反，也当然可以援引该被加入条约中的一般抗辩条款进行辩护。在此种模式下，"加入"本身就自带清晰的效果定义，不再需要采用一般国际条约法规则来解释"加入"行为之法律含义。

当然，如前所述，"议定的条件"究竟是否与被加入条约中原义务发生具体对应，仍然是一个问题。从目前的实践来看，举证责任在被告方，若想要援

① PR, *China-Rare Earths*, para. 7.90.

② ICJ, *Diplomatic and Consular Staff*, para. 86.

引某份被加入条约中的一般抗辩条款，需要证明被违反的“议定的条件”与该被加入条约中的原义务条款存在“客观联系”。如果证明失败，则不能援引。至于该“议定的条件”此时真正针对的原义务条款是哪一条，则不在争端解决的讨论范围之内。

(三)小结

对“议定的条件”是否属于争端解决机制的管辖范围，以及其与被加入条约的效力位阶关系这两个问题，整体并入模式和分别并入模式各自都存在一定问题。

对整体并入模式，可诉性的困难在于：除非其借力于宽泛的善意和禁反言原则，否则难以将“议定的条件”整体组成的加入书强行并入没有明文将其列出的争端解决机制管辖范围清单内。最好的解决办法是对争端解决的管辖范围清单不再采用列举的方式，而增加一条可以包括既有的以及未来可能增加的“议定的条件”的兜底条款。冲突解释的困难在于：必须借用一般国际条约法规则才能确定效力位阶，缔约方合意难以解释，且仍然无法避过对“同一事项”的判断，仍然需要判断议定条件与被加入原条款的客观联系，等同于架空了“整体并入”的逻辑。

对分别并入模式，优势在于其逻辑清晰，效果直观，议定的条件直接对所对应的被加入条约发生修订或添加的效果；但其存在个案判断中“原义务是否有可能不存在”的困难。面对冲突解释时，一旦被告没有尽到证明“客观联系”的举证责任，法律效果只是拒绝援引一般抗辩而已；但在面对可诉性问题时，一旦原告无法找到“客观联系”，则该条款可能直接失去可诉性。

WTO 体系内，既有案件的判决结果显示，整体并入与分别并入两个模式是叠加并存的。在稀土案中，原告并没有证明中国入世议定书第 11.3 条与任何一条原义务的客观联系，但争端解决机制仍然受理了这一诉讼请求，说明在可诉性上，议定书条款可以作为整体并入而直接可诉；但在冲突解释上，上诉机构又承认议定书条款有可能与既有多边协定因“客观联系”(如音像制品案的“客观、明晰”程度)而达成分别并入的效果。这种模糊、折衷与不确定性，对 WTO 体系的可预见性具有负面影响。① 其他多边经贸组织应当尽早通过决议

① Appellate Body Report, *United States — Final Anti-Dumping Measures on Stainless Steel from Mexico*, WT/DS344/AB/R, adopted 20 May 2008, para. 160 (“Ensuring ‘security and predictability’ in the dispute settlement system, as contemplated in Art 3.2 of the DSU, implies that, absent cogent reasons, an adjudicatory body will resolve the same legal question in the same way in a subsequent case.”).

等方式，明确议定的条件“加入”原条约的模式到底为何，以避免类似的两难处境。

四、“议定的条件”的合法性

对于“议定的条件”的合法性存在三大批评，第一，“议定的条件”中一部分构成不被允许的多边条约保留；① 第二，“议定的条件”违反了被加入条约的修正相关规定；② 第三，“议定的条件”中部分违反了被加入条约的目的与宗旨，③ 本部分依次进行讨论。

（一）保留（Reservation）

1. 议定的条件是否构成保留？

根据《维也纳条约法公约》第2(d)条的说明，保留是“一国在签署、批准、核准或加入条约时作出的单方声明，旨在将该条约的某些规定在对该国的适用上排除或改变其法律效果”。④ ILC特别报告员对该定义进行阐释并指出了保留的三个形式构成要件：(1)单方声明；(2)在一国表达被该条约拘束的同意时作出；(3)措辞或名称；以及一个实质构成要件：排除或更改条约中若干规定对该国适用时的法律效果。

对于“议定的条件”而言，值得讨论的是第一个构成要件，即“单方声明”。有学者认为根据ILC特别报告员的解释和2011年ILC关于保留的指南第1.1.7条，虽然入世议定书属于加入方与WTO之间的双边条约，但其内容具有单方性(unilateral character)，可以构成单方声明。⑤ 其单方性的依据在于“议定的条件”往往仅为加入方的施加义务或者为原缔约方减轻义务。

然而，在ILC特别报告员的解释中特别指出了“契约式的保留”已经被维也纳会议所否定，而2011年ILC关于保留的指南第1.1.7条也明确指出联合保留是指形式上联合，即“当这些国家毫无疑问将分别作出相同的保留时，没

---

① Mitali Tyagi, *supra* note 17.

② Antonio Parenti, *Accession to the World Trade Organisation: A Legal Analysis*, 27(2) Legal Issues of Econ. Integration 141, 155 (2000), p. 156.

③ Mitali Tyagi, *supra* note 17.

④ 《维也纳条约法公约》第2(d)条。

⑤ Mitali Tyagi, *supra* note 17, p. 427.

有必要阻止他们联合作出这样的保留”。① 在加入程序中，如果让加入方和原缔约方分别作出保留，几乎不可能形成与目前的“议定的条件”相类似的内容。正如中国原材料案专家组第 7.112 段表示，入世议定书的权利义务是加入方与其他 WTO 成员通过协商达成一致的内容，是加入方的加入费(entry fee)。②

并且，单方性是形式要求，而非实质要求，其以“议定的条件”往往仅为单方施加义务作为构成单方声明的依据是不合适的。比如国际人权法相关公约，其内容可能也仅为各缔约国创设义务，但国际人权法公约并不构成单方联合保留。

此外，认为“议定的条件”构成保留的学者还认为比被加入条约条约要求更高的义务也属于保留，因为这也属于“更改条约中若干规定对该国适用时的法律效果”。③ ILC 对于保留是否可以包括增加义务的保留这一问题的态度发生过巨大转变，1948 年，南非在签署《修改 1947 年 10 月 30 日关税与贸易总协定某些规定的议定书》时，对于第四节作出保留，该保留导致南非的义务从“特定条件下《关贸总协定》不适用于南非与某一缔约国之间的关系”，变成了“南非必须对《关贸总协定》的任何缔约国适用该协定”，南非的保留导致其在该条约下的义务增加了。④ 基于此布赖尔利先生(Mr. Brierly)和曼弗雷德先生(Mr. Manfred)分别在 1950 年和 1962 年的 ILC 报告中指出，增加保留国义务的单方声明也属于保留。⑤

直到 2011 年，国际法委员会在关于保留的指导性原则中明确“保留”不包括增加保留国义务的情形。⑥ 在其评注中，国际法委员会表示，此类增加保留

① Report of the International Law Commission on the Work of Its Sixty-third Session (Addendum), p. 46.

② Panel Report, *China—Measures Related to the Exportation Of Various Raw Materials*, WT/398/R, para. 7.112.

③ Report of the International Law Commission on the Work of Its Sixty-third Session (Addendum), p. 97.

④ *Id.*, p. 66; 李浩培:《条约法概论》, 法律出版社 2003 年版, 第 150 页。

⑤ ILC Yearbook 1950/II, p. 239, para. 85; ILC Yearbook 1962/I, 651st meeting, 25 May 1962, p. 142, para. 49.

⑥ ILC, Reservation to treaties, 2011 in Report of the Commission to the General Assembly on the Work of Its Sixty-third Session (Addendum), A/CN. 4/SER. A/2011/Add. 1 (Part 3), Rule 1.

国义务的单方声明应该适用国际法上关于单方法律行为效力的规则,① 而非保留规则。② 国际法委员会从保留的范围中排除增加义务单方声明的理由是“这类声明没有修改条约或者条款的法律效果”。③ 另外，基于此，这类增加义务的声明没有必要只能在加入该条约的时候作出，而是可以在任何时候作出。

由此可见，“议定的条件”违反保留规定这一批评存在两个重要问题：第一，“议定的条件”不属于单方声明，不满足保留的形式构成要件；第二，“议定的条件”中存在增加义务的条款，不满足保留的实质构成要件。

2. “议定的条件”对保留的替代

在 WTO 协议中大多禁止保留，但实践中，依旧可能出现采用“缔约加入模式”且允许保留的条约。关于保留成立的效果，对一致同意的保留，和加入书一样对全体缔约方产生法律约束力。对于存在反对但依旧成立的保留，根据《维也纳条约法公约》第 21 条的规定，该保留在反对的国家与保留国之间不适用。缔约加入模式中的不适用条款(如《马拉喀什协定》第 13 条)与此类保留效果相似。另外，对于明文规定保留的具体规则和效力的多边条约，从其规定。

在 2011 年关于单边保留的指导性原则第 1.7 条的评注中，国际法委员会表示：“这些与保留效果相似的更加灵活的制度选择，将有助于减少保留制度的必要性或者使用保留的频率”，缔约加入模式正属于原则第 1.7.1(b)条中所指出的一种保留替代制度，即“根据条约的具体条款，在两个或更多国家或国际组织间缔结的条约”。④ 下文将论证对于缔约加入模式，加入时的保留制度将被“议定的条件”所替代。

缔约加入模式和保留之间的最主要区别是“同意”，以对原缔约方“同意”的要求进行分类，存在以下 5 种情形：

第一，加入与保留均需要原缔约方达成“一致同意”。此时，缔约加入模式和保留几乎没有区别。⑤ 第二，加入需要“一致同意”，保留采“宗旨与目的”或“多数同意”标准。此时，反对加入方某些保留的成员方完全可以通过在加入事项上表示反对来迫使加入方不得进行这些保留，从而缔约加入模式对于

---

① ILC, Guiding Principles applicable to unilateral declarations of States capable of creating legal obligations, 2006 in the Commission's report covering the work of that session (A/61/10).

② *Id.*, p. 66.

③ *Id.*

④ *Id.*, p. 82.

⑤ ILC, Reservation to Treaties, Rule 2.5.1.

原缔约方是较优选择。第三，加入需要“多数同意”，保留采“一致同意”。此时，加入方可以通过缔约加入模式实现其在保留中无法达到一致同意的事项，只要控制反对方的数量能够依旧满足多数同意标准即可，从而缔约加入模式依旧是较优选择。第四，加入需要“多数同意”，保留采“宗旨与目的”标准。此时，缔约加入模式和保留制度的选择可能会因为具体情况的不同而发生变化，但两者的区别并不大。第五，加入和保留均需要“多数同意”，此时，如果加入需要的多数等于保留，则会发生与情况一一样的结果，缔约加入模式与保留不相上下；如果加入需要的多数大于保留，则会发生与情况二一样的结果，缔约加入模式是较优选择；如果加入需要的多数少于保留，则会发生与情况三一样的结果，缔约加入模式是较优选择。

综上所述，在既可以通过保留又可以通过缔约加入模式达成法律效果变化时，缔约加入模式在大多数情况下会事实上替代保留制度的运行，成为较优替代。

（二）修正（Amendment）

有学者指出，对 WTO 义务的任何改变都只能通过修正程序或者其他规定的程序发生，因此通过加入程序发生对于义务改变是违反 WTO 规则的，[①] 加入程序与修正程序在严格程度和细致程度上不对等。[②]

然而，根据《维也纳条约法公约》第 39 条，对于条约的修正对所有成员方都要发生修正的效果。[③] 直观地说，对于条约的修正将改变其文字内容。然而，“议定的条件”只在该加入方与部分国家间的关系中适用，并不产生对所有成员方互相间关系均修正的效果，不构成修正。并且，加入方并非原缔约方，“议定的条件”对其而言并不属于修正。

有学者认为，“议定的条件”属于对 WTO 义务的修改（modification），[④] 根据《维也纳条约法公约》第 41 条，条约的修改可以发生在部分成员的关系间，但需要满足：第一，条约没有禁止改修改；第二，不会影响其他国家在该条约下的权利义务的行使；第三，不会违反条约的目的与宗旨。

从效果上而言，“议定的条件”确实产生了类似修改的效果。但是，对于

① Antonio Parenti，p. 156.

② Mitali Tyagi，p. 419.

③ Oliver Dörr and Kirsten Schmalenbach，p. 758.

④ Steve Charnovitz，p. 50.

加入方而言，该修改是在加入时作出的，在加入前，加入方并非该条约的缔约方，并不满足条约修改的最前置条件，即发生在部分原缔约方间。

由此可见，对于修正和修改的批判而言，最大的问题在于该种批判忽略了“议定的条件”与条约加入的同时性。两者不能被分开，这正是缔约加入模式的特殊之处。虽然从效果上而言，缔约加入分别发生了条约主体变化(传统加入)和条约内容变化(修改)，但是两者同时发生，条约内容变化时条约主体变化的“入场费”。

(三)目的与宗旨

针对 WTO 的缔约加入实践呼声最大的批判莫过于加入条款创设了“二等公民”(second-class citizens)和针对成员的特别规则(member-specific rules)，①违反了 WTO 的最惠国原则。成员方试图从加入方处获利，使得加入方负担过重的“入场费”。②

由于加入是加入方与原缔约方之间的谈判，随着原缔约方整体力量的增加，加入方在谈判中的谈判能力必然随之下降。对于体量较小的国际条约而言，加入方能够在加入和不加入间进行利益的权衡和选择。但当该条约的影响范围逐渐增大到不可忽视的地步时，加入方选择的自由大大缩水，甚至别无选择只能加入，此时不加限制的“缔约加入模式”将成为原缔约方对加入方不合理获利的手段，导致“缔约加入模式”的滥用。

目前，在 WTO“缔约加入模式”的实践已经逐步展现出上述问题，早在 2000 年已经有一些成员指出，对于某些申请加入方要价太高耗时太长。③ 有学者发现近年来这一问题有加剧的趋势。④

因此，对于“议定的条件”有必要进行适当的限制，从而在条约的开放和完整性上取得一个更恰当的平衡。第一种方案，是在议定的条件下对于议定的条件的范围进行详细规定。然而，考虑到条约所涉事项的复杂性和未来的变化，这种方案的可行性是堪忧的。第二种方案是禁止“议定的条件”中除了减

---

① Mitali Tyagi, Qin.

② 参见韩秀丽：《论入世议定书的法律效力——以〈中国入世议定书〉为中心》，载《环球法律评论》2014 年第 2 期，第 29 页。

③ WTO Secretarial, Technical Note on the Accession Process, WT/ACC/7/Rev. 2, 1 Nov. 2000, p. 6.

④ 参见韩秀丽：《论入世议定书的法律效力——以〈中国入世议定书〉为中心》，载《环球法律评论》2014 年第 2 期，第 30 页。

让表外的其他内容。从目前 WTO 的实践来看，如果将“议定的条件”一刀切可能是一个学理上令人满意但实践中不可实行的举措。正如《国际联盟盟约》第12 条将司法程序设置为发动战争的必备前置程序一样，把“议定的条件”一刀切将与目前国际条约中缔约加入模式实践的增加趋势相背离。①

第三种方案，是在议定的条件中加上“符合目的与宗旨”的限制，由此加入方在加入后可以对严重不符合目的与宗旨的“议定的条件”以加入条款为请求权基础诉诸争端解决机制，给加入方一个加入后的救济手段，并为其加入谈判增加筹码。其实，即使没有加上符合目的与宗旨，根据条约解释的习惯规则，也不应当认为加入条款中“议定的条件”是毫无限制的。此方案在实践中可行度最高。

(四)小结

首先，议定的条件本质上是“契约”，是加入方与原缔约方通过谈判得出的“入场费”，从而，议定的条件并非单边声明无法构成保留。其次，理解“议定的条件”的关键在于“议定的条件”与条约加入的同时性。从而，“议定的条件”虽然有将条约的适用在加入方和部分国家间变更的效果，却不构成修正或者修改。

对于“议定的条件”在违反条约目的与宗旨上的担忧是值得深思的，采用“目的与宗旨”来限制合法的“议定的条件”的范围是一个可能的方案。

五、结　语

“缔约加入模式”是独特的条约加入实践，本文主要探讨了该模式的三大难题，分别是可诉性、冲突解释和合法性。对于“议定的条件”的可诉性和冲突解释问题，无论采用整体并入还是分别并入的途径，都存在解释上的一定困难，主要矛盾在于“议定的条件”和原条约的对应和位阶关系缺乏明文规定，而一般国际法规则又不足以填补。应当尽早通过集体决议等方式明晰其关系，避免两难。对于“议定的条件”的合法性问题，“议定的条件”并不违反保留和修正的相关规定，但确实有违背被加入条约“目的与宗旨”，给加入方增加不正当的过重负担的可能。进而，应当采取适当的限制手段，如在加入条款中增加“不违反条约的目的与宗旨”等用语以限制“议定的条件”范围的不当扩张。

---

① Jan Klabbers, International Law, Cambridge University Press, 2013, Chapter 10.

"缔约加入模式"是条约开放性与灵活性上的重要制度创新。其并非简单地将"加入"和"修改(或修正)"这两个制度的效果相加，而是将"议定的条件"作为加入"原条约"的体系的对价。"议定的条件"就是加入方的加入成本。笔者相信，当缔约加入模式的边界进一步厘清，适当"收费"的加入制度有望成为条约开放的重要工具。

国际经济法

ISDS 上诉机制构建研究

王祥修[*]　王艺颖[**]

目　次

近年来，国际投资仲裁案件持续增加，越来越多的国际投资争端暴露出投资者-东道国争端解决机制(Investor-State Dispute Settlement，以下简称 ISDS)的诸多弊端，例如，仲裁裁决不一致、有利于投资者的价值取向、缺乏监督机制纠正错误裁决等，ISDS 改革也成为人们日益关注的话题。其中，关于 ISDS 上诉机制的学术探讨和条约实践更是引人瞩目。早在 20 世纪 90 年代，经济合作与发展组织(Organization for Economic Co-operation and Development，以下简称 OECD)便作出了 ISDS 上诉机制的第一次尝试，但囿于理论、技术、政策等现实障碍未能实现。随后，美国、国际投资争端解决中心(International Centre for Settlement of Investment Disputes，以下简称 ICSID)、欧盟纷纷尝试建立 ISDS 上诉机制，联合国国际贸易法委员会(United Nations Commission on International Trade Law，以下简称 UNCITRAL)第三工作组的工作也在持续进行中。ISDS 上诉机制的构建探讨一触即发。

* 王祥修，上海政法学院国际法学院教授、博士、硕士研究生导师，研究方向为国际经济法学、国际私法学等。

** 王艺颖，上海政法学院国际法学院 2019 级硕士研究生，研究方向为国际经济法学。

一、ISDS 上诉机制的起源与发展

(一)ISDS 上诉机制的萌芽期：20 世纪 90 年代

1995 年至 1998 年期间，OECD 为促进世界经济的可持续发展，组织进行了一次《多边投资协定》(*Multilateral Agreement on Investment*，以下简称 MAI)谈判，其初步框架包括投资保护、投资自由化和争端解决三个部分。其中，争端解决中所提及的“是否在 MAI 中建立上诉机制”被学界普遍认为是 ISDS 上诉机制的初次尝试。根据 OECD 官方收录的会议文件可知，在 2 月 16 日至 17 日的会议上，一代表团提议在 MAI 框架下建立适用于投资者与东道国、投资国与东道国争端的上诉机制，允许在法律适用错误的情况下提起上诉，尤其是在涉及解释 MAI 义务方面，确保仲裁裁决的一致性和合法性，实行投资仲裁对实体和程序正义的价值目标追求。① 但考虑到一裁终局的仲裁理论和高效率低成本的仲裁特性，上诉机制的构想未能具体落实。② 可见，在仲裁价值目标与仲裁理论和仲裁特性的初次较量中，坚持仲裁理论和仲裁特性的支持者占据优势。笔者认为，这与当时投资仲裁在 20 世纪 90 年代影响较小的历史背景密不可分。以 ICSID 受理的投资仲裁案件数量为例，自 ICSID 成立至 2000 年期间，其共受理 38 起投资仲裁案件，③ 2010 年累计受理 154 起案件，2019 年累计受理 306 起案件。④ 投资仲裁案件虽然在近年来呈持续递增的态势，但在 20 世纪 90 年代却寥寥无几。缺少实践的投资仲裁未曾暴露出机制本身的固有缺陷，同时作为商事仲裁的衍生方式，仲裁的特点与优势深入人心，打破一裁终局理论的上诉机制自然无法受到青睐。

(二)ISDS 上诉机制的发展期：2000—2010 年

21 世纪初，随着投资仲裁案例在实践中的增加，以美国为首的国家和组织对 ISDS 上诉机制进行了又一次的尝试，力求构建关于投资争端的双边或多

---

① Organization for Economic Co-operation and Development, Selected Issues on Dispute Settlement, DAFFE/MAI(98)12, p. 5.

② Organization for Economic Co-operation and Development, Selected Issues on Dispute Settlement, DAFFE/MAI(98)12, p. 5.

③ International Centre for Settlement of Investment Disputes, 2000 Annual Report, p. 6.

④ International Centre for Settlement of Investment Disputes, 2019 Annual Report, p. 20.

边上诉机制。美国先于 2002 年通过了《贸易授权法案》《双边投资条约范本》，两部法律文件均对上诉机制持积极态度。后于 2012 年通过《双边投资条约范本》，其在认可上诉机制的同时提出了相关程序透明度的要求。① 随后，美国在其双边投资协议中均纳入了有关上诉机制的规定，例如 2003 年《美国-新加坡自由贸易协议》、2004 年《美国-乌拉圭双边投资协议》等。②

与此同时，受美国积极推动上诉机制构建的影响，ICSID 秘书处于 2004 年发布了一份有关改进仲裁法律框架的讨论文件(Possible Improvements of the Framework for ICSID Arbitration)。③ 该文件提出了构建上诉机制的设想，并宣布考虑建立《上诉便利制度》(*Appeal Facility*)，使贸易协定中的投资条款的解释保持一致。文件发布之后，大多数成员国普遍认为将上诉机制引入投资仲裁的最好方式是建立统一的上诉机制，而非通过在每个投资条约项下建立不同的上诉机制。然而考虑到文件中提出的棘手的技术和政策问题，例如，上诉机制的性质、适用范围、与其他机制的兼容性等，大多数成员国认为在现阶段尝试建立一个为多数成员国可接受的上诉机制为时过早，因此秘书处将持续关注相关动向，并在合适的时机进一步深入讨论此类问题④。

纵观 ISDS 上诉机制的发展期，美国无疑是构建上诉机制的积极推动者。投资仲裁案件数量的增加使美国意识到，相关投资条约赋予外国投资者的诉权可能危及美国国家主权，干涉美国政府的立法、司法和行政行为。⑤ 可以看出，东道国主权和公共利益是美国推进 ISDS 上诉机制的主要原因，而相关技术和政策问题则是阻碍上诉机制设立的关键所在。

① 2012 U. S. Model Bilateral Investment Treaty.

② 参见衣淑玲：《国际投资仲裁上诉机制探析》，载《甘肃社会科学》2007 年第 6 期，第 111 页。

③ International Centre for Settlement of Investment Disputes, Possible Improvements of the Framework for ICSID Arbitration, available at https://icsid.worldbank.org/news-and-events/news-releases/possible-improvements-framework-icsid-arbitration, visited on August 18, 2020.

④ International Centre for Settlement of Investment Disputes, Suggested Changes to the ICSID Rules and Regulations, available at https://icsid.worldbank.org/sites/default/files/Suggested%20Changes%20to%20the%20ICSID%20Rules%20and%20Regulations.pdf, visited on August 18, 2020.

⑤ 樊静、衣淑玲：《国际投资仲裁监督机制改革问题研究》，载《河北法学》2015 年第 2 期，第 120 页。

(三)ISDS上诉机制的形成期：2011年至今

此前，所有创设ISDS上诉机制的构想都未取得实质性进展，上诉机制囿于诸多技术和政策问题一再被搁置。然而，欧盟近年的条约实践又再一次掀起了创设ISDS上诉机制的浪潮。首先是欧盟与加拿大于2005年启动谈判、并于2017年生效的《欧盟-加拿大综合经济与贸易协定》(*EU-Canada Comprehensive Economic and Trade Agreement*，以下简称CETA)，[①] 有关上诉机制的条文规定体现在CETA第8章F节的第8.28条和第8.29条。其中，第8.28条规定了上诉法庭的职能、成员组成、审理时间、审查范围等程序性事项，[②] 第8.29条则进一步提出了对设立多边上诉机制的美好展望，[③] 并要求CETA联合委员会在未来对多边上诉机制与CETA项下争端解决机制作出适当的过渡性安排。[④] 其次是欧盟和越南于2019年6月30日签署的《欧盟与越南自由贸易协定》(*EU-Vietnam Free Trade Agreement*，以下简称EVFTA)和《欧盟与越南投资保护协定》(*EU-Vietnam Investment Protection Agreement*，以下简称EVIPA)。[⑤] 在欧盟委员会(European Commission)公布的EVIPA文本中，第3.39条规定了上诉法庭的相关事项，包括上诉法庭的性质、成员组成及任期、决策方式等，[⑥] 同时EVIPA附件13规定了上诉法庭的工作程序，[⑦] 第3.39条要求上诉法庭自行制定的工作程序应与附件13保持一致。[⑧] 值得说明的是，欧盟一直是ISDS

---

① European Commission, available at https://ec.europa.eu/trade/policy/countries-and-regions/countries/canada/, visited on August 18, 2020.

② EU-Canada Comprehensive Economic and Trade Agreement, Chapter8: Investment, Section F, Article 8.28.

③ EU-Canada Comprehensive Economic and Trade Agreement, Chapter8: Investment, Section F, Article 8.29.

④ EU-Canada Comprehensive Economic and Trade Agreement, Chapter8: Investment, Section F, Article 8.29.

⑤ European Commission, available at https://ec.europa.eu/trade/policy/countries-and-regions/countries/vietnam/, visited on August 18, 2020.

⑥ EU-Vietnam Investment Protection Agreement, Chapter 3: Dispute Settlement, Article 3.39.

⑦ EU-Vietnam Investment Protection Agreement, Annex13 Working Procedures for the Appeal Tribunal.

⑧ EU-Vietnam Investment Protection Agreement, Chapter 3: Dispute Settlement, Article 3.39.

机制的积极革新派。其意图废除原有的投资仲裁模式，通过建立投资法院制度构造国际投资争端解决的新规则。该投资法院制度包括初审法庭和上诉法庭。① CETA 与 EVIPA 同样沿袭了这一改革思路，同时，欧盟也在 UNCITRAL 的 ISDS 改革中积极参与讨论上诉机制的构建模式。

谈及 UNCITRAL，其第三工作组目前正在组织推动 ISDS 改革，并就上诉机制的相关问题征求各国意见，欧盟及其成员国、摩洛哥、厄瓜多尔、中国、俄罗斯联邦、智利、以色列和日本等过均表示支持建立上诉机制。根据工作组发布的改革方案，独立的复审或上诉机制和设立配有专职法官的初审和上诉投资法院已纳入考量。② 其中，欧盟及其成员国提议建立两级审裁的常设初审和上诉投资法院，③ 这与欧盟在 CETA 和 EVIPA 的实践保持一致；摩洛哥提议建立事先审查裁决以及常设上诉机制，同时强调该机制应被视为更高一级的司法机关；④ 厄瓜多尔提议建立常设复审和上诉机制；⑤ 中国提议设立基于国际条约的上诉机制；⑥ 俄罗斯联邦建立一个特设上诉机制，该机制将在与现行国际投资争端解决制度相同的原则基础上运作；⑦ 智利、以色列和日本政府提议建

---

① 王彦志：《国际投资争端解决机制改革的多元模式与中国选择》，载《中南大学学报(社会科学版)》2019 年第 4 期，第 77 页。

② United Nations Commission on International Trade Law, Possible Reform of Investor-State Dispute Settlement (ISDS), A/CN. 9/WG. III/WP. 166-Reform options, pp. 6-7.

③ United Nations Commission on International Trade Law, Possible Reform of Investor-State Dispute Settlement (ISDS)-Submission from the European Union and its Member States, A/CN. 9/WG. III/WP. 159/Add. 1, p. 4.

④ United Nations Commission on International Trade Law, Possible Reform of Investor-State Dispute Settlement (ISDS)-Submission from the Government of Morocco, A/CN. 9/WG. III/WP. 161, p. 5.

⑤ United Nations Commission on International Trade Law, Possible Reform of Investor-State Dispute Settlement (ISDS)-Submission from the Government of Ecuador, A/CN. 9/WG. III/WP. 175, p. 3.

⑥ United Nations Commission on International Trade Law, Possible Reform of Investor-State Dispute Settlement (ISDS)-Submission from the Government of China, A/CN. 9/WG. III/WP. 177, p. 4.

⑦ United Nations Commission on International Trade Law, Possible Reform of Investor-State Dispute Settlement (ISDS)-Submission from the Government of the Russian Federation, A/CN. 9/WG. III/WP. 188, p. 3.

立特定条约的上诉复审机制。① 可以看出，越来越多的国家加入设立上诉机制的讨论之中，其中不乏美国、中国、欧盟、UNCTRAL 等具有一定世界影响力的国家和组织。与此同时，CETA 和 EVIPA 也为设立上诉机制提供了实践参考。UNCTRAL 第三工作组的工作正在进行中，ISDS 上诉机制的设立似乎迎来了深入探讨的良好时机。

二、ISDS 上诉机制构建的必要性

追溯 ISDS 上诉机制的起源与发展，可以看出人们对于“是否设立上诉机制”一事上存在较大争议。支持者认为上诉机制可以加强仲裁裁决的一致性，缓解投资仲裁的“正当性危机”。反对者认为上诉机制的设立不是必需的，一裁终局理论和上诉机制带来的实际负担不容忽视。可见，ISDS 上诉机制的正当性论证是探讨如何设计上诉机制的制度、如何解决上诉机制带来的附随问题等其他话题的先决条件。

（一）投资仲裁存在合法性危机

投资仲裁的合法性危机源于其固有缺陷。首先，投资仲裁衍生自国际商事仲裁，其运行机制缺少公法性质。众所周知，国际商事仲裁解决的是私人主体之间基于合同和仲裁协议所发生的合同纠纷和其他财产权益纠纷，投资仲裁解决的则是投资者与东道国之间基于双边或多边投资协定所发生的投资争端。鉴于东道国作为争端主体的特殊性和传统争端解决方式在解决投资争端时的疲软性，ISDS 这一特殊机制得以产生，但具有公法性质的投资争端显然与涉及私人权益的国际商事仲裁存在冲突。② 片面强调国际商事仲裁的自有属性、忽视投资仲裁固有的公法性质，将东道国政府的政策制定和行政管理等主权行为随意置于私法裁判之下显然是不合理的。

其次，晚近的投资仲裁实践表明，仲裁庭在裁决的过程中往往倾向于保护投资者的利益，忽视了东道国的主权和公共利益。例如 Vattenfall 诉德国案，

① United Nations Commission on International Trade Law, Possible Reform of Investor-State Dispute Settlement (ISDS)-Submission from the Government of the Governments of Chile, Israel and Japan, A/CN. 9/WG. III/WP. 163, p. 8.

② 王彦志：《国际投资争端解决的法律化：成就与挑战》，载《当代法学》2011 年第 3 期，第 17 页。

在日本海啸引发的福岛核电站事故之后，德国政府出于环境保护目的，对在其境内的核电站采取了关闭的措施，这一举措直接影响了 Vattenfall 的利益所得。事后，该公司依据《能源宪章条约》向 ICSID 提起仲裁，要求德国赔偿 47 亿欧元。在本案中，政府基于公共利益所采取的行政管理措施却成为投资者提起仲裁的理由，造成了投资者利益与东道国主权的紧张关系。① 更有甚者，阿根廷在面临金融危机时所采取的管理措施被投资者频繁提起索赔案，而仲裁庭却大多认为阿根廷政府的行为不构成免责，支持投资者的索赔请求，判决阿根廷承担巨额赔偿款。② 因此，有学者希望通过上诉机制的设立，引导投资仲裁对东道国主权的重视，维持投资者私人利益与东道国公共利益的有效平衡。③

最后，不同仲裁庭就相同或相似的条约义务作出的解释不同，仲裁裁决存在不一致现象。如果说 ISDS 公法性的缺失是造成投资仲裁合法性危机的前提，仲裁裁决不一致则是加剧这一危机的重要催化剂。广为熟知的案例如“劳德诉捷克案”和“CME”诉捷克案，劳德和其投资公司 CME 与捷克的当地公司 CET21 合作经营电视台，CET21 提供许可证，劳德及其投资公司提供融资、节目制作和专利技术。但因捷克的立法行为，劳德及其投资公司的投资性质受到了影响。劳德根据美国与捷克的投资协定向伦敦仲裁庭提起仲裁，CME 根据荷兰与捷克的投资协定向斯德哥尔摩仲裁庭提起仲裁。两个仲裁庭对实质上相同的争端对于有关征收、公平公正待等条约的解释得出了截然相反的结论。④ 类似的案例还有“SGS 诉巴基斯坦案”和“SGS 诉菲律宾案”，两个案子均涉及双边投资协定对“保护伞条款”的解释，但受理“SGS 诉巴基斯坦案”的仲裁庭对该条款作了限制性解释，而受理“SGS 诉菲律宾案”的仲裁庭对该条款作出了扩大性解释，解释的不同直接导致了裁判结果的不同。⑤ 虽然有观点主张裁决不一致的案件为少数，无须设立上诉机制，但不可否认的是，少数裁决不一致的情况对 ISDS 同样造成了消极影响。⑥ 缺少统一标准的条款解释和自相矛盾的仲裁裁决不仅不利于投资者的保护，同时违背投资条约缔约国的意志，加

---

① 余劲松：《国际投资法》(第五版)，法律出版社 2018 年版，第 342~343 页。

② 余劲松：《国际投资法》(第五版)，法律出版社 2018 年版，第 342~343 页。

③ 刘笋：《建立国际投资仲裁的上诉机制问题析评》，载《现代法学》2009 年第 5 期，第 123 页。

④ 余劲松：《国际投资法》(第五版)，法律出版社 2018 年版，第 347~348 页。

⑤ 余劲松：《国际投资法》(第五版)，法律出版社 2018 年版，第 221~222 页。

⑥ 肖军：《建立国际投资仲裁上诉机制的可行性研究——从中美双边投资条约谈判说起》，载《法商研究》2015 年第 2 期，第 168 页。

剧了投资仲裁的合法性危机。

(二)监督机制无法解决现有问题

目前，不同类型的投资仲裁体制下用以纠正仲裁裁决错误的机制各不相同，如ICSID下的撤销机制、《北美自由贸易协定》(*North American Free Trade Agreement*，以下简称NAFTA)下的法律解释机制、国内司法审查下的撤销或不予执行等，① 但上述机制均无法有效解决ISDS的现有问题。首先，在ICSID体制下，《关于解决国家与其他国家国民之间投资争端公约》(以下简称《华盛顿公约》)第52条仅规定了五种申请撤销的理由，② 审查范围极为有限，仅限于裁决过程中的程序性事项，且采取了穷尽式的列举方式，这使得可能存在严重的事实错误或者法律适用错误的裁决无法得到及时的撤销和纠正。此外，ICSID撤销机制的成功率极低。根据中心2018年度报告显示，1971年至2000年的撤销率为13%，2001年至2010年十年间的撤销率为8%，而自2011年1月之后的撤销率降至只有3%。③ 以2011年至2019年为例，提出申请撤销裁决的案子共有158件，但程序已终止的仅有53件，所占比例为33%。其中，只有5件全部撤销或是部分撤销，所占比例为3%，18起案子由双方当事人申请终止撤销程序，所占比例为11%，30起案子作出了拒绝撤销申请的裁决，所占比例为18%。④ 从近年的实际使用结果来看，撤销程序难以发挥其矫正作用，且由于撤销程序的利用门槛低，在实践中不乏存在滥用撤销程序的情况，这也就造成了近年来的高撤销率、低裁决率的现象。

其次，在NAFTA下，美国、加拿大、墨西哥三国代表组成自由贸易委员会，在争端解决机构对NAFTA的条约义务解释出现偏差时，可出具具有法律约束力的解释性文件，防止条约解释不一致和仲裁裁决不一致的现象。对于自由贸易委员会作出的解释，争端解决机构没有拒绝的权力。但在实践中，自由贸易委员会能够发挥的作用微乎其微，当事人难以依赖自由贸易委员会纠正错误的仲裁裁决，原因有以下几点：其一，自由贸易会的效率过低，缔约国很难就同一问题达成共识；其二，自由贸易委员会是否具有权力出台具有法律约束

---

① 丁颖、李岩：《国际投资仲裁上诉机制探讨》，载《中国国际私法与比较法年刊》2018年第1期，第218页。

② 参见《华盛顿公约》第52条。

③ International Centre for Settlement of Investment Disputes, 2018 Annual Report, p. 36.

④ International Centre for Settlement of Investment Disputes, 2018 Annual Report, p. 36.

力的解释文件有待商榷；其三，NAFTA 对于仲裁庭不采纳解释文件的情形缺乏规定①。

最后，对于错误的仲裁裁决，当事人还可通过申请国内法院的司法审查申请撤销或不予执行。但在实践中，这种方法同样存在诸多缺陷，无法替代上诉机制的功能，原因如下：其一，虽然《承认及执行外国仲裁裁决公约》(以下简称《纽约公约》)为各国拒绝承认及执行提供了统一标准，但该标准多为程序性事项，对存在法律解释错误或事实错误的仲裁裁决并无实质性帮助；其二，各国在拒绝承认及执行外国仲裁裁决时往往带有本国的司法习惯，无法形成拒绝及承认的统一标准，例如，俄罗斯联邦设立了繁琐且复杂的承认与执行程序，且在实践中，俄罗斯仲裁法院往往通过扩大解释《纽约公约》的相关规则来拒绝承认及执行外国仲裁裁决。②

(三)ISDS 上诉机制具有潜在优势

首先，ISDS 上诉机制能够弥补投资仲裁所缺失的公法性质，平衡私人利益与公共利益。值得注意的是，强调上诉机制能够弥补投资仲裁所缺失的公法性质并不意味着忽视了投资仲裁的私法性质。投资争端同时兼有私法和公法性质，私法性质则注重当事人合意和合同的约定，公法性质则注重在投资法制下规范国家行为，关注仲裁裁决效力对公共利益和国际社会的影响。投资仲裁实践表明，仲裁庭往往倾向于保护私人投资者利益，缺乏关注公共利益的意识。上诉机制的设立则可改善这一现象。一方面，当仲裁庭出现通过解释投资条款扩大管辖权或是对涉及东道国公共利益的事项作出明显有利于投资者的裁决时，上诉机制可及时地予以纠正；另一方面，上诉机制可形成先例裁决，引导仲裁庭在审理案件的过程中合理分辨被诉国家行为的具体性质。

其次，ISDS 上诉机制能够规范条约解释，加强仲裁裁决的一致性、连贯性与合法性。在投资仲裁合法性危机日益严重的今天，“间接征收”“公平与公正待遇”等不同甚至相互冲突的条约解释和仲裁裁决不一致现象足以引起人们的重视。上诉机制的直接功能应当是保证裁决的一致性，通过提供统一的法律适用标准来增强裁判结果的可预见性和权威性。此外，裁决一致性也是统一多

---

① 参见刘笋：《建立国际投资仲裁的上诉机制问题析评》，载《现代法学》2009 年第 5 期，第 124 页。

② 参见冯彦翔：《俄罗斯国际商事仲裁制度研究》，外交学院国际法系 2013 年硕士学位论文，第 29 页。

边投资法制的基础和必然结果，上诉机制在加强裁决一致性的同时也能够促进统一多边投资法制的进一步融合，进而改善国际投资法的碎片问题。[1]

（四）一裁终局理论并非无法突破

一裁终局是保证商事仲裁机制得以高效运作的重要特性，如上文所述，投资仲裁衍生自国际商事仲裁，其在形成与发展的过程中自然地融入一裁终局理论。如今，该理论也成为部分学者反对建立 ISDS 上诉机制的原因之一。此外，通常作为胜诉方的投资者同样有理由支持一裁终局理论。[2] 但一裁终局理论并非绝对不可突破的。首先，投资仲裁有别于商事仲裁，其固有的公法性质不容忽视，私人投资者的利益不可随意凌驾于东道国的主权和公共利益之上，因无法有效纠正错误的仲裁裁决而使东道国背负沉重的经济负担不符情理和法理。其次，虽然一裁终局保证了国际商事仲裁的高效运转，但上诉机制的存在并不代表将效率这一价值目标弃之不顾，效率依旧是上诉机制设立和运行的重要衡量因素。现有的上诉机制的条约实践往往也会规范上诉审理期限，例如，在《跨大西洋贸易与投资伙伴协定》（*Transatlantic Trade and Investment Partnership*，以下简称 TTIP）中规定，上诉审程序原则上不得超过 180 日，特殊情况下最长可延长至 270 日，但应书面告知当事方延期的理由以及预计发布决定所需要的时间。[3] 最后，虽然效率是投资仲裁应当坚持的价值目标，但追求效率应当建立在实体公正和程序公正的前提之上。倘若不顾投资仲裁的运行缺陷和实际需求，僵化地坚持一裁终局理论，可能会使投资仲裁陷入更为严重的合法性危机。[4]

三、ISDS 上诉机制构建的模式选择

继 ICSID 集中讨论多边上诉机构的建构模式后，UNCITRAL 第三工作组在征求各国关于建立上诉机制的建议后，提出了两种建立上诉机制的主要备选方

---

① 参见丁晓雨：《ISDS 上诉机制的构建问题研究》，对外经济贸易大学法学院 2018 年博士学位论文，第 68 页。

② 参见刘瑛：《投资者-东道国争端解决机制海外研究综述》，载《国外社会科学》2018 年第 6 期，第 20 页。

③ 参见肖军：《欧盟 TTIP 建议中的常设投资法院制度评析》，载《武大国际法评论》2016 年第 2 期，第 458 页。

④ 参见肖军：《建立国际投资仲裁上诉机制的可行性研究——从中美双边投资条约谈判说起》，载《法商研究》2015 年第 2 期，第 171～172 页。

案。其一，建立供条约缔约方、争端当事方或机构适用的示范上诉机制，包括条约具体规定的上诉机制、专案上诉机制和机构上诉机制。具体而言，条约缔约方可考虑将示范上诉机制纳入其相应的双边或多边投资协定中，上诉机制在具体的双边或多边投资协定中体现为程式化措辞。或是争端当事方参考示范上诉机制，针对个案组建上诉专家小组来审理上诉事项。抑或是建立一个可供机构适用的上诉机制，对此，2004 年 ICSID 秘书处发布的讨论文件中曾建议在其框架内设立上诉机制，同时由于《华盛顿公约》第 53 条禁止了上诉纠正仲裁裁决的模式，ICSID 选择按照《维也纳条约法公约》第 41 条的规定在同意建立上诉机制的国家之间推进实施。总的来说，示范上诉机制虽然考虑了缔约国、争端当事方和机构对建立上诉机制的意愿，实施程序可在接受者中达到灵活统一，但这种分散运作的方式很难保证仲裁裁决的一致性和可预测性，实现上诉机制的直接功能和价值。

其二，建立常设多边上诉机构。这涉及两种方案，一种是建立独立的上诉机构，该方案作为投资仲裁的补充制度，不改变现有的投资争端解决模式；另一种是建立多边投资法院系统，包括初审法院和上诉法院，该方案是欧盟自始至终所倡导的“常设投资法院+上诉机构”模式，是原有投资争端解决模式的颠覆性改革，目前在 CETA、EVIPA 中已有实践。相较于示范上诉机制，常设多边上诉机构需要审慎考虑结构和经费、成员组成、管辖权、执行等问题，具有更高的技术和政策难度，但同时也更具有稳定性，对仲裁裁决一致性目标可以发挥更大的作用。

目前，智利、以色列和日本倾向于建立条约具体规定的上诉机制，欧盟、摩洛哥、厄瓜多尔、俄罗斯、中国等国倾向于建立常设多边上诉机构，其中，欧盟主张上诉机制应作为多边投资法院的二级机构，其他国家则主张上诉机制应作为独立的上诉机构。对此，笔者认为，考虑到投资仲裁现状，示范上诉机制可作为一种过渡形式予以考虑，但 ISDS 上诉机制改革的最终目标应当是建立常设多边上诉机构，通过独立稳定的机构、程序和人员设置，约束裁判人员的行为，增强投资争端解决的法律预期，实现仲裁裁决的稳定性与可预期性。

四、ISDS 上诉机制构建的具体问题

（一）上诉的性质和范围

上诉机构的性质和上诉理由是建立上诉机制的核心问题。如上文所述，

ISDS上诉机制改革的最终目标应当是建立常设多边上诉机构，其关键词有二，一为常设性，二为多边性。常设的上诉机构可为投资争端的解决带来更多的稳定性和独立性。考虑到仲裁机制运行的市场规律，投资争端的启动通常是由投资者依照投资协定的规定提起仲裁，仲裁员受争端当事方选任组成仲裁庭审理投资争端，而有利于投资者的仲裁裁决又会在一定程度上给予投资者提起仲裁的信心，如此一来，仲裁员便可从中获利，其经济利益与案件数量逐渐构成联系。[①] 而常设的上诉机构可在一定程度上打破这种隐性的交易规则。即便仲裁庭在审理案件时存在不公正行为，东道国通过上诉也可对仲裁裁决进行及时的纠正，避免仲裁员的利益与投资者胜诉存在直接关联。此外，常设上诉机构所带来的稳定性与独立性还应体现在上诉机构成员的稳定与独立，个案组件的上诉机构只会造成无意义的重复程序，对仲裁裁决的一致性并无实质性的作用。多边的上诉机构则是基于仲裁裁决一致性这一价值目标的理想选择，对于推进统一投资法制建设无疑具有十分重要的作用。考虑到不同国家的利益需求和投资政策各不相同，单纯依靠双边上诉机构虽然可以相对容易地达成协议，但从长远来看，分散的双边上诉机构并不能够有效促进仲裁裁决的一致性。故而，上诉机构的构建应当以多边上诉机构为最终目标。

而上诉机制的审理范围应当包括法律审查和有限制的事实审查。[②] 首先，上诉机制的直接功能和价值目标是为条约解释提供相对统一的标准，实现仲裁裁决的一致性。当仲裁对投资协定的具体条款作出错误解释时，上诉机制应当允许争端当事方就仲裁庭的法律适用错误提起上诉，例如，世界贸易组织（World Trade Organization，以下简称WTO）上诉机构的审查范围便限于法律问题。[③] 因此，ISDS上诉机制的审理范围包括法律审查并无太大争议。其次，虽然就法律问题提起上诉可以使上诉程序相对简化、便捷，对法律适用和事实认定的双重审查会有影响仲裁效率之嫌，但在投资仲裁的实践中，法律和事实问题很难进行明确的区分，部分法律问题的认定需要建立在案件事实的认定之上，全盘否定事实审查将不利于上诉机构作出公正合法的裁决。在EVIPA中，争端方可援引的上诉理由便包括法律适用错误、明显的事实错误和《华盛顿公

① 参见肖军：《建立国际投资仲裁上诉机制的可行性研究——从中美双边投资条约谈判说起》，载《法商研究》2015年第2期，第170页。

② 参见丁晓雨：《ISDS上诉机制的构建问题研究》，对外经济贸易大学法学院2018年博士学位论文，第125页。

③ Understanding on Rules and Procedures Governing the Settlement of Disputes, Article 17 (6).

约》第 52 条规定的程序错误。① 因此，上诉机制的审理范围除法律审查外，还应考虑部分事实审查，但该事实审查必须严格界定，合理尊重仲裁庭对事实部分的认定结论。

(二)上诉机构的权限

上诉机构的权限需要考虑以下几个问题：其一，上诉机构是否有权确认、修改、推翻原有裁决的权利，并就一件事作出具有法律约束力的终局裁定；其二，上诉机构是否有权在事实不清或程序错误的情况下发回原仲裁庭重审；其三，上诉机构在审理上诉案件时是否有权暂时中止原仲裁裁决的法律效力。

首先，关于上诉机构是否有权确认、推翻、修改原有裁决的权利，对比 WTO、CETA、EVIPA 等关于上诉机构权限的规定，② 上诉机构应当具有确认、修改、推翻原有裁定的权利，这一点并无较大争议。具体而言，当原仲裁裁决并无任何法律适用错误或事实认定错误的情况时，仲裁程序公开透明，仲裁结果公正合理，上诉机构应当确认原有裁定的法律效力；当原仲裁裁决存在法律适用错误或事实认定错误的情况时，上诉机构应当根据错误程度修改或推翻原有仲裁裁决；当原仲裁裁决存在事实不清或是程序错误的情况时，上诉机构应当重新审理该投资争端并作出具有终局效力的仲裁裁决，对于为何不发回原仲裁庭重审，下文将会作出进一步说明。

其次，关于上诉机构是否有权在事实不清或程序错误的情况下发回原仲裁重审，如上文所述，笔者认为应当由上诉机构重新审理投资争端并作出具有终局效力的仲裁裁决。假设上诉机构有权发回原仲裁庭重审，需要考虑如下几个问题：重审的成本费用由谁承担？发回重审的案子是否可以再次提起上诉？考虑到投资仲裁的提起需要争端当事方达成合意，那么对于上诉机构有权发回重审，是否同样需要征得争端当事方的合意？显然，发回重审不仅在很大程度上违背了投资协定的缔约意图，也给争端当事方造成了额外的时间和成本负担。此外，如果上诉机制的审理范围包括法律审和有限制的事实审，同时考虑到发回重审的前提一定是建立在事实不清或事实审查出现严重错误的基础之上，那么发回重审权意欲达到的制度功能，可以通过上诉机制有限制的事

---

① 参见魏艳茹：《越南-欧盟自贸区投资上诉机制研究》，载《广西大学学报(哲学社会科学版)》2017 年第 3 期，第 103 页。

② Understanding on Rules and Procedures Governing the Settlement of Disputes, Article 17 (13) (14).

实审查权实现。①

最后，关于上诉机构在审理上诉案件时是否有权暂时中止原仲裁裁决的法律效力，考虑到上诉机构可能会修改、推翻原仲裁裁决，为避免同时具有法律效力的上诉裁决和原仲裁裁决相互冲突，投资争端在进入上诉程序后，原仲裁裁决应暂时不具有法律约束力。但这同样存在一定的隐患，即争端当事方为避免承认和执行仲裁裁决，通过上诉程序恶意拖延。对此，在探讨并制定上诉程序时应当将隐患问题充分考虑。例如，争端当事方提起上诉程序需要通过初步审查，只有通过初步审查正式进入上诉程序才可暂停终止原仲裁裁决的法律效力。此外，上诉规则也应对上诉时间作出一定的限制，尽可能的平衡投资者与东道国的利益需求。

(三)上诉机构或小组的组成

关于上诉机构或小组的组成，需要考虑的是上诉机构或小组成员的甄选和任命方式。② 在投资仲裁的实践中，仲裁庭成员的组成通常是由当事人自行决定的。这种指定仲裁员的方式和仲裁员背后所涉及的利益关系引起了人们对仲裁员独立性与公正性的质疑。个人连续或者同时担任仲裁员、法律顾问、专家证人或者书记员的情况频频发生，这被称为“旋转门”问题。2017 年的一份关于“旋转门”问题的大数据研究就揭示了这一问题。该研究分析了 1039 件投资仲裁案件和 3910 名仲裁员，这些仲裁员中的部分人先后在不同的案件中担任不同的角色，尤其是在接案数量最多的 25 名仲裁员中，每人在至少 24 起、至多 88 起案件中先后扮演不同的角色，且大多数人都来自西方国家。③ 唯一的一名来自东方的仲裁员也在美国居住了近 30 年，有着美国院校教育及就业的经验。而这 25 名仲裁员的多数人大多是由有影响力和声望的负责人命名的④。由此可见，如果投资争端的解决中存在利益冲突，仲裁员的独立性与公正性必然会受到背后权力的影响，其所作出的裁决必然会损害其中一方当事人的合法正当的利益，也会受到人们对仲裁裁决正当性和公正性的怀疑。因此，为消除

① 参见丁晓雨：《ISDS 上诉机制的构建问题研究》，对外经济贸易大学法学院 2018 年博士学位论文，第 141 页。

② United Nations Commission on International Trade Law, Possible Reform of Investor-State Dispute Settlement (ISDS)-Appellate and Multilateral Court Mechanisms, A/CN. 9/WG. III/WP. 185, p. 7.

③ 转引自余劲松：《国际投资法》(第五版)，法律出版社 2018 年版，第 350 页。

④ 转引自余劲松：《国际投资法》(第五版)，法律出版社 2018 年版，第 350 页。

投资仲裁合法性危机，上诉机构或小组成员的甄选和任命方式首先应当保证透明度和公开性。

其次，上诉机构或小组成员的甄选和任命方式与上诉机制的形成方式密切相关，具体可包括当事人指定、使用预先确定的名单或名册、常设机制三种方式。① 考虑到 ISDS 上诉机制改革的最终目标应当是建立常设多边上诉机构，一个稳定的常设多边上诉机构可以在一定程度上保证仲裁员的独立性与公正性。对此，可针对性地参考 CETA 和 EVIPA 在法庭组成方面的规定。例如，CETA 对法庭成员采取任期制和聘任制，并对法庭成员的专业知识和独立性提出了明确要求。② 同时在成员组成方面，CETA 规定任命 15 位法庭成员，其中欧盟代表 5 位，加拿大代表 5 位，第三国国民 5 位。③ 因此，在甄选和任命上诉机构成员时，应充分考虑成员的数目以及其是否具有地域代表性。同时，所选成员应当是在国际公法、国际贸易法、国际投资法、争端解决等方面具有代表性和权威性的专家。此外，上诉机构的成员还应受到道德规范和强制性行为守则的约束，同时以回避制度规避任何直接或间接的利益冲突。④ 对于具体案件的审理，上诉机构成员可采取轮班制，避免基于政治考虑或外部影响而将争端案件分配给任一成员，进而对仲裁裁决的一致性作出实质性贡献。

（四）上诉裁决的执行

上诉裁决的执行问题需要考虑上诉裁决与《纽约公约》和《华盛顿公约》的协调。首先是上诉裁决与《纽约公约》的协调，可以说，上诉裁决能否根据《纽约公约》在他国获得承认及执行在很大程度上决定了上诉机构能否顺利运行。根据 UNCITRAL 关于上诉机制和多边法院机制的说明，如果上诉机制是基于对仲裁裁决的二次审查而形成的，其实质并未仲裁的固有性质，且在实践中已有机构仲裁就仲裁裁决的内部上诉复审作出了明文规定，例如新西兰仲裁员和

---

① United Nations Commission on International Trade Law, Possible Reform of Investor-State Dispute Settlement （ISDS）-Selection and Appointment of ISDS Tribunal Members, A/CN. 9/WG. III/WP. 169, p. 4.

② EU-Canada Comprehensive Economic and Trade Agreement, Chapter8: Investment, Section F, Article8. 27.

③ EU-Canada Comprehensive Economic and Trade Agreement, Chapter8: Investment, Section F, Article8. 27.

④ 参见唐海涛、邓瑞平：《欧盟模式 ISDS 上诉机制：革新与兼容性论析》，载《湖北社会科学》2019 年第 9 期，第 156 页。

调解员协会的《仲裁上诉规则》、美国仲裁协会的《任择性仲裁上诉规则》等。① 而如果该上诉机制是受条约条款管辖，则需要考虑《纽约公约》对“仲裁裁决”的规定。根据《纽约公约》第 1 条第 2 款可知，“仲裁裁决”既包括专案选派的仲裁员作出的裁决，也包括争端当事方请求常设仲裁机关作出的仲裁裁决。② 此外，UNCITRAL 秘书处发布的关于《纽约公约》的指南表明，各法院在判断一项裁决是否属于《纽约公约》意义上的“仲裁裁决”时通常遵循三个标准：第一，由仲裁员作出；第二，以终局方式解决或部分解决争议；第三，裁决具有约束力。③ 据此，原仲裁裁决因不具有终局效力自然不属于《纽约公约》意义上的“仲裁裁决”，而上诉裁决在满足上诉三个条件时得以依据《纽约公约》发挥应有的法律效力。

其次是上诉裁决与《华盛顿公约》的协调。考虑到 ICSID 作出的仲裁裁决只有在 5 类程序错误的情况下可以申请撤销，同时根据《华盛顿公约》第 53 条的规定，ICSID 作出的仲裁裁决禁止通过上诉进行补救。④ 因此，上诉裁决与《华盛顿公约》协调的实质是处理上诉机制与撤销机制的内在关系。可以明确的是，在上诉机制可以进行法律审查和有限制的事实审查的前提下，撤销机制可受理的案件范围远小于上诉机制的受案范围。且如上文所述，实践中撤销机制存在高撤销率、低裁决率的现象，难以发挥其应有的矫正作用。因此，在同意建立上诉机制的国家之间，可以选择用上诉机制替代撤销机制。鉴于《华盛顿公约》难以修订，对于 ICSID 作出的仲裁裁决经上诉形成的仲裁裁决可能需要通过《维也纳条约法公约》第 41 条的规定在同意建立上诉机制的国家之间推进实施。

五、ISDS 上诉机制构建的中国立场

中美贸易摩擦后，中国面临的投资和贸易形势较为严峻，美国意图将《美

① United Nations Commission on International Trade Law, Possible Reform of Investor-State Dispute Settlement (ISDS)-Appellate and Multilateral Court Mechanisms, A/CN. 9/WG. III/WP. 185, p. 8.

② The Convention on the Recognition and Enforcement of Foreign Arbitral Awards, Article 1.

③ UNCITRAL Secretariat Guide on the Convention on the Recognition and Enforcement of Foreign Arbitral Awards (New York, 1958).

④ 参见《华盛顿公约》第 53 条。

墨加协定》(*The United States-Mexico-Canada Agreement*，以下简称 USMCA)作为高标准的“21 世纪新贸易规则”，用作未来双边或多边贸易谈判的模板，通过形成国际贸易新壁垒将中国排除在外。① 然而，美国与欧盟关于 TTIP 的谈判于 2013 年启动，并于 2016 年底因未达成一致而结束谈判，欧盟理事会 2019 年 4 月 14 日的决定指出，TTIP 的谈判指示已过时，不再适用。② 虽然 TTIP 谈判的失败延缓了美国重塑投资贸易规则圈的进程，但美国对中国的限制不曾停止。对此，中国应当以积极审慎的态度直面难题，不应因美国采取的举措放弃对 ISDS 改革的主导权。

根据中国向 UNCITRAL 第三工作组提交的关于 ISDS 改革的意见书可知，中国肯定了 ISDS 机制在促进跨国投资和国际投资治理方面的积极作用，认为 ISDS 是一个总体上值得维护的机制。同时考虑到 ISDS 现有的缺陷和弊端，例如仲裁裁决缺乏合适的纠错机制、仲裁裁决缺乏稳定性与可预期性、仲裁员的专业性与独立性受到质疑等，中国认为部分制度性问题难以通过成员国彼此间的双边投资协定予以解决，而是需要通过完善投资者与国家间争端解决的多边规则和机制建设予以解决。③ 中国对完善投资者与国家间争端解决机制的可能方案持开放态度，其中就包括支持建立基于国际条约的常设上诉机制。目前，中国在其投资条约谈判中已有实践。例如，2005 年生效的《中德双边投资协定》第 9 条第 4 款便体现了中德对于上诉机制的开放态度。④ 又如 2015 年发布的《中澳自由贸易协定》第 9 章第 23 条明确表达了中澳双方谈判并建立上诉机制的意愿。⑤

因此，中国应当密切关注 UNCITRAL 第三工作组的工作议程，积极推进 ISDS 上诉机制改革，力求在国际投资规则的重塑过程中掌握话语权。此外，中国还应当牢牢把握住“一带一路”倡议的良好机遇。在“一带一路”倡议下的

---

① 参见丁晓雨：《ISDS 上诉机制的构建问题研究》，对外经济贸易大学法学院 2018 年博士学位论文，第 145 页。

② European Commission, available at https: //ec. europa. eu/trade/policy/countries-and-regions/countries/united-states/, visited on August 18, 2020.

③ United Nations Commission on International Trade Law, Possible Reform of Investor-State Dispute Settlement (ISDS)-Submission from the Government of China, A/CN. 9/WG. III/WP. 177, p. 4.

④ 参见《中华人民共和国和德意志联邦共和国关于促进和相互保护投资的协定》第 9 条。

⑤ 参见《中澳自由贸易协定》第 9 章第 23 条。

沿线国家中，已知摩洛哥、智利、以色列、厄瓜多尔、俄罗斯向 UNCITRAL 第三工作组提交了意见书，明确表明支持建立上诉机制。考虑到中国对外签订的投资协定大多年代久远，“一带一路”倡议沿线国的投资法治建设水平参差不齐，中国可率先与上诉机制的支持国家进行谈判，推进投资协定的更新换代，同时在时机成熟之时，建立“一带一路”倡议下争端解决机制的上诉机构，总结经验教训，为全球 ISDS 上诉机制改革贡献中国力量。

综上所述，ISDS 上诉机制的改革是对晚近国际投资仲裁的反思与弥补，其设立将对促进仲裁裁决一致性、保护东道国主权和公共利益、推进国际投资法治化建设具有重大意义。回顾 ISDS 上诉机制的发展史，其讨论的争议点主要集中在上诉机制是否应当建立、如何建立等方面展开。其中，投资仲裁存在合法性危机、监督机制无法解决现有问题、ISDS 上诉机制具有潜在优势、一裁终局理论并非无法突破为 ISDS 上诉机制的建立提供了正当性论证。此外，结合 UNCITRAL 第三工作组的工作报告，上诉机制的构建与选择、上诉机制设立的具体问题探讨则为 ISDS 上诉机制提供了可行性路径。ISDS 上诉机制的建立得到了越来越多国家的支持与肯定。对此，中国应当密切关注 UNCITRAL 第三工作组的工作议程，抓住“一带一路”倡议的良好机遇，积极推进 ISDS 上诉机制改革，力求在国际投资规则的重塑过程中掌握话语权，为全球 ISDS 上诉机制改革贡献中国力量。

论美国 BITs 与 FTAs 中的透明度规则及其对中国的启示*

贾　琳　吴柳鹏**

目　　次

引　　言

最早的透明度规则可以追溯到 17 世纪英国颁布的行政法中有关透明度与独立司法审查机制。1893 年英国的《规则公布法》和 1946 年美国《联邦行政程序法》规定法律法规的事先公告程序，体现了透明度的要求。来源于国内行政法中的透明度规则，逐渐为国际立法实践所采纳。1923 年《关于简化海关手续的国际公约》第 4 条和第 6 条规定了缔约国应按照公约规定的方式迅速公布海关手续，还列出了国家利益例外条款，成为 GATT1947 第 10 条的依据。该公约被认为是国际经济法透明度规则的重要基石。GATT1947 第 10 条规定了成员国有义务迅速公布有关海关与产品生产销售的法律法规、司法判决、行政裁

* 本文受上海市高原学科法学国际法建设项目资助。
** 贾琳，上海政法学院副教授；吴柳鹏，上海政法学院硕士研究生。

定和贸易政策，将透明度规则归入国际经济法范畴。① 直到 WTO 将透明度原则作与国民待遇原则和最惠国待遇原则共同列为基础性原则。

透明度规则在国际投资协定中被首次采纳始于美国的 1983 年 BIT 范本。在国际投资法领域，透明度的原则和规则尚未全面普及，但透明度与有关法律程序的标准在 2000 年后缔结的国际投资协定中越来越普遍。② 透明度作为投资环境整体稳定的重要基础，成为国际投资协定谈判中的关键环节。

信息公开条款是透明度规则的核心条款。其他条款都是为了更好地履行公布义务所设的条款。行政裁定的定义是为了明确界定行政裁定。通报与信息提供条款指在缔约方的要求下尽可能提供相关信息。行政程序条款是为了缔约方政府合理地履行公布义务，复议与上诉条款则是在行政机关未能合理履行公布义务时为投资者提供合理救济。建立联络点能够方便缔约双方有效的信息沟通，信息披露条款主要保护投资者不因信息披露而受损，安全例外条款是阻止因当事方提出的信息提供要求而损害缔约方的基本安全利益。

美国历次范本的透明度规则经历了“透明度基础规则—体系化的透明度规则—更高标准的透明度规则”的发展过程，已经形成了高标准的自由化导向透明度规则体系。作为最大的投资母国和东道国，美国签订的 40 多个国际投资协定中全部包含透明度规则。借助这些其国际投资协定，美国将这一标准国际化，引领了国际投资协定透明度规则的变化潮流。

中外双边投资协定中的透明度规则从无到有，反映出我国营商环境的进一步优化。但已有的中国 BITs 与 FTAs 中的透明度规则还有很多不足，有必要对美国 BITs 与 FTAs 中的透明度规则进行文本研究，揭示 BITs 与 FTAs 中透明度规则的演进规律。同时借鉴其他国家 BITs 范本和国际投资协定要素中的透明度规则，加以完善。

国内学界对国际投资协定透明度规则的研究，理论层面的研讨尚不够深入研究方向又集中于 WTO 透明度原则和国际投资争端解决中的透明度问题。与 BITs 与 FTAs 中的透明度规则相关度较高的文献仅有一本专著，8 篇论文，研究呈碎片化，缺乏基于第一手资料的系统性文本分析。

为了弥补这一空白，本文建立在全面搜集美国历次 BITs 范本、美国 FTAs

① 全小莲：《WTO 透明度原则：内涵、发展与影响》，吉林大学 2010 年博士学位论文。

② 叶楠：《论美国投资条约中的透明度规则及其对我国的启示》，载《北京工商大学学报(社会科学版)》2013 年第 6 期。

官方文本以及中外 BITs 与 FTAs 官方文本中的透明度规则基础上，并借鉴《国际投资协定要素》和其他国家 BITs 中的透明度规则，通过比较分析，发现其中的规律与存在的问题，从中得出一些有益的经验，以指导我国未来 BITs 与 FTAs 中透明度规则的条款设计。

一、美国 BITs 与 FTAs 中的透明度规则

（一）美国 BIT 范本中的透明度规则

1. 2004 年之前范本中零星的透明度规则

自 1983 年范本中首次包含了体现在信息公开条款、磋商条款与根本安全条款的透明度规则之后，1984 年、1987 年、1991 年与 1992 年范本对其进行了修修补补，但都只是零星的规定，尚未形成体系。尽管条文简单，但为美国的 BIT 实践提供了透明度规则的基本框架与制度理念，即公开透明的行政治理环境是保护和促进投资的重要基础。

（1）信息公开条款

第 2 条第 9 款信息公开条款规定："缔约各方应当'公布'所有涉及或影响其领土内的缔约另一方国民或公司投资的法律、法规、行政事件与程序以及裁判性决定。"因"其领土内"在界定"投资"范围时已经说明，1984 年、1987 年、1991 年与 1992 年范本，删除了这一限定语，其余保留。

（2）磋商义务条款

第 6 条"磋商和信息交流"第 2 款磋商义务条款规定："如果一方以书面形式要求另一方提供其所掌握的关于提出请求的一方的国民或公司在其领土内投资的信息，则另一方应按照其适用的法律法规并适当考虑商业机密，努力为提供任何此类信息建立适当的程序和安排。"该条所指信息系提出请求的一缔约方的国民或公司在另一缔约方领土内投资的信息，但披露仅为"努力建立适当的程序和安排"，并附加"按照其适用的法律法规并适当考虑商业机密"的条件。1983 年 BIT 范本沿用了此条款。1984 年范本第 5 条删除了此条款，改为"缔约双方应建立对条约的解释与适用的协商机制"，一直延续到 1994 年 BIT 范本。

（3）根本安全条款

美国 1982 年与 1983 年 BIT 范本第 10 条规定，协定不排除缔约双方采取

的任何违背其根本安全利益的措施。1984 年、1987 年、1991 年、1992 年、1994 年 BIT 范本第 10 条在保留原意基础上有所精简。

2. 2004 年 BIT 范本开创性地对透明度规则进行了系统规定

美国 2004 年 BIT 范本，强化了透明度规则，开创了由"一个基础，两个保障，四项例外"构成的 BIT 范本中的透明度规则体系。以公布义务为基础，以联络点和信息提供制度作为保障信息透明的实施机制，以对国内行政程序和复审、上诉程序的要求作为保障缔约国国内行政治理环境的基本手段。四项例外情形包括：不要求缔约方公开有损其法律执行、侵害公共利益、侵害合法商业利益或侵犯个人隐私的信息。① 从之前单一的公布和磋商义务，扩展到直接介入缔约国国内的立法程序和行政程序，开创了在国际投资条约中对国家立法权加以限制的先例。更有甚者，2004 年范本并将法律和与投资有关的决定的公布纳入争端解决机制，赋予投资者诉诸国际投资仲裁的权利。

(1)信息公开条款

第 10 条"与投资有关的法律与决定的公布"较之前的范本进行了几处改动。第一，删除了"行政实践"的表述，改为"普遍适用的行政裁决"。但这一行政裁决不包括在特定情况下适用于另一方的特定涵盖投资或投资者的行政或准司法程序中作出的决定或裁定，与针对特定行为或惯例作出裁决的裁决。第二，"程序"一词的含义不再仅仅限定于行政程序，扩展到任何法律程序。

(2) 透明度条款

第 11 条透明度条款共有 5 款。11.1 联络点条款要求缔约方应当指定一个或多个联络点来促进双方在条约项下各种事项的沟通，并且应缔约一方的要求，应当指明负责与要求方加强联系和提供协助的部门或人员。11.2 提前公布条款要求在可能的情形下，缔约方应当提前公布一些尚未生效的法律法规草案、行政程序和普遍使用的行政裁决，并给利害关系人和缔约另一方合理机会提出意见。11.3 信息提供条款规定缔约一方认为缔约另一方采取或即将采取的措施可能会严重影响本条约的执行或其在本条约下的权益，可以要求另一方及时提供相关信息并回复相关问题，这些要求或信息应当通过联络点送至另一方。11.4 行政程序条款和 11.5 复审和上诉条款要求缔约国行政程序应当履行程序启动通知义务，确保相对人充分行使辩护权，并符合该国国内法。复审和

① 叶楠：《论美国投资条约中的透明度规则及其对我国的启示》，载《北京工商大学学报(社会科学版)》2013 年第 6 期，第 109~116 页。

上诉机关应当独立于行政执行机关，争议双方都要获得合理表达意见的机会；复审决定要按照国内法的要求，在证据和笔录的基础上作出，并保证决定得到行政机关的执行。行政程序条款和复审上诉条款试图提取出各国行政法中应当遵循的共性透明度规则，来确保行政程序的公平公正。

(3)信息披露条款

第 19 条信息披露条款在 NAFTA 第 2105 条基础上作了一些修改：第一，信息限定于“机密”信息。第二，拓宽了不披露的理由。从 NAFTA 的“妨碍执法或与该方保护个人隐私或金融机构个人客户的财务和账目相抵触法律的信息”，修改为“妨碍执法或违背公共利益或损害相关公共或私人企业的合法商业利益”。这是不披露信息条款在美国 BIT 范本中首次出现。

(4)根本安全条款

第 18 条合理规范了根本安全条款：协定的任何条款都不得理解为“要求缔约一方获取或允许提供其认为与其基本安全利益相抵触的任何信息”。此条款为后来许多国家 BIT 范本借鉴。

3. 2012 年 BIT 范本透明度规则的自由化导向

美国 2012 年 BIT 范本是对 NAFTA 中透明度规则的相对完整呈现，进一步提高了透明度标准，强调公众参与，是美国国内政府信息公开制度的国际版，也是美国推广“透明政府”理念和法治理念的重要平台。

2012 年 BIT 范本与 2004 年 BIT 范本中透明度规则的相同点在于：(1)信息公开条款都规定了法律法规、程序、普遍适用的行政裁决、裁判性决定的公布义务，并对“普遍适用的行政裁决”进行了解释；(2)提前公布其拟采取的举措，并给予利害关系人与另一方对此举措发表意见的适当机会；(3)信息提供与及时答复义务，即缔约一方应向对方迅速提供信息并答复对方提出的关于可能实质性影响协定实施的问题；(4)行政程序条款，即在行政程序启动时提供合理通知，并给予利益方陈述事实和论据的合理机会，以使行政程序的实施公平公正、透明合理；(5)复议和上诉，双方应建立或维持相关法庭或程序以便在必要时修正与协定内容有关的行政行为，并确保当事方拥有合法权利维护自身利益；(6)信息披露条款，禁止披露当事人的商业机密信息、损害投资者或相关投资竞争地位的信息。

2012 年 BIT 范本改进之处在于：第一，第 11 条第 3 款提高了对于拟议中的法规的公布义务，包括应当在一个单独的官方刊物上公布包含该法规目的的解释在内的信息，使得公众有至少 60 日的发表评论时间。最终的法规，如有实质性修改，还应当在官方刊物或政府网站上加以说明。第二，第 11 条第 8 款“标准制定”条款，创造性地提出了另一缔约方个人参与标准与技术规章制定的制度，即一方政府或其非政府的标准化组织应当允许另一缔约方个人参与到标准与技术规章的制定中，但不包括：(1)世界贸易组织《卫生与动植物检验检疫措施协定》附件 A 中规定的检验与检疫措施；(2)政府出于自身生产或消费要求而准备的采购说明。

2012 年 BIT 范本中的透明度规则具有典型的“自由化导向”。从立法的事后公布，到对“拟议中”法规的公布；从仅为投资者提供被动的知情权利，到给予投资者参与到立法过程中的机会；从投资者被动地遵守标准到主动参与到官方甚至非官方标准化组织的标准制定程序。这种高标准的自由化导向透明度义务，为投资者提供了充分的投资保护和投资自由的同时，也限缩了东道国的政策空间，使其承担了更多的透明度义务。对于公共部门透明度程度普遍低于发达国家的众多发展中国家而言，按照此范本与美国签署 BIT 无疑会增加公共部门改革的成本和立法难度，阻滞立法进程。尤其是标准制定程序的公开在很多国家尚处于探索阶段，涉及面广泛，而且不同国家有不同的习惯做法，如果没有相应的国内法支撑，贸然签订投资协定，会造成立法被动。

(二)美国 FTAs 中的透明度规则

1. NAFTA 高标准的透明度规则

最早的《美国-智利 FTA》和《美国-新加坡 FTA》已经对透明度规则进行了很好的规范，2004 年 NAFTA 将透明度作为与国民待遇和最惠国待遇相提并论的基本原则，构建了包括公布义务和实施机制在内的高标准的透明度规则体系。NAFTA 是透明度规则在国际投资协定中获得进一步发展的重要标志，也为美国新一代投资条约范本中完善透明度规则体系奠定了基础。①

NAFTA 的透明度规则主要通过第十八章“法律的发布、通报与实施”中的 6 个条款，规定了公布义务以及透明度规则的实施机制。② 特点主要包括：(1)透明度要求高，例如公布义务中强调提前公布义务，为外国投资者提供了

---

① 叶楠：《论美国投资条约中的透明度规则及其对我国的启示》，载《北京工商大学学报(社会科学版)》2013 年第 6 期，第 109~116 页。

② 包括信息公开条款、行政程序条款、审查和上诉条款、联络点条款、国家安全条款以及信息披露条款。

在法律法规公布之前发表相关意见的机会。(2)注重投资者权利保护。第 11 章第 1111 条“特殊手续和信息要求”中规定的对机密商业信息的保护。(3)注重合作。第 15 章 1501 条“竞争法”中规定双方应就竞争执法政策问题进行合作，包括对于执行竞争法律和政策的通知、咨询和信息交换。

2. USMCA 中的透明度规则

2018 年 11 月 30 日，美加墨三国签署 USMCA，代替了之前的 NAFTA。USMCA 在整体上对透明度规则做了进一步升级。USMCA 是迄今为止透明度规格要求最高的区域投资协定。

一方面，对传统透明度条款作出更细致规定：第一，缔约一方可以通过相关人员和另一缔约方熟悉的方式公布法律法规等。同时，还应尽可能地通过在线方式公布此类措施。第二，深入阐释了应公布的行政裁定，“不具有约束力的解释或裁定”将不被视为一般适用的行政裁定。第三，量化了磋商的时间界限，规定磋商应在提出请求后 3 个月内进行，除非在特殊情况下或者双方另有协议。

另一个重要创新在于通过第 28 章“良好的监管规范”，对缔约国政府提出了更高的监管要求。为了提高透明度，促进贸易、投资与经济增长，在政府范围内，采用良好的监管规范，制定兼容的监管方法，并减少或消除不必要的繁琐，重复或分歧的监管要求。(1)强调中央监管协调机构的作用，缔约各方应履行咨询、协调和审查职能，改进监管体系。(2)缔约方应采取或维持内部磋商、协调和审查程序或机制，包括查明拟议法规与现行法规之间可能存在的重叠之处，并防止各主管部门之间不一致的要求。(3)制定法规时，缔约方必须基于可靠和高质量的信息，包括与其正在制定的法规有关的科学，技术，经济或其他信息，适合其使用背景的信息，以及任何重要的假设和限制。(4)缔约方应每年发布其接下来的 12 个月内采用或提议采用的法规清单。并附有对该法规的简要描述，联络点，受影响的部门(如有)，以及对国际贸易或投资是否有预期的重大影响。(5)缔约方应成立专家小组，以便在制定相关规章或实施规章时向其监管当局提供包括科学或技术性质的建议。(6)建立监管评估机制，主要考虑如下因素：拟采取的法规的需求、可行和适当的监管举措和非监管替代举措，替代举措的收益和成本等。(7)缔约方应对其相关的法律法规进行回顾性审查并公布回顾性审查结果。(8)鼓励缔约一方监管当局在适当情况下，通过合作论坛或《WTO 协定》规定的机制与一个或多个其他缔约方监管当局进行监管合作。(9)建立管理规范委员会以保障本章管理规范良好的实施与运作。①

3. 美国其他 FTAs 中的透明度规则

除 NAFTA 与 USMCA 之外，美国与澳大利亚、巴林、多米尼加、智利、哥伦比亚、以色列、约旦、韩国、摩洛哥、阿曼、巴拿马、秘鲁、新加坡缔结了 13 个 FTAs。笔者对其中透明度条款统计如表 1 所示。②

除了 1985 年《美国-以色列 FTA》未对透明度规则作出任何规定，以及 2002 年《美国-约旦 FTA》仅规定了联络点条款与安全例外条款之外，其余 11 项美国 FTAs 中的透明度规则基本一致。

表 1

具体条款 美国 FTAs	行政裁定定义条款	信息公开条款	通报与信息提供条款	行政程序条款	复议和上诉条款	联络点条款	信息披露条款	安全例外条款
1985 年《美国-以色列 FTA》								
2000 年《美国-约旦 FTA》						✓		✓
2003 年《美国-智利 FTA》	✓	✓	✓	✓	✓	✓	✓	✓
2003 年《美国-新加坡 FTA》	✓	✓	✓	✓	✓	✓	✓	✓
2004 年《美国-澳大利亚 FTA》	✓	✓	✓	✓	✓	✓	✓	✓
2004 年《美国-巴林 FTA》	✓	✓	✓	✓	✓	✓	✓	✓
2004 年《美国-摩洛哥 FTA》	✓	✓	✓	✓	✓	✓	✓	✓
2008 年《美国-阿曼 FTA》	✓	✓	✓	✓	✓	✓	✓	✓
2008 年《多米尼加共和国-中美洲-美国 FTA》	✓	✓	✓	✓	✓	✓	✓	✓
2009 年《美国-秘鲁 FTA》	✓	✓	✓	✓	✓	✓	✓	✓
2012 年《美国-巴拿马 FTA》	✓	✓	✓	✓	✓	✓	✓	✓

① USMCA 第 28 章：良好的监管规范，https：//usmca. com/good-regulatory-practices-usmca-chapter-28/，2019 年 12 月 25 日最后访问。

② 美国自由贸易协定汇总，https：//tcc. export. gov/Trade_Agreements/Free_Trade_Agreements/index. asp，2019 年 12 月 28 日最后访问。

续表

具体条款 美国 FTAs	行政裁定定义条款	信息公开条款	通报与信息提供条款	行政程序条款	复议和上诉条款	联络点条款	信息披露条款	安全例外条款
2012 年《美国－哥伦比亚 FTA》	✓	✓	✓	✓	✓	✓	✓	✓
2012 年《美国－韩国 FTA》	✓	✓	✓	✓	✓	✓	✓	✓

信息公开条款都要求公布法律、法规、程序和一般性行政裁定，要求履行提前公布义务及提供利益相关者必要的评论机会。2004 年《美国－摩洛哥 FTA》规定对于“拟采取的措施”缔约方可以通过官方杂志或互联网等方式公布提前公布。2012 年《美国－韩国 FTA》在此基础上规定：对于“拟采取的法规”，应该为公众保留至少 40 日的时间发表评论意见，NAFTA 与 USMCA 并未体现。法规的公布须通过单一的官方公报方式，并应表明公布法规的目的与理由。

行政程序条款的规定基本一致。2003 年《美国－新加坡 FTA》最早规定了行政程序条款，要求在特殊情况下启动相应行政程序时，应在启动前提供给对方合理的机会表达其立场，并通知另一方。NAFTA 和 USMCA 都沿用了此条款。

复议和上诉条款要求设立司法、准司法或行政法庭/程序对相关的行政行为进行及时审查，不允许法庭与政府产生实质性利益。诉讼当事人应有权发表自己的立场，审查或上诉应由专门机关执行。

联络点条款，除了 2008 年《多米尼加共和国－中美洲－美国 FTA》《美国－约旦 FTA》之外，其余美国 FTAs 的规定是一致的。《多米尼加共和国－中美洲－美国 FTA》规定应在生效后 60 日内指定一个联络点。《美国－约旦 FTA》规定设立联合委员会为联络点以方便信息沟通。

信息披露条款，《美国－巴林 FTA》《美国－智利 FTA》《美国－摩洛哥 FTA》与 NAFTA 一样，要求不得披露个人隐私或金融机构个人客户的财务和账目信息。其他美国 FTA 要求不得披露违反公共利益，或损害特定企业、公众或私人的合法商业利益的信息。

综上所述，美国 FTAs 中基本上都是在“投资”“透明度”“例外”章节中，主要通过上表所列 8 项条款对透明度规则予以规定。在不断完善的过程中，除某些具体条款表述上略有不同之外，保持高度一致性(《美国－以色列 FTA》和《美国－约旦 FTA》除外)。这种高度一致性，起到了良好的条文示范作用，减少了 FTAs 之间透明度规则差异带来的行政负担。相比美国历次 BIT 范本，美国 FTAs 中透明度规则的规定更为系统和全面。

二、其他国家 BITs 与 FTAs 中的透明度规则

(一)其他国家 BITs 与 FTAs 中的透明度规则

根据笔者对联合国投资政策中心公布的 39 个国家 BIT 范本中透明度规则的统计(详见表 2)①，17 个发达国家或地区当中有 9 个规定了透明度规则，22 个发展中国家或地区中，有 10 个规定了透明度规则，多为磋商条款。越来越多的国家重视透明度规则。比如 1997 年荷兰 BIT 范本、2003 年印度 BIT 范本中未规定透明规则，而在 2019 年荷兰 BIT 范本、2015 年印度 BIT 范本中都规定了透明度规则。

信息公开义务更加广泛。有 6 个发达国家，4 个发展中国家的范本载有信息公开条款。BIT 范本中规定的东道国应公布的法律法规主要有一般的法律法规和与投资有关的法律法规。此外，有的 BITs 还要求东道国公开措施草案或拟议措施。有些 BITs 还会添加修饰语，以增加(措辞为“也许影响”“属于或影响”“可能影响”等)或限制信息公开义务(“实际影响”“在可能的范围内”“实质影响”)。

表 2

	信息公开条款	程序和信息提供条款	行政程序条款	复议和上诉条款	安全例外条款	信息披露条款	联络点条款	磋商条款
1992 年德国(已替换)								
1991 年英国(已替换)								
1994 年智利								✓
1995 年瑞士								
1997 年荷兰(已替换)								
1998 年美国(已替换)					✓			

① 协定范本，载联合国投资政策中心：https：//investmentpolicy. unctad. org/international-investment-agreements/model-agreements，2019 年 12 月 16 日最后访问。

续表

	信息公开条款	程序和信息提供条款	行政程序条款	复议和上诉条款	安全例外条款	信息披露条款	联络点条款	磋商条款
1998 年德国(已替换)								
1998 年南非								
1998 年克罗地亚								
1998 年马来西亚								
1998 年蒙古国								
1999 年法国(已替换)								
2000 年土耳其(已替换)								
2000 年秘鲁								
2000 年丹麦								✓
2011 年芬兰	✓					✓		✓
2001 年希腊								✓
2002 年泰国								✓
2002 年瑞典								
2002 年贝宁								✓
2002 年布隆迪								
2002 年毛里求斯								
2003 年危地马拉(已替换)								
2003 年肯尼亚	✓				✓			
2003 年以色列								
2003 年安哥拉	✓							
2003 年印度(已替换)								
2003 年意大利								
2004 年荷兰(已替换)								✓
2004 年加拿大	✓				✓			✓
2006 年法国								

续表

	信息公开条款	程序和信息提供条款	行政程序条款	复议和上诉条款	安全例外条款	信息披露条款	联络点条款	磋商条款
2007 年挪威(搁置)	✓				✓			
2008 年德国								
2008 年奥地利	✓							✓
2008 年英国								
2008 年哥伦比亚(已替换)								✓
2008 年墨西哥								✓
2008 年加纳								
2009 年土耳其(已替换)								
2010 年危地马拉(已替换)								
2011 年哥伦比亚								
2012 年布基纳法索								
2014 年塞尔维亚					✓			✓
2015 年巴西	✓				✓			
2015 年挪威(草案)	✓							✓
2015 年印度	✓				✓			
2016 年阿塞拜疆								✓
2016 年捷克共和国								
2019 年荷兰 BIT	✓							
2019 年比利时-卢森堡经济联盟	✓							✓

(二)“国际投资协定要素”对透明度规则的规范

《2012 年世界投资报告》中，UNCTAD 提出了“国际投资协定要素”这一概念，即通过对各国 IIAs 中的要素进行汇集，制成 IIA 范本，供各国进行政策选择。主要有：(1)传统要素或条款，比如“投资”范围、国民待遇、最惠国待遇、征收条款等；(2)创新性要素或条款，比如母国举措、相关投资者的责任和义务、特殊与差别待遇条款等。

透明度条款位于传统条款部分，主要涉及两个条文：

1. 透明度条款

即公布法律法规、行政裁定、国际投资协定的义务，还包括根据缔约另一方要求提供与投资相关的信息，双方应提前公布拟采取的措施，并提供利益相关者发表评论的合理机会，同时禁止披露设计国家秘密的信息，但未规定应公开缔约一方的司法裁定。在条文右侧“可持续发展的影响”一栏还对本条款进行了解释：很多国家在 IIA 中规定各缔约方应迅速公布法规。虽然向投资者提供此类信息有利于改善本国的投资环境，但是这往往也会给人力资源与基础设施相对匮乏的国家带来行政困难。因此可以通过使用诸如“在可能的范围内”之类的措辞来减轻透明度义务所施加的行政负担。①

2. 公共政策例外条款

这规定了公共政策例外的五种情况：国家安全举措和/或与促进国际和平与安全相关的措施；国家安全可以包含经济等领域的安全；例外仅仅与某些类型的措施有关，或者仅在战争或武装冲突或国际关系紧急情况下适用等来限制例外情形；实现合法公共政策的国内监管举措例外；防止东道国滥用例外。②多数 BIT 的一般例外条款是针对国内的国家安全和经济安全。公共政策例外条款，是“国际投资协定要素”的创新。

三、中国 BITs 与 FTAs 中的透明度规则

（一）中国 BITs 与 FTAs 中的透明度规则

1. 中国 BITs 中的透明度规则

截至 2016 年 12 月 12 日，中国已经签署了 104 个 BITs（不包含已经废止的

① UNCTAD, World Investment Report 2012, p. 149, https://unctad.org/en/PublicationsLibrary/wir2012overview_en.pdf，2019 年 12 月 18 日最后访问。

② UNCTAD, World Investment Report 2012, p. 151, https://unctad.org/en/PublicationsLibrary/wir2012overview_en.pdf，2019 年 12 月 18 日最后访问。

BITs 以及重新签订过后其之前的 BITs)。[①] 其中仅有 50 个中国 BITs 规定了透明度规则。与美国和其他国家 BIT 范本，甚至与中国 FTAs 中额透明度规则相比，条款都是较少，缺乏系统性。

中国 BITs 中透明度规则的条款主要涉及磋商条款和透明度条款(包括信息公开条款、信息披露条款和一般例外条款)。

(1)磋商条款

48 个涉及磋商条款，是透明度规则中出现频率最高的条款。[②] 除细微差异外，文本表述基本一致。

磋商的目的主要包括：①协定的执行情况；②交流法律情报和投资机会信息；③投资相关争议解决；④促进双方投资的建议；⑤研究其他与投资相关的事宜。其中，《中国-芬兰 BIT(重新签订)》未规定“研究其他与投资相关的事宜”目的；《中国-韩国 BIT(重新签订)》《中国-马里 BIT》《中国-乌拉圭 BIT》《中国-秘鲁 BIT》《中国-圭亚那 BIT》未规定“投资相关争议解决”目的；《中国-印度尼西亚 BIT》未规定任何目的，只是简单规定可以就双方讨论的事项进行磋商；《中日韩 BIT》规定建立知识产权磋商机制；《中国-澳大利亚 BIT》仅在缔约另一方提出要求时，可以商讨阐明具体法律与政策。

48 个中有 41 个对一方提出磋商要求时另一方的及时回应义务与磋商地点的轮流机制作出了规定。7 个(《中国-土库曼斯坦 BIT》《中国-印度尼西亚 BIT》《中国-叙利亚 BIT》《中日韩 BIT》《中国-澳大利亚 BIT》《中国-坦桑尼亚 BIT》《中国-加拿大 BIT》)未作规定。《中国-芬兰 BIT》仅要求缔约另一方应给予对方磋商机会，未强调及时回应，也未规定磋商地点轮流机制。

(2)透明度条款

只有 5 个(《中国-芬兰 BIT(重新签订)》《中国-韩国 BIT(重新签订)》《中日韩 BIT》《中国-澳大利亚 BIT》《中国-加拿大 BIT》)涉及透明度条款，其中

---

① 我国对外签订双边投资协定一览表，载中华人民共和国商务部：http：//tfs.mofcom.gov.cn/article/Nocategory/201111/20111107819474.shtml，2019 年 12 月 9 日最后访问。

② 这 48 个中外 BITs 为：中国与芬兰、保加利亚、冰岛、罗马尼亚、马其顿、马耳他、乌兹别克斯坦、亚美尼亚、菲律宾、哈萨克斯坦、韩国、土库曼斯坦、越南、塔吉克斯坦、格鲁吉亚、阿联酋、阿塞拜疆、印度尼西亚、柬埔寨、叙利亚、缅甸、朝鲜、日本和韩国、澳大利亚、加纳、埃及、津巴布韦、阿尔及利亚、尼日利亚、苏丹、佛得角、埃塞俄比亚、赤道几内亚、马里、坦桑尼亚、刚果、玻利维亚、阿根廷、乌拉圭、尼瓜多尔、智利、秘鲁、牙买加、古巴、巴巴托斯、特立尼达和多巴哥、圭亚那、加拿大的 BIT。

《中日韩 BIT》《中国-加拿大 BIT》的条款最为详细。

仅《中日韩 BIT》在序言中表明“为缔约一方的投资者在其他缔约方领土内的投资创建稳定、有利及透明的条件”。① 第 10 条“透明度”主要涉及信息公开条款，规定了信息公开义务、迅速公布义务、事先公布义务、答复义务、提供评论的合理机会义务。第 2 款合理间隔条款：“缔约一方制定或者修改显著影响本协定实施及运行的法律、法规的，该缔约方应尽力保证此法律、法规的公布或公开与生效之间有合理的间隔，但涉及国家安全、外汇汇率、货币政策以及公布后会妨碍法律实施的其他法律、法规除外。”系首次出现在中国 BITs 和 FTAs 中。

《中国-加拿大 BIT》第 17 条“法律、法规与政策的透明度”中，主要涉及信息公开条款，包括信息公开义务、事先公布义务、答复义务、提供评论的合理机会义务。第 33 条“一般例外”中包含了安全例外与信息披露条款。

信息公开条款中信息公开的内容上，《中国-芬兰 BIT(重新签订)》《中国-韩国 BIT(重新签订)》《中日韩 BIT》都要求公布法令、法规、程序、行政裁定与广泛适用的司法裁决，还有国际协定，其中《中日韩 BIT》还要求国际协定应与投资行为有关或对其有影响。而《中国-澳大利亚 BIT》《中国-加拿大 BIT》仅要求公布与投资有关的或对投资有影响的法律和政策，范围显然更小。

信息披露条款，《中国-芬兰 BIT(重新签订)》《中国-韩国 BIT(重新签订)》都规定禁止披露与特定的投资者或投资有关的信息，披露后会有碍法律的执行、违背保护机密的法律或对特定投资者的合法商业利益产生不利影响的信息。而《中日韩 BIT》禁止披露妨碍执法、违反公共利益、侵犯隐私权或合法商业利益的信息。《中国-加拿大 BIT》未规定具体禁止披露哪些类型的信息，但规定禁止披露“有碍法律的执行或者有违缔约一方保护其内阁机密、个人隐私或金融机构的金融事宜及个人顾客账户信息保密性的法律”，以及“本协定中的任何条文都不得被解释为，在本协定下任何争端解决过程中，指示缔约方呈示或同意获取受其竞争法律所维护的信息，或者指示缔约方的竞争主管部门呈示或者同意获取所有其他机密信息或保护禁止其被披露的信息”。并对“竞争主管部门”与“受竞争法律保护之信息”进行了解释。只有《中国-澳大利亚 BIT》未规定信息披露条款。

① 《中华人民共和国政府、日本国政府及大韩民国政府关于促进、便利及保护投资的协定》序言，载中华人民共和国商务部：http：//tfs. mofcom. gov. cn/article/h/at/201405/20140500584816. shtml，2019 年 12 月 29 日最后访问。

2. 中国 FTAs 中的透明度规则

截至 2019 年 10 月 23 日，中国已经签署了 14 个 FTA(中国-毛里求斯 FTA、中国-马尔代夫 FTA 未公布，故不在本文分析范围之内)，并且正在谈判的 FTAs 有 12 个，正在研究的 FTAs 有 8 个。①

与中国 BITs 相比，已经签署和公布的 12 个中国 FTAs 都拟定了专门的透明度条款或章节，条款更为丰富，规定更为系统。包括普遍适用的行政裁定定义条款、信息公开条款、通报和信息提供条款、行政程序条款、复议和上诉条款、联络点条款、一般例外条款(包括信息披露与保密、安全例外等条款)。

(1)序言

仅《中国-格鲁吉亚 FTA》规定决心通过制定明确的贸易规则，为货物和服务设立更为广泛的市场，保证相关投资企业能够在一个透明的、统一的、可预见的商业系统内经营。

(2)普遍适用的行政裁定定义条款

4 个 FTA 涉及“普遍适用的行政裁定”的定义，分别是《中国-澳大利亚 FTA》《中国-新西兰 FTA》《中国-智利 FTA》《中国-智利 FTA 升级》。虽然称谓各有不同,② 但实质内涵相同，下文统称为“行政裁定”。除了《中国-新西兰 FTA》省略了“并建立一种行为规范的行政裁定或解释”限定术语之外，4 个 FTA 都规定，“行政裁定”适用于其管辖范围内的任何人和事实情形。排除情形分为两种，第一种《中国-智利 FTA》将“由行政或准司法程序作出的，适用于具体案件中另一缔约方特定的人、货物或服务的裁决或决定”限制在“在可适用的情况下”。第二种排除情形，《中国-澳大利亚 FTA》与《中国-智利 FTA》均使用“对特定行为或做法的裁决”一语，而《中国-新西兰 FTA》使用“对特定行为或惯例的裁决”一语。“做法”范围较“惯例”更为广泛，不仅包含惯例，还包含其他临时性做法。

(3)信息公开条款

信息公开是 IIAs 透明度规则当中非常关键的一项条款。除了《中国-新加坡 FTA》及其升级协定未规定公布义务，其他中国 FTAs 中信息公开条款统计

---

① 数据来源于中国自由贸易区服务网：http：//fta. mofcom. gov. cn/index. shtml，2019 年 12 月 11 日最后访问。

② 《中国-智利 FTA》与《中国-智利 FTA 升级》称之为“行政决定”，《中国-新西兰 FTA》称之为“行政裁决”，《中国-澳大利亚 FTA》称之为“行政裁定”。

如表 3 所示：

表 3

具体义务 中国 FTAs	公布内容			迅速公布义务	提前公布义务	答复义务	提供评论的合理机会义务
	法律、法规、程序、行政决定	国际协定	任何有关措施				
格鲁吉亚	✓			✓		✓	
澳大利亚	✓			✓	✓	✓	✓
韩国	✓	✓	✓	✓	✓		✓
瑞士	✓	✓				✓	
冰岛	✓			✓		✓	
哥斯达黎加	✓	✓		✓	✓		✓
秘鲁	✓	✓				✓	
新加坡							
新加坡升级							
新西兰	✓			✓			
智利			✓	✓			
智利升级			✓	✓			
巴基斯坦			✓	✓			

①公布内容。公布义务分为两种：第一种公布“与本协定包含事项有关的法律、法规、程序及普遍适用的行政裁定”，8 个协定使用了此类表述，① 但涉及事项有所不同：《中国-韩国 FTA》《中国-瑞士 FTA》加入了“司法判决”；《中国-新西兰 FTA》使用的是“规章”，而非“法规”；《中国-韩国 FTA》《中国-瑞士 FTA》《中国-哥斯达黎加 FTA》《中国-秘鲁 FTA》要求公布“国际协定”，

① 分别是：《中国-格鲁吉亚 FTA》第十三章第 1 条第 1 款、《中国-澳大利亚 FTA》第十三章第 2 条第 1 款、《中国-韩国 FTA》第十二章第 12.8 条第 1 款、《中国-瑞士 FTA》第一章第 1.5 条第 1 款、《中国-冰岛 FTA》第十二章第 123 条第 1 款、《中国-哥斯达黎加 FTA》第十二章第 129 条第 1 款、《中国-秘鲁 FTA》第十三章第 167 条第 1 款、《中国-新西兰 FTAFTA》第十三章第 168 条第 1 款。

但范围有所不同：《中国-韩国 FTA》要求“与投资有关或影响投资行为”；《中国-瑞士 FTA》规定“各自参与的国际协定”，而不限于与投资有关或影响投资行为的国际协定；《中国-哥斯达黎加 FTA》和《中国-秘鲁 FTA》要求“与贸易有关”。其中，《中国-哥斯达黎加 FTA》增加了限定语“可能对实施本协定产生影响的”。

第二种是公布“本方与本协定项下任何事项相关的措施”，3 个协定使用了此类表述，而没有要求公布法律法规、行政裁决等。① 公布内容模糊，在某种意义上，使得公布的范围进一步扩大。

②公布的时间。9 个协定强调公布的“迅速性”表述为“本方与本协定项下任何事项相关的措施”应“迅速公布”，以免对外国投资者酿成不合理的损害。2 个协定(《中国-瑞士 FTA》《中国-秘鲁 FTA》)未规定缔约双方应迅速公布有关法律法规等。1 个协定——《中国-韩国 FTA》使用的是“及时”一词。“及时公布”法律法规给了缔约方合理的时间，更能体现灵活性，而“迅速公布”可能不合理加重双方义务。《中国-新西兰 FTA》还要求“不能迟于实施或执行后 90 日”公布。《中国-澳大利亚 FTA》《中国-韩国 FTA》《中国-哥斯达黎加 FTA》《中国-新西兰 FTA》列明了提前公布其拟采取法规的义务。

③答复义务。5 个协定有此义务。《中国-瑞士 FTA》要求须在 30 日的时间期限内进行响应；《中国-秘鲁 FTA》要求 60 日。

④合理机会。6 个协定有此项义务。

⑤公布方式。《中国-格鲁吉亚 FTA》《中国-澳大利亚 FTA》允许“在可能的情况下通过互联网”方式进行公布。

(4)通报和信息提供条款

首先，有 8 个协定规定了对于缔约一方认为其施行的措施能够产生实质影响时，或对缔约另一方在本 FTA 文本中规定的相关利益产生实际影响时，应尽可能通知另一方该措施的相关信息。② 其中《中国-格鲁吉亚 FTA》未规定“对缔约另一方在本 FTA 文本中规定的相关利益产生实际影响时”的情形。

---

① 参见《中国-智利 FTA》第九章第 73 条第 1 款、《中国-智利 FTA 升级》第九章第 73 条第 1 款及《中国-巴基斯坦》第八章第 43 条第 1 款。

② 分别是：《中国-格鲁吉亚 FTA》第十三章第 2 条第 1 款、《中国-澳大利亚 FTA》第十三章第 3 条第 1 款、《中国-韩国 FTA》第十八章第 18.2 条第 1 款、《中国-哥斯达黎加 FTA》第十二章第 130 条第 1 款、《中国-新西兰 FTA》第十三章第 172 条第 1 款、《中国-智利 FTA》第九章第 74 条第 1 款、《中国-智利 FTA 升级》第九章第 74 条第 1 款、《中国-巴基斯坦 FTA》第八章第 44 条第 1 款。

其次，如果是另一方要求提供一方可能实质性影响协定的措施，被请求方有义务立即呈示，并且答复相应问题，而不论在此之前是否有向缔约另一方进行了通告。这一要求在 7 个协定中得到体现。《中国-韩国 FTA》还有时间限制，缔约一方必须在收到另一方要求后 30 日之内提供信息。

再次，上述信息向 WTO 通报过后，可视为已经提供。9 个中国 FTA 有此规定。其中，《中国-格鲁吉亚 FTA》《中国-韩国 FTA》《中国-冰岛 FTA》《中国-智利 FTA》《中国-智利 FTA 升级》《中国-巴基斯坦 FTA》还规定“在对方公开且能够免费登录的官方网站上可以获取时”，也可以视为已经提供。

最后，《中国-格鲁吉亚 FTA》《中国-澳大利亚 FTA》《中国-韩国 FTA》《中国-哥斯达黎加 FTA》还规定此通报与信息提供义务应通过联络点履行。

(5)行政程序条款

中国 FTAs 中行政程序条款条文基本上相同，但仅有 6 个包含此条款。① 在这些措施实施过程中，都要求确保可能情形下的合理通知义务、条件允许情况下给予当事方能够有合理的机会发表施行与理由来支撑其观点、并且其程序应符合国内法律。其中《中国-澳大利亚 FTA》的实施方式还增加了一类客观方式。

(6)复议和上诉条款

与行政程序条款相辅相成，只有 6 个中国 FTAs 有此规定。②《中国-智利 FTA》与《中国-智利 FTA 升级》要求各方应建立或维持审查庭或程序，其余 4 个要求各方建立或维持司法、准司法或行政庭或程序，其中《中国-哥斯达黎加 FTA》未使用“准司法”一词。对于最终行政行为，《中国-新西兰 FTA》特别规定了“因审慎原因采取的行为除外”。6 个协定都给予当事方辩护的合理机会和获得依据证据与记录作出的判决的权利。在上诉或复议时，各方应确保此裁决应该由作出审查的主体实施。

(7)联系点条款

只有《中国-冰岛 FTA》未规定联系点条款，其余 11 个中国 FTAs 中都明确

---

① 具体包括：《中国-澳大利亚 FTA》第十三章第 4 条、《中国-韩国 FTA》第十八章第 18.3 条、《中国-哥斯达黎加 FTA》第十二章第 131 条、《中国-新西兰 FTA》第十三章第 169 条、《中国-智利 FTA》第九章第 75 条、《中国-智利 FTA 升级》第九章第 75 条。

② 具体包括：《中国-澳大利亚 FTA》第十三章第 5 条、《中国-韩国 FTA》第十八章第 18.4 条、《中国-哥斯达黎加 FTA》第十二章第 132 条、《中国-新西兰 FTA》第十三章第 170 条、《中国-智利 FTA》第九章第 76 条、《中国-智利 FTA 升级》第九章第 76 条。

规定了联系点条款。① 但位置不同，有的在“投资”章节，有的在“透明度”章节，有的在“机构条款”章节或“总条款和最后条款”章节。

《中国-格鲁吉亚 FTA》《中国-澳大利亚 FTA》《中国-韩国 FTA》直接规定了双方的联系点，中国的联系点为商务部。其余的没有确定联系点，但要求双方建立联络点。《中国-瑞士 FTA》还规定了建立联络点与政府机构、私人部门代表和教育与研究机构之间的合作机制。②《中国-韩国 FTA》明确联络点的主要工作是“尽可能提供设立、清算、投资促进方面的咨询服务”，并要求在其他地方政府建立联络点以处理投资者的投诉与困难。

(8)信息披露条款

只有《中国-新加坡 FTA》《中国-新加坡 FTA 升级》《中国-新西兰 FTA》未规定信息披露条款，其余 9 个中国 FTAs 中都明确列明了信息披露条款。信息披露条款主要是反向禁止性规定，禁止信息披露的内容包括：妨碍法律实施的信息，违背公共利益的信息，妨害某些企业合法的商业利益的信息。《中国-格鲁吉亚 FTA》分别在第十三章第 1 条第 3 款、第十六章第 1 条第 1 款作出了规定，前者仅适用于第十三章，后者在“透明度”章节作出规定，适用于整个协定，更能起到强调作用。《中国-澳大利亚 FTA》规定了禁止披露的两种例外情形：法律和宪法对该信息的使用或披露另有要求或为履行司法程序，该信息应只用于特定用途。《中国-韩国 FTA》多达三个条文，其中第十二章第 12.13 条第 2 款还规定了投资者信息提供的禁止性情形：禁止缔约一方的投资机构或组织披露损害缔约另一方投资机构或组织或对其在投资上的竞争地位产生不利的信息，但与公平和善意适用缔约一方法律相关的信息除外。③《中国-智利 FTA》《中国-智利 FTA 升级》《中国-巴基斯坦 FTA》还规定了禁止披露“违背维护个人隐私或者金融机构的个人消费者的财政事项与其账户信息的法律”。

(9)安全例外条款

仅有 6 个规定了安全例外条款。④ 规定较为简单，除《中国-秘鲁 FTA》在

① 《中国-冰岛 FTA》只在第八章第 91 条“信息交流”中规定，缔约双方应建立信息交流渠道，以促进全方位沟通和交流。

② 参见《中国-瑞士 FTA》第九章第 100 条。

③ 分别为：《中国-韩国 FTA》第十二章第 12.13 条第 2 款、第十二章第 12.18 条、第二十一章第 21.4 条。

④ 分别为：《中国-哥斯达黎加 FTA》第十五章第 160 条、《中国-秘鲁 FTA》第十五章第 141 条、《中国-新加坡 FTA》第十三章第 106 条、《中国-新加坡 FTA 升级》第十三章第 106 条、《中国-智利 FTA》第十二章第 100 条、《中国-智利 FTA 升级》第十二章第 100 条。

其条文中使用“实质安全利益”一词外，其余 5 个禁止披露违背缔约一方基本安全利益的任何信息。标题表述略有差异：《中国-秘鲁 FTA》安全例外条款的标题为“重大安全”，《中国-智利 FTA》《中国-智利 FTA 升级》的标题为“基本安全”，《中国-哥斯达黎加 FTA》《中国-新加坡 FTA》《中国-新加坡 FTA 升级》标题为“安全例外”。

（二）中国 BITs 与 FTAs 中透明度规则的缺陷

1. 内容单一，体系不完善

很多 BITs 未规定透明度规则。与其他国家 BIT 范本相比，104 个中国 BITs 中仅有 50 个含有透明度规则，未规定的占 50%，包括早期签订的如 1985 年《中国-意大利 BIT》，也包括后期签订的如 2013 年《中国-乌兹别克斯坦 BIT》。部分中国 BITs 经过重新签订过后仍然没有规定透明度规则，比如 1992 年签订、2005 年重新签订的《中国-葡萄牙 BIT》，1984 年签订、2005 年重新签订的《中国-比利时与卢森堡 BIT》，1986 年签订、2009 年重新签订的《中国-瑞士 BIT》。未规定的大多数为与发展中国家签订的，个别的是与发达国家如法国、德国、西班牙、日本、新加坡签订的。从 1982 年《中国-瑞士 BIT》开始，中国多采用“德国式”BIT 的规定。① 1992 年、1998 年、2008 年德国 BIT 范本中均未规定透明度规则。2008 年范本仅有 13 条：定义、接纳和保护投资、国民和最惠国待遇、征收补偿、自由转移、代位、其他规定、适用范围、缔约国之间争端的解决、缔约国与缔约国另一方投资者之间的争端的解决、缔约国之间的关系、注册条款、生效，期限和终止通知及透明度规则并未得到关注。我国一直沿用“德国式”BIT 范本，所以很少规定透明度规则。只有《中日韩 BIT》和《中国-加拿大 BIT》较为全面。

即使对透明度规则有所规定，但仍以公布义务为主，实施机制相对缺乏，缺少对行政程序和复审、上诉程序的透明度要求，使得我国投资协定中的透明度规则仍然停留在宣示性条款的水平，尚未形成统一的体系。

2. 透明度规则立法模式混乱，尚未形成一致的谈判立场

通过对现有 50 个包含透明度规则的中国 BITs 的统计分析，笔者将其分为

① 张建军：《国际投资协定之透明度规则研究》，中国社会科学出版社 2016 年版，第 168 页。

五种类型：(1)“磋商条款”模式，仅规定缔约方磋商义务，45个采用此模式；(2)“信息公开+信息披露+磋商条款”模式，《中国-芬兰BIT(重新签订)》《中国-韩国BIT(重新签订)》采用此模式；(3)“信息公开+信息提供+磋商条款”模式，《中国-澳大利亚BIT》采用此模式；(4)《中日韩BIT》采用“序言+信息公开+信息披露+特殊程序和信息要求+安全例外条款”模式；(5)《中国-加拿大BIT》采用“信息公开+磋商+安全例外条款”模式。可见，我国BITs透明度规则的立法模式众多，缔约立场随意，大多依据对方版本谈判。

3. 透明度规则标准不统一

BIT透明度规则简单，而FTAs透明度规则较为完善，形成了双轨制的缔约模式。① 例如，《中国-澳大利亚FTA》与《中国-澳大利亚BIT》透明度规则就存在区别，《中国-澳大利亚BIT》规定较为简单，仅要求缔约双方公开相关的法律和政策，而《中国-澳大利亚FTA》规定了必须公布与投资有关的法律、法规、程序及广泛适用的行政裁定，同时还规定了信息提供、行政程序、复议和上诉、联系点、信息披露条款，但并未提及应公开与投资有关的政策。这种双轨制会导致我国投资政策的不稳定和条约适用冲突。

除了表现在中国BITs和中国FTAs之间的不同，标准不同一还体现在：(1)与不同国家缔结的协定中，同一名称的透明度条款条文不统一。(2)除了信息披露条款在每个中国FTAs中都有规定之外，不同协定规定了不同的透明度条款。例如《中国-新加坡FTA》及随后的升级未涉及最基本的信息公开条款，只在其海关程序、技术性贸易壁垒、卫生与植物卫生措施、自然人移动章节中有规定。(3)同一名称条款的表述不同，缺乏一致性。

四、完善中国BITs与FTAs中透明度规则的建议

(一)有序推进中国BIT范本

1. 必要性

对联合国投资政策中心公布的BIT范本进行统计，除去被替换、搁置或国

① 李琳：《论透明度规则在完善上海自贸区法治建设中的作用》，上海社会科学院2018年硕士学位论文，第24页。

际组织制定的 BIT 范本，已有 57 个国家或地区公布了 BIT 范本。① 我国现有的 BIT 范本有 1984 年范本②，和 2010 年范本③，遗憾的是在官方渠道都不能获得两者的原文，只能从学者论述获得其内容。公布 BIT 范本有利于在 BIT 谈判时向对方传达谈判目标，明确谈判方向；保持立场的相对一致性，掌握主动权；同时确立谈判基本框架，掌控谈判进程。而且随着我国已经从单一的资本输入国转变为兼具资本输入国与资本输出国双重属性的国家。改进并公布新的 BIT 范本，既有利于我国在谈判时把握相关条款的谈判立场，保持投资政策的稳定，也有利于投资者的决策。

2. 具体路径

随着我国身份的转变，一直以来沿用的“德国式”BIT 范本，已经不适应现实所需。“德国式”BIT 范本较少涉及透明度规则，简约的条文虽然减少了缔约方义务，但对投资利益的保护有所欠缺。美国 BIT 范本贯彻“投资自由化”，高标准的透明度义务有利于投资者，但增加了缔约方的义务。我国应该在汲取美国“自由化导向”BIT 范本可取方面的同时，也应注重“国际投资协定要素”中强调的可持续投资发展理念。美国 2004 年或 2012 年 BIT 范本的整体条款架构相比其他国家更为规范，这是值得借鉴的。但美国 2004 年或 2012 年 BIT 范本中对缔约方应尽义务要求相对苛刻的条款适当放宽限制，不应一味追求投资自由化，而增加缔约方政府行政负担。而“国际投资要素”旨在平衡资本输入国与资本输出国、外国投资者与东道国之间的权利义务，平衡投资保护与可持续发展。这种融合使得 BIT 能够兼具投资保护与政策灵活的特性，体现了可持续发展要义。我国应该从中进行选择，形成新的 BIT 范本，并在具体 BIT 谈判时根据实际情况进行调整。

---

① 联合国投资政策中心收录的众多国家公布的 BIT 范本，https：//investmentpolicy.unctad.org/international-investment-agreements/model-agreements，2019 年 12 月 13 日最后访问。

② 单文华、[英] 诺拉·伽拉赫：《和谐世界历年和中国 BIT 范本建设——一个“和谐 BIT 范本”建议案》，陈虹睿、王朝恩译，载陈安主编：《国际经济法学刊》第 17 卷第 1 期，北京大学出版社 2010 年版，第 151 页。

③ 温先涛：《〈中国投资保护协定范本〉（草案））论稿（一）》，载陈安主编：《国际经济法学刊》第 18 卷第 4 期，北京大学出版社 2012 年版，第 169 页。

(二)合理规范中国 BITs 与 FTAs 中的透明度规则

1. 合理界定信息公开义务

信息公开条款是透明度规则中的核心条款。公开的范围有不断扩大的趋势。WTO 中规定信息公开的内容主要包括法令、条例与一般援用的司法判决及行政决定。在此基础上，2012 年《中国-加拿大 BIT》还要求公开投资准入条件的法律法规与政策。2012 年美国 BIT 范本要求公布与投资有关的措施、决定、裁定及程序。同时，要求辅之以相应的政策解读，使得相关投资者能够更好地理解政策制定的根本目的。2008 年《日本-秘鲁双边投资协定》第 9 条第 1 款规定缔约方应公布的信息有其与投资相关事项有关或者对投资相关事项产生影响的法律、法规、行政程序、一般适用的行政裁决和司法决定以及国际协定。另一重要趋势是要求东道国公开措施草案或拟议措施。如 NAFTA 第 1802 条规定缔约方应该公开其拟定要采取的任何此类措施。有的 BIT 还通过增加"也许影响""属于或影响""可能影响"等限定语来扩大公开范围。如 2002 年《日本-韩国 BIT》第 7 条使用了"属于或影响"一词，使得东道国信息披露义务的范围扩大到许多与投资没有直接联系的法律法规。

为顺应这一趋势，我国在 BITs 范本中也应适当扩大公开义务的范围，包括法律法规、行政裁决、行政程序、司法裁定，以及国际协定或者与投资有关的国际协定。注意平衡投资者信息公开要求与东道国信息公开成本。提前公布会对 BIT 产生影响的相关法律法规，并为利益相关者创造合理发表评论的机会是很有必要的，可以规定"在可能的情况下"事先公布。但是对于拟采取的法律法规草案与措施则是否提前公布，因各国的立法程序与行政程序存在较大差异，具体实施过程中会出现分歧，应具体分析。公布义务的例外情形应尽量囊括，包括妨碍缔约一方法律实施的相关信息；违反缔约一方基本安全利益的相关信息；违背缔约一方公共利益的相关信息；有损缔约一方个人隐私以及公私企业合法的商业利益的相关信息。还可以添加限定次，以增加或限制信息公开义务。增加信息公开义务的限定词主要包括"也许影响""属于或影响""可能影响"等。限制信息公开义务的限定词主要包括"实际影响""在可能的范围内""实质影响"。而《加拿大-巴拿马 FTA》首先使用的"在最大可能范围内"一词，既包含限制意思，也包含扩大意思。

2. 其他条款的规范

行政裁定的定义条款，主要应关注行政裁定的排除情形。可以借鉴美国 FTAs 使用的是“对特定行为或惯例的裁决”，因为“惯例”一词相较美国 BITs 中使用的“对特定行为或做法的裁决”中的做法一词更为严谨，不易造成歧义，并且能有效限缩其涵盖范围。通报与信息提供条款主要强调的是对于缔约一方认为其施行所有措施能够产生实质性影响时，或对缔约另一方在本 FTA 文本中规定的相关利益产生实际影响时，应尽可能通知另一方该措施的相关信息的义务。并且如果在缔约另一方要求提供缔约一方可能实质性影响协定实施的措施的相关信息时，缔约一方也有义务立即呈示，并且答复相应问题。行政程序条款与复议和上诉条款之间相辅相成，可以借鉴美国 2004 年 BIT 范本的规定。联络点条款可以具体指定某一机构为联络点，可以是特定的联合委员会或者商务部。还可限定联络点的建立时间以及明确联络点的主要工作。

信息披露条款。美国 BITs 与 FTAs 对禁止披露的信息的规定主要分为两种形式，一种包括违反公共利益，或损害特定企业、公众或私人的合法商业利益的信息；另一种包括个人隐私或金融机构个人客户的财务和账目相抵触的信息。前者涵盖的信息范围更广，后者涵盖范围则相对较小，中国在签订 BIT 或 FTA 时可以根据实际情况进行规定。安全例外条款主要应强调对缔约方基本安全利益的保护，当一方要求另一方提供的信息有损其基本安全利益时，另一方有权拒绝提供并禁止其询问。

3. 与同一国家签订的 BITs 与 FTAs 中透明度规则保持一致标准

中国现有 BITs 和 FTAs 中有关透明度规则之间缺乏一致性。而美国同一时期的 NAFTA 和 2004 年 BIT 范本中透明度条款具有一致性，只是在内容上前者更为全面具体。① 这种一致性既节约了公开的成本，也利于投资政策的稳定和可预期，减小了投资者认知成本，符合投资者利益。

中国在未来缔结中国 FTAs 时，透明度规则不论是规定在“投资”章节，还是单独作为“透明度”章节，都有必要在一个范本指导下，既在与同一国家签订的 BITs 与 FTAs 之间，也在与不同国家签订 BITs 与 FTAs 之间保持透明度规则的一致性。

---

① UNCTAD, International Investment Rule—Stocktaking, Challenges and the Way Forward, p. 17.

(三)中美BIT谈判中透明度规则的中国对策

1. 中国面临的挑战

中美在透明度规则方面的差异导致中国在与美国进行BIT谈判时面临诸多方面的挑战。

首先，迄今为止美国已经制定了9个BIT范本，透明度规则的规范日趋完善。其中，2012年BIT范本的透明度规则最为系统、标准最高。未来中美BIT谈判中，美国会以2012年BIT范本为基准。而中国尚未公布自己的BIT范本，已经缔结的中外BITs和FTAs透明度规则的规定差异明显，导致中国在谈判时很难掌握主动权，处于不利地位。

透明度标准存在差异。美国2012年BIT范本中透明度规则的标准明显高于中国现有的透明度规则。而USMCA的透明度规则要求更高。美国2012年BIT范本中规定了公布拟议中的法规，公众有至少60日的发表评论时间，还提出投资者参与标准与技术规章的制定。中国现有BITs与FTAs中均未有这两条类似规定。倘若美国在未来的中美BIT谈判中采用USMCA中的透明度规则，或者颁布新的BIT范本采用更高标准的透明度规则，对我国政府提出了更高的透明度义务，是否接受，何种程度上接受，如何平衡投资者透明度要求与东道国政府的透明度义务是我国面临的重要挑战。

2. 中国的相应对策

在BITs与FTAs中规定透明度规则已经成为IIAs发展的一个重要趋势。[①]透明度规则不仅有利于规范缔约双方的行政行为，而且有利于投资保护，从而达到改善投资环境的效果。中美BIT中规定透明度规则对于改善我国的整体营商环境，扩大对外开放具有重要意义。但是，就中国目前的经济与法制水平，还不能全盘接受美国2012年BIT范本中高标准的透明度规则。除了我国在现有BITs中已经涉及的条款，公布拟议中的法规以及“投资者参与标准与技术规章制定制度”，以及类似USMCA中的“良好的监管规范”，整体上接受的同时应有所保留。具体条款的规定，可以通过规定特殊情形或者加入限定语等方式，适当降低透明度要求。当然这些都应建立在不损害国家和投资者利益的前提下。

---

① 袁云飞:《〈2012年美国双边投资协定范本〉透明度条款研究》，西南政法大学2014年硕士学位论文，第37页。

美国法下投资仲裁司法审查之可仲裁性问题

——兼论黑龙江等诉蒙古案对我国的启示

范晓宇*

目　次

仲裁地法院的司法审查，是法院对于仲裁予以支持和监督的重要方式。近年来，国际社会发生多起投资仲裁裁决被仲裁地国内法院撤销的案例，尤以尤科斯案①最受关注。自2007年谢业深案揭开我国参与国际投资仲裁的序幕以来，涉及我国的投资仲裁案件急剧攀升，已知案件数量已上升为16起。其中如澳门世能诉老挝等案经过仲裁地法院的司法审查，案件走向多次发生反复，充分彰显仲裁地司法审查的重要性。② 按照十八届四中全会"完善仲裁制度，提高仲裁公信力"的整体部署，最高人民法院已多次表态要尽快完善我国对国际投资仲裁的司法审查制度。2019年11月19日，美国法院就黑龙江国际经

---

* 范晓宇，武汉大学国际法研究所博士研究生，武汉大学海外投资法律研究中心研究员，研究方向为国际经济法。

① Yukos Universal Limited (Isle of Man) v. The Russian Federation, UNCITRAL, PCA Case No. 2005-04/AA227, Interim Award on Jurisdiction and Admissibility, 30 November 2009.

② Sanum Investments Limited v. Lao People's Democratic Republic, PCA Case No. 2013-13, Award on Jurisdiction, 13 Decmber 2013.

济技术合作公司等诉蒙古仲裁案(以下简称黑龙江等诉蒙古案)①作出司法审查裁决，以中国投资者已将“可仲裁性”问题交由仲裁庭裁决为由驳回了其撤销仲裁裁决申请。② 本文以黑龙江等诉蒙古案为视角，尝试厘清美国法下的“可仲裁性”概念及其判断标准，从而为构建我国的投资仲裁司法审查提供借鉴，并为中国投资者更好地理解和利用美国的司法审查提供参考。

一、问题的引出

(一)黑龙江等诉蒙古仲裁案基本概要

2010 年 2 月，黑龙江国际经济技术合作公司等三家中国公司根据 1991 年《中国-蒙古关于鼓励和相互保护投资协定》(*Agreement between China and Mongolian Concerning the Encouragement and Reciprocal Protection of Investments*，以下简称中蒙 BIT)在常设仲裁法院(Permanent Court of Arbitration，PCA)向蒙古提起仲裁，主张蒙古政府撤回其采矿许可证的行为构成非法征收，违反了中蒙 BIT 第 4 条第 1 款关于征收与补偿的规定。2017 年 6 月 30 日，黑龙江等诉蒙古仲裁案在美国纽约作出仲裁裁决，认定仲裁庭对本案无管辖权。该案的关键在于对中蒙 BIT 第 8 条第 3 款“涉及征收补偿额的争端”(a dispute involving the amount of the compensation for expropriation)③一词作何解释。本案仲裁庭对该术语作出狭义解释，认为仲裁庭只对征收补偿款额争议有管辖权，对征收事实认定的有关争议则无管辖权。

中国“第一代”双边投资条约(Bilateral Investment Treaty，BIT)中“涉及征收补偿额的争端”一词，在“谢业深诉秘鲁案”“世能公司诉老挝案”“北京城建

---

① China Heilongjiang International Economic &Technical Cooperative Corp., Beijing Shougang Mining Investment Company Limited and Qinhuangdao Qinlong International Industrial Co. Ltd. v. Mongolia, PCA Case No. 2010-20, Award, 30 June 2017.

② Beijing Shougang Mining Investment Company Ltd. v. Mongolia, No. 17 Civ. 7436 (ER) (2019).

③ 中蒙 BIT(1991)第 8 条第 3 款规定：“如涉及征收补偿款额的争议，在诉诸本条第一款的程序后六个月内仍未能解决，可应任何一方的要求，将争议提交专设仲裁庭。如有关的投资者诉诸了本条第二款所规定的程序，本款规定不应适用。”

公司诉也门案”三个仲裁案中均得到了广义解释①，认为该术语所指不仅包含征收补偿款额争议，也包含关于征收事实认定的争议。三起案件的“一致”裁决在一定程度上意味着对该术语的广义解释似乎已成为普遍做法。而黑龙江等诉蒙古案仲裁庭却“打破常规”作出狭义解释，这引起了仲裁申请人的不满。裁决作出后，作为仲裁申请人的三家中国公司于2017年9月28日向仲裁地法院——美国纽约州南区联邦地区法院提出了撤销仲裁裁决的申请，并请求美国法院对仲裁庭已作出的管辖权裁定予以重新审查。2019年11月19日，美国法院作出决定，拒绝对该裁决进行全面的重新审查，并在驳回了中方投资者撤销裁决请求的同时对裁决予以确认。美国法院认为中国投资者已经“明确无误”地同意将“可仲裁性”问题交由仲裁庭裁决，因此在裁决作出后便无权再要求美国法院重新审查“可仲裁性”问题。②

在美国法院看来，中国投资者积极参加仲裁程序的行为达到了“明确无误”的标准，证明中国投资者“明确无误”地同意将“可仲裁性”问题交由仲裁庭裁决。但在美国法视角下，究竟何为“可仲裁性”？如何理解“明确无误”的具体内涵？可仲裁性问题的裁决主体究竟是仲裁庭还是仲裁所在地的国内法院？可仲裁性问题裁决是否存在职能分配标准？在仲裁庭已对可仲裁性问题作出裁决后，仲裁所在地的司法审查机关是否有权推翻既有裁决？这一系列疑问都紧紧围绕美国法院在仲裁裁决司法审查中的一大关键要素——“可仲裁性”展开。鉴于上述疑惑，本文拟通过梳理美国法院的相关判例，考察其对仲裁司法审查尤其是有关“可仲裁性”问题的司法实践。

（二）美国法下的可仲裁性概念辨析

1. 一般法域与美国法域下的“可仲裁性”之区别

“可仲裁性”（Arbitrability），一般是指“国家出于公共政策之考虑，对所有可提交仲裁解决之事项限定一个范围，从而排除那些国家认为因公共政策之原

---

① Tza Yap Shum v. Republic of Peru, ICSID Case No. ARB/07/6, Award, 7 July 2011; Sanum Investments Limited v. Lao People's Democratic Republic, PCA Case No. 2013-13, Award on Jurisdiction, 13 Decmber 2013; Beijing Urban Construction Group Co. Ltd. v. Republic of Yemen, ICSID Case No. ARB/14/30, Decision on Jurisdiction, 31 May 2017.

② Beijing Shougang Mining Investment Company Ltd. v. Mongolia, No. 17 Civ. 7436 (ER) (2019), para. 23.

因只可提交本国的法院解决而不可提交仲裁解决的事项”。[①] “可仲裁性”被国家广泛用于从立法层面限制仲裁所能解决的纠纷类型，如大多数国家国内法规定行政纠纷、人身纠纷、环境损害纠纷、亲属、家庭等非商事领域的争议为“不可仲裁事项”，不允许通过仲裁解决。

但从黑龙江等诉蒙古案美国法院的司法裁判中可以发现，美国法下的“可仲裁性”似乎与众不同。该案中的“可仲裁性”，并非国家在立法层面上限制可仲裁的具体争端类型，而是聚焦于管辖权争议。实际上美国法下的“可仲裁性”具有多重含义：一方面是国家对作为解决争议途径——仲裁的强行限制，事关公共政策；另一方面则是指管辖权问题，即某一特定争议是否属于有效仲裁条款范围的问题。而本文拟讨论的正是美国法下“可仲裁性”的后一方面——管辖权问题，而不是美国法下公共政策对可仲裁性争议事项的限制。

2. 可仲裁性的实质内涵与重要性

作为普通法系国家，美国法下可仲裁性管辖权方面的内涵与具体适用，主要是由法院通过先例建立起来的。在美国判例法中“可仲裁性”这一术语，指的是双方当事人是否已将某一特定争议提交仲裁。[②] 一般而言，此层面的可仲裁性问题包含两个方面：其一，有关当事方是否受特定仲裁条款约束(即仲裁条款的存在)；其二，具有约束力的仲裁条款是否适用于特定类型的争议(即仲裁条款的具体范围)。[③]

可仲裁性问题之所以如此重要，主要在于以下两方面的原因：首先，在当事方明确同意进行仲裁时，其同意仲裁的具体争议是什么？这个问题往往颇具争议且意义重大。在仲裁实践中，虽然当事方以缔结仲裁条款的方式明确同意进行仲裁，可当争议实际发生时却可能出于各种考虑，辩称已发生的特定争议不在仲裁协议的约定范围内。[④] 管辖权争议在国际投资仲裁中的重要性日益突出，成为当事双方角力的焦点。根据 ICSID 发布的案件统计报告，截至 2020 年 6 月 30 日，ICSID 审查的案件中有 65%的案件以裁决结案，在裁决结案的

---

① 赵威著：《国际仲裁法理论与实务》，中国政法大学出版社 1995 年版，第 65 页。

② Howsam v. Dean Witter Reynolds, Inc., 537 U. S. 79, 83 (2002).

③ Republic of Ecuador v. Chevron Corp., 638 F. 3d 384, 393 (2d Cir. 2011).

④ Hoellering, Michael F, “Arbitrability of Disputes”, *Business Lawyer* 41(1985), p. 125.

案件中，23%的案件裁决无管辖权。① 其次，美国法规定，法院可随时受理并审议当事人对仲裁庭管辖权的质疑。② 这意味着可仲裁性问题，既可能发生在仲裁开始之际，也可能发生于仲裁进行之中，还可能发生在仲裁裁决作出后一方当事人寻求撤销裁决的过程中。在当事人向美国联邦法院提起管辖权异议的情况下，法院有权在任一阶段受理该诉讼、审查可仲裁性并决定是否应依协议继续仲裁。

二、“可仲裁性”问题的裁决主体

（一）确定可仲裁性问题的裁决权分配标准

对于关键性的可仲裁性问题究竟应由谁进行裁决呢？即在法院还是仲裁庭两者之间，谁有权决定当事各方是否同意仲裁？美国法院视当事方意思自治的具体情形来进行职能分配。由谁来决定可仲裁性的问题，通常是当事方在缔结仲裁条款时容易忽视的部分。因此，为避免当事方在无合意的情况下被迫仲裁，美国最高法院对可仲裁性问题的职能分配设定了一个相当严格的标准。即除非存在“明确无误”（clearly and unmistakably）的证据表明当事方愿意将可仲裁性问题由仲裁庭决定，否则可仲裁性问题将由法院进行司法裁决。③

“明确无误”是对可仲裁性问题进行职能分配的标准，这一标准由美国法院在判例法中逐渐明确下来。该标准最早在 1986 年的 AT&T Technologies 案④中被提及，并由最高法院在该案中确定。最高法院得出结论：法院不应假定当事方同意仲裁，除非有“明确无误”的证据表明他们同意由仲裁庭裁定可仲裁性问题。若当事人在协议中明确地表明将可仲裁性问题交由仲裁庭，可仲裁性问题则由仲裁庭决定；反之，在缺乏“明确无误”证据的情况下，将由法院来裁定可仲裁性问题。但是 AT&T Technologies 案判决的问题在于，法院并没有

---

① The ICSID Caseload-Statistics （Issue2020-2）, pp. 13-14, available at https：//icsid. worldbank. org/sites/default/files/publications/The% 20ICSID% 20Caseload% 20Statistics% 20%282020-2%20Edition%29%20ENG. pdf.

② 参见《美国联邦仲裁法》第 3 条、第 4 条。这种做法与接受自裁管辖权原则国家的立法存在明显区别。如法国法院在仲裁裁决作出前不受理任何管辖权动议，只有在仲裁尚未开始且仲裁协议被认定为明显无效的情况下，法国法院才可以审理此种管辖权动议。

③ AT&T Techs., Inc., v. Commc'ns Workers of Am., 475 U. S. 649 (1986).

④ AT&T Techs., Inc., v. Commc'ns Workers of Am., 475 U. S. 649 (1986).

详细说明哪种合同语言足以满足“明确无误”的标准。

在随后的 First Options of Chicago, Inc. v. Kaplan 案①(以下简称为 First Options 案)中，最高法院继续完善了这一职能分配标准。在存在此种“明确无误”证据的情况下，法院在事后司法审查过程中会充分尊重仲裁庭已作出的裁决，仅仅进行形式上的恭敬审查(deferential review)后便对裁决予以确认；但若不存在“明确无误”的证据，法院将会独立于仲裁庭关于可仲裁性的既有决定，对可仲裁性问题进行严格的全新审查(de novo review)。② 形式上的恭敬审查意味着法院仅仅会在仲裁出现《美国联邦仲裁法》第 10 条(a)款中规定的狭窄理由时，撤销仲裁裁决。③ 在不存在法定撤销理由时，法院一般会尊重仲裁庭的裁决。在 First Options 案中，当事方没有签署包含任何仲裁条款的协议，且被申请人在仲裁过程中仲裁还提交了一份书面备忘录，以对仲裁员审理案件的能力提出反对意见。法院认为，双方当事方没有达到“明确无误”地将可仲裁性问题提交仲裁庭解决的标准，因此地区法院享有对可仲裁性问题的管辖权。尽管如此，最高法院在 First Options 案中仍未向下级法院指明“明确无误”标准的具体参数。

(二)“明确无误”标准的具体参数

从 AT&T Technologies 案和 First Options 案可以发现，虽然最高法院认为应依“明确无误”标准来确定可仲裁性问题的职能分配，但这一标准并不清晰，法院未指明何种合同语言能够满足“明确无误”标准。什么是“明确的”(clearly)以及“无误的”(unmistakably)，这个问题仍有待回答。是否必须在仲裁协议中达成一项关于可仲裁性职能分配的明确声明？若仲裁协议中纳入了含有允许仲裁庭决定管辖权问题的仲裁规则，能否也视为达到了“明确无误”标

---

① First Options of Chi., Inc. v. Kaplan, 514 U. S. (1995).

② First Options of Chi., Inc. v. Kaplan, 514 U. S. 942-43 (1995).

③ 《美国联邦仲裁法》第 10 条 (a)款规定，有下列情形之一的，仲裁裁决地所属地区内的联邦法院可根据任何一方当事人的申请，撤销仲裁裁决：(1)以贿赂、欺诈或者不正当方法取得裁决的；(2)仲裁员全体或者任何一人显然有偏袒或者贪污情形的；(3)仲裁员有拒绝合理的延期审理请求的错误行为，有拒绝审核适当的和实质性证据的错误行为或者有损害当事人权利的其他错误行为；(4)仲裁员越权或者没有充分运用权利，以致对仲裁的事项没有作成共同的、终局的、确定的裁决；(5)裁决虽经撤销，但是仲裁协议规定的裁决期限尚未终了，法院可以酌情指示仲裁员重新审理。

准？因此，下级法院在确定此标准时往往拥有较大的自由裁量权。[①] 在 First Options 案之后，美国地方法院一直试图界定当事方何时达到了“明确无误”的标准，但却未给出明确的答案。

1. 商事仲裁中“明确无误”标准的适用

在 Howsam 诉 Dean Witter Reynolds，Inc. 案[②]以前，尽管下级法院几乎一致认为在可仲裁性问题上适用“明确无误”的标准是合同解释的问题，但其对于在解释中应采用哪种特定合同原则并未达成共识。[③] 直至 Howsam 诉 Dean Witter Reynolds，Inc. 一案，[④] 美国法院开始确定若当事方将仲裁规则纳入仲裁协议中，且该仲裁规则明确授权仲裁庭裁决可仲裁性问题时，则可以视为当事方已“明确无误”地将可仲裁性问题委托给仲裁庭解决。在 Qualcomm v. Nokia 案[⑤]中，联邦巡回法院认为，双方通过将《美国仲裁协会仲裁规则》(*American Arbitration Association Arbitration Act*，以下简称 AAA 仲裁规则)纳入其仲裁协议的方式，将可仲裁性问题的管辖权“明确无误”地交给了仲裁庭。[⑥] 因为 AAA 仲裁规则第 7(a)条规定：“仲裁庭有权对自己的管辖权作出裁决，包括对仲裁协议的存在，范围或有效性或对任何请求或反请求提出的可仲裁性异议。”同样，在 Contec Corp. 诉 Remote Solution Co. 案[⑦]、Terminix International Co. 诉 Palmer Ranch LTD. Parnership 案[⑧]中，法院都认定，纳入 AAA 仲裁规则的仲裁协议构成了“明确无误”标准。在 Apollo Computer 诉 Berg

① 例如，一个法院解释说：“在芝加哥公司诉卡普兰诉第一方案和美国电话电报公司诉通信工作一案中规定的最高法院标准，美国人对此有些含糊。”法院指出：“这些最高法院案件提供了指导，但并未明确指出此案的正确结果。因此，我们着手进行自己的分析。” PaineWebber，Inc. v. Elahi，87 F. 3d，592 (1st Cir. 1996).

② Howsam v. Dean Witter Reynolds，Inc.，537 U. S. 79，83 (2002).

③ Carroll E. Neesemann & Maren E. Nelson，“The Law of Securities Arbitration”，in *Practicing Law Institute*，*Corporate Law And Practice Course Handbook Series*，PLI Corp. *Law & Practice*，1999，p. 854.

④ Howsam v. Dean Witter Reynolds，Inc.，537 U. S. 79，83 (2002).

⑤ Quicksilver Inc. v. Kymsta Corp. 466 F. 3d 1366 (9th Cir. 2006).

⑥ Quicksilver Inc. v. Kymsta Corp. 466 F. 3d 1372-73 (9th Cir. 2006).

⑦ Contec Corp. v. Remote Solution Co.，398 F. 3d 205，208 (2d Cir. 2005).

⑧ Terminix International Co. v. Palmer Ranch，LTD. Parnership 432 F. 3d 1327 (11 th Cir. 2005).

案[①]中，第一巡回法院认为，纳入国际商会(ICC)仲裁规则的协议符合明确无误的证据标准，因为ICC仲裁规则授权仲裁庭确定可仲裁性。[②]

2. 国际投资仲裁中"明确无误"标准的适用

2000年后随着投资仲裁案件的增多，"明确无误"标准也被引入美国法院的司法审查实践。投资仲裁源于商事仲裁，因此，美国法院在投资仲裁司法审查中所使用的"明确无误"标准与一般性商事仲裁一致，即允许当事方通过纳入授权仲裁庭决定可仲裁性的一般仲裁规则，从而将可仲裁性"明确无误"地交给仲裁庭决定。

(1)Schneider v. Kingdom of Thailand案

Schneider v. Kingdom of Thailand案(简称为施耐德诉泰国案)[③]明确了在国际投资仲裁裁决的司法审查中如何适用"明确无误"标准。[④] 此案表明，通过在BIT中纳入授权仲裁庭裁决可仲裁性的仲裁规则，可以证明当事方"明确无误"地将可仲裁性交由仲裁庭解决。在Walter Bau v. Thailand仲裁案[⑤]中，仲裁庭认定东道国违反2002年德国-泰国BIT项下的公平公正待遇条款，裁定德国投资者沃尔特鲍尔公司(Walter Bau AG)胜诉。于是，施耐德(Schneider)作为德国沃尔特鲍尔公司的破产管理人，向美国纽约南区寻求确认仲裁裁决。施耐德诉泰国一案的焦点在于，高速公路建设、收费项目是否是BIT中规定的"合格投资"("approved investments")。纽约南区法院认为无须对仲裁裁决进行重新审查，于是仅进行形式性的恭敬审查后便确认了仲裁裁决。泰国对纽约南区法院的确认判决进行上诉，反对法院仅进行形式上恭敬审查的做法，认为纽约南区法院应该重新裁决仲裁庭的管辖权问题。第二巡回法院认为，纽约南区法院在进行恭敬审查之前，应首先确定是否有"明确无误"的证据表明双方同意将仲裁协议的范围问题由仲裁庭来决定。第二巡回法院发现，该案中确实存在

① Apollo Computer v. Berg, 886 F. 2d 469 (1st Cir. 1989).

② ICC仲裁规则第6(2)条规定："仲裁庭管辖权的决定应由该仲裁庭自行作出。"

③ Schneider v. Kingdom of Thailand, 688 F. 3d 68, 71 (2d Cir. 2012).

④ BG Group PLC v. Republic of Argentina案是美国联邦最高法院处理的第一个国际投资仲裁裁决司法审查案件，但由于美国法院认为该案中涉及的问题是"程序可仲裁性"问题，因此"明确无误"标准未得到适用。详情参见BG Grp. PLC v. Republic of Argentina, 134 S. Ct. 1206 (2014)。该案将在下文"实体可仲裁性"与"程序可仲裁性"之区分部分继续讨论。

⑤ Walter Bau AG (In Liquidation) v. The Kingdom of Thailand, UNCITRAL, Award (1 July 2009).

"明确无误"的证据。2002年德国-泰国BIT纳入了"联合国国际贸易法委员会仲裁规则"(以下简称为UNCITRAL仲裁规则)作为BIT下的仲裁程序规则，而UNCITRAL仲裁规则第23条第1款规定仲裁庭具有自裁管辖权。① 因此第二巡回法院认为当事各方明确纳入授权仲裁庭决定可仲裁性问题的仲裁规则，构成了"明确无误"的证据，证明双方当事人将可仲裁性问题委托给仲裁庭的意图。因此，对此裁决美国法院无须进行重新审查，而仅需进行恭敬审查。

(2) Republic of Ecuador v. Chevron Corp案

美国法院在Republic of Ecuador v. Chevron Corp案(简称为厄瓜多尔共和国诉雪佛龙案)②中再次运用了"明确无误"的职能分配标准。厄瓜多尔-美国BIT第6条纳入了UNCITRAL仲裁规则。而如前所述，UNCITRAL仲裁规则第23条第1款授予了仲裁庭对可仲裁性问题的裁决权。因此，美国法院认为厄瓜多尔是允许仲裁庭裁决可仲裁性问题的，包括对雪佛龙公司的投资是否满足BIT下的"投资"含义这一问题。③ 一旦地区法院断定当事方已经将可仲裁性问题交由仲裁庭裁定，则法院不再需要重新审查雪佛龙公司的投资是否满足BIT下的"投资"含义。④ 基于此，哥伦比亚特区地方法院及哥伦比亚特区巡回法院均支持了雪佛龙公司确认仲裁裁决的请求。

(三)"实体可仲裁性"与"程序可仲裁性"之区分

在仲裁司法审查中，美国法院将管辖权(jurisdiction)和可受理性(admissibility)统称为"可仲裁性"问题。⑤ 但上述以"明确无误"标准作为"可仲裁性"裁决权的职能分配制度，仅适用于"实体可仲裁性"问题。在判例法中美国法院主张，"程序可仲裁性"(即可受理性问题)与"实体可仲裁性"(即管辖

---

① 自裁管辖权(Competence-competence)原则的核心内涵即仲裁庭有权决定自身管辖权争议。

② 该案基本背景为：2006年雪佛龙公司提起仲裁后，仲裁庭作出裁决裁定厄瓜多尔需向雪佛龙公司赔偿约9600万美元。2012年7月27日，雪佛龙公司请求美国地方法院确认该仲裁裁决。2015年8月4日美国上诉法院最终支持了雪佛龙公司确认仲裁裁决的请求。

③ Republic of Ecuador v. Chevron Corp., 638 F. 3d 384, 393 (2d Cir. 2011).

④ Republic of Ecuador v. Chevron Corp., 638 F. 3d 384, 393 (2d Cir. 2011) at para 24.

⑤ David N. Cinotti, United States: Competence-Competence Under U. S. Arbitration Law After Bg Group Plc v. Republic of Argentina, at https://www.mondaq.com/unitedstates/Litigation-Mediation-Arbitration/456504/Competence-Competence-Under-US-Arbitration-Law-After-BG-Group-Plc-V-Republic-Of-Argentina (Last visited on October 15, 2020).

权问题)是有明显区别的。① "程序可仲裁性",是指当事各方在仲裁程序本身的进行过程中须遵守的规定,例如仲裁请求的时间限制、要求当事人以特定方式提出仲裁请求、通知要求、禁止反言和其他类似的辩护。② 而"实体可仲裁性",是指当事人是否受仲裁条款约束的相关争议。美国最高法院认为,只有涉及"实体可仲裁性"问题,"明确无误"的职能分配标准才会被适用。而对于"程序可仲裁性"问题,即关于是否遵守该程序规定以及不遵守该规定后果的相关争议,应适用另外一种规则,即在没有当事方相反约定的情况下,"程序可仲裁性"将直接由仲裁庭解决。这意味着如果仲裁协议中没有证据表明当事方打算让法院解决此类程序性问题,美国法院就不会对此类"程序可仲裁性问题"的实质性、正确性进行严格的全面审查。

关于"实体可仲裁性"与"程序可仲裁性"的区分规则由美国法院在以下判例中确定。在 Howsam 诉 Dean Witter Reynolds, Inc. 一案中,全美证券商协会(the National Association of Securities Dealers, NASD)仲裁规则规定,"若纠纷发生已经过六年,则该争议便不可在 NASD 下进行仲裁"③,而该案中仲裁申请人提交仲裁时距争议发生已超过 6 年。由于美国联邦地方法院和上诉法院在超过时限是否属于"程序可仲裁性"问题上存在争议,于是该问题最终由最高法院进行裁定。最高法院认定 NASD 时限规定更像是"程序可仲裁性",因为时限作为关于仲裁及时性的规定,其并不像实体可仲裁性问题那样决定当事方是否受仲裁条款约束。④ 因此在无明确相反约定的情况下,该"程序可仲裁性"问题将由 NASD 系统下的专家仲裁员适用仲裁规则进行裁决。BG Group PLC v. Republic of Argentina 案⑤中法院同样对"程序可仲裁性"问题和"实体可仲裁性"问题予以区分。该案焦点在于英国-阿根廷 BIT 第 8(2)条第(a)款规定 18 个月的当地诉讼要求,是否属于"程序可仲裁性"问题。对此美国法院内部同

① 有学者指出,美国法下的"实体可仲裁性"实质上相当于某些欧洲学者所提出的国际投资仲裁管辖权异议中的管辖权问题;而美国法下的"程序可仲裁性"则相当于仲裁请求的可受理性问题。对于管辖权问题,仲裁庭在裁决中对管辖权有无及其范围的认定结论仍然可能遭受事后审查,但是裁决中就可受理性的认定则不得在程序终结后被再次审查。参见肖芳:《国际投资仲裁裁决司法审查的"商事化"及反思——以美国联邦最高法院"BG 公司诉阿根廷"案裁决为例》,载《法学评论》2018 年第 3 期,第 160 页。

② Howsam v. Dean Witter Reynolds, Inc., 537 U. S. 79, 85 (2002).

③ Howsam v. Dean Witter Reynolds, Inc., 537 U. S. 82 (2002).

④ Howsam v. Dean Witter Reynolds, Inc., 537 U. S. 84 (2002).

⑤ BG Grp. PLC v. Republic of Argentina, 134 S. Ct. 1206 (2014).

样存在一定争议。上诉审中巡回法院将该时限规定视为“实体可仲裁性”问题，因此法院对管辖权问题进行了重新审查，并以仲裁庭无管辖权为由将裁决撤销。而最高法院内部的大多数法官认为，18 个月的当地诉讼要求属于“程序可仲裁性”问题，而并非与仲裁协议的存在、有效性或范围相关的“实体可仲裁性”问题。而对于“程序可仲裁性”推定由仲裁庭进行裁决，以确定这些程序性先决条件是否得到了适当遵守。仲裁庭对于“程序可仲裁性”问题具有相当大的自由裁量权，因此在事后司法审查中法院对仲裁庭的已决裁决不会轻易推翻，而是采取高度尊重的审查标准。但美国法院在 BG Group PLC v. Republic of Argentina 案中将投资条约视为国家间合同、将当地诉讼要求解释为“程序可仲裁性”、对投资仲裁庭裁决表示高度顺从的做法受到学界质疑，认为此种“商事化”审查投资仲裁的方式与国际投资仲裁的“去商事化”改革相违背。①

尽管美国法力图区分“实体可仲裁性”和“程序可仲裁性”，但一个问题什么时候是“实体可仲裁性”问题，通常是备受争议的。因为正如管辖权和可受理性两者之间总是存在难以区分的情况一样②，美国法下“实体可仲裁性”和“程序可仲裁性”的区分标准也并不清晰明确。在 BG Group PLC v. Republic of Argentina 案中尽管联邦最高法院的多数法官认为 18 个月当地诉讼要求属于程序可仲裁性问题，应由仲裁庭自行决定。但也存在少数异议观点认为，不遵守 18 个月时限的当地救济要求意味着双方之间未达成仲裁协议。而是否达成仲裁协议属于“实体可仲裁性”问题，需要法院独立审查。③ 首席法官罗伯茨也在反对意见中声明：“在现有的仲裁协议下，关于同意仲裁的问题与单纯的程序要求之间的区别有时似乎难以捉摸。就技术逻辑而言，即使是最平凡的程序要求也可以作为同意仲裁的条件而被改写。”④

三、黑龙江等诉蒙古案中的可仲裁性分析

在黑龙江等诉蒙古案中可仲裁性是指，征收事实的认定问题是否被涵盖在

① 肖芳：《国际投资仲裁裁决司法审查的“商事化”及反思——以美国联邦最高法院“BG 公司诉阿根廷”案裁决为例》，载《法学评论》2018 年第 3 期，第 160 页。

② J. Paulsson, *The Idea of Arbitration*, United Kindom: Oxford University Press, 2013, pp. 82-90.

③ Von Papp, Konstanze. “Biting the Bullet or Redefining ‘Consent’ in Investor-State Arbitration? Pre-Arbitration Requirements After BG Group v. Argentina”, 16 *The Journal of World Investment & Trade*, 695-726(2015).

④ BG Group v. Republic of Argentina, 572 US (2014) (Roberts, CJ dissenting).

中蒙 BIT 第 8 条第 3 款规定的仲裁范围内。关于仲裁条款具体范围的争议显然属于美国法下的“实体可仲裁性”问题，需运用“明确无误”标准来判断管辖权裁决主体。若存在“明确无误”证据表明该案当事人已将可仲裁性裁决权交给仲裁庭，则美国法院在司法审查过程中将仅进行形式上的恭敬审查；反之，美国法院将独立于仲裁庭原有裁决，对中蒙 BIT 第 8 条第 3 款是否包含征收事实认定问题进行全新审查。

在诉讼过程中，美国法院认为，本案中存在“明确无误”的证据证明当事人将可仲裁性问题交由仲裁庭审理，法院无权再重新审查可仲裁性问题。于是在进行形式上的恭敬审查后，便对黑龙江等诉蒙古案的裁决结果予以确认。美国法院认为，中国公司通过发起仲裁、坚决主张仲裁庭管辖权、7 年内积极参与仲裁程序的行为，放弃了裁决作出后反对仲裁庭决定可仲裁性的机会。但究竟何种表现构成了蒙古案中“明确无误”的证据？在司法审查过程中，美国法院审查了中蒙 BIT 文本规定及当事方在仲裁过程中的行为，认为尽管中蒙 BIT 本身没有“明确无误”的证据表明当事方打算将可仲裁性问题交由仲裁庭，但中国公司在仲裁期间的行为已经表明其意图。

(一) 中蒙 BIT 协议本身是否构成“明确无误”标准

经审查中蒙 BIT 的规定，美国法院发现中蒙 BIT 中并不包含任何关于哪个机构可以决定可仲裁性的明确规定，因此条约本身并未达到“明确无误”的标准。但蒙古对此提出反对意见，主张中蒙 BIT 已经达到了“明确无误”标准，理由是中蒙 BIT 第 8 条第 5 款第一句规定“法庭应自行决定其程序”(“The tribunal shall determine its own procedure”)，基于此蒙古认为该条款应被视为广泛授予仲裁庭仲裁权力(包括可仲裁性的裁决权)的概括授权条款。但美国法院拒绝了蒙古的此种主张，理由是“程序”(procedure)一词的含义并不涵盖“管辖权规则”(rules detailing jurisdiction)，中蒙 BIT 本身并未授权仲裁庭裁决管辖权问题。①

另外，如上文所述，若中蒙 BIT 中纳入了含有自裁管辖权的仲裁规则，同样可以视为达到了“明确无误”标准。但中蒙 BIT 并未纳入类似的仲裁规则，

① 《布莱克法律词典》将“程序”定义为“特定的方法或行动过程”，以及“进行民事或刑事诉讼的司法规则或行为”。而正如美国《规则授权法》(*The Rules Enabling Act*, 28 U. S. C. § 2072)授权最高法院有权“规定一般实践规则和程序”，但并不允许最高法院设定法院的管辖权。这也可见，“程序”一词并不涵盖“管辖权”。

仅规定"仲裁庭在确定程序的过程中，可以 ICSID 仲裁规则为指导"。① 该条规定的措辞并不意味着仲裁庭应采用 ICSID 仲裁规则进行仲裁，而仅仅表明仲裁庭可以 ICSID 仲裁规则为指导。在 BIT 未指明仲裁庭应具体适用何种仲裁规则的背景下，仲裁庭在该案的第一程序令中表明其选择适用修订后的 UNCITRAL 仲裁规则作为该案的程序规则。② 既然该案在事实上使用了含有自裁管辖权原则的 UNCITRAL 仲裁规则进行仲裁，那是否可以视为达到了"明确无误"标准呢？美国法院在司法审查中并不认可此种做法达到了"明确无误"标准。③ 可见，在仲裁过程中由仲裁庭被动选择适用含有自裁管辖权的仲裁规则，与在仲裁程序开始前由当事方主动约定适用含有自裁管辖权的仲裁规则，两者的效果是不同的。只有后者才能视为双方意思自治的选择，视为双方"明确无误"将可仲裁性问题交由仲裁庭裁决的证据。例如，在上文提及的厄瓜多尔诉雪佛龙案中，第二巡回法院考虑了厄瓜多尔-美国 BIT 以明确纳入 UNCITRAL 仲裁规则的方式，授权仲裁庭自行裁定可仲裁性问题。④

（二）当事方的行为是否构成"明确无误"标准

蒙古主要主张中国公司在仲裁期间的行为已经构成了对仲裁庭有权决定可仲裁性的默认。具体而言，仲裁是由中国公司提起的，且在第一次提交仲裁请求时就提出了支持本案可仲裁性的论点，在随后讨论可仲裁性的过程中也从未发出过关于可仲裁性的反对意见。但中国公司称，其在仲裁过程中的行为并没有达到在美国 First Options 案中的"准确无误"标准。

在 First Options 案中仲裁被申请人请求最高院撤销仲裁裁决，因为被申请人认为其从未签署过仲裁协议，且以发送备忘录的形式向仲裁庭提出了管辖权异议。在该仲裁案的事后司法审查中联邦法院裁定，被申请人在仲裁过程中的行为没有默认仲裁庭享有决定可仲裁性的权力，并确认下级法院可以重新审查

① 中蒙 BIT 第 8 条第 5 款："The tribunal shall determine its own procedure. However, the tribunal may, in the course of determination of procedure, take as guidance the Arbitration Rules of the ICSID."

② China Heilongjiang International Economic & Technical Cooperative Corp., Beijing Shougang Mining Investment Company Limited and Qinhuangdao Qinlong International Industrial Co. Ltd. v. Mongolia, PCA Case No. 2010-20, Procedural Order No. 1, 2 Oct 2010.

③ Beijing Shougang Mining Investment Company Ltd. v. Mongolia, No. 17 Civ. 7436 (ER) (2019), at para 16.

④ Republic of Ecuador v. Chevron Corp., 638 F. 3d 384, 394 (2d Cir. 2012).

可仲裁性问题。对比黑龙江等诉蒙古案与 First Options 案，可发现两个案件在可仲裁性上的不同之处：首先，First Options 案中的被申请人完全反对存在任何仲裁协议，而黑龙江等诉蒙古案中很明显中蒙 BIT 第 8 条第 3 款属于仲裁条款；其次，First Options 案中被申请人仅以发出反对可仲裁性的 memo 方式参与了仲裁，但黑龙江等诉蒙古案中国公司积极参与了长达 7 年的仲裁过程；另外一个最具区别的因素是，First Options 案中反对可仲裁性的一方是仲裁被申请人，而黑龙江等诉蒙古案反对可仲裁性的一方是仲裁申请人。美国法院认为，中国公司作为仲裁申请人主动发起了仲裁程序，且在第一次提交文件时就认可了仲裁庭管辖权，其原本可在仲裁开始之际便向法院提出其对仲裁庭管辖权的质疑，但并没有这么做而是选择把可仲裁性问题交给仲裁庭处理。① 此种行为构成了弃权，正如判例 Opals on Ice Lingerie v. Bodylines Inc 案②中所提及的："如果一方当事人参加仲裁程序而未及时反对将争议提交仲裁，则该方当事人可能已放弃其反对仲裁的权利。"

黑龙江等诉蒙古案中美国法院的此种推理与 2007 年 Halcot Navigation Ltd. Partnership v. Stolt-Nielsen Transp. Group 案③中 Marrero 法官的主张一致。Marrero 法官裁定，一方面被申请人在仲裁中拒绝提出管辖权异议，另一方面被申请人却又试图让地区法院审查仲裁庭的管辖权决定，实际上被申请人是在"为自己创造双赢的可能结果"。首先，让仲裁庭有权对可仲裁性问题进行裁决，若裁决结果对被申请人有利，则接受仲裁庭的裁决；如果对被申请人不利，则拒绝该裁决，并请求法院进行司法审查。④ 因此 Marrero 法官认为被申请人已经构成了弃权，不再享有反对仲裁庭管辖权的权利。此种观点在 Cleveland Elec. Illuminating Co. v. Utility Workers Union of America 案⑤中也出现过。法院认为，"未能反对仲裁庭的仲裁能力是联邦法院在司法审查中放弃该论点的理由"。在黑龙江等诉蒙古案中美国法院指出，在最初的请愿书中中国

① Beijing Shougang Mining Investment Company Ltd. v. Mongolia, No. 17 Civ. 7436(ER)(2019), para. 18-20.

② Opals on Ice Lingerie v. Bodylines Inc., 320 F. 3d 362, 368 (2d Cir. 2003).

③ Halcot Navigation Ltd. Partnership and Stolt-Nielsen Transp. Group, 491 F. Supp. 2d 413 (S. D. N. Y. 2007).

④ Halcot Navigation Ltd. Partnership and Stolt-Nielsen Transp. Group, 491 F. Supp. 2d 419 (S. D. N. Y. 2007).

⑤ Cleveland Elec. Illuminating Co. v. Utility Workers Union of America, 440 F. 3d 809, 813 (6th Cir. 2006).

公司提出了它们希望仲裁庭决定可仲裁性的愿望，并在至少三份正式请愿书提出了这些论点。① 在第一次程序性会议上，仲裁申请人同意在解决争端的同时决定管辖权。美国法院认为："在启动整个诉讼程序、确定管辖权问题、参与7年仲裁间三家中国公司从未提出异议之后，现在却向美国法院提出要求，声称可仲裁性问题不属于仲裁庭的裁决范围。这是完全不合理的。"②因此，法院裁定可仲裁性问题的决定权已经"明确无误"地提交给了仲裁庭，法院在司法审查中不再对管辖权问题进行全面的重新审查，而是选择尊重仲裁庭的裁决。

（三）黑龙江等诉蒙古案中的启示

对管辖权问题，当事人在仲裁程序的不同阶段，包括仲裁受理前、仲裁程序进行过程中以及仲裁裁决的承认执行阶段，均有权提出异议。但从黑龙江等诉蒙古案在美国司法审查的结果来看，该案三家中国公司选择在仲裁裁决作出后的司法审查阶段提出管辖权异议，对其是较为不利的。基于兼顾公平与效率的价值理念追求，国际仲裁界业已发展了一套相对完备的弃权理论。③ 如果仲裁庭根据已知事实认定当事人早已获悉管辖权异议的相关情形，却未能适时提出，则仲裁庭有权在综合考虑案件其他情况的前提下判定当事人默示放弃异议权，仲裁庭从而取得了管辖权。④ 黑龙江等诉蒙古案便是如此，因提出管辖权异议的不及时、仲裁申请人的身份、仲裁过程中积极参加仲裁程序的行为，中国投资者被美国法院认定为弃权，无权再对管辖权提出异议。因此，在有充分证据证明管辖权异议时，有异议的当事方应在仲裁程序的初期阶段尽早提出异议，从而及时捍卫其自身的正当权利。

---

① Beijing Shougang Mining Investment Company Ltd. v. Mongolia, No. 17 Civ. 7436 (ER) (2019), at para. 7.

② Beijing Shougang Mining Investment Company Ltd. v. Mongolia, No. 17 Civ. 7436 (ER) (2019), at para. 22.

③ 张建：《国际投资仲裁管辖权研究》，中国政法大学 2018 年博士学位论文，第 341 页。

④ 在国际商事仲裁中，也时常发生此类情况，即使当事人并没有明示放弃其所享有的仲裁权利、对仲裁程序的异议权、对仲裁裁决的追诉权，但却被仲裁庭或法院根据仲裁立法或仲裁规则判定其已经放弃并丧失了这些权利，此类认定会直接关涉仲裁裁决的合法性、有效性、执行力，并影响仲裁当事人实体权利义务关系的再分配。仲裁中确立弃权规则，符合禁反言、诚实信用等一般原则。参见钟澄：《国际商事仲裁中的弃权规则研究》，法律出版社 2012 年版。

四、结论与启示

(一)结论

仲裁庭是否有权决定管辖权这一问题，在国际商事仲裁领域内实际上被自裁管辖权(Competence-competence)原则所涵盖，该原则的核心内涵即仲裁庭有权决定自身管辖权争议。① 自裁管辖权原则被认为具有积极、消极两层效力：积极效力体现为仲裁庭拥有确认自身管辖权的固有权力；消极效力体现为在仲裁庭裁决作出前，法院应被禁止或限制对仲裁庭的管辖权进行审查。② 作为现代商事仲裁的重要理论之一，自裁管辖权原则已成为国家仲裁立法实践中的一种通行惯例而被普遍接受，但不同法域之间对自裁管辖权原则的立法模式具有差异、对两层效力是否完全接受各有不同、对法院司法审查权与仲裁庭自裁管辖权之间的关系规定有所不同。③

从上述三个方面来看，美国对自裁管辖权的态度较为特别。其一，在立法模式上美国采取当事人明确授权模式。《美国联邦仲裁法》并未确立自裁管辖权，但判例法显示美国采取了当事人明确授权模式，即在当事人“明确无误”授权仲裁庭裁决管辖权时，承认仲裁庭的自裁管辖权；反之，则认为法院才是仲裁庭管辖权问题的裁决主体。实际上此种做法是以法院决定管辖权问题为原则，辅之以存在当事人意思自治时承认自裁管辖权为例外。其二，在自裁管辖权效力接受方面美国并未承认自裁管辖权的消极效力。根据美国《联邦仲裁法》第 3 条、第 4 条的规定，法院有权在仲裁庭裁决作出之前对仲裁庭的管辖

---

① Reetz, C. Ryan, “The Limits of the Competence-Competence Doctrine in United States Courts”, 5 Disp. Resol. Int’l, 5 (2011).

② Barcelo III J J. Who Decides the Arbitrator’s Jurisdiction-separability and Competence-competence in Transnational Perspective, Vand. J. Transnat’l L., 2003, 36: 1124.

③ 不同的立法模式具体可分为：法律明确规定模式，如法国、德国等；当事人明确授权模式，如美国；非当事人明确排除模式，如英国。对两层效力的不同接受程度具体可分为：明确接受消极效力模式，如法国；不承认消极效力模式，如德国、瑞典、意大利等；消极效力存在明显争议，如英国和瑞士。详情参见孙南申、胡荻：《国际商事仲裁的自裁管辖与司法审查之法律分析》，载《武大国际法评论》2017 年第 3 期，第 13~14 页。

权进行审查。① 美国法院在仲裁庭作出管辖权决定之前就拥有司法介入权，此种做法与法国、荷兰禁止或限制法院在仲裁过程中进行司法介入不同；而与德国、瑞典等不承认自裁管辖权消极效力相类似，允许法院在仲裁庭裁决作出前依当事人的请求对管辖权问题进行审查。② 其三，在司法审查权对自裁管辖权的制约方面，美国的做法相对于其他法域而言更加完善。一些支持自裁管辖权的典型国家如英国、瑞典、新加坡等，虽在立法或实践中确定了法院有权对仲裁庭关于管辖权的裁定进行事后司法审查，③ 但却没有进一步明确此种司法审查的具体审查方式。而美国在判例法中确定法院有权对仲裁庭管辖权裁定进行事后司法审查，并且对采用恭谨审查和全新审查的情况也划分了清晰的界线。从上文分析归纳可知，美国法院对仲裁庭管辖权的事后司法审查是采取恭谨审查还是全新审查，取决于涉及的争议究竟是"程序可仲裁性"还是"实体可仲裁性"：对于"程序可仲裁性"问题，在无相反约定情况下法院仅会进行形式上的恭敬审查；对于"实体可仲裁性"，法院则会按照"明确无误"标准有所区分。若存在当事人"明确无误"同意仲裁庭裁决管辖权问题的证据，法院在事后司法审查中将采取恭谨审查的方式；反之则会采取全新审查。从最近的司法实践来看，英国法院和受普通法影响的部分国家，如新加坡等倾向于采用不区分情况、一律严格的全面审查。④ 从立法模式和未承认自裁管辖权的消极效力两个

---

① 当事人若对仲裁协议的签订或违背有异议而向美国联邦法院提起管辖权异议，法院有权在任一阶段受理该诉讼、并"查明争议是否属于根据协议应提交仲裁的事项"、判断是否作出中止诉讼且依协议继续仲裁的决定。详情参见《美国联邦仲裁法》第 3 条、第 4 条。

② 孙南申、胡荻：《国际商事仲裁的自裁管辖与司法审查之法律分析》，载《武大国际法评论》2017 年第 3 期，第 13~14 页。

③ 如《英国仲裁法(1996)》在第 30 条确定了自裁管辖权原则，但在该法第 67 条确定了法院有权对仲裁庭关于管辖权的裁决进行审查，并因此确认、修改或撤销裁决；《欧洲国际商事仲裁公约》第 5 条规定仲裁庭关于管辖权的裁决，应受仲裁地法所规定的事后司法审查的监督；《瑞典仲裁法(1991)》第 34 条和第 36 条是关于对仲裁庭管辖权裁决提出异议的相关规定；《新加坡仲裁法》第 4.2.6 条规定仲裁庭关于管辖权的裁决应受高等法院的审查。

④ StEwart R. Shackleton, Annual Review of English Judicial Decisions on Arbitration 2011 lxxxiii (2011) (citing AES Ust-Kamenogorsk Hydropower Plant LLC v. Ust-Kamenogorsk Hydropower Plant JSC [2013] UKSC 35 (Eng.)); Kelvin Poon, Singapore Court Reviews Investment Arbitral Tribunal's Decision On Jurisdiction: What Standard Should Apply As to Evidence?, at http://arbitrationblog.kluwerarbitration.com/2015/02/04/singapore-court-reviews-investment-arbitral-tribunals-decision-on-jurisdiction-what-standard-should-apply-as-to-evidence-2/ (Last visited on October 15, 2020).

方面可见，与直接在立法中支持自裁管辖权原则的典型国家①相比，美国对自裁管辖权原则的立场略显保守；从后一方面即司法审查对自裁管辖权的制约方面来看，美国法较为严谨，根据争议问题的性质、当事人意思自治的存在而分情况进行不同程度的司法审查。

大多数国际投资仲裁领域内适用的公约及仲裁规则均确立了自裁管辖权原则，如1965年《解决各国与他国国民间投资争端公约》(*The Convention on the Settlement of Investment Disputes between States and Nationals of Other States*，以下简称为ICSID公约)第41条、UNCITRAL仲裁规则第23条、斯德哥尔摩仲裁规则2017第14(4)条、《新加坡国际仲裁中心投资仲裁规则》(*The Singapore International Arbitration Centre Investment Arbitration Rules of the Singapore International Arbitration Centre*)第25(2)条、2012版PCA仲裁规则第23条、《中国国际经济贸易仲裁委员会国际投资争端仲裁规则》第25(1)条等。对于ICSID裁决，ICSID公约规定裁决仅受ICSID系统内的自主审查，因此任何国内法院均无权对ICSID裁决进行事后司法审查。对于非ICSID裁决，则可能受到国内法院对仲裁庭裁决的司法审查，其中包括对管辖权裁定的司法审查。随着自裁管辖权在国际投资仲裁中被使用的频率越来越高，由此产生的司法审查实践也会越来越多。尽管上述仲裁规则在其条文中确立了自裁管辖权，但自裁管辖权的效力并不具有终局性。仲裁庭对管辖权的认定具有第一顺位的发言权，但其对管辖权的判断最终仍可能在司法审查中被国内法院推翻。

(二)对我国的启示

在自裁管辖权原则的立法模式、接受程度以及司法审查和仲裁庭自裁管辖两者关系方面，我国存在一定的立法缺失。在立法模式上，我国并未在国内立法层面确立自裁管辖权原则，而《中华人民共和国仲裁法》第20条②似乎承认

① 法国是全盘接受自裁管辖权原则的国家之一。与法国不同，德国和瑞典只是认为仲裁庭可以自裁管辖。《荷兰仲裁法》《瑞士国际私法草案》《保加利亚国际商事仲裁法》《埃及国际商事仲裁法案》《比利时司法法典》《香港国际仲裁中心仲裁规则》《新加坡国际仲裁中心仲裁规则》等立法文件都对仲裁庭有权决定仲裁协议的效力及仲裁管辖权作出了明确的肯定，即仲裁庭可以自裁管辖。参见乔欣：《比较法视野下自裁管辖权原则的理论探讨》，载《西部法学评论》2009年第3期，第28页。

② 《中华人民共和国仲裁法》第20条规定："当事人对仲裁协议的效力有异议的，可以请求仲裁委员会作出决定或者请求人民法院作出裁定。一方请求仲裁委员会作出决定，另一方请求人民法院作出裁定的，由人民法院裁定。当事人对仲裁协议的效力有异议，应当在仲裁庭首次开庭前提出。"

法院对仲裁庭管辖权问题具有优先处理权。在自裁管辖权效力接受方面，中国并未接受自裁管辖权的消极效力，未对仲裁裁决作出之前法院审查的介入权予以限制。① 具体到投资仲裁而言，对于ICSID裁决，我国在1990年批准加入ICSID公约时并未对自裁管辖权作出保留，可见在法理层面我国似乎在ICSID仲裁中接受了自裁管辖权原则，但由于目前我国国内法院尚未受理类似的投资仲裁司法审查案件，其在实践中的具体做法还有待检验；而对于非ICSID裁决，我国目前对自裁管辖权的立场并不明确。在对仲裁庭管辖权裁决的事后司法审查问题上，可以根据《民事诉讼法》第274条的规定在申请撤销仲裁裁决的过程中请求法院对管辖权问题进行司法审查，但该条款并未明确法院进行何种程度上的司法审查。另外，我国仲裁法在自裁管辖权方面还欠缺诸多相应的制度安排，如未规定是否区分管辖权问题和可受理性问题、对临时仲裁没有明文规定；对法院启动司法审查程序未设定限制、对涉外仲裁裁决程序方面的审查较为狭窄、未规定关于法院进行司法审查的时限、对受理当事人申请法院司法审查权缺乏监督等。② 为增强我国国内仲裁机构的竞争力、我国作为仲裁地的吸引力，理清仲裁和司法之间的关系，在仲裁庭自裁管辖与法院司法审查之间设定较好的平衡，有必要从以下三个方面着手：

（1）尽快在《仲裁法》中明确我国对自裁管辖权原则的基本态度和对自裁管辖权两大效力的接受程度，以避免实践中的不必要争议。国际商事仲裁制度的主流做法为尊重仲裁庭在裁决作出前具有自裁管辖权。此种做法存在一定合理性，可体现对仲裁及时、高效原则的追求、防止法院对仲裁程序带来不必要的拖延、避免司法对仲裁的过度干预等。但美国法下法院在任一阶段对仲裁庭管辖权问题均有权进行干预，则是出于及时纠错的考虑，保护当事人可及时摆脱其并未达成仲裁合意的仲裁程序。我国应权衡不同立法目的，在《仲裁法》修订过程中对自裁管辖权原则表明符合自身国情的基本态度，尽快完善对仲裁裁决司法审查的相关规定，对仲裁管辖权问题的司法审查方式、步骤、权限分配进行细化规定，降低司法不确定性。

（2）借鉴美国法院对于仲裁庭管辖权裁决事后司法审查方式的区分做法，

---

① 相关司法解释规定：若仲裁机构尚未作出决定，人民法院则应受理当事人对仲裁协议效力的异议，同时通知仲裁机构中止仲裁。详情参见最高人民法院《关于确认仲裁协议效力几个问题的批复》第3条；2006年最高人民法院关于《关于适用〈中华人民共和国仲裁法〉若干问题的解释》。

② 《浅议对国际商事仲裁裁决的司法审查》，载中国法院网：https://www.chinacourt.org/article/detail/2004/06/id/118930.shtml，2020年10月15日最后访问。

明确全新审查和恭敬审查不同的适用情况。倘若司法审查对所有情况一律全新审查，可能会削弱自裁管辖权的效力、降低仲裁的效率、导致司法对仲裁过多干预、给仲裁程序带来相当大的不确定性。这不但与自裁管辖权原则的初衷相违背，而且会对仲裁的独立性构成挑战，使仲裁沦为国内司法审查的一个前置程序。但若国内法院在仲裁司法审查中对仲裁庭裁决一律展示高度尊重，仅进行形式上的初步审查，又会导致主权国家在接受国际投资仲裁中的自主选择权与监督权被轻视。因此，美国法在对仲裁管辖权裁决的事后司法审查上区分不同审查方式的做法可能更可取。一方面，这在一定程度上体现了在法院司法权与仲裁庭裁决权之间追求平衡的价值考量，对尊重仲裁庭在专业领域内裁决水平的同时保障了司法的纠错功能；另一方面，以当事人意思自治为审查方式的区分要素体现了对仲裁自治理念的尊重。当事人意思自治原则是仲裁制度的首要原则，赋予当事人更为广泛的仲裁自主权，是当前各国仲裁法律制度发展的共同趋势。由当事人自行事前约定仲裁庭是否具有自裁管辖权，并将此种约定效力延续到事后司法审查过程中，是对当事人自由选择的尊重。倘若缺乏此种当事人之间意思自治的约定，法院则可以进行全新审查，发挥司法作为维护社会公平正义最后一道防线的功能，予以必要纠错以实现当事人权利的司法救济。

(3)建立专门的投资仲裁裁决司法审查制度，与国际商事仲裁司法审查予以区分，是对投资仲裁“去商事化”改革的回应。国际商事仲裁司法审查具有以支持和协助为主，控制和干预为辅的特征。① 但基于条约的投资仲裁与国际商事仲裁之间存在明显区别②，因此投资仲裁的司法审查不应与商事仲裁司法审查完全一致。此外，鉴于国际投资仲裁庭具有扩张管辖权的偏好③，若国家法院在投资仲裁司法审查中完全套用商事仲裁司法审查的高度支持态度，则会

① 杜新丽：《论国际商事仲裁的司法审查与立法完善》，载《现代法学》2005 年第 6 期，第 164 页。

② 投资条约不是一般性商事合同；投资仲裁申请人行使的不是商事性私人权利，而是取代投资者母国行使母国享有的条约权利；投资仲裁申请人与被诉的东道国之间不是商事意义上的平等关系。参见蔡从燕：《国际投资仲裁的商事化与“去商事化”》，载《现代法学》2011 年第 1 期，第 153 页。

③ 徐树：《国际投资仲裁庭管辖权扩张的路径、成因及应对》，载《清华法学》2017 年第 3 期，第 185 页。

失去对国际投资仲裁裁决进行纠错和矫正的机会，使得当事人失去救济权。[①] 美国法院在 BG Group PLC v. Republic of Argentina 案中对投资仲裁庭裁决予以高度顺从的做法已招致质疑，因此我国在进行投资仲裁司法审查机制构建时更应引以为戒。

鉴于仲裁在国际纠纷争端解决中的重要地位，要想提升我国在国际争端解决中的地位和影响力，仅通过建立更多的仲裁机构与颁布更多的机构性仲裁规则是远远不够的，因为国内仲裁机构与外国仲裁机构之间的竞争不仅仅是机构之间的竞争，更是国家法治层面的竞争。因此，提升国家层面的仲裁规则立法水平、实现仲裁国际化自治与国家司法监督之间的适当平衡，其意义不言而喻。

① 肖芳：《国际投资仲裁裁决司法审查的"商事化"及反思——以美国联邦最高法院"BG 公司诉阿根廷"案裁决为例》，载《法学评论》2018 年第 3 期，第 160 页。

欧盟委员会在"中埃—玻璃纤维编织物案"中补贴认定路径述评*

刘　琳**

目　次

一、引　言

2020年6月中下旬，欧盟委员会(European Commission，以下均简称为欧委会)分别在"中埃—玻璃纤维编织物案"和"埃及—特定长纤维产品案"中认为位于中埃苏伊士经济贸易合作区内的埃及巨石和埃及恒石受有来自中国公共机构的财政资助，而埃及政府积极寻求并接受来自中国的财政资助，依据《国家对国际不法行为的责任条款》(以下均简称为《国家责任条款》)第11条的规定，上述财政资助可视为由埃及政府作出，而此类财政资助只授予位于中埃苏伊士经济贸易合作区内特定企业，从而具有专向性，通过与选取的比较基准比较，欧委会认定此类财政资助授予相关企业以利益从而构成专向性补贴。有学者认

* 本文是湖南省社科基金项目"'人类命运共同体'理念视域下完善《补贴与反补贴措施协定》的中国方案研究(批准号：18YBA327)"的阶段性成果。

** 刘琳，法学博士，湖南师范大学法学院教师，硕士研究生导师。

为，欧委会这一分析路径突破了世界贸易组织《补贴与反补贴措施协定》（以下简称为《SCM协定》）及欧盟依据《SCM协定》而制定和修改的《对来自非欧盟成员国受补贴进口产品保护性措施的条例》①（以下简称为《欧盟反补贴基础条例》）有关财政资助授予者与接受者必须位于同一国境内这一地域限制条件，首次对跨境财政资助采取反补贴措施，影响深远，② 以下结合中埃—玻璃纤维编织物案③就欧委会的补贴认定路径作一述评。

二、《欧盟反补贴基础条例》有关补贴认定的规则及其在本案中的适用

（一）《欧盟反补贴基础条例》中补贴认定规则

与世界贸易组织《SCM协定》相同，《欧盟反补贴基础条例》第3条规定补贴的构成要件包括适格的主体、有财政资助行为和财政资助授予利益。财政资助的适格主体包括政府、公共机构和受前两者委托或指示的私营机构，第4条继而规定对专向性的补贴才可能采取措施予以抵消，出口补贴和进口替代补贴被自动视为专向性从而受《欧盟反补贴基础条例》的约束，而除了进口替代补贴以外的国内补贴的专向性主要表现为法律上的专向性和事实上的专向性。

（二）本案中对财政资助主体及财政资助行为的认定

欧委会认为涉案的埃及巨石和埃及恒石位于苏伊士运河经济贸易区内，由母公司中国巨石和中国恒石依据埃及法设立，而中国巨石和中国恒石的母公司

---

① Regulation（EU）2016/1037 of the European Parliament and the Council, of 8 June 2016, on Protection against Subsidised Imports from Countries not Members of the European Union（codification）.

② Victor Crochet and Vineet Hedge, China's "Going Global" Policy: Transnational Subsidies under the WTO SCM Agreement, 23 Journal of International Economic Law, 841-846（2020）.

③ Commission Implementing Regulation（EU）2020/776, of 12 June 2020. Imposing Definitive Countervailing Duties on Imports of Certain Woven and/or Stitched Glass Fibre Fabrics Originating in the People's Republic of China and Egypt and Amending Commission Implementing Regulation（EU）2020/492 Imposing Definitive Anti-dumping Duties on Imports of Certain Woven and/or Stitched Glass Fibre Fabrics Originating in the People's Republic of China and Egypt, 2020 O. J. L189.（以下简称为 Commission Implementing Regulation 2020/776）.

为中国建材集团，后者由中国国资委控股。欧盟委员会认为，经中国政府有关部门批准后，埃及巨石和埃及恒石得以设立，并得到来自中国的融资，使用中国的原材料和设备，采用中国的技术，由中国的管理人员进行管理，在苏伊士运河经济贸易区生产玻璃纤维产品之后向欧盟出口。①

1. 多家中国国有金融机构对埃及巨石的优惠性贷款构成直接的财政资助

欧委员会认为有证据显示中国国家开发银行和中国进出口银行分别于2012年和2016年为埃及巨石提供总额达2亿美元的贷款，第一笔贷款用于工厂开工，第二笔用于扩展新的生产线。欧委会首先确定国家开发银行和中国进出口银行是否为《欧盟反补贴基础条例》第3条和第2条(b)项所指的“公共机构”，欧委会主要从所有权和控制两方面分析上述两家国有银行是否受到中国政府有意义的控制，欧委员会认为答案是肯定的，原因在于：中国政府为二者的运营订立了政策性框架、银行的管理层由政府任命并对政府负责，因而，在上述两家银行作出对玻璃纤维产业扶持政策过程中，中国政府行使了有效的控制。② 基于上述分析，欧委会认为包括中国进出口银行和国家开发银行在内的中国国有金融机构，依据上述法律框架行使政府职能，依据《欧盟反补贴基础条例》第3条(b)款、第3条(1)(2)(i)项及WTO的相关案例，属于公共机构从而构成提供财政资助的适格主体。③ 欧委会进一步分析认为，即使这些国有金融机构不能被视为公共机构，它们也可以是被视为受委托或指示而履行政府职能的机构。④ 无论是上述何种情形，二者都是提供财政资助的适格主体，二者对埃及巨石的优惠性贷款均构成财政资助。

2. 中国国有金融机构的间接财政资助

欧委会认为，2014年至2018年间，中国巨石通过公司内部渠道向埃及巨石提供总值达2.6亿美元的贷款，而中国巨石的这些贷款是从国有银行这一外部渠道获得后继而用于埃及巨石的生产。中国巨石将其从优惠贷款所获利益转移给埃及巨石，在埃及巨石未能偿还到期欠款的情形下，中国巨石也未调整贷款利率，也未采取任何措施反映这种公司内部贷款所产生的风险。欧委会总结

---

① Commission Implementing Regulation 2020/776, Para. 659.

② Commission Implementing Regulation 2020/776, Para. 776.

③ Commission Implementing Regulation 2020/776, Para. 734.

④ Commission Implementing Regulation 2020/776, Para. 735.

认为，中国政策性银行直接予以或通过中国巨石间接予以埃及巨石以优惠性贷款，构成财政资助。①

另外，欧委会也认为埃及巨石受有来自中国的股本支持。欧委会分析认为，埃及巨石受益于国有企业中国建材集团的注资，原因在于埃及巨石是中国巨石的全资子公司，而中国巨石的控股股东是中国建材集团，持有中国巨石25%以上的股份，中国建材集团持续向中国巨石注资，中国巨石同步以类似规模向埃及巨石注资，这一现象表明，中国建材向中国巨石注资持续流向埃及巨石，欧盟认为中国建材集团由国资委所有，中国政府借由国资委控制国有企业，使国有企业成为推行政府政策和计划的工具，欧委会认为国资委是《欧盟反补贴基础条例》第3条和第2条(b)款所指的公共机构，其向中国建材集团提供了财政资助，即使二者不能被认定为公共机构，也可以被认定为受政府委托或指示并履行政府职能的机构，而中国建材集团接受了财政资助，持续向埃及巨石注资以维持后者的运营，构成对埃及巨石间接的财政资助。②

3. 上述直接和间接的财政资助可视为由埃及政府实施

依据上述证据，欧盟委员会进而依据《反补贴基础条例》第2、3、4条来验证向埃及巨石和埃及恒石提供的融资是否可以构成由埃及政府提供的补贴并采取抵消措施。③ 欧委会认为，埃及政府和中方进行合作的目的首先在于吸引中国投资、技术和资本以促进苏伊士运河地区的经济发展和就业，据埃及计划部2013年11月发布的2022年远景规划，苏伊士运河经济贸易区在埃及的产业升级、赚取外汇、创造税收和就业方面具有非常重要的作用。④ 同时，中国巨石也认为埃及的劳动力成本较低，并且距主要目标市场欧盟较近。中国巨石2014年发布的债券募集说明书中认为，贸易救济措施促使中国玻璃纤维产品的出口价格上涨，这对中国巨石的出口业务带来不利影响。2013年设立埃及巨石玻璃纤维有限责任公司后，包括欧盟在内的三个主要目标市场的需求将由

① Commission Implementing Regulation 2020/776, Paras 754-757.

② Commission Implementing Regulation 2020/776, Paras 760-775. 另外，欧委会还认为有证据显示中国巨石曾经就出口产品与中国出口信用保险公司签订协议，该协议也涵盖埃及巨石的出口产品，中国信保收取的费率无从弥补其经营成本，构成授予利益，中国出口信用保险公司由中国政府所有，中国政府对其形式有意义的控制，构成公共机构，上述补贴以产品出口为条件予以授予，因而属于出口补贴。

③ Commission Implementing Regulation 2020/776, Para 673.

④ Commission Implementing Regulation 2020/776, Para 678.

埃及巨石的产能予以满足，原因在于欧盟等主要目标市场未对埃及巨石的出口产品采取贸易救济措施，因而，贸易救济措施将对整个集团的影响大为降低。①

欧盟委员会还认为：埃及政府与中国政府进行合作，目的在于促进欠发达的苏伊士运河区的经济发展。依据上述证据，欧盟委员会认为，《反补贴基础条例》第3(1)(a)条中的“由政府提供”不仅包括由埃及政府直接实施的行为，也包括依据现有证据可证明的、由中国公共机构实施但可以归咎于埃及政府的财政资助行为。②

之后欧盟委员会结合上诉机构在美国—汽油案中的观点认为，WTO规则不能脱离一般的国际法规则进行孤立解释，国际法的一般原则也可以作为WTO法律制度的一部分，原因在于WTO法律制度并不是一个自洽的体系。依据DSU第3.2条和《维也纳条约法公约》第31(3)(c)条的规定，在解释条约条款时，应考虑条约当事方之间可以适用的国际法规则。③ 国际法规则包括习惯国际法，其对包括本案中的埃及、中国和欧盟的WTO全体成员方均有约束力，而国家责任是习惯国际法的一个重要分支，国际法委员会在此领域编纂了《国家对国际不法行为的责任条款》(以下均简称为《国家责任条款》)。《国家责任条款》之所以与本案相关，原因在于其中的内容有助于理解归因原则：即使某些行为或措施并非由一国直接实施，但在特定的情况下仍可以归咎于该国，在此意义上，《国家责任条款》的规定有助于理解两个国家进行合作提供财政资助，对这种合作行为应该如何规制的问题。④

欧委会认为《国家责任条款》有助于解释为什么埃及政府在没有实施某些财政资助行为的情形下，为何也可将上述财政资助行为视为由埃及政府实施。欧盟委员会注意到，《国家责任条款》第11条规定，在一国承认并接受系争行为由其实施的情形下，即便依据第11条之前的规则并不归咎于该国，该行为仍可以视为由该国实施。⑤ 欧委会结合本案案情分析到：苏伊士运河项目于1997年启动，埃及政府配合中国对埃及巨石和埃及恒石的扶持政策，2012年

① Commission Implementing Regulation 2020/776, Para 673. 欧委会认为此前的2011年至2014年，欧盟对中国输欧强化玻璃纤维采取反倾销和反补贴措施，强化玻璃纤维是玻璃纤维制品的主要原料，约后者成本的70%。

② Commission Implementing Regulation 2020/776, Paras 683-684.

③ Commission Implementing Regulation 2020/776, Para 685.

④ Commission Implementing Regulation 2020/776, Para 686-687.

⑤ Commission Implementing Regulation 2020/776, Para 688-689.

8月访华期间，时任埃及总统莫西表示欢迎中国企业投资，埃及计划部在2013年11月也认为由中国提供支持的苏伊士运河经济带和贸易区对促进埃及的产业升级起了重要作用。2014年12月，现任总统塞西表示，共建“一带一路”为埃及的经济复苏提供重要机会，埃及准备积极参与并予以协助支持。① 欧委会认为埃及的历任总统明知“一带一路”倡议涉及中国提供的优惠性融资措施，因而埃及政府与中国政府共同签署设立开发苏伊士运河经济贸易区的行为表明其对中国政府的支持措施是承认并接受的，上述优惠措施被埃及政府接受并作为自己的政策加以实施。②

欧盟委员会基于上述证据，依据《反补贴基础条例》第3.1(a)条认为，由中国公共机构提供给埃及巨石和埃及恒石的优惠融资可以视为由埃及政府提供，埃及是涉案产品的原产国和出口国，因而，欧盟委员会认为中国政府向玻璃纤维制品生产商提供优惠融资措施的行为可以视为由埃及政府提供，从而构成《反补贴基础条例》第3(1)(i)条中所指的财政资助。③

4. 上述财政资助授予企业利益并具有专向性

欧委会也认识到本案中存在一个特殊的情况，设在埃及的出口商与位于中国的母公司存在关联，前两者全部由中国国资委控制，中国的公共机构是在中国以直接或经由涉案企业的母公司间接提供优惠性融资，这些支持性措施是依据中国的法律及中方设定的条件提供，埃方对此表示接受。④ 欧盟委员会因而认为，埃及政府认可并接受中国的公共机构向埃及巨石和埃及恒石提供的财政资助也包含有授予利益的要素，利益的多少是依据中国的市场基准而不是假设的埃及基准计算得出。⑤ 此外，欧盟委员会发现，埃及政府提供的低价土地、税收优惠和由中方提供但可以归咎于埃及政府的优惠融资构成《反补贴基础条例》第2~4条所规定的可采取措施予以抵消的补贴，后者可归咎于埃及政府的原因在于埃及政府对于中国政府的相关措施予以接受和认可，并且这类财政资助授予利益且具有专向性，因而构成专向性补贴。⑥

① Commission Implementing Regulation 2020/776, Para 690.
② Commission Implementing Regulation 2020/776, Para 692.
③ Commission Implementing Regulation 2020/776, Para 699.
④ Commission Implementing Regulation 2020/776, Para 701.
⑤ Commission Implementing Regulation 2020/776, Para 702.
⑥ Commission Implementing Regulation 2020/776, Para 706.

三、埃方提出的抗辩及欧盟委员会的回应

(一)埃方的五点抗辩

埃方针对上述结论提出如下抗辩：(1)依据国际法，不可能把他国政府的主权行为归咎于埃及政府；(2)欧盟委员会违背了《反补贴基础条例》的相关规定，即接受补贴者应该与提供补贴者处于同一国之内；(3)不能依据《国家责任条款》第11条作出他国政府的行为可归咎于埃及政府的结论；(4)《国家责任条款》第11条不能适用于本案事实；(5)依据《反补贴基础条例》第3条，给予中国巨石和中国恒石的财政资助并不具有专向性。①

埃方解释，只有经过一国授权的行为才可以归咎于该国，因而，经过中方相关部门授权实体所实施的行为只能归咎于中方。例如，经一国同意，另一国的军队驻扎于该国，驻扎军队实施行为的责任只能归咎于受邀国，并不能产生驻扎东道国的国家责任。② 埃方还认为，由中方授予给埃及境内实体的财政资助并不具有专向性，原因在于《反补贴基础条例》规定财政资助的接受者必须位于授予管辖者的管辖范围之内，埃及政府认为“授予当局”与“承认和接受当局”是两个不同的概念，据此，埃及政府认为，由中方授予埃及境内企业的财政资助并不具有专向性，原因在于，位于埃及境内的企业不属于中国政府的管辖范围。③

(二)欧委会的回应

欧委会并不认可这一抗辩，认为，《联合国宪章》第2(1)条规定的主权平等原则禁止一国违背另一国的意愿而在该国行使权力，但是，国家可自主授权另一国在本国内实施特定行为，因而，受邀国的行为有可能归责于东道国，从埃及政府所举例子中所抽象出来的原则与联合国安理会1974年3314号决议中侵略的定义相关，这一定义也被视为是对习惯国际法的编纂。在该决议中，侵略不仅被定义为一国的国家机关对另一国的直接攻击，也包括一国将其领土交由另一国使用，该另一国利用该领土实施针对第三国的侵略行为，如果古巴在

---

① Commission Implementing Regulation 2020/776, Para 707.

② Commission Implementing Regulation 2020/776, Para 713.

③ Commission Implementing Regulation 2020/776, Para 719.

1962年允许苏联从其领土发射导弹攻击美国，这一情形也会触发古巴对美国的侵略责任，相应的，国际法应承认将受邀国的行为归责于东道国的可能性，如果受邀国的行为损害第三国利益，国际法也可能会制裁东道国。①

欧委会结合本案案情分析认为，《反补贴基础条例》第2(b)条规定，“政府”一词可指原产国或出口国境内的政府或公共机构，欧盟委员会认可埃及政府的这一结论，即该条款涉及产品自该政府管辖领域向欧盟出口的情形，本案正是这种情形，涉案产品在埃及生产，并自埃及向欧盟出口，埃及政府位于埃及境内，但《反补贴基础条例》并未涉及这一单独问题，即政府可以授权在其境内实施某一行为，并将行为认定为自己的行为，如同“公共机构”的概念，“政府”的含义也可以进行开放性解释，解释是要考虑到背景及相关的目的，因而，可归责与原产国或出口国政府的行为一方面可以指由政府直接实施的行为，也可以指可归责于该政府的行为，这一结论可进一步通过第3.1(a)条的“由政府(by the government)”的措辞加以佐证，因而，埃及政府援引《SCM协定》第1.1(a)(1)条、第13条、第18条和脚注63变得没有意义。尽管在解释《反补贴基础条例》时应尽可能依据《SCM协定》的条文作出，《SCM协定》条文并不否定财政资助虽有一国政府授予，但另一国政府接受并认可该财政资助，从而该财政资助可视为由该国授予。②

欧盟委员会继而认为，不能认为仅仅部分习惯国际法适用于本案，例如《国际责任条款》第4条、第5条和第8条，而其他的习惯国际法规则不能加以适用，WTO上诉机构经常适用相关的习惯国际法规则来评判案件事实，除了归责原则之外，禁止反言和诚实信用也是WTO法律秩序的一部分，本案中，埃及政府并未否认其邀请、认可并为中方对位于埃及境内的企业提供优惠融资以便利条件这一事实，基于上述情形，可以依据国际法委员会《国家责任条款》第11条作出解释，而国际投资争议也往往依据该条作出解释，据此，第11条在解释“由政府”这一措辞时是《维也纳条约法公约》第31(3)(c)条所指的相关规则，因而，此处不能适用“特别法优先于普通法”的原则，该原则只适用于存在规则冲突的情形，即对同一事实两种规则作出不同解决的情形，本案没有出现上述情形，原因在于《国家责任条款》第11条并不与《SCM协定》第1.1(a)(1)条提供不同答案，而是有助于厘清一国政府在承认并认可另一国政

① Commission Implementing Regulation 2020/776, Para 714.

② Commission Implementing Regulation 2020/776, Para 716.

府的行为，从而使该国承担另一国政府行为的后果。① 欧盟委员会重申，其之所以认为埃及政府是授予财政资助的当局，原因在于其认可并接受中国的优惠融资，埃及巨石和埃及恒石在苏伊士运河经贸区内运营，该区域属于埃及政府的管辖范围，而接受财政资助的企业仅限于该园区内企业，因而具有专向性，从而构成专向性补贴。②

四、对欧盟委员会补贴认定路径的分析

(一)欧委会有关“公共机构”的认定标准与 WTO 争端解决实践不符

财政资助由政府、公共机构会由前两者委托或指示的私营机构提供是构成补贴的前提性条件，本案中，欧盟委员会依据所有权状况和控制标准将中国进出口银行、国家开发银行及其他国有银行认定为“公共机构”，这与 WTO 争端解决实践不符。WTO 上诉机构在中美“双反措施”案中曾否定专家小组以所有权控制情况作为“公共机构”的主要判定标准，并提出《SCM 协定》第 1 条第 1 款中“公共机构”认定的“政府权能标准”。③ 上诉机构在该案中认为，“公共机构”的概念应该与狭义上的政府有相通之处，“公共机构”应该指被授权拥有，履行政府权能的实体。进而，上诉机构在美国对印度产热卷碳钢产品反补贴案中再次重申了公共机构认定的上述政府权能标准。④ 在美国-土耳其钢管产品案的专家组认为，本案中，如果要证明土耳其政府对艾尔德米尔和伊斯德米尔行使了有效控制，就要证明后两者“拥有、履行或被授予政府性权能，并履行政府职能”。⑤ 由是观之，WTO 争端解决实践形成的观点是公共机构必须是被授权并履行政府职能的实体，欧盟委员会在本案中对公共机构认定的所有权状况和控制标准与 WTO 争端解决实践不符。

---

① Commission Implementing Regulation 2020/776, Para 719.

② Commission Implementing Regulation 2020/776, Para 723.

③ Appellate Body Report, United States Definitive Anti-Dumping and Countervailing Duties on Certain Products from China (US Anti-Dumping and Countervailing Duties), WT/DS379/AB/R.

④ Appellate Body Report, United States — Countervailing Measures on Certain Hot-Rolled Carbon Steel Flat Products from India, WT/DS436/AB/R, Para. 4. 37.

⑤ Panel Report, United States—Countervailing Measures on Certain Pipe and Tube Products (Turkey), WT/DS523/R.

(二)欧盟委员会有关跨境补贴的认定实质上与《SCM协定》不符

为履行WTO成员方义务，欧盟《反补贴基础条例》前言部分表明其规则及措辞与世界贸易组织《SCM协定》保持了高度一致。① 学者维克多·克罗谢认为，虽然跨国财政资助可以构成《SCM协定》中所定义的“补贴”，但通过对《SCM协定》有关补贴认定规则的文义分析、结合谈判历史和争端解决实践，他认为只有禁止性的跨国财政资助因为具有拟制的专向性才会受《SCM协定》规则的约束，其他类型的跨境财政资助并不受《SCM协定》规则的约束。维克多·克罗谢分析：《SCM协定》第3部分和第5部分的多边和单边救济措施要取决于该补贴是可诉补贴或禁止性补贴及接受者的具体位置。依据《SCM协定》第1.2条、第2条，具有专向性的补贴才会受单边或多边救济措施的约束，而《SCM协定》第2条对“专向性”的规定为：在授予当局的管辖范围内给予一家企业或产业、一组企业或产业的补贴，第3条规定的禁止性补贴自动被视为具有专向性，因而，除非补贴是第3条规定的禁止性补贴，否则，补贴的接受者只有位于“授予当局的管辖范围”才会受单边或多边救济措施的约束。②依据此前上诉机构的观点，对“授予当局”及“管辖范围”应该进行综合评估，要结合财政资助的授予主体是政府、成员方境内的公共机构或受上述两者之一委托或指示的私营机构这三类主体来分别确定管辖范围。③ 第2条使用“授予当局”这一措辞，而不是使用第1条中的“政府”一词，表明“授予当局”不同于提供补贴成员方的中央政府，“当局”的定义是：在某个特定空间具有政治或行政权力和控制力的人或机构；在一个国家或地区内有权实施法律和规章、命令，提供公共服务的一个或若干个机构。④ 虽然WTO争端解决实践对“在其管辖区域内”这一措辞很少加以讨论，维克多·克罗谢认为“管辖区域”一般解释为“司法或行政权力所覆盖的范围”。就国家的管辖范围而言，传统的观点认为

① Regulation (EU) 2016/1037 of the European Parliament and the Council, of 8 June 2016, on Protection against Subsidised Imports from Countries not Members of the European Union (codification).

② Victor Crochet and Vineet Hedge, China's "Going Global" Policy: Transnational Subsidies under the WTO SCM Agreement, 23 Journal of International Economic Law, 849 (2020).

③ Appellate Body Report, United States—Definitive Anti-Dumping and Countervailing Duties on Certain Products from China, Para 4.168, WT/DS379/AB/R (2011).

④ Appellate Body Report, United States—Measures Affecting Trade in Large Civil Aircraft—Second Complaint, paras 750-756 and fn 1570, WT/DS353/AB/R (2012).

其主要具有地域的属性，国家无法在其领域之外行使管辖权。虽然这一理解并不能完全反映当今的现实，但《SCM 协定》第 2 条中的“管辖范围”从地域范围这一角度加以解释是最为恰当的。① 另外，《SCM 协定》的谈判历史也可以佐证这一解释，在乌拉圭回合有关《SCM 协定》谈判的一次会议上，有代表建议应该明确在成员方的境内考察补贴是否具有专向性。②《SCM 协定》草案的第 2.1 条因而被加上“在提供补贴国境内”、“具有专向性”等措辞。③ 在加拿大的要求下，第 2.2 条也添加了相应的措辞，因为如果不作此添加，则会出现由加拿大省级政府所授予的并且适用于该省全部企业的补贴也会被视为具有专向性的结果。④ 因而，上述两个条款均增加了“在授予当局管辖范围”的措辞。在美国—外销公司案中，美国和上诉机构均表明应该从地域的角度理解“管辖范围”。⑤ 维克多·克罗谢因而认为，《SCM 协定》第 2.1 条中的“管辖范围”具有地域性，而在第三国设立的生产商位于授予国境外，不属于授予国的管辖范围，因而依据《SCM 协定》第 2.1 条和第 2.2 条，对这类企业授予的补贴不具有专向性，因而不受 WTO 规则的约束。而依据《SCM 协定》第 3 条，禁止性补贴自动被视为专向性，因而只有跨国财政资助属于禁止性补贴的情形下，才会受《SCM 协定》救济措施的约束，而其他类型的跨国财政资助因为不具有专向性，并不受《SCM 协定》的约束。⑥ 笔者认为，由于欧盟《反补贴基础条例》自称与《SCM 协定》严格保持一致，无论从履行 WTO 协定义务的角度，还是从依法行政的角度，欧盟委员会无法将本案中的所谓跨境财政资助行为认定为可采取反补贴措施的专向性补贴，因而欧委会只能依据《国家责任条款》第 11 条的规定，牵强地将中方的财政资助视为由埃及政府作出，从而满足《SCM 协定》中专向性考察中财政资助授予者与接收者位于同一 WTO 成员方境内的要求。

---

① Victor Crochet and Vineet Hedge, China's "Going Global" Policy: Transnational Subsidies under the WTO SCM Agreement, 23 Journal of International Economic Law, 850 (2020).

② Meeting of 6 November 1990, Note by the Secretariat, Negotiating Group on Subsidies and Countervailing Measures, Para 3, MTN/GNG/NG10/24 (29 November 1990).

③ Draft Final Act Embodying the results of the Uruguay Round of Multilateral Trade Negotiations, Trade Negotiations Committee, I.2, MTN.TNC/W/FA (20 December 1991).

④ Trade Negotiations Committee: Thirty-Third Meeting, Trade Negotiations Committee, Para 25, MTN.TNC/37 (29 November 1993).

⑤ Panel Report, US-FSC (Article 21.5 DSU), Annex F-3, Para 108.

⑥ Victor Crochet and Vineet Hedge, China's "Going Global" Policy: Transnational Subsidies under the WTO SCM Agreement, 23 Journal of International Economic Law, 852 (2020).

（三）《国家责任条款》及第11条与本案的关联度存疑

本案中，欧盟委员会认为埃及政府积极寻求并接受来自中国公共机构的财政资助，依据《国家责任条款》第11条，中国公共机构的财政资助可以视为由埃及政府作出，因而构成补贴。但众所周知，《国家责任条款》适用的前提是“国际不法行为”，而《SCM协定》并未从整体上认为补贴非法，原因在于补贴一方面是WTO成员方实现社会、经济等政策的工具，另一方面可能会扭曲国际贸易的流向，因而《SCM协定》只约束对国际贸易产生扭曲效果的补贴，而并未从宏观层面整体认为补贴都是非法行为，因而，欧盟委员会援引《国家责任条款》第11条，就先入为主地将全部补贴视为非法，与《SCM协定》的立法主旨不符。

由是观之，欧委会在本案中将跨境财政资助认定为补贴并具有专向性与《SCM协定》的立法旨意及争端解决实践存在不符，《国家责任条款》与本案的关联程度亦有疑问，但其补贴认定路径很可能形成负面的示范效应，为我国“一带一路”框架下的对外投资和经贸合作造成不利影响，有关部门和学术界应进一步研究，积极采取措施加以应对。

比较法与其他

同人作品的著作权合理使用问题比较研究

郭玉军*　张芮栋**

目　次

当今网络上充斥着各式各样基于一些热度较高的文学作品、影视作品而创作的"同人衍生"作品，同人作品作为一种基于原作品而创作的衍生作品，很容易被认为侵犯了原作者的著作权。而从司法实践来看，同人作者对此最好提出的抗辩是自己的行为构成合理使用，但由于合理使用制度本身的缺陷，同人作品的性质并不能得到一个确定有效的保证。

国内学者对同人作品的研究较多，且集中于同人文学作品领域，其他领域的研究较为罕见。根据大多数学者的主张，同人作品可以分为演绎类同人作品和非演绎类同人作品，前者不构成合理使用，而应当按照演绎作品来处理，后者在有限的条件下可以构成合理使用。国外学者的研究更为广泛，日本称之为"同人志"，包括基于小说、漫画和动漫的同人衍生作品，美国学者则提出"粉丝作品"(fan work)的概念，其范围涵盖基于原作品而创作的小说、动漫、电影、视频、歌曲、字幕、绘画以及雕塑艺术品等，不过其研究的重点还是在同人文学作品；美国学者将同人作品分为参考性作品(referential work)和分享性

* 武汉大学国际法研究所教授、武汉大学艺术法研究中心主任。

** 武汉大学国际法研究所2020级国际私法硕士研究生。

作品(participatory work),认为前者不可以构成合理使用,而后者可以被视为合理使用,并且多数美国学者主张放宽对同人作品合理使用的认定。

本文认为符合一定条件的同人作品应当构成合理使用。首先,本文结合国内外文献,对同人作品进行概念界定;其次,通过分析美、日、中三国法律及司法实践对合理使用的规定,指出现有法律制度对同人作品侵权的规制所存在的问题;再次,以我国新修订的《著作权法》为背景,并结合美国合理使用"四要素"判定标准的发展历程,论证同人作品符合合理使用的构成要件;最后,为更好地规制同人作品的著作权侵权问题,提出自己的建议。

一、同人作品的概念界定及其侵权类型

(一)概念界定

同人作品,又称粉丝小说(fan fiction),是粉丝作品(fan work)的一种,粉丝作品是美国知识产权法学界的一个概念,是指某些电影、文学等艺术作品的粉丝们,出于对原作品的热爱而在该作品的基础上所创作的衍生作品,具体包括粉丝小说(fan fiction)、粉丝电影(fan film)、粉丝视频(fan video)、粉丝艺术(fan art)等。① 粉丝小说,一般是指基于原文学作品或影视作品的故事情节,抽取其中的人物角色或故事背景,而创作的新故事,② 比较典型的是续写、番外等,粉丝电影与粉丝视频与之相类似,只不过其表现形式为影视;而粉丝艺术,一般是指基于原作品而传作出的绘画、雕塑等作品,比如基于海明威《老人与海》小说而创作的绘画。③ 粉丝小说,在日本一般被称为"同人志"(dojinshi),在中国被称为"同人小说",我国国内学界对同人作品的探讨,主要集中于同人小说范畴,并将"同人小说"和"同人作品"作为两个可以相互替代的概念。

---

① Agnetti, M., "When the Needs of the Many Outweigh the Needs of the Few: How Logic Clearly Dictates the First Amendment's Use as Defense to Copyright Infringement Claims in Fan-made Works", *Southwestern Law Review*, Vol. 45, No. 1 (2015), pp. 115-164.

② Stroude, R. L., "Complimentary Creation: Protecting Fan Fiction as Fair Use", *Marquette Intellectual Property Law Review*, Vol. 14, No. 1(2010), pp. 191-214.

③ Guerra-Pujol, F. F., "Of Coase and Copyrights: The Law and Economics of Literary Fan Art", *New York University Journal of Intellectual Property &Entertainment Law (JIPEL)*, Vol. 9, No. 1(2019), pp. 91-106.

(二)侵权类型

如上所述，同人作品基于原作品而创作，必定挪用了原作品中的成分。很多情况下，会挪用原作中的重要成分，比如原作品中形象鲜明的人物角色、具有十分显著特征的故事情节等，会被原作品著作权人认为有抄袭的嫌疑。虽然同人作品最开始只是由同人们自发地创作，在特定的圈子里传播，不追求利润，但现如今，越来越多的同人作者会将自己的作品投入经营性使用，赚取金钱，这很可能会对原作品著作权人的市场产生潜在的损害；另外，有些同人作品(尤其是同人小说)，会描写一些暴力、色情、凶杀的情节，因而被原作品著作权人认为违背了自己创作的初衷，侵犯了自己保护作品完整权。基于以上以及一些其他的理由，同人作品很多时候会被认定为侵犯原作者的演绎权以及保护作品完整权。

1. 对演绎权的侵犯

美国版权法下，演绎作品的范围很广，包括了基于原作品的翻译、文学改编、音像录制、艺术再创作等形式，① 在这种情况下，同人作品因其特征，很容易落入演绎作品的范畴，从而被认为是侵犯了原作者的演绎权，比较典型的是 Warner Bros. Entertainment, Inc. v. RDR Books 案，② 该案中，被告将 J. K. 罗琳所著《哈利波特》一书中的人物做了一个详尽的检索辞典，并用于营利活动，结果被原告在美国法院起诉。

《日本著作权法》第 21 条至第 28 条依次规定了作者的复制权、上演权及演奏权、公众传播权、出租权、翻译权、改编权等经济权利，其中，“翻译权、改编权”一条中，涵盖了《日本著作权法》所定义的演绎作品，包括了翻译原作品、给原作品编曲、以其他表现形式展现该原作品以及其他各种改编的权利等。③ 虽

① Copyright Act § 7, 17 U. S. C. § 107(1976). A “derivative work” is a work based upon one or more preexisting works, such as a translation, musical arrangement, dramatization, fictionalization, motion picture version, sound recording, art reproduction, abridgment, condensation, or any other form in which a work may be recast, transformed, or adapted. A work consisting of editorial revisions, annotations, elaborations, or other modifications which, as a whole, represent an original work of authorship, is a “derivative work”.

② Warner Bros. Entertainment, Inc. v. RDR Books, 575 F. Supp. 2d. 513 (S. D. N. Y 2008).

③ 《日本著作权法》第 27 条规定，“作者专有翻译、编曲、改变表现形式或改编为剧本、摄制电影以及其他改编作品的权利”。

然同人志创作很大程度上存在侵权现象，但日本文化界却对之抱着一种宽容的态度，大量的同人志作者没有受到法律追究，很大程度上是因为"二战"后日本经济的兴起过程中，这种挪用之后再创作的行为，已经成为一种氛围，且动漫文化产业也是日本经济所必不可少的一个重要产业，对同人志创作的限制必定会不利于动漫产业的繁荣；[①] 再者，同人志的创作，也会扩大原作品的知名度，给原作者带来一定的积极影响。

中国著作权法将作者的演绎权规定在作者的人身权和财产权一条中，根据该条规定，著作权人享有将原作品摄制成视听作品、进行改编、汇编、翻译等权利，[②] 中国学界对粉丝作品的研究主要集中在粉丝文学作品领域，现实中比较有名的纠纷主要也出现在文学领域中，比如前几年影响力很大的"金庸诉江南案"，[③] 内地著名网络小说家江南被指控其小说《此间的少年》抄袭了金庸的武侠经典著作，被起诉于内地法院。

2. 对保护作品完整权的侵犯

美国版权法只保护作者的经济权利，并不保护其人身权利，相比之下，《日本著作权法》对这两种权利都作出了规定，在第 18～20 条中，依次规定了作者享有的发表权、署名权、保护作品完整权等人身权利。其中，第 20 条的规定明确了他人不得对原作品进行违反作者的意愿的更改。[④] 因此，未得到原作者授权并用于营利的同人作品，很容易被认定为侵权。第二次世界大战以后，文化产业逐渐成为日本经济的支柱产业，其中，动漫行业又占了相当大的比重。在日本，很多年前就已经兴起了"同人志"的风潮，即根据一些有名的漫画，创作同人作品，这些同人作品或是借用原作中鲜明的角色，或是借用原

① Morgan, R., "Conventional Protections for Commercial Fan Art under the U. S. Copyright Act", *Fordham Intellectual Property, Media & Entertainment Law Journal*, Vol. 31, No. 2(2020), pp. 514-573.

② 《中华人民共和国著作权法》第 10 条规定，"著作权包括下列人身权和财产权：……(十三)摄制权，即以摄制视听作品的方法将作品固定在载体上的权利；(十四)改编权，即改变作品，创作出具有独创性的新作品的权利；(十五)翻译权，即将作品从一种语言文字转换成另一种语言文字的权利；(十六)汇编权，即将作品或者作品的片段通过选择或者编排，汇集成新作品的权利；(十七)应当由著作权人享有的其他权利。"

③ 查良镛与杨治、北京联合出版有限责任公司著作权权属、侵权纠纷、商业贿赂不正当竞争纠纷案，广东省广州市天河区人民法院(2016)粤 0106 民初 12068 号判决书。

④ 《日本著作权法》第 20 条规定，"作者有保护作品和标题完整性的权利，不得违反其意愿对作品和标题进行变更、删除及其他修改"。

作中有特色的时空背景，进行再创作，然而，这些同人作品一方面很容易侵犯原作者的改编权，另一方面也可能侵犯其保护作品完整的权利，比如在1999年一名日本同人创作者被警方逮捕，原因是该同人创作者使用《神奇宝贝》(又名“口袋妖怪”)中“皮卡丘”等角色进行了耽美同人作品的创作并且其中涉及大量有关色情内容的描写，① 日本著名作家田中芳树在作品《亚尔斯兰战记》的二次创作许可中附带了条件，即“不可包含过激的性描写，不论是同性还是异性”。②

中国《著作权法》也规定了保护作品完整权，③ 在著名的“九层妖塔侵权案”④中，原告张牧野作为小说《鬼吹灯之精绝古城》的作者，将其摄制权、改编权授予了梦想者电影(北京)有限公司，后该公司与中国电影股份有限公司(简称中影公司)、乐视影业(北京)有限公司(简称乐视公司)就制作电影签订投资协议，共同拍摄了电影《九层妖塔》，张牧野认为电影《九层妖塔》的故事情节、人物设置、故事背景均与小说相差甚远，超出了法律允许的必要改动范围，对小说存在严重的歪曲、篡改，侵害其保护作品完整权，向法院提起了诉讼。另外，由国外流入境内的一些“儿童邪典视频”也引起了广泛关注，这些视频借用人们熟知的卡通形象如小猪佩奇、米老鼠、艾莎公主等作为角色，进行同人衍生创作，但注入大量暴力、色情情节的描绘，给儿童群体造成了很大的危害，在其被外网强制下架之后，又通过种种途径进入了中国境内市场，被我国“扫黄打非”办所惩处。

二、同人作品援引合理使用抗辩的问题

美国、日本、中国的著作权法，都规定了用以限制著作权的合理使用制度，中国和日本的体例相一致，即在规定了作者享有的诸多著作权之外，另规定权利限制的具体情形；美国版权法没有列举合理使用的具体情形，而是规定了四个考量因素，由法院根据个案进行判断，其自成一体。同人作品援引合理

① 转引自黄颖：《同人作品的知识产权冲突研究》，华中科技大学2006年硕士学位论文，第10页。

② 杜凌娜：《同人作品的著作权保护问题研究》，中国政法大学2020硕士学位论文，第32页。

③ 《中华人民共和国著作权法》第10条规定：“著作权包括下列人身权和财产权：……(三)修改权，即修改或者授权他人修改作品的权利；(四)保护作品完整权，即保护作品不受歪曲、篡改的权利；……”

④ “电影《九层妖塔》”侵害著作权纠纷案——2019年度北京市法院知识产权司法保护十大案例之七，北京知识产权法院(2016)京73民终587号民事判决书。

使用作为抗辩存在以下不足：

（一）"四要素"标准的不明确

美国版权法为判定是否构成合理使用而规定了四个要素，即使用行为的目的和性质、被使用作品的性质、使用的数量和比重、对原作品的市场的潜在影响；① 我国《著作权法》以列举的方式规定了12种合理使用的具体情形，将合理使用限缩于这12种具体情形之中，不过，新修订的《著作权法》加入了兜底条款，②

① Copyright Act § 7, 17 U.S.C. §107(1976). "Limitations on exclusive rights: Fair use Notwithstanding the provisions of section 106, the fair use of a copyrighted work, including such use by reproduction in copies or phonorecords or by any other means specified by that section, for purposes such as criticism, comment, news reporting, teaching (including multiple copies for classroom use), scholarship, or research, is not an infringement of copyright. In determining whether the use made of a work in any particular case is a fair use the factors to be considered shall include—

(1) the purpose and character of the use, including whether such use is of a commercial nature or is for nonprofit educational purposes;

(2) the nature of the copyrighted work;

(3) the amount and substantiality of the portion used in relation to the copyrighted work as a whole; and

(4) the effect of the use upon the potential market for or value of the copyrighted work."

② 《中华人民共和国著作权法(2020年修订)》第24条规定："在下列情况下使用作品，可以不经著作权人许可，不向其支付报酬，但应当指明作者姓名或者名称、作品名称，并且不得影响该作品的正常使用，也不得不合理地损害著作权人的合法权益：

（一）为个人学习、研究或者欣赏，使用他人已经发表的作品；

（二）为介绍、评论某一作品或者说明某一问题，在作品中适当引用他人已经发表的作品；

（三）为报道新闻，在报纸、期刊、广播电台、电视台等媒体中不可避免地再现或者引用已经发表的作品；

（四）报纸、期刊、广播电台、电视台等媒体刊登或者播放其他报纸、期刊、广播电台、电视台等媒体已经发表的关于政治、经济、宗教问题的时事性文章，但著作权人声明不许刊登、播放的除外；

（五）报纸、期刊、广播电台、电视台等媒体刊登或者播放在公众集会上发表的讲话，但作者声明不许刊登、播放的除外；

（六）为学校课堂教学或者科学研究，翻译、改编、汇编、播放或者少量复制已经发表的作品，供教学或者科研人员使用，但不得出版发行；

（七）国家机关为执行公务在合理范围内使用已经发表的作品；

（八）图书馆、档案馆、纪念馆、博物馆、美术馆、文化馆等为陈列或者保存版本的需要，复制本馆收藏的作品；

（九）免费表演已经发表的作品，该表演未向公众收取费用，也未向表演者支付报酬，且不以营利为目的；

（十）对设置或者陈列在公共场所的艺术作品进行临摹、绘画、摄影、录像；

（十一）将中国公民、法人或者非法人组织已经发表的以国家通用语言文字创作的作品翻译成少数民族语言文字作品在国内出版发行；

（十二）以阅读障碍者能够感知的无障碍方式向其提供已经发表的作品；

（十三）法律、行政法规规定的其他情形。"

将合理使用的范围扩大到了这 12 种具体情形之外。另外，在此之前，我国《最高人民法院关于充分发挥知识产权审判职能作用推动社会主义文化大发展大繁荣和促进经济自主协调发展若干问题的意见》，已经采用了美国判断合理使用的“四要素”标准，[①] 人民法院在审判实践中，也已经据此而作出过裁判，如“王莘与北京谷翔信息技术有限公司、谷歌公司侵害著作权纠纷案”一案中，法院即采用了“四要素”标准。[②]

美国法院一直以来采用“四要素”标准来判定合理使用，其缺乏“明线规则”(bright-line rule)的缺陷，使得这一规则在司法审判中显得“臭名昭著”(notorious)，[③] 事实上，美国法官坦言，合理使用的判定，需要基于具体案情个别分析。[④] 将合理使用条款作为同人作品的侵权抗辩时，也存在着同样的问题，由于合理使用规定的模糊，许多同人作品事实上处于一种“灰色地带”(gray area)，[⑤] 同人作品的地位处于一种不确定的状态。

我国合理使用条款在适用大陆法系的列举式模式的同时，也采用了美国的“四要素”判定模式，且我国仅以司法解释的形式对此作出了规定，并没有对之进行进一步的解释，这就使我国陷入了与美国版权法一样的困境，即缺乏明线规则。在司法实践中，人民法院对是否构成合理使用而作出的判决的依据各不相同，上海美术电影制片厂与浙江新影年代文化传播有限公司、华谊兄弟上海影院管理有限公司侵害著作权纠纷案中，一审法院通过对合理使用第一、第三、第四要素的分析，认为涉案行为构成合理使用，二审法院亦如此认为。但一审法院对第一要素中的转换性使用的分析重点在于目的性转换分析，二审法

---

① 《最高人民法院关于充分发挥知识产权审判职能作用推动社会主义文化大发展大繁荣和促进经济自主协调发展若干问题的意见》第 8 条规定：“在促进技术创新和商业发展确有必要的特殊情形下，考虑作品使用行为的性质和目的、被使用作品的性质、被使用部分的数量和质量、使用对作品潜在市场或价值的影响等因素，如果该使用行为既不与作品的正常使用相冲突，也不至于不合理地损害作者的正当利益，可以认定为合理使用。对设置或者陈列在室外社会公共场所的艺术作品进行临摹、绘画、摄影或者录像，并对其成果以合理的方式和范围再行使用，无论该使用行为是否具有商业目的，均可认定为合理使用。”

② 参见王莘与北京谷翔信息技术有限公司、谷歌公司侵害著作权纠纷案，北京市高级人民法院(2013)高中民初字第 1221 号判决书。

③ Elizabeth Cantalamessa, “Appropriation Art, Fair Use, and Metalinguistic Negotiation”, *The British Journal of Aesthetics*, Vol. 60, No. 2(April 2020), pp. 115-129.

④ Blanch v. Koons, 467 F. 3d 244 (2006).

⑤ Peterson, M., “Fan Fair Use: The Right to Participate in Culture”, *UC Davis Business Law Journal*, Vol. 17, No. 2(2017), pp. 217-252.

院分析重点在于内容性转换分析;① 王莘诉北京谷翔公司著作权权属、侵权纠纷案中，法院对被告的网络信息传播行为进行分析时，着重分析了合理使用“四要素”的第一、第四要素，在分析第一要素中的转换性使用问题时，对目的性和内容性转换都进行了论述;② 广州网易计算机系统有限公司与上诉人广州华多网络科技有限公司侵害著作权及不正当竞争纠纷案中，法院对涉案直播行为从合理使用四个要素的角度分别进行了分析，但其并不认为转换性使用因素在决定是否构成合理使用时具有决定性，不可因此而忽略使用行为的商业性质。③ 而前述上海美术电影制片厂与浙江新影年代文化传播有限公司、华谊兄弟上海影院管理有限公司侵害著作权纠纷案中，法院则更加强调转换性使用因素的地位，认为在行为构成转换性使用时，可以不考虑其商业性质。④

(二)列举式的不全面

我国《著作权法》的合理使用条款采用的是大陆法系的“列举式”，这一点与《日本著作权法》相同，《日本著作权法》第 30 条至第 50 条列举了构成合理使用的具情形,⑤ 然而，同人志等同人作品并没有被包括在这些列举的具体情形中，且当今的同人作品大多具有营利性质，一般更不可能被认定为合理使用，事实上，即便日本有关同人志的著作权侵权诉讼很少，数量有限的案件还是表明，大多数同人志被视为侵权⑥。

① 参见上海美术电影制片厂与浙江新影年代文化传播有限公司、华谊兄弟上海影院管理有限公司著作权侵权纠纷案，上海市普陀区人民法院(2014)普民三(知)初字第 258 号判决书；上海美术电影制片厂与浙江新影年代文化传播有限公司、华谊兄弟上海影院管理有限公司著作权权属、侵权纠纷案，上海知识产权法院(2015)沪知民终字第 730 号判决书。

② 参见王莘与北京谷翔信息技术有限公司、谷歌公司侵害著作权纠纷案，北京市高级人民法院(2013)高中民初字第 1221 号判决书。

③ 参见广州网易计算机系统有限公司与广州华多网络科技有限公司侵害著作权及不正当竞争纠纷案，广东省高级人民法院(2018)粤民终 137 号判决书。

④ 参见上海美术电影制片厂与浙江新影年代文化传播有限公司、华谊兄弟上海影院管理有限公司著作权侵权纠纷案，上海市普陀区人民法院(2014)普民三(知)初字第 258 号判决书；上海美术电影制片厂与浙江新影年代文化传播有限公司、华谊兄弟上海影院管理有限公司著作权权属、侵权纠纷案，上海知识产权法院(2015)沪知民终字第 730 号判决书。

⑤ 详见杨和义译:《日本知识产权法》，北京大学出版社 2014 年版，第 34~49 页。

⑥ Pelc, Y. M., “Achieving the Copyright Equilibrium: How Fair Use Law Can Protect Japanese Parody and Dojinshi”, *Southwestern Journal of International Law*, Vol. 23, No. 2 (2017), pp. 397-422.

（三）不能对抗作者的人身权利

著作权人身权利不属于美国版权法的保护范畴，但中国和日本著作权法都对著作人身权做了规定，不过，《日本著作权法》明确规定，其合理使用制度并不涉及著作人身权，① 我国《著作权法》也有类似规定。② 因此，那些对原作品改动较大，不符合原作者对作品的预期，以至于让其认为对其作品进行了“歪曲”的同人作品，会被认为损害了原作者保护作品完整权，而不在作品中指出原作品信息的同人作品，又可能涉嫌侵犯原作品作者的署名权，而这些人身权利，并不能以合理使用制度为抗辩理由。

三、我国著作权法合理使用制度下的“同人作品”

我国《著作权法》对合理使用制度的规定主要有三个方面：一是《著作权法》第24条，列举出的12种情形，二是司法解释中所吸收的美国版权法中的“四要素”标准③，三是《著作权法实施条例》中对《伯尔尼公约》“三阶段”模式的规定，④ 即要求将对著作权的限制或例外仅适用于某些特定的情况，而且不能与有关作品的正常使用相冲突，也不能不合理地损害权利人的合法权益。作为《伯尔尼公约》的缔约国，我国的合理使用制度可以在其“三阶段”的模式下进行理解：第一步，《著作权法》第24条所列举的12种具体情形可以视为适用于著作权限制或例外的“某些特定的情况”；第二步，《著作权法》第24条第13项规定的“法律、行政法规规定的其他情形”，以及最高人民法院司法解释中所采用的“四要素”标准，应当结合起来适用，以保证使用行为不与有关作品的正常使用相冲突，也不会不合理地损害权利人的合法权益。

同人作品并不属于《著作权法》第24条所列举的情形，这似乎是显而易见

---

① 《日本著作权法》第50条规定，“解释本目的规定不得影响作者人格权”。

② 《中华人民共和国著作权法》第24条规定：“在下列情况下使用作品，可以不经著作权人许可，不向其支付报酬，但应当指明作者姓名或者名称、作品名称，并且不得影响该作品的正常使用，也不得不合理地损害著作权人的合法权益：……”

③ 《最高人民法院关于充分发挥知识产权审判职能作用推动社会主义文化大发展大繁荣和促进经济自主协调发展若干问题的意见》第8条。

④ 《中华人民共和国著作权法实施条例》第21条规定：“依照著作权法有关规定，使用可以不经著作权人许可的已经发表的作品的，不得影响该作品的正常使用，也不得不合理地损害著作权人的合法利益。”

的，对其合理使用的判定，只能从上述第二步出发，即作为例外情形，从“四要素”的角度分析其是否构成合理使用。

(一)使用行为的目的和性质

首先，从行为的性质和目的出发。这是“四要素”中的第一个要素，也是美国司法实践中法院最看重的一个要素，美国有关合理使用的司法实践经历了一个过程，最初，第四要素是法院判断构成合理使用与否的决定性要素，但随着时间的推移，判断的重要性逐渐转移到了第一要素上来。① 第一要素可以分为三个次级要素，即转换性使用的程度、行为人主观恶意、商业性质，其中，转换性使用在第一要素的判断中占有绝对地位，以下，先对同人作品是否构成转换性使用进行分析。

转换性使用在美国成文法中并没有明确规定，最早是美国 Leval 法官在其著作中所提到的一个概念，其认为“使用必须具有创造性，用不同方式运用原始作品，或以不同意图使用原始作品。如果新作品并不是仅仅取代原始作品，而是增加原始作品的价值，即如果被引用的作品被作为原材料进行使用，并创造出新信息、新美感、新洞察和新理解，则此使用正是合理使用制度为了社会文化繁荣而试图保护的活动”，② “转换性使用”这个概念后为美国最高法院所采纳。③

虽然美国《版权法》没有对转换性使用的判定作出具体的规定，不过，根据美国最高法院的判例，判断转换性使用时要考虑的两个因素，一是行为是否构成内容性转换，二是行为是否构成目的性转换，原则上，这二者满足其一即可构成转换性使用。从 Campbell 案开始，美国法院起先比较强调内容性转换，即使用行为构成与原作品不同的内容，或是传达出与原作品不同的意义，比如在 Prince 案中，上诉审法官认为 Prince 的行为传达出了与原作不同的美学意义，所以构成转换性使用。④ 不过，从美国司法实践来看，目的性转换更加受

① Eckhause Melissa, “Digital Sampling v. Appropriation Art: Why Is One Stealing and the Other Fair Use? A Proposal for a Code of Best Practices in Fair Use for Digital Music Sampling”, *Missouri Law Review*, Vol. 84, No. 2 (2019), pp. 371-434.

② Pierre N. Leval, “Toward a Fair Use Standard”, *Harvard Law Review*, Vol. 103, No. 5 (March 1990), pp. 1105-1136；转引自李国庆：《版权法转换性使用规则研究——从〈80 后的独立宣言〉海报侵权案说起》，载《科技与出版》2018 年第 9 期，第 84 页。

③ See Campbell v. Acuff-Rose Music, Inc., 510 U. S. 569, 594 (1994).

④ Cariou v. Prince, 714 F. 3d 694 (2013).

到重视，如果使用行为仅仅构成内容性转换，其一般不会被认为构成转换性使用，而有的使用行为没有内容性转换，只有目的性转换，却可以被认定为构成转换性使用。① 比如2006年的 Field v. Google 案中，法院认为 Google 将原告的图书复制并做成链接放在网站上的行为，即便内容上没有对原告的图书进行改动，但其出于与原告不同的目的(原告的目的可能是以作品的艺术功能去使他人娱乐，而被告 Google 公司的目的是为他人提供接触受著作权保护的作品的途径，具有更重要的社会价值)，故构成转换性使用。②

从这个角度出发，大多数的同人作品似乎构成了对原作品的转换性使用。国内学者一般将同人作品分为演绎类同人作品和非演绎类同人作品，前者是指在保留原有作品基本表达的基础上，增加符合独创性要求的新表达而形成的作品，③ 后者是使用了原作品中相同或近似角色等元素，但往往发生在不同的时空并拥有不同的故事背景，融入了作者为表达自身思想创作而形成的新作品，其表达形式与原著已有显著差别。④ 国内学者一般主张演绎类同人作品属于演绎作品，不属于合理使用，而非演绎类同人作品因为其原创程度较高，所以可以构成合理使用。⑤ 国外学者则将同人作品分为参考性作品和分享性作品，前者一般是记录原作品中的人物、角色、物体和时空等具体信息的同人作品，而后者一般指借用原作品中的人物角色，而放入一个崭新的情节背景中进行重新创作的同人作品，在美国的司法实践中，参考性作品一般被视为侵权，而分享性作品一般不被视为侵权。⑥

然而，一方面，演绎类同人作品虽然借用了原作品的独创性表达，自身的创造性没有纯原创作品那么高，但其与原作品的表达方式不同，所展现的内容不同，给人们带来的美学享受也不同，应当构成内容性转换性使用；另一方

---

① Reese, R., "Transformativeness and the Derivative Work Right", *Columbia Journal of Law & the Arts*, Vol. 31, No. 4(2008), pp. 467-496.

② Field v. Google Inc., 412 F. Supp. 2d 1106 (2006).

③ 王迁:《知识产权法教程》(第五版)，中国人民大学出版社2016年版。转引自胡婧:《论非演绎性同人作品与原作品的知识产权"碰撞"》，载《政法学刊》2018年第1期，第41页。

④ 参见胡婧:《论非演绎性同人作品与原作品的知识产权"碰撞"》，载《政法学刊》2018年第1期，第41页。

⑤ 参见袁秀挺:《同人作品知识产权问题迷思——由金庸诉江南案引出》，载《电子知识产权》2017年第Z1期，第55~56页。

⑥ Zarin, B., "In the Restricted Section: Harry Potter and Unauthorized Sagas", *Elon Law Review*, Vol. 9, No. 2(2017), pp. 459-488.

面，根据国外学者的分类，我国的演绎类和非演绎类同人作品，有很多都可以归入分享性作品的范畴，参照美国的司法实践，这些作品一般不会被视为侵权，所以一味地认为演绎类同人作品不能构成合理使用的观点，有欠妥当。同时，参考性作品作为一种对原作品中重要信息的一种整理汇编，虽然没有借用原作品中的信息而创作出新的故事，但其目的是方便广大读者更有效地了解和查阅原作品中的情节、人物关系、人设等有效信息，与原作品的创作目的并不相同，所以，应当满足对原作品的目的性转换。

转换性使用在第一要素的判定中具有核心地位，根据美国法院的判例，行为构成转换性使用的程度越深，其商业性质便越不必考虑，[①] 同时，主观恶意与商业性并不处于决定性地位，且“转换性本身就推定了主观善意”，[②] 因此，在同人作品构成转换性使用的情况下，似乎已经没有讨论主观恶意、商业性质的必要。

（二）原作品的性质

是否构成合理使用，还要考虑该被使用作品的性质，一般来说，该被使用作品的独创性越强，则行为被认定为合理使用的几率越小。[③] 同人作品所基于创作的文学作品，一般都是比较出名、影响力较大的作品，其独创性自不待言，从这一点上看，第二要素并不支持同人作品构成合理使用。

（三）使用的数量和质量

如果使用行为，挪用了原作品的实质核心内容，则不宜被认定为合理使用，这里的“实质核心”，不仅要从数量上考量，更要从质量上去考量。不论是上述四种同人作品中的哪一种，尽管都基于原作品而创作，且借用了原作品中具有独创性或不具有独创性的特定表达，但作为一种衍生创作的作品，并无法挪用走原作品中真正核心的部分，事实上，大量的同人作品（如上述分享性

---

① Blanch v. Koons, 467 F. 3d 244 (2006).

② Harper & Row Publishers, Inc. v. Nation Enterprise, 471 U. S. 539 105 S. Ct. 2218 (1985).

③ Rogers v. Koons, 960 F. 2d 301 (1992), "Whether the Original is Creative, Imaginative, or Represents an Investment of time in Anticipation of a Financial Return also Should be Considered."

作品)，甚至会产生原作者也无法预料到的内容和设计。①

(四)对原作品市场的潜在损害

一般来说，抄袭和盗用行为都会对原作品的市场造成潜在的损害，而同人作品则不会，恰恰相反，同人作品的兴盛，很大程度上正好带动了原作品的知名度，扩大了原作品的市场。许多原作者并不积极起诉同人作者，一方面是不愿与其粉丝交恶，另一方面，也是因为同人作品的创作的确有利于扩大其原作品的市场。②

所以，从我国著作权合理使用制度的规定来看，符合一定条件的同人作品应当视为合理使用。这里强调一点，所谓同人作品，自然是很可能挪用了原作品中具有独特性表达的内容，但这与抄袭不同，同人作品在本质上，融入了同人作者大量的心血创作，体现了其自身的创造力，这与拥有着和原作品大量相似表达的抄袭作品并不一样，后者只是打着同人作品的幌子，实际上是侵犯著作权的行为。

四、结　论

符合一定条件的同人作品应当被视为合理使用，但现行合理使用制度下，同人作者主张合理使用抗辩，依然存在一些问题。首先，是“四要素”标准的模糊性，即便是在美国，运用“四要素”标准也需要个案分析，而我国司法实践也没有形成统一的做法，故我国同人作品的著作权侵权问题，可能依然会处于受原作品著作权人支配的“灰色地带”；其次，是合理使用制度并不能对抗著作人身权，即便构成合理使用，原作者依然可能以侵犯保护作品完整权为由，向同人作者主张侵权责任。因此，提出以下建议：

(一)进一步明晰合理使用“四要素”判断标准

“四要素”判断标准长期以来倚靠个案分析，缺乏“明线规则”，美国《版权

---

① Zarin, B., "In the Restricted Section: Harry Potter and Unauthorized Sagas", *Elon Law Review*, Vol. 9, No. 2(2017), pp. 459-488.

② Morgan, R., "Conventional Protections for Commercial Fan Art under the U. S. Copyright Act", *Fordham Intellectual Property, Media & Entertainment Law Journal*, Vol. 31, No. 2 (2020), pp. 514-573.

法》虽然没有对四要素进行进一步详细规定，但作为判例法国家，其法院长期的司法实践已经积累下了较有倾向性的做法，可以对文艺创作提供风向指导，而我国对其具体如何操作并没有更细致的规定，且我国目前司法实践反映的问题不够，积累的经验不多，学术界也未形成理论化、系统化的学说观点，[①] 鉴于我国的实际情况，最好是在司法解释中对其进行细化。

首先，应当明确转换性使用这一概念，可以在司法解释中明确规定转换性使用的概念，并对其构成要件进行细化说明。可以指明，转换性使用是指一种具有创造性的使用原作品的方式，该使用行为并不会取代原作品，而是出于一种不同于原作品的目的，或是在内容上不同于原作品，从而给社会公众带来不一样的美的感受；规定转换性使用可以分为内容性转换和目的性转换两种，而使用行为只要满足其一，便可构成转换性使用。

其次，应当明确四要素之间的关系，即在判断合理使用的构成的时候，如何分配四要素之间的比重。解决这一问题的办法，最好就是明确转换性使用的决定性地位，即只要使用行为构成转换性使用，就满足“四要素”的第一要素，无须考虑行为的商业性质等，而只要满足第一要素，其他三个要素便不再那么重要，换言之，使用行为越是符合转换性使用，便越是无须考虑其他要素。

最后，出于国内外一直以来对同人作品商业性质的反对，可以再次明确，行为的商业性并非必然导致不构成合理使用，只要行为构成转换性使用，其商业性质可以不再考虑。

（二）采用“CC 协议”

知识产权合作协议（Creative Commons），简称“CC 协议”[②]，是著作权人授权他人使用自己作品的一种知识产权许可协议。在此种协议下，著作权人可以与被许可人约定，自己的哪些权利可以又被许可人行使，换言之，在同人作品的背景下，原作者可以“CC 协议”的模式，来与现实存在的或潜在的同人作者约定，其可以如何使用自己的作品。

同人作品原则上应当构成合理使用，但其判定即便细化后，也依然存在着

① 参见吴汉东：《著作权合理使用制度研究》，中国人民大学出版社 2020 年版，第 166 页。

② He, T., “Fansubs and Market Access of Foreign Audiovisual Products in China: The Copyright Predicament and the Use of No Action Policy”, *Oregon Review of International Law*, Vol. 16, No. 2(2014), pp. 307-346.

一定的不确定性，所以，以“CC 协议”的模式提前约定，可以有效地避免可能出现的侵权，也避免将同人作品的法律地位置于一种“灰色地带”。同时，由于合理使用并不能对抗著作权人的人身权，所以，“CC 协议”可以成为原作者与同人作者就著作人身权达成协议的一种途径，比如，关于保护作品完整权，一些作者并不愿意看到自己作品中的人物被同人作者放入过度的性的描写中，前述《亚尔斯兰战记》的作者即是一个例子，《哈利波特》的作者 J. K. 罗琳也曾表示，反对根据《哈利波特》创作的同人作品对其主人公进行过于露骨的情节描写，① 为此，原作者完全可以在“CC 协议”中约定，不得将自己的作品用于哪些情节描写的改编。

另外，“CC 协议”是一种公开许可（Public License），② 其面向的是广大不特定受众，因此，原作者完全可以将此种协议放在网站上、新闻网页上，告知广大公众，凡是有意对其进行同人创作的人，都可以获知该信息，并与之签订协议，遵守规范，从而便捷高效。

总之，基于原作品衍生创作的同人作品，固然会挪用原作品中一些具有特定意义的表达，但不能因此就认定其侵权。在我国著作权法的背景下，符合一定条件的同人作品应当被认定为合理使用，虽然判定合理使用的“四要素”标准并不能完全提供一条明线规则，但我国可以通过司法解释将其内容不断细化，从而对我国同人作品的合理使用判定提供有益指导，另外，原作者与同人作者之间可以采用“CC 协议”的方式，约定衍生创作的条款，从而减少同人作品的侵权风险。

---

① 李燕蓉、白小莉：《同人小说构成著作权侵权吗?》，载《中国知识产权报》2017 年 6 月 14 日，第 8 版。

② Hart, T., “License to Remix”, *George Mason Law Review*, Vol. 23, No. 4 (2016), pp. 837-900.

东亚国际民事纠纷解决机制
——以仲裁与调解相结合的纠纷解决制度为中心

柴裕红*

目　　次

随着国际经济全球化的进程不断加快，国际民事纠纷也不断增加且日益复杂化。如何快速且相对低廉地而且安全地解决国际民事纠纷成为目前必须面对的迫切问题。同时伴随着东亚地区在国际经济事务中的地位逐渐上升，东亚地区内部同样面临着相同的问题。近些年来，中国仲裁实践中被广泛利用的仲裁与调解相结合的纠纷解决方式在国际民事纠纷解决实践中越来越受到关注。本文通过考察有关东亚地区仲裁与调解相结合的纠纷解决方式的相关情况的基础上，从地区纠纷解决文化和当事人意思自治的角度对仲裁与调解相结合的纠纷解决方式对推动东亚地区乃至全球纠纷解决发展的可能性作一些积极性的探讨。

仲裁与调解相结合这一纠纷解决方式一般而言有广义和狭义之区别。广义上的范围包括仲裁与调解相组合的所有的纠纷解决方式。狭义是仅指仲裁中的调解。也就是说，当事人即使是在仲裁申请之后，同样可以通过调解解决纠

---

* 柴裕红，法学博士，兰州大学法学院副教授。

纷。如果调解不成功，还可以再回到仲裁程序中来。仲裁与调解相结合制度是中国大陆仲裁的主要特色之一。以中国国际经济贸易仲裁委员会(CIETAC)(以下简称贸仲)为代表的中国大陆250多家仲裁机构对这一制度并不陌生。然而，由于东西方纠纷解决文化的差异，对仲裁与调解相结合这一制度的理解上的差异也是在所难免的。主要焦点集中体现在有关同一纠纷解决过程中同一个人是否可以兼任仲裁员与调解员的角色。然而，随着全球经济国际化进程的不断加快，东西方纠纷解决文化的相互融合也以史无前例的速度不断向前发展中。

一、国家和地区的相关情况考察

(一)中国

1. 中国大陆

首先，关于制度规定方面。20世纪50年代仲裁与调解相结合的纠纷解决方式已经在贸仲的仲裁实践中得到利用。贸仲也是最早开始采用这一纠纷解决方式的仲裁机构。当时，贸仲作为国际商事仲裁机构的知名度还很低，其中一小部分案件通过贸仲仲裁去解决，其余大部分案件是通过谈判和调解这样的纠纷解决方式解决的。1956年至1966年贸仲受理的国际案件仅仅只有27件而已。1988年版贸仲《仲裁规则》第37条第一次对仲裁与调解相结合这一纠纷解决方式作出了明确规定。1995年9月1日生效的《仲裁法》第51条以立法的形式把这一制度确定了下来。①

其次，关于纠纷解决文化方面。中国内地的儒家文化可以说是根深蒂固，调解作为维护社会秩序和避免纠纷的一个重要纠纷解决方式自古以来被广泛利用。随着经济不断的快速发展整个社会尽管发生着翻天覆地的变化，但调解在

① 《仲裁法》第51条规定："仲裁庭在作出裁决前，可以先行调解。当事人自愿调解的，仲裁庭应当调解。调解不成的，应当及时作出裁决。调解达成协议的，仲裁庭应当制作调解书或者根据协议的结果制作裁决书。调解书与裁决书具有同等法律效力。"

纠纷解决中仍然具有举足轻重的作用。当事人之间通过在互利互让的过程中最大限度地保护各自的利益进而维护其交易关系和因此对交易所产生的经济性效果是调解作为纠纷解决方式备受关注的重要原因。

再次，关于法院的支持方面。在和谐社会的构建过程中，根据纠纷解决的多样性和复杂性，通过纠纷解决方式的多样化去满足不同当事人需要的同时实现纠纷解决的经济价值。"多元纠纷解决机制"一词在中国大陆正式形成文件并加以部署的是 2005 年的最高人民法院制定的《人民法院第二个五年改革纲要》(法发〔2005〕18 号)。① 2008 年，最高人民法院把建立和完善多元纠纷解决机制作为其一个重点改革项目。最高人民法院在重视调解作为一个独立的纠纷解决方式的同时也对调解与其他纠纷解决方式的结合给予积极的支持。②在这种多元的纠纷解决的大前提下，对于仲裁与调解相结合的纠纷解决制度的发展有着一定的推动作用。

最后，关于纠纷解决实践方面。每年有关贸仲的案件之中通过仲裁与调节相结合的案件所占比例是 20%~30%。北京仲裁委员会每年通过仲裁与调解的案件也有不少。③

2. 中国香港

首先，在法律规定方面。2011 年 6 月 1 日《香港仲裁条例》(第 609 章)正

---

① 俞灵雨主编：《纠纷解决机制改革研究与探索》，人民法院出版社 2011 年版，第 6 页。

② 中国国际商会调解中心商事调解子课题组，多元纠纷解决机制改革项目商事调解子课题调研报告，2008 年 4 月(参见俞灵雨主编：《纠纷解决机制改革研究与探索》，人民法院出版社 2011 年版，第 228 页)。

③ 笔者有幸受到 IBM(中国)法律顾问且同时担任贸仲和北京仲裁委员会的仲裁员的唐功远老师对有关仲裁与调解相结合制度的指教。概括起来有以下几点：第一，笔者在北京仲裁委员会所处理的案件中有 50%是通过仲裁与调解相结合的方式解决的。第二，其主要理由之一是因为通过此种方式解决纠纷，当事人可以得到仲裁庭一定程度的协助。第三，仲裁庭对当事人的一定程度协助有利于这一制度的规范化及迅速解决争议，从我国国际商事仲裁理论上不成熟的现状来看，这一点是有很现实的意义的。实践中当事人直接通过调解中心解决相关纠纷的案件比较少。

式生效。本条例第32条①和第33条②对仲裁与调解相结合制度作出了法律上的明文规定。根据这些法律规定可以得知，当事人之间有书面协议的情况下仲裁人在同一纠纷解决过程中是可以兼任调解员的。而且，调解员通过调解所收集的情报在仲裁程序中与争议的论点相关的情况下，仲裁庭再次开始之前必须

---

① 32. Appointment of mediator

(1) If—

(a) any arbitration agreement provides for the appointment of a mediator by a person who is not one of the parties; and

(b) that person—

(i) refuses to make the appointment; or

(ii) does not make the appointment within the time specified in the arbitration agreement or, if no time is so specified, within a reasonable time after being requested by any party to make the appointment, the HKIAC may, on the application of any party, appoint a mediator.

(2) An appointment made by the HKIAC under subsection (1) is not subject to appeal.

(3) If any arbitration agreement provides for the appointment of a mediator and further provides that the person so appointed is to act as an arbitrator in the event that no settlement acceptable to the parties can be reached in the mediation proceedings—

(a) no objection may be made against the person's acting as an arbitrator, or against the person's conduct of the arbitral proceedings, solely on the ground that the person had acted previously as a mediator in connection with some or all of the matters relating to the dispute submitted to arbitration; or

(b) if the person declines to act as an arbitrator, any other person appointed as an arbitrator is not required first to act as a mediator unless it is otherwise expressed in the arbitration agreement.

② 33. Power of arbitrator to act as mediator

(1) If all parties consent in writing, and for so long as no party withdraws the party's consent in writing, an arbitrator may act as a mediator after the arbitral proceedings have commenced.

(2) If an arbitrator acts as a mediator, the arbitral proceedings must be stayed to facilitate the conduct of the mediation proceedings.

(3) An arbitrator who is acting as a mediator—

(a) may communicate with the parties collectively or separately; and

(b) must treat the information obtained by the arbitrator from a party as confidential, unless otherwise agreed by that party or unless subsection (4) applies.

(4) If—

(a) confidential information is obtained by an arbitrator from a party during the mediation proceedings conducted by the arbitrator as a mediator; and

(b) those mediation proceedings terminate without reaching a settlement acceptable to the parties, the arbitrator must, before resuming the arbitral proceedings, disclose to all other parties as much of that information as the arbitrator considers is material to the arbitral proceedings.

(5) No objection may be made against the conduct of the arbitral proceedings by an arbitrator solely on the ground that the arbitrator had acted previously as a mediator in accordance with this section.

使该情报尽最大可能地向当事人开示。通过这种情报开示制度尽可能地减少因仲裁员与调解员是同一人而有可能导致产生的偏见的进而影响纠纷解决的风险。然而，这一做法在某种程度上却存在一定的不足之处。比如说，当事人通过情报开示制度恶意使用调解的情况也是有可能的。

其次，纠纷解决实践方面。中国香港的法律体系与中国内地的法律体系是明显不同的。其属于普通法法域。尽管其与中国大陆均对仲裁与调解制度在法律上有明确的规定，但因其对英美法的程序正义的重视，关于这一纠纷解决方式的具体操作在实践中还是有所差别的。笔者通过对香港国际仲裁中心(HKIAC)的调研以及相关资料的收集得知，通过仲裁与调解相结合的方式解决纠纷的案件还是非常少的。①

(二)日本

首先，关于仲裁与调解相结合制度在日本的《仲裁法》上没有明文规定。理论研究上，对这一制度也是各持所说，意见不一。②根据2003年的日本《仲裁法》第38条第4款③规定，当事人双方在有允诺的情况下，仲裁庭或者由其选任的一人或两人以上的仲裁人可以试图对属于仲裁程序的民事纠纷进行和解。这一规定被类推适用于仲裁与调解相结合的情况。

其次，日本作为东亚文化圈的国家之一，同样深受中国传统儒家文化的影响。自古以来崇尚"以和为贵"的精神，尊重和奖励通过当事人的合意解决纠纷。明治维新以前，严格意义上的诉权是没有得到保障的。④诉讼上的和解以及调解是日本传统型的纠纷解决方式。通过这些方式进行纠纷解决案件很多。通过调解解决纠纷的纠纷解决理念和意识正是与日本这样的崇尚"以和为贵"

---

① Kun Fan, "The Risk of Apparent Bias When An Arbitrator Acts As A Mediator Remarks on Hongkong Court's Decision in Gao Haiyan", *Yearbook of Private International Law*, Vol. 13, 2011, p. 541.

② 关于这一制度采取反对立场的是早川尚吉教授为代表的学者。其观点主要是以英美法的程序正义角度进行批判。持赞成态度的一方是谷口安平教授为代表的学者。他们在认识到这一制度自身所存在的缺陷的同时对这一制度持有肯定的意见。

③ Article 38. (Settlement)

(4) An arbitral tribunal or one or more arbitrators designated by it may attempt to settle the civil dispute subject to the arbitral proceedings, if consented to by the parties.

④ 小岛武司主编：《ADR的实际与理论Ⅰ》(荻原)，中央大学出版社2003年版，第93页。

的传统社会文化密不可分的。在日本传统的纠纷解决体制中，调解与仲裁两者是分不开的。①

最后，尽管如前述在理论上从程序保障的角度，对于仲裁与调解相结合的纠纷解决进行批判，但是纠纷解决实践中更重视这一制度的灵活性。2014 年 2 月 1 日施行的日本商事仲裁协会(JCAA)的《商事仲裁规则》第 54 条②与第 55 条③分别对以原则和例外的形式对这一制度进行了与以往相比更为明确的规定。另外日本

① 川岛武宜著：《日本的法意识》，岩波新书 2012 年版，第 102 页。

② Rule 54. Mediation

1. The Parties, at any time during the course of the arbitral proceedings, may agree in writing to refer the dispute to mediation proceedings under the International Commercial Mediation Rules of the JCAA (the "**ICMR**"). No arbitrator assigned to the dispute shall be appointed as mediator, except if appointed under Rule 55. 1.

2. If the Parties enter into an agreement under Rule 54. 1, the arbitral tribunal, at the request of either Party, shall stay the arbitral proceedings.

3. All offers, admissions, or other statements by the Parties, or recommendations by the mediator, made during the course of the mediation proceedings shall be inadmissible as evidence in the arbitral proceedings unless otherwise agreed by the Parties.

4. If the mediation proceedings are terminated under Rule 10. 2(3), 10. 2(4), or 10. 2(5) of the ICMR, the arbitral tribunal, at the request of either Party, shall resume the arbitral proceedings.

③ Rule 55. Special Rules for the ICMR if an Arbitrator serves as Mediator

1. Notwithstanding Rule 54. 1, the Parties may agree in writing to appoint an arbitrator assigned to the same dispute as a mediator, and refer the dispute to mediation proceedings under the ICMR. If the Parties do so, the Parties shall not challenge the arbitrator based on the fact that the arbitrator is serving or has served as a mediator.

2. Notwithstanding Rule 9. 5 of the ICMR, an arbitrator who serves as mediator in regard to the same dispute shall not consult separately with any of the Parties orally or in writing, without the agreement of the Parties in writing.

The arbitrator shall disclose to all other Parties, in each instance, the fact that such consultation has taken place, excluding the contents thereof.

3. The Parties shall submit to the JCAA a copy of the agreement under Rule 55. 1, when they refer the dispute to mediation proceedings under Rule 55. 1.

4. The mediator's remuneration under Rule 55 and the administrative fee for the mediation proceedings shall be calculated as follows:

(1) the administrative fee for the mediation proceedings are not required to be paid; and (2) the Mediation Hours shall be deemed to be the arbitrator's Arbitration Hours in calculating the arbitrator'sremuneration.

5. The ICMR, except Chapter II, and the Mediation Cost Regulation shall apply to the mediation under Rule 55.

商事仲裁协会(JCAA)的《国际商事调解规则》第8条①对调解与仲裁的关系也有所规定。据有关统计，日本商事仲裁协会(JCAA)有三分之一的案件是通过和解解决，在这其中大约有一半是根据和解内容作出仲裁裁决的。②

(三)韩国

现行的韩国《仲裁法》第31条第1款③规定，在仲裁程序进行过程中当事人达到和解的情况下，仲裁庭必须终结仲裁程序。在双方当事人有申请的时候，仲裁庭可以以仲裁裁决的形式记录当事人的和解条款。该规定与2003年的日本《仲裁法》的主旨是相同的。④ 事实上，韩国根据联合国国际贸易法委员会起草的《国际商事仲裁法》(1985版)第30条⑤的规定对1999年《仲裁法》做了一定程度的修正。

同时，同样韩国也是深受中国传统的儒家文化影响的东亚国家。在韩国，根据调解解决纠纷是与韩国的传统规范礼与道德是相一致的。⑥

---

① Rule 8. Relationship between Mediation and Arbitration

The mediator may act as an arbitrator in any arbitral proceedings relating to the dispute referred to mediation under these Rules if the parties so agree.

② 《讲演录/为了日中企业间纠纷解决的国际商事仲裁的效果的活用》(大贯)，载于2009年JCA第56卷9号。

③ Article 31 (Settlement)

(1) If, during the arbitral proceedings, the parties settle the dispute, the arbitral tribunal shall terminate such proceedings. The arbitral tribunal may, if requested by the parties, record the settlement in the form of an arbitral award on agreed terms.

④ [日]小岛武司、高桑昭主编:《注释与论点仲裁法》(佐藤)，青林书院2007年版，第215页。

⑤ Article 30. Settlement

(1) If, during arbitral proceedings, the parties settle the dispute, the arbitral tribunal shall terminate the proceedings and, if requested by the parties and not objected to by the arbitral tribunal, record the settlement in the form of an arbitral award on agreed terms.

(2) An award on agreed terms shall be made in accordance with the provisions of article 31 and shall state that it is an award. Such an award has the same status and effect as any other award on the merits of the case.

⑥ [日]青木清:《特集契约观·诉讼观·法意识的国际比较:韩国人的法意识》，载于JURI No. 1297(2005)，第80页。

根据大韩商事仲裁院(KCAB)的《国内仲裁规则》第 18 条①的规定是可以通过仲裁与调解相结合的方式解决纠纷的。但是大韩商事仲裁院(KCAB)的《国际仲裁规则》却没有这样的规定。国际仲裁的情况下，以调解的方式解决纠纷的方式只适用于仲裁程序开始前的阶段，这种纠纷解决程序被称为最后的机会(last-chance)。②根据大韩商事仲裁院的《国际仲裁规则》第 34 条③的规定，通过调解解决纠纷的结果最终在当事人之间是有拘束力的。④

大韩商事仲裁院(KCAB)每年平均有 500 件以上的案件是通过调解这一纠

---

① Domestic Arbitration Rules of KCAB Article 18 Settlement through Conciliation

1. Upon the receipt of a conciliation request from both parties within 15 days from the Reference Date the Secretariat shall refer the dispute to conciliation proceedings before arbitration procedures commence.

2. The Secretariat shall appoint one or three conciliator(s) from among those in the Roster of Arbitrators. Procedures for and the manner of conciliation shall be determined by conciliator(s).

3. If the conciliation proceeding succeeds in settling the dispute, the conciliator shall be deemed to be the arbitrator appointed under the agreement of the parties, and the result of the conciliation shall be treated in the same manner as an award given and rendered upon settlement by compromise under the provisions of Article 53 and shall have the same effect as such an award.

4. When the conciliation proceeding fails to settle the dispute within 30 days after the appointment of the conciliator(s), the conciliation procedure shall come to an end and the arbitration procedure under these Rules, inclusive of appointment of the arbitrator(s), shall commence immediately. However, the parties may extend the above period by mutual agreement.

5. The parties to the conciliation proceeding, in the absence of an agreement, shall each bear their own conciliation costs.

6. The provisions for Arbitration Costs provided for in ChapterⅧ shall apply *mutatis mutandis* to the case of conciliation and when an arbitration proceeding commences pursuant to Paragraph 4 of this Article, the conciliation costs shall be deemed to constitute a part of the arbitration costs.

② Shahla F. Ali, Resolving Disputes in the Asia-Pacific Region: International Arbitration and Mediation in East Asia and the West, Routledge, 2012, p. 39.

③ Article 34. Award by Consent

If the parties reach a settlement after the Request is filed and advance cost is made under these Rule, the Arbitral Tribunal may render a consent Award recording the settlement if any party so requests. If the parties do not require a consent Award, then on written confirmation by the parties to the Secretariat that a settlement has been made, the Arbitral Tribunal shall be discharged and the reference to arbitration concluded, subject to payment by the parties of any outstanding costs of the arbitration.

④ Kap-You(Kevin) Kim and John P. Bang, Arbitration Law of Korea: Practice and Procedure, Juris, 2012, p. 217.

纷解决方式解决的。①根据相关统计得知，而且这些案件通过调解这一纠纷解决方式最终的得到解决的成功率接近50%。②而且这样的调解结果基本上能达到被当事人自愿履行的最佳效果。③

二、启　　示

综上所述，东亚地区中日韩三国对仲裁与调解相结合的纠纷解决方式具有其深厚的纠纷解决文化底蕴和赖以生存的土壤。仲裁与调解相结合制度在中国内地和中国香港都有明确的法律规定。特别是高海燕案件的仲裁裁决的最终得到执行在某种程度上说明了中国内地与中国香港对仲裁与调解相结合的纠纷解决的现实性是不容置疑的。日韩两国虽然在《仲裁法》中没有对仲裁与调解相结合制度作出明确规定，但在实践中根据各自的模式运用仲裁与调解相结合的纠纷解决的事实是不能忽视的。特别是从东亚地区纠纷解决文化的角度来考虑，调解社会即对调解优越性的重视的纠纷解决意识是广泛存在的。

仲裁与调解相结合的纠纷解决方式同时具备调解制度的效率性和经济性以及仲裁制度的仲裁裁决的执行力的机能，是对仲裁与调解各自优越性的有机结合的纠纷解决。④目前，关于外国仲裁裁决的承认与执行的《纽约公约》已被159个国家批准。据此，仲裁裁决的承认及执行方面与国家法院的判决的承认及执行相比安定性是显而易见的。⑤另外，从最大限度尊重当事人之间的合意的角度来讲，仲裁与调解相结合的纠纷解决与当事人自治原则也是相符合的。

---

① 关于这一点请参照：「Mediation is an entirely voluntary, risk-free process in which a neutral staff member of KCAB helps the parties to a dispute to negotiate their own settlement. The mediator will be unbiased and shall not judge either party, while encouraging open communication, helping to identify the specific areas of dispute and agreement, and working toward bringing the parties to a negotiated settlement specified and reached by the parties themselves. The number of mediation cases has averaged 520 per year over the last years.」(资料来源于大韩商事仲裁院(KCAB)的HP：http：//www.kcab.or.kr/jsp/kcab_eng/mediation/medi_01_ex.jsp，2018年4月11日最后访问)。

② Shahla F. Ali, Resolving Disputes in the Asia-Pacific Region：International Arbitration and Mediation in East Asia and the West, Routledge, 2012, p. 39.

③ [日]澤井啓：《韩国ADR的最新情况》，载于2009年JCA第56卷7号。

④ Haig Oghigian：《调解和仲裁组合的纠纷解决方法：现在还是半成品的阶段?》，大塚正民译，载于2002年JCA第49卷4号，第18页。

⑤ [日]中野俊一郎：《国际裁判管辖的合意》，载于2009年JURI No. 1386。

同时也可以起到对强制调解进行预防的作用。还有，目前对仲裁制度的诉讼化问题的批判的声音越来越多。比如说，仲裁程序的诉讼化导致纠纷解决成本上升的同时对通过仲裁解决纠纷的快速性等效果产生负面影响。仲裁与调解相结合的纠纷解决方式对这一问题有缓和的作用。也就是说，通过仲裁与调解相结合的纠纷解决方法使仲裁更能容易被纠纷解决当事人利用。

然而现阶段，从整个国际民事纠纷解决制度的层面来看，仲裁与调解相结合的纠纷解决依然是地域性的特殊的纠纷解决制度，尤其是，在作为中国内地的仲裁特色被广泛获知。前述的高海燕案件的仲裁裁决的执行虽然最终得到中国香港法院的认可，但一定程度上也暴露了关于中国内地的仲裁与调解在纠纷解决的程序上的一些问题。从高海燕案件的第一审判决来看，核心问题还是关于仲裁与调解相结合程序的正当性问题。虽然仲裁与调解这两种纠纷解决具有不同的特性，尤其是仲裁员与调解员在纠纷解决中所扮演的角色不同，如果仲裁员与调解员在同一个纠纷解决程序中被同一人担任，势必会容易被从中立性的角度对这个人产生怀疑。但并不能因为存在这样的怀疑，我们就应当把仲裁与调解这两个纠纷解决用完全孤立的程序去处理。只是说，我们应该在最大的可能性的基础之上，尽可能去完善仲裁与调解的相关程序，尽可能最大限度地去满足不同纠纷解决当事人的需要。也就是说，从高海燕案件的一审判决中对仲裁与调解相结合的纠纷解决相关程序的质疑，很容易得到中国内地的仲裁机构的仲裁规则有必要进一步细致化的启示。换句话说，仲裁与调解相结合的纠纷解决程序的透明化在不违反这一制度的本质的基础上作出尽可能的努力。同时，对仲裁与调解相结合的纠纷解决的合理性在一定程度上的认可也是最大程度尊重当事人意思自治的体现，即尊重当事人对纠纷解决方式的选择权。一般来讲，各种纠纷解决机制是不存在优劣之分的，只有在面对具体的纠纷时根据具体案件情况以及当事人的需求时才能体现出相关纠纷解决机制在法律实践中的价值。同时，对仲裁与调解相结合的纠纷解决的存在的合理性的肯定也符合纠纷解决机制多元化的理念，也与日益增长且呈现出复杂性的国际民事纠纷的现状相符合。

2014 年版的日本商事仲裁协会(JCAA)的商事仲裁规则对仲裁与调解相结合的纠纷解决方式的内容进行规定也是对这一制度的可行性在某种程度上的认可。大韩商事仲裁院(KCAB)的《国内仲裁规则》和《国际仲裁规则》对仲裁与调解相结合的纠纷解决方式的所规定的内容有所不同。这一点说明了大韩商事仲裁院(KCAB)的《国际仲裁规则》对国际仲裁案件通过仲裁与调解相结合的方式进行解决采取的是谨慎的态度。至于大韩商事仲裁院(KCAB)在仲裁与调解相结合的纠纷解决实务中为什么采取对国际案件和国内案件两种态度的理由虽然不是很明白，但是也许可以推测为仲裁裁决的执行力问题的角度作出的考虑也是完全有可能的。然而，笔者认为根据前述东亚地区对仲裁裁决的相关情况的考察来看，这样的考虑在东亚地区是完全没有必要的。

另外，为了对国际仲裁的实际状态进行把握而进行的某项国际调查的结果来分析，对这一调查回答的企业中，有73%是利用过国际仲裁的。①在这其中只是通过仲裁解决纠纷的利用率为29%，而与其他的替代性纠纷解决方式相结合解决纠纷的利用率为44%。②

三、结　　语

综上所述，从理论和实务的角度综合考量的话，仲裁与调解相结合的纠纷解决制度对促进东亚地区的国际民事纠纷解决特别是在纠纷解决的效果和快捷方面具有重要的意义。尽管由于东西方纠纷解决文化上所存在的差异而导致对仲裁与调解相结合的纠纷解决制度的认识存在较大分歧。然而，东亚地区的中日韩三个国家对仲裁与调解相结合的制度存在着相同的纠纷解决基础。东亚地区由于地理位置上的便利，中日韩之间自古以来相互之间都进行着深刻的交流。在此基础上的历史，文化以及风俗习惯等方面都可以看到许多相通的之处，有关纠纷解决方面同样是存在着比其他地区相比较而言更多的相通的地方。不仅是纠纷解决的当事人，提供纠纷解决的业务的仲裁机关，仲裁人等的与纠纷解决相关联的人或组织拥有同样的或者类似的纠纷解决文化对纠纷解决的各方面来讲都是至关重要事情。仲裁与调解相结合的纠纷解决制度正是可以最大限度地利用东亚的纠纷解决文化的纠纷解决模式。通过这一纠纷解决制度，一方面促进东亚内部的纠纷解决，另一方面可以促进整个东亚地区纠纷解决与其他地区的纠纷解决在国际民事纠纷解决市场中的竞争力。从而逐渐将这一纠纷解决从东亚推向全球。今后，仲裁与调解相结合的纠纷解决在东亚地区乃至逐渐在全世界的纠纷解决机制中作用值得不断期待。

---

① ［日］澤井啓：《韩国 ADR 的最新情况》，载于 2009 年 JCA 第 56 卷 7 号。

② ［日］澤井啓：《关于企业对国际商事仲裁的姿态与实务——From the Research Report on International Commercial Arbitration by School of International Arbitration, Center for Commercial Law Studies, University of London》，载于 2009 年 JCA 第 56 卷 7 号。

企业刑事合规计划有效性评价标准的域外考察

——以美国为中心的展开*

陈 玲**

目 次

一、问题的缘起：企业合规计划有效性评价标准的域外考察何以重要以及为何选择美国为考察对象?

近年来，刑事合规成为法律理论及实践领域一个非常热门的话题，学术界对刑事合规的概念界定、国外立法和司法沿革、我国引入刑事合规制度的必要性、可行性以及路径都进行了非常充分的研究，实务部门也启动了企业合规监管试点工作，上海市浦东新区、上海市金山区、江苏省张家港市、山东省郯城县、广东省深圳市南山区、广东省深圳市宝安区六个基层检察院开始了企业犯

---

* 本文系上海市社科规划一般课题“‘冒名顶替’的刑法规制与‘身份盗窃’行为的入罪化”(项目编号：2020BFX009)和上海社会科学院院课题“网络犯罪的概念界定及其类型化分析”的阶段性成果。

** 陈玲，法学博士，上海社会科学院法学研究所助理研究员，上海市黄浦区人民检察院第六检察部副主任(挂职)。

罪附条件不起诉(相对不起诉)的试点，积极探索在现行刑事诉讼制度框架内将刑事合规引入司法实践的可行路径，积极参与社会治理，督促企业合规经营，完善现代企业管理制度。张军检察长在2021年3月全国人民代表大会上所作的工作报告中就2021年的工作安排强调，“积极、稳慎试点，督促涉案企业合规，做好依法不捕、不诉、不判实刑的‘后半篇文章’”。[①] 刑事合规评价制度中国本土化探索进入下半场，理论研究和实践关注焦点逐渐转向企业合规计划的有效性评价，即企业的合规计划满足什么样的标准才是充分有效的，或者说以什么样的标准去评估企业的整改措施是否合格。他山之石，可以攻玉。域外刑事合规制度形成和发展已经有一段时间，司法实践中积累了一定的经验，对域外企业合规计划有效性评价标准进行研究，可以为我国构建企业合规计划有效性评价标准提供一定的借鉴和启示。

美国是合规制度和刑事合规司法评价制度的起源国，企业合规计划在美国刑事司法企业犯罪的惩治制度安排中具有重要地位。美国《联邦量刑指南》(*United States Sentencing Commission Guidelines Manual*)中建议法官在计算企业的罚金时考虑企业在犯罪行为发生时是否具有有效的合规计划。[②] 美国《司法手册》(*Justice Manual*)中《联邦商业组织起诉原则》(*Principles of Federal Prosectuion of Buniness Organizations*)明确了检察官在考虑是否对企业展开调查、是否提起指控以及在决定是否要就认罪协议和其他协议进行磋商时所要考虑的因素，其中就包括“犯罪时以及检察官作出指控决定时是否存在适当且有效的企业合规计划”以及企业对“执行适当且有效的合规计划或完善现有合规计划”所作的补救性努力。[③] 此外，助理总检察长布莱恩·本茨科夫斯基(Brian Benczkowski)发布的《刑事厅事务的监管人选择》(*Selection of Monitors in Criminal Division Matters*)指导检察官们在作出监管人是否适格的决定时要考虑到“企业是否已经为企业合规计划和内控制度投入了很多以及作出了完善”，“对合规计划和内控制度的完善是否表明它们会预防和发现将来的类似犯罪行为”。[④] 但如何判断企业合规计划的有效性，是一个非常实际也非常容易产生分歧的问题，即便在美国这个合规制度和刑事合规司法评价制度的起源国，仍

① 《最高人民检察院工作报告》(2021年3月8日在第十三届全国人民代表大会第四次会议上)。

② U. S. S. G. §§8B2. 1, 8C2. 8(11).

③ JM 9-28. 800 和 JM 9-28-1000.

④ Brian Benczkowski, “Selection of Monitors in Criminal Division Matters”, October 11, 2018.

然是一个大家都非常关注乃至法官、检察官和公司企业都觉得非常难以把握的问题。因此，美国也在不断尝试在相关法律文件和指引性文件中对这一问题作出规定。

二、问题的展开：美国“企业合规计划有效性标准”的具体规定

(一)《联邦量刑指南》

1991 年 11 月 1 日，美国联邦量刑委员会在《联邦量刑指南》中增设第 8 章《组织量刑》(*Sentencing of Organization*)时，就指出“‘预防和发现违法行为的有效计划’是指经过合理设计、采用和执行以便其可以预防和发现犯罪行为的计划”，但没有预防或发现一时的犯罪行为并不意味着计划本身是无效的。预防和发现违法行为的有效计划的标志在于组织采取了适当措施以寻求对其员工和其他代理人实施犯罪行为的预防和发现。适当措施的最低要求就是企业已经采取了下列措施：组织必须已经建立了供其员工和其他代理人遵守的、在理论上能减少犯罪行为发生的合规标准和程序；组织高层中必须有具体的人全权负责对这些标准和程序的遵守的监管；组织必须已经足够谨慎注意没有授予哪些组织知道或通过尽职调查应当知道有倾向会从事非法活动的人以重要的自由裁量权；组织必须已经采取措施将上述标准和程序有效传达给其员工；组织必须已经采取合理措施以确保对该标准的遵守；该标准必须通过适当的惩戒机制予以持续性执行；犯罪行为被发现后，组织必须已经采取了所有合理的措施对犯罪行为作出回应以及预防未来类似犯罪行为的发生，包括对其原有合规计划作出必要修正以预防和发现违法行为。而可以预防和发现违法行为的有效合规计划中所必不可少的措施采取则取决于许多因素，其中包括组织的规模、组织因其商业性质而发生特定犯罪行为的可能性、组织的之前表现等。另外，组织未能融合或遵守可适用的行业惯例或相关政府监管部门所呼吁的标准对认定预防和发现违法行为的有效计划是非常不利的。①

2004 年《联邦量刑指南》修订，其中的一大重要变化就是将“预防和发现违

① “Chapter Eight-Sentencing of Organizations, United States Sentencing Commission Guidelines Manual (1991)”, https://www.ussc.gov/sites/default/files/pdf/guideline-manual/1991/manual-pdf/Chapter_8.pdf, visited on April 12, 2021.

法行为的有效计划”修改为“有效的合规和道德计划”，并将其从第 8A1. 2 条内附带的“注释 commentary”部分变为第 8B2. 1 条，其中规定有效的合规和道德计划要求组织采取必要措施预防和发现犯罪行为以及弘扬鼓励符合道德规范的行为和致力于守法的组织文化。为达到以上要求，组织最低程度要做到：(1) 制定预防和发现犯罪行为的标准和程序。(2)组织的权力机构知晓合规和道德计划的内容和运行，并对合规和道德计划的执行和有效性实施合理的监管；指派具体的组织高级管理人员全权负责合规和道德计划；指派组织内具体的个人对合规和道德计划承担日常运行职责。承担运行职责的人应当定期向高级管理人员汇报，并且在适当的时候向权力机构或权力机构的下设机构汇报合规和道德计划的有效性情况，因此上述个人应享有适当的资源、合理权限和直接接触权力机构或权力机构的适格下设机构的机会。(3)组织应尽合理努力保证组织实权人员中不包含组织已经知晓或通过尽职调查后本应知晓从事非法活动或违反有效合规和道德计划的其他行为的个人。(4)组织应合理措施定期以可行之方式向权力机构成员、高级管理人员、实权人员，组织内部员工以及适当情况下的组织其他代理人传达其标准和程序以及合规和道德计划的其他内容。(5) 组织应采取合理措施确保其合规和道德计划得到遵守，包括通过监管和审计以发现犯罪行为；定期评估组织合规和道德计划的有效性；构建允许其员工或其代理人可以匿名或保密地(不用害怕被报复)就未来可能发生的或已经发生的犯罪行为进行举报或寻求有关指导的制度，并加以广而告之。(6)组织的合规和道德计划应通过适当的正向激励(遵守合规和道德计划)以及适当的惩戒措施(实施了犯罪行为或没有采取合理措施预防和发现犯罪行为)持续在整个组织得到执行和弘扬。(7)发现犯罪行为后，组织应采取合理措施对犯罪行为进行适当处理以及预防将来类似犯罪行为的发生，包括对组织合规和道德计划作出任何必要的调整。在履行上述 7 项微观具体要求的同时，组织应定期评估犯罪行为发生的风险，并采取合理措施减少此等风险。①

(二)《联邦商业组织起诉原则》

1999 年，美国司法部发布的《联邦商业组织起诉原则》(*Principles of Federal*

---

① “Chapter Eight-Sentencing of Organizations, United States Sentencing Commission Guidelines Manual (2004)”, https: //www. ussc. gov/sites/default/files/pdf/guideline-manual/2004/manual-pdf/Chapter_8. pdf, visited on April, 12, 2021.

Prosecution of Business Organizations）（《司法手册》（*Justice Manual*）第9章）[1]对评估企业合规计划的关键因素作出了规定，即合规计划的设计是否恰当，可以最大程度地有效预防或发现员工的不当行为？企业管理层是否执行了该计划或者是否暗中鼓励或迫使员工实施不当行为以达到商业目标？司法部明确，针对合规计划没有公式性的统一要求，首先，检察官需要考察的基础性问题是：企业合规计划的设计是否到位？企业合规计划的采用是否诚心诚意？企业合规计划是否发挥了作用？在回答这些问题时，检察官应当要考虑到合规计划的综合程度、企业刑事不法行为的严重程度及普遍程度、公司员工涉及刑事不法行为的人数和级别、不法行为的严重程度和持续时间及发生频率、公司采取的补救措施等。其次，检察官尤其要考察公司的合规计划是否只是"纸上计划"还是有效并恰当地进行了设计、执行、复核和修改。其中的考量因素包括企业是否指派了足够的人手来审计、记录、分析和利用企业合规方面的成果，企业是否通过恰当的方式告知员工合规计划的存在以及让员工相信企业对合规计划的遵守。最后，检察官应额外考察企业合规计划是否可以发现特定企业业务范围中最有可能发生的特定类型的不法行为。[2]

（三）《美国反海外腐败法信息指引》

为进一步促进企业对美国《海外反腐败法》（*Foreign Corrupt Practices Act*）的理解，美国司法部刑事厅和美国证券交易委员会于2012年联合发布了《美国反海外腐败法信息指引》（*A Resource Guide to the U. S. Foreign Corrupt Practices Act*），[3]其第五章执法的指导原则（Guiding Principles of Enforcement）对"有效的企业合规计划的标志（Hallmarks of Effective Compliance Programs）"作出了规定。司法部和证券交易委员会认可，企业的规模是它们在评估企业合规计划时会考虑的因素；鼓励各企业根据自身的具体需求、风险和挑战制定合规计划，指出按章照抄的合规计划可能是没有效率的，甚至是没有效果的。

此外，司法部和证券交易委员会从"公司高级管理层的努力和明确规定的反腐败政策（Commitment from Senior Management and a Clearly Articulated Policy

① 该节最新版本为2019年7月修订。

② "Principle of Federal Prosecution of Business Organization（Title 9，Chapter 9-28.000）"，https：//www. justice. gov/jm/jm-9-28000-principles-federal-prosecution-business-organizations，visited on Apr. 8，2021.

③ 该细则也于2020年修订，但有关合规计划评估的内容没有实质性调整。

Against Corruption)”“行为准则、合规政策和程序(Code of Conduct and Compliance Policies and Procedures)”“监管、自主权和资源(Oversight, Autonomy, and Resources)”“风险评估(Risk Assessment)”“培训和持续性咨询建议(Training and Continuing Advice)”“激励和惩戒措施(Incentives and Disciplinary Measures)”“第三方尽职调查和费用支付(Third-Party Due Diligence and Payments)”“秘密举报和内部调查(Confidential Reporting and Internal Investigation)”“持续完善：定期检测和审查(Continuous Improvement: Periodic Testing and Review)”“并购：收购前尽职调查和收购后的一体化建设(Mergers and Acquisitions: Pre-Acquisition Due Diligence and Post-Acquisition Integration)”这十个方面对有效合规计划的具体标志作出了解读。

“公司高级管理层的努力和明确规定的反腐败政策”主要涉及两点：一是企业领导层是否致力于构建“合规文化”，高层的努力是否为中级管理人员和企业各个层级的员工所执行和巩固；二是高级管理层是否明确规定了公司遵守《反海外腐败法》及道德准则的标准，将其清晰无误地传达出去并予以严格遵守，在组织内部加以宣传普及。“行为准则、合规政策和程序”主要涉及企业是否采取措施确保行为准则的现时性和有效性以及企业是否定期审查和更新其准则；企业是否具备相应的政策和程序以规定企业内部的合规职责，细化适当的内部控制、审计操作流程、文档记录政策和设立惩戒程序。“监管、自主权和资源”主要涉及企业是否指派内部一名或多名具体的高级执行官负责监管和执行企业合规计划；这些负责人享有适当的权限、独立于管理层的足够的自主权以及足够的资源以保证企业合规计划的有效执行。在评估企业是否具有合理的内部控制时，美国司法部和美国证券交易委员会通常会考虑企业是否为其合规计划分配了与其规模、结构和业务风险相匹配的人力和资源。“风险评估”主要涉及企业的合规计划是否基于领域的不同风险等级而分配关注重点和资源，换而言之，高风险领域重点关注并分配更多的合规资源以及低风险领域减少关注并分配略少的合规资源才是有效的合规计划，尽管有时因为在低风险领域的投入过少而未能预防该领域的违法行为。“培训和持续性咨询建议”主要涉及企业是否采取措施确保相关政策和程序已经在内部得到传达，包括对所有董事、管理人员、相关员工以及适当情况下的代理人和商业合作伙伴进行定期培训以及采取适当措施提供有关遵守企业道德和合规计划的指引及建议，以有助于企业上下对合规计划的正确理解和遵守。“激励和惩戒措施”主要涉及企业在实施合规计划时是否具备适当和清晰的惩戒程序、这些程序是否得到及时和有效的执行以及它们是否与违法程度相匹配，以及企业是否具备正向的激励措施。不管企业采纳了什么样的惩戒机制和潜在的激励，这些惩戒和激励措施应当公平、统一地加以适用。“第三方尽职调查和费用支付”要求企业对其合作第三方进行尽职调查，主要包括第三方的资质和社会关系、了解和第三方进行交易的商业合理性、对与第三方的关系进行持续性监管，并告知第三方企业的合规计划以及对道德和合法商业惯例的注重。“秘密举报和内部调查”要求企业具备供员工和其他人以秘密的方式举报涉嫌或明显违法或违反公司政策的行为而不用担心被报复的机制。收到指控后，公司应立即启动高效、可信赖以及得到恰当资金支持的程序以对指控进行调查和记录公司采取的应对措施。从举报的违法行为以及相应的调查结果中吸取经验教训，从而更新其内部控制和合规计划并调整将来培训的着重点。“持续完善：定期检测和审查”则要求企业的合规计划与时俱进，随着时间、环境、客户、法律以及行业标准的发展而不断发展，要求企业定期审查和完善其合规计划以免其僵化。“并购：收购前尽职调查和收购后的一体化建设”指出，并购过程中同时蕴含着风险和机遇，因此企业在收购前是否对被收购对象实施了恰当的尽职调查表明企业是否致力于合规。此外，收购企业还应当及时将被收购企业纳入其内部控制程序框架内，包括其合规计划，对新员工进行培训，根据公司标准对第三方进行重新评估以及在适当的情况下对新的业务部门进行审计。①

美国司法部和证券交易委员会还指出，企业的合规计划还应当参考美国商务部国际贸易局发布的《商业道德：新兴市场中负责任的商业企业管理手册》（*Business Ethics：A Manual for Managing a Responsible Business Enterprise in Emerging Market Economics*）、国务院发布的《打击全球腐败：商业风险管理》（*Fighting Global Corruption：Business Risk Management*）、经济合作与发展组织（The Organization for Economic Co-operation and Development）制定的《关于内部控制、道德与合规的有效操作指引》（*Good Practice Guidance on Internal Controls，Ethics，and Compliance*）《企业反腐败道德与合规手册》（*Anti-corruption Ethics and Compliance Handbook for Business*）、亚太经合组织的《企业反腐败行为准则》（*Anti-Corruption Code of Conduct for Business*）、国际商会的《反腐败规则》（*Rules on Combating Corruption*）、透明国际（Transparency International）的《反贿赂商业原则》（*Business Principles for Countering Bribery*）、联合国全球契约组织（United Nations Global Compact）的《十项原则》（*The Ten Principles*）、世界银行的《诚信合规指南》（*Integrity Compliance Guidelines*）以及世界经济论坛的《合作反腐败-

① The Criminal Division of the U. S. Department of Justice and the Enforcement Division of hte U. S. Securities and Exchange Commission，“A Resource Guide to the U. S. Foreign Corrupt Practices Act”，https：www. sec. gov/spotlight/fcpa/fcpa-resource-guide. pdf，visited on Mar. 15，2021.

反贿赂原则》(*Partnering Against Corruption-Principles for Countering Bribery*)。实际上，在2017年美国司法部刑事厅出台《企业合规计划评估细则》(*Evaluation of Corporate Compliance Programs*)之前，这些都曾是企业在建立和落实企业合规体系以及检察官在判断企业合规体系是否有效的重要参考。

(四)《企业合规计划评估细则》

1.《2017年企业合规计划评估细则》

2017年2月8日，美国司法部刑事厅反诈骗处在近20多年实践和发展刑事合规评价制度的基础上，终于率先出台了专门性的指导文件《企业合规计划评估细则》(*Evaluation of Corporate Compliance Programs*)。这一细则主要还是对《美国联邦量刑指南》《司法手册》《联邦商业组织起诉原则》规定的重申，当然也吸取了司法部其他的公开发布文件、美国证券监督与交易委员会和经济合作和发展组织等公开发布的文件中的有益元素，而该细则中包含的"常见问题问答"则让我们对美国司法部是如何评估企业合规的过程有了更细致和更深入的了解。① 该细则强调企业合规计划不在于其形式，而在于其实际运行，主要是从企业文化、合规组织框架和资源配置、公司政策和程序规定的有效性这三个方面来考察其合规计划的实际运行情况。就企业文化，细则考察重点放在企业的高级和中级管理层上，即管理层和公司领导是否鼓励公司员工或代理人实施犯罪行为以及管理层和公司领导的实际行动是否表明其致力于对合规的确保；细则考察的第二个企业文化因素是企业管理层对合规事务的回应程度以及犯罪行为被发现后企业所采取的补救措施；第三个涉及企业文化的考察因素则是企业管理层是否制定了激励措施以鼓励合规和道德行为，以及企业是否考虑到其商业模式及其激励框架可能会产生的对合规的不利影响。而对于企业合规组织框架和资源配置，细则主要考察员工是否有足够的渠道可以将有关合规方面的问题传达给企业董事会和高级管理层、企业在作出具体策略和业务决定时合规部门所发挥的作用、企业是否具备了经验丰富、合乎资格的合规人员以及是否为合规事务(内部审计、定期测试、对评估程序的经常性更新)匹配了适当的资源和资金。关于企业政策和程序规定，细则主要考察企业政策的制定、员工了解可能性及其本身的一致性，企业是否给予员工有关企业政策和程序规定的

① Ryan Rohlfsen, Amanda Raad, Ropes & Gray LLP, "DOJ's New Guidance for Compliance Programs", Harvard Law School Forum on Corporate Governance, March 19, 2017.

培训，企业在合并、收购和第三方管理中是如何确保合规的，以及多维度地去考察这些政策和程序性规定的实效性。①

2.《2019 年企业合规计划评估细则》

2019 年 4 月 30 日，美国司法部刑事厅对该评估细则进行修订，旨在提供更为具体的指引以及与其他有关指引(例如《美国反海外腐败法信息指引》、《反海外腐败法企业实施政策》、《刑事厅事务的监管人选择》、《聘请企业合规监管人的标准和政策的新备忘录》(*New Memorandum on Standards and Policies for Retention of Corporate Compliance Monitors*)等相协调。②《企业合规计划评估细则》强调刑事厅并不使用固定公式去评估企业合规计划的有效性，每家企业的风险状况以及降低这些风险应采用的方法都不同，这使得评估必须具体情况具体分析，同时检察官在评估企业合规计划有效性时应关注行业监管规定以及监管部门所出台的合规指引。2019 年细则相对 2017 年细则而言，篇幅几乎翻了一倍，内容上有较大扩充，新增了 61 个新的合规计划有效性的考量因素，主要是围绕《司法手册》的三个问题(企业合规计划的设计是否到位？企业合规计划的执行是否有效？合规计划在实践中是否发挥了作用?)进行细化和阐述。就企业合规计划的设计，细则主要考察企业对其所面临风险的辨别、评估和界定，企业是否存在适当的合规政策和程序，企业是否具备根据其面临风险所制定的培训和沟通计划，企业的秘密举报框架和调查程序，对第三方的尽职调查和管理，企业在合并和收购过程中所进行的尽职调查及其兼并后的一体化建设等情况。就合规计划的有效执行，细则主要考察高级和中级管理层致力于建设道德和守法文化的情况、合规职能发挥的自主性以及资源充足性、建立鼓励合规的激励框架和威慑不合规行为的惩戒措施。就合规计划实际上是否恰当有效，细则主要考察合规计划是否得到持续完善、定期检测和审查；企业是否具备对违法犯罪行为进行及时彻底调查的机制；企业能否对潜在的违法犯罪行为进行彻底的深层次原因剖析并采取措施消除引发犯罪行为的根本原因，预防犯

① U. S. Department of Justice, Criminal Division, Fraud Section, "Evaluation of Corporate Compliance Programs" (Feb. 8, 2017).

② U. S. Department of Justice, "Criminal Division Announces Publication of Guidance on Evaluaiting Corporate Compliance Programs" (Apr. 30, 2019), https://www.justice.gov/opa/pr/criminal-division-announces-publication-guidance-evaluating-corporate-compliance-programs, visited on June 5, 2020.

罪行为在将来发生。①

3.《2020 年企业合规计划评估细则》

仅一年多之后，即 2020 年 6 月 1 日，美国司法部刑事厅对《企业合规计划评估细则》进行修订并发布了新版本。新的《企业合规计划评估细则》旨在帮助检察官就企业在犯罪行为发生时以及在检察官作出指控决定或其他结案决定时企业合规计划是否有效作出清晰的判断，以便决定适当的结案形式或起诉；经济惩罚(如果有的话)以及企业刑事结案协议中所包含的合规义务。这其中应考虑到的因素包括但不限于企业规模、行业、分布情况、监管状况以及其他影响公司运营的内部和外部因素，当然，最重要的还是紧紧围绕修订后的《司法手册》中提出的三个根本问题，即企业合规计划的设计是否到位？企业合规计划的采用是否诚心诚意？换而言之，合规计划是否得到了足够的资源支持和赋权以实现其功能的有效发挥？企业合规计划实践中是否发挥了作用？② 此外，该细则还援引了其他可以参照适用的指引性文件，例如，美国司法部反垄断厅 2019 年 7 月发布的《刑事反垄断调查中的企业合规计划评估细则》(*Evaluation of Corporate Compliance Programs in Criminal Antitrust Investigations*)和美国财政部外国资产监管办公室 2019 年 5 月发布的《外国资产监管合规义务框架》(*A Framework for OFAC Compliance Commitments*)。

2020 年细则对 2019 年细则没有作大幅度的重要调整，主要变化体现在文字使用上以及其他一些细小之处。就企业合规计划的设计，细则增加了部分内容：“风险评估”部分强调企业对风险的评估是评估企业合规计划的起点，检察官应当考察企业对合规计划的选择以及完善和发展是否反映了风险评估的结果，即企业是否根据数据定期对合规计划进行审查，审查是否带来了对企业政策、程序和控制上的调整，以及企业是否会跟踪和吸取其自身之前出现过的问题以及同行业和/或同一地区其他企业经营中的经验教训并将其融入其定期风险评估中；“政策和程序”部分强调其不但包括新政策和程序的设计和执行程序，还包括公司更新现有政策和程序的程序，并考察这些程序是否与时俱进，即企业政策和程序是否以可查询的方式发布以及查找是否容易，企业是否研究

---

① John Nassikas, John Tan, Lindsey Carson, Arnold & Porter Kaye Scholer LLP, “New DOJ Compliance Program Guidance”, Harvard Law School Forum on Corporate Governance, June 10, 2019.

② Criminal Division of U. S. Department of Justice, “Evaluation of Corporate Compliance Programs”, at Introduction, June 1, 2020.

过员工对不同政策和程序的获取情况以了解员工最关注什么政策；“培训和沟通”部分强调检察官在评估企业合规计划时需考虑企业是否采取定期培训和认证等措施确保企业政策和程序已经与组织形成一个统一体，企业是否根据受众的具体情况(规模、复杂程度、对主题的熟悉程度等)选择适当的方式传达信息，员工是否有途径可以就培训事宜提出问题以及企业是否评估过培训对员工行为和公司业务的印象程度，要求企业采纳更简短更有目标性的培训会议使员工能够及时对合规、内部审计和其他风险管理职能的发挥发现和提出问题；“秘密举报框架和调查程序”部分强调企业应具备匿名或秘密举报不合规行为的机制并且该举报机制不但要向企业员工广而告之还要向其他第三方广而告之，以及要求对举报机制进行检查，考察企业是否采取措施检查其员工是否知晓举报热线电话以及使用时是否方便自如以及企业是否定期检查热线电话的有效性；“第三方管理”部分要求检察官特别评估企业是否知晓与第三方开展交易的商业合理性以及第三方合作伙伴所带来的风险，包括第三方合作伙伴的声誉及其与外国政府官员的关系(如果有的话)；“合并和收购”部分强调企业合规计划要更往前一步，要将被收购的实体及时有序地纳入其现行的合规计划框架和内部控制中来，并进一步强调合并和收购过程中的尽职调查的重要性，但同时也承认对目标企业的彻底的尽职调查有时是不可能的，此时就有必要对原因作出解释。就合规计划功能发挥的资源配置和权限授予，细则的文字表述发生了变化，之前这一问题的核心在于追问合规计划的执行是否有效，而修订时将其重点具体化为是否为合规计划的功能发挥配备了适当的资源和权限，其具体表现在以下几个方面：“高层和中层管理人员的参与”部分强调企业在各个层级建立和培育道德和守法文化，以及企业领导层作出高级别的承诺在企业中层和高层发展合规文化；“自主性和资源配置”部分增加了对企业组织机构的模式选择的追问、对企业合规和其他控制人员的发展及培训方式的追问、对合规和控制人员获取数据对企业政策、控制和交易进行及时有效的监管和检查的追问；“激励和惩戒措施”部分增加了对合规职能中是否有对调查和相应惩戒的监管以确保其适用上的一致性的追问。就企业合规计划的实效，细则在“持续完善、定期检查和审查”部分增设了对企业是否从其自身发生的不当行为以及面临类似风险的其他企业中发生的不当行为中吸取经验教训而对其合规计划进行了审查和调整的追问。①

① Aisling O' Shea, Nicolas Bourtin, Anthony Lewis, Sullivan & Cromwell LLP, “DOJ Updates Guidance on the Evaluation of Corporate Compliance Programs”, Harvard Law School Forum on Corporate Goverance, June 20, 2020.

三、问题的焦点：美国“合规计划有效性标准”相关规定的评析及启示

（一）美国刑事合规评价制度语境中“合规计划”的语义重点偏移

从以上美国“合规计划有效性标准”的相关规定中，我们可以看到，合规计划的有效性判断主要是依附于合规计划在刑事司法体系中成为法官量刑裁量因素和监督考验条件、检察官起诉（包括案件终结的其他处理方式）和量刑建议裁量因素而存在的。虽然美国刑事合规评价制度本身在此之外作出了一定的突破，形成和确立了企业合规的刑事义务，即美国2002年出台的《萨班斯–奥克斯利法》（*Sarbanes-Oxley Act of* 2002）规定，上市公司的首席执行官和首席财务官应确保公司为财务信息的正确披露而提供了有效的内部控制，否则最高可处以20年的监禁型；① 以及2010年出台的《多德–弗兰克华尔街改革和消费者保护法》（*Dodd-Frank Wall Street Reform and Consumer Protection Act*）规定，作为投资顾问的企业应当指定一名首席合规官，负责执行企业合规计划，以预防对《投资顾问法》的违反，如果企业没有指定首席合规官来执行企业合规计划，则将面临相应的民事和刑事责任，② 但从这些条文本身可以看到，《萨班斯–奥克斯利法》中的刑事合规义务涉及的是公司高管确保公司具备有效的内部控制来保障财务信息的正确披露，《多德–弗兰克华尔街改革和消费者保护法》中的刑事合规义务涉及的是特定企业必须指定首席合规官执行合规计划，防止对特定法律的违反，对于前者会涉及对内部控制是否有效的判断问题，对于后者则不涉及合规计划是否有效的判断问题，但即便是前者，其与对刑事合规评价制度领域内合规计划有效性的判断也有本质不同，即前者的目的是确保财务信息的正确披露或者说确保对特定法律条款的遵守，而合规计划的目的是确保预防和发现犯罪行为，是为了节约刑事司法资源和便利刑事司法程序的顺利进行。

换而言之，美国刑事合规评价制度领域内对合规计划有效性的判断的根本

---

① Sarbanes-Oxley Act of 2002, Pub. L. No. 107-204, § 302 (a)(4), 116 Stat. 745, 777 (2002).

② Tiffany M. Joslyn, “Criminal Provisions in the Dodd-Frank Wall Street Reform and Consumer Act”, https: //fedsoc. org/commentary/publications/criminal-provisions-in-the-dodd-frank-wall-street-reform-consumer-protection-act, visited on Jan. 5, 2021.

出发点是节约刑事司法资源、便利刑事司法程序以及预防再犯的发生，而不是从“合规计划(compliance program)”四个字本身文义所体现出来的对合规本身的强调。这一点可以从《联邦量刑指南》最初所采用的名称“预防和发现违法行为的有效计划”中窥见一二。预防违法行为是为了不启动刑事诉讼程序、发现违法行为是为了节约司法机关的侦查成本、发现违法行为之后采取相应的措施则是企业配合司法机关惩治犯罪的表现。这一点还可以在司法部最初将合规管理作为检察官起诉时的考量因素时的规定看到。1987 年《司法部关于国防部自愿披露项目的指南》(*Department of Justice Guidelines for Defense Department's Voluntary Disclosure Program*)将国防部采购企业是否实施披露等一系列程序作为是否对其提起指控的重要考量因素之一；而 1991 年美国司法部环境和自然资源局发布的《违法者具有重要的主动合规和披露行为的情况下对其环境犯罪行为是否需要作出刑事起诉决定的考量因素》(*Factors in Decisions on Criminal Prosecutions for Environmental Violations in the Context of Significant Voluntary Compliance or Disclosure Efforts by the Violator*)规定是否对环境犯罪行为提起指控的考量因素包括自愿披露、与检方合作、犯罪预防措施和合规计划以及其他因素等。同样，这一点亦可在美国前后几任助理检察长修订的《联邦商业组织起诉原则》的有关内容转变上窥见一二。2003 年，时任副总检察长汤姆森对《联邦商业组织起诉原则》进行修订(被称为“汤姆森备忘录”)，要求检察官与企业达成的不起诉协议或暂缓协议里应设定诸如放弃律师-当事人特权条款(waive the attorney-client privilege)，规定检察官在决定是否放弃对企业的起诉时要考量企业是否“及时、自愿地披露违法行为以及在调查企业员工时是否自愿与检察官合作，包括在必要时放弃律师-当事人特权和工作生产保护特权”。① 据此，如果涉罪法人面临指控，则可以选择放弃律师-当事人特权，提供有关文件给检察官，从而避免被诉。检察官则可以将这些文件用作证据，对法人雇员提出有力的指控，同时也省却了艰难复杂的调查工作。② 虽然这一条款因受到律师界和商业界的猛烈抨击而已经实质上被废除，但其所体现出的制度取向很显而易见。2008 年出台的“菲力普备忘录”也仍然重申，检察官不能要求涉罪法人放弃这一权利，但不反对涉罪企业自愿、主动地提供有关文件和信息。③

---

① Principle of Federal Prosecution of Business Organizations (2003), at Part II (A) (4).

② 叶良芳：《美国法人审前转处协议制度的发展》，载《中国刑事法杂志》2014 年第 3 期，第 140 页。

③ U.S. Attorneys' Manual (2008), § 9-28.710.

（二）“合规”还是“合规计划”：刑事合规评价制度构建的目标

正因为美国刑事合规评价领域内对合规计划有效性标准的重点在于对犯罪行为的预防和发现，而不在于合规本身，所以“合规”与“合规计划”的区分值得再一次被强调。实际上，这也是许多学者在对我国引入刑事合规评价制度时持反对意见的理由之一，即学术讨论能够有效进行的前提之一，就是参与讨论的各方对于基础概念的内涵认识一致，如果参与讨论的一方任意扩大或缩小论题的概念，尔后在此基础上证明自己的观点，这种论证过程是无效的，最终将使整个学术讨论沦为学者的自说自话。① 我国目前在讨论刑事合规评价制度时存在一定程度上的“合规”“合规计划”“合规评价制度”三个概念或维度上混用。“合规”指的是对法律、法规以及规章制度的遵守，是一种状态、目标和过程。企业的合规意识以及企业治理、企业风控、风险管理和预防和阻止犯罪行为的内部规定和要求可以说从企业制度诞生以来就存在了。“合规计划”是指企业或其他组织体在法定框架内，结合组织体自身的组织文化、组织性质以及组织规模等特殊要素，设立一套违法及犯罪行为的预防、发现及报告机制。② 企业合规方面的内部规章是合规计划的一个要素，即行为准则要素，但合规计划不仅仅包括行为守则，还有一系列的保证守则得到遵守的措施。③同时，企业合规方面的内部规章重点在于保证合法经营，即对违法及犯罪行为的预防，而合规计划中的制度以及措施的重点不但包括对违法及犯罪行为的预防，还在于对违法及犯罪行为的发现和报告，这一发现和报告固然是为了预防将来类似违法和犯罪行为的发生，但更多的还是与侦查和指控机关的合作与配合。④ 而刑事合规评价制度则是在刑事诉讼过程中，由有权机关对企业有无合规(制度、计划)、合规(制度、计划)是否有效进行评价，并在出入罪、是否起诉以及量刑上给予相应的法律评价。

“合规”与“合规计划”的区分有助于我们对刑事合规评价制度构建的目标有更明确的理解和认识。从美国刑事合规评价制度的发展和形成，我们可以看

---

① 田宏杰：《刑事合规的反思》，载《北京大学学报(哲学社会科学版)》2020年第2期，第123页。

② 参见李本灿：《合规计划的效度之维——逻辑与实证的双重展开》，载《南京大学法律评论》2014年春季卷，第229页。

③ 李本灿：《企业犯罪预防中合规计划制度的借鉴》，载《中国法学》2015年第5期，第190页。

④ 基于此，本文中合规制度指的是企业合法经营的行为准则，与合规计划区分开来。

到，其是先有合规制度的发展，然后再有合规计划的发展，最后合规计划才进入刑事领域发展处刑事合规评价制度。换而言之，对企业合规的追求，在第一个层面的合规制度上已经完成，对通过企业内部的制度性安排来保障和促进对企业合规的追求在第二个层面上的企业合规计划制度上已经完成，刑事合规评价制度层面的合规计划是企业整个合规计划的一部分，有可能出现这样一种情况，某一企业在第一层面的合规制度上做得非常好，没有任何违法乱纪现象，但该企业未必具备合规计划，第二个层面的企业合规计划制度上可以说毫无建设；也有可能出现这样一种情况，某一企业在第三个层面的合规计划非常合格，但第二个层面的合规计划却不能说是合格的。因此，美国刑事合规计划有效性标准的各个规定中也一再强调，企业未能预防和发现某一当下犯罪并不当然说明企业的合规计划是无效的。我国的情况稍有不同，在一定程度上，我们可以说，合规、合规计划和刑事合规评价制度三者在我国的发展具有相当的同步性，而非递进性，甚至可以说，我们目前的实践路径和学术探讨路径是通过刑事合规评价制度来推动企业的合规经营，换而言之，我国在一定程度上是“跳过了”合规计划，而把合规和刑事合规评价制度联系在一起的。

因此，在研究我国刑事合规评价领域内的合规有效性评价标准时，这一问题必须牢记在心。我国刑事合规评价制度要致力于推动的是合规计划制度本身还是合规制度本身，是要寻求企业在犯罪预防和犯罪打击上的配合、节约刑事司法资源，还是寻求企业本身在现有法律框架和监管环境下的规范经营？刑事合规评价制度的构建目标也决定了对合规有效性的评价标准的不同，或者更具体地说，我国刑事合规制度的构建目标是否是要推动合规计划这一制度本身的发展还是根据具体情况，例如，根据企业规模，区分大中小型企业，根据行业、上市与否等等区分标准，按照合规计划制度可能会实施到的程度(可能以后公司法会有所规定)来区别化对待，抑或我国刑事合规制度的构建目标与推动合规计划这一制度本身无关，而在于推动企业本身的规范经营，则企业采取合规计划之外的可行措施来保证和表明自己将会规范经营亦可达到合规有效的标准。因此，我国刑事合规评价制度合规有效性评价标准构建的目标问题也可以语义化为我们追求的合规有效性标准还是合规计划有效性标准。

(三)评估标准中的时间节点以及短期目标和长期目标的区分

如上文如述，美国刑事合规评价制度的产生与发展从一开始就具有其自身的制度基础和理论背景。这一点还表现在责任根基上，美国刑事合规评价制度的责任根基在于企业刑事责任归责的替代责任上，即如果企业员工或代理人在职权或授权范围内，出于为企业谋取利益的目的，实施了犯罪行为，则企业应对员工的犯罪行为承担责任。① 而我国企业犯罪的认定模式不是替代责任，虽然单位成员为单位利益实施了犯罪行为，如果单位不知道、不了解员工的此种犯罪行为，则该行为没有反映单位的犯罪意图，不能以单位犯罪论处，而只能对个人追究刑事责任。②根据我国《刑法》规定，我国企业承担刑事责任的前提是，首先，企业属于国有企业、集体企业、合资经营企业、合作经营企业、独资法人企业、私营法人企业；其次，《刑法》分则规定了该具体罪名可以由单位构成；最后，以单位名义实施，即单位集体研究决定或者由单位的负责人或者被授权的其他人员决定，为单位谋取不正当利益或违法所得大部分单位所有；最后排除个人为进行违法犯罪活动而设立的公司、企业实施犯罪的，或者公司、企业设立后，以实施犯罪为主要活动的，以及盗用单位名义实施犯罪，违法所得由实施犯罪的个人私分的。可以看到，我国单位犯罪的范围较之美国企业犯罪的范围要小，最主要的是我国单位犯罪一定是代表单位意志的。换而言之，美国刑事合规评价制度是通过合规计划来预防和发现某个或某些员工的犯罪，企业和某个或某些员工之间可以通过合规计划而挣脱或弱化美国法律制度下的替代责任，由于企业和员工或代理人之间是独立的个体存在，企业是不可能完全控制员工及其代理人的行为，所以在评价合规计划的有效性时不以员工或代理人实际有没有实施犯罪作为一刀切的标准予以评价，而是通过各种因素综合来看，企业是否已经尽到法律所要求的努力。而我国刑事合规评价制度是需要来预防企业本身意志下的犯罪，即单位集体决定下的犯罪或单位负责人或被授权的其他人决定的犯罪，也就是说，企业合规制度或合规计划的制订者和实施者与企业犯罪主体之间具有同一性，而并不是美国法律制度中那样的分离性，企业合规计划或合规制度的目的是预防企业本身的犯罪，其合规计划或合规制度是用来约束自己或代表自己的人的，那么它的有效性评价标准就应该是该合规计划或合规制度是否足以预防其再犯可能性，即在我们国家的单位犯罪归责原则下，对企业的合规计划或合规制度有效性的评估时间节点不存在考察犯罪时企业是否存在有效的合规计划或合规制度，因为它们都失败了，都没有得到诚实地履行，实际上也是没有发挥其作用，成为纸上的合规计划或合规

① ［美］菲利普·韦勒：《有效的合规计划与企业刑事诉讼》，万方译，载《财经法学》2018 年第 3 期，第 145 页。

② 参见肖中华：《论单位受贿罪与单位行贿罪的认定》，载《法治研究》2013 年第 5 期，第 13 页。

制度。我们的评估时间节点在于评估时企业有没有补救性地制定和完善其合规计划或合规制度，而这些合规制度或合规计划根据企业的实际情况是否足以预防其再犯。

合规计划是现代企业治理制度中的一项具体制度安排，其与犯罪治理之间的关系有两点值得我们关注。一是合规计划是企业犯罪预防和发现的手段，而不是绝对的法宝。一项关于合规计划是否可以有效预防和发现违法犯罪行为的调查研究表明，虽然所有的企业的合规计划都可以发挥作用，但对于作用有多大，则存在不同观点，22%的企业认为合规计划极其有效，58%的企业认为非常有效，20%的企业认为仅有一定的效果。① 正因为合规计划与企业犯罪的预防和发现之间不对等，所以美国刑事合规评价制度框架内对合规计划的有效性的评估标准中不以企业是否实际犯罪或是否未能预防和发现当下犯罪来一票否决其有效性。二是合规计划的效度是不能证实、不能证伪的命题，虽然“不能证伪的命题就是真理”的论说被批判为荒谬，但大量的经验感知可以说明合规计划的效果绝非子虚乌有。② 此外，合规计划的设计、施行乃至监管都是有成本的，因此不同规模的企业、面临违法犯罪风险程度不同的企业、面临违法犯罪风险种类不同的企业是否有努力有必要实施合规计划以及合规计划的设计到哪一个程度也是需要个案分析的。因此，我国刑事合规评价制度的构建应当区分短期目标和长期目标，从短期上看，其重点应当放在合规制度上，也就是对于一般性企业而言，其目的是督促企业制定和完善合规制度，从而督促其合规经营；而对于反腐败领域、食品药品安全、财务信息披露等证券犯罪方面，对上市公司则以合规计划作为评估对象，督促上市公司制定和完善合规计划，进一步完善其现代公司治理机制。从长期来看，则逐步将更多的领域更多的企业纳入合规计划评估领域，当然，这一方面取决于公司法律制度方面的发展和实践，另一方面取决于实践中对合规计划与犯罪治理之间关系的再认识。

① Corporate Compliance Programs—Leading Practices Survey, Ernst & Young LLP Publish, 2011, p. 4.

② 李本灿：《企业犯罪预防中合规计划制度的借鉴》，载《中国法学》2015 年第 5 期，第 189 页。

国际法资料

越南《最高人民法院法官委员会就〈商事仲裁法〉的若干规定提供指导的第 01/2014/NQ-HDTP 号决议》*

欧福永　罗依凯**译

为了准确和一致地实施 2010 年 6 月 17 日国民议会第十二届会议通过并于 2011 年 1 月 1 日生效的《商事仲裁法》(以下简称"LCA")的规定，在最高人民检察院检察长和司法部长的同意下，最高人民法院法官委员会(the Council of Judges)依照《人民法院组织法》的规定，决定：

第一条　适用范围

本决议指导实施《商事仲裁法》中关于法院在仲裁和登记临时仲裁裁决方面的权力、顺序和程序的若干规定的实施。

第二条　根据 LCA 确定仲裁和法院之间争议解决的管辖权

1. 如果双方有 LCA 第 5 条和第 16 条规定的仲裁协议，则 LCA 第 2 条规定的争议应通过仲裁解决，但本条第 3 款规定的情形除外。

---

* 本决议根据 Kluwer Law International 网站公布的 ICCA International Handbook on Commercial Arbitration 中的 National Report for Vietnam (2018，作者 Hew R. Dundas)所附的英文版翻译，系湖南省研究生科研创新项目"国际商事仲裁中第三方资助的披露制度研究"(CX20190345)的阶段性成果。

** 欧福永，湖南师范大学法学院教授，博士生导师；罗依凯，湖南师范大学法学院博士研究生。

2. 如果属于 LCA 第 2 条规定范围内的争议提交法院审理，法院应询问当事人一方是否已就该争议达成仲裁协议。法院必须审查和考虑与申请书一并提交的文件，以确定该争议是否属于本条第 3 款的范围。根据案件的具体情况，法院的审理程序如下：

(a)没有仲裁协议，或者已经有有效的法院判决、决定，有效的仲裁决定、裁决认定该争议不存在仲裁协议的，除第 2(2)(c)条规定的情形外，法院应当根据其管辖权考虑立案审理。

(b)有仲裁协议，且仲裁协议不属于本条第 3 款规定范围的，法院依据经 2011 年《修订和补充民事诉讼法若干条款的法律》修订和补充的 2004 年《民事诉讼法》第 168(1)(d)条(以下统称“CPC”)，应将申请书及其所附文件和证据退还申请人。如果法院在受理申请后发现存在仲裁协议，且该协议不属于本条第 3 款的范围，则法院应依照 CPC 第 192(1)(i)条的规定，宣布中止案件，并将申请书和所附文件退还申请人。

(c)在已提出仲裁请求且仲裁庭已对该争议进行处理的情况下，即使法院意识到该争议不属于仲裁庭的管辖权，没有仲裁协议或者有仲裁协议但属于本条第 3 款规定范围，一方请求法院解决争议的，法院应当将仲裁申请书退还申请人。法院已经立案的，应当决定中止审理。在仲裁庭根据 LCA 第 43 条、第 58 条、第 59 条和第 61 条的规定作出决定或裁决后，如果申请人进一步申请法院审查，法院应考虑按照一般程序登记和处理该申请。

3. 有下列情形之一的，即使有仲裁协议，除当事人另有约定或者法律另有规定外，仍属于法院管辖：

(a)法院已决定撤销仲裁裁决或撤销仲裁庭关于承认当事方协议的决定；

(b)仲裁庭已根据 LCA 第 43(1)条、第 59(1)(a)(b)(d)和(dd)条的规定决定终止争端解决程序；

(c)争议属于本决议第 4 条第 1、2、3、5 款的范围。

4. 当事人既约定以仲裁方式解决争议，又约定在法院解决争议的，但未重新约定或者新约定具体的主管机关管辖，且不属于本条第 3 款的范围的，此类争议应通过以下方式解决：

(a)如果申请人在请求法院解决争议之前将争议提交仲裁，或者在法院未按照本条第 4(b)款的规定受理案件时将争议提交仲裁，则法院适用 LCA 第 6 条的规定，拒绝受理和解决本案。在这种情况下，法院接到申请人的请求后，应当予以退还；已经受理的，依照 CPC 第 192 条(1)(i)款的规定，中止审理，退还申请书和所附文件。

(b)如果申请人请求法院解决争议，法院必须立即确定一方当事人是否已将争议提交仲裁。

在收到申请书之日起5个工作日内，法院认为被申请人或者申请人已经将争议提交仲裁的，应当将申请书退还申请人。被申请人或者申请人未将争议提交仲裁的，法院应当考虑受理案件，按照一般程序解决争议。

法院受理案件后，发现争议在被其受理前已提交仲裁的，因该案件不属于法院管辖，法院应适用CPC第1921(i)条的规定，终止审理，并应退还申请书及所附文件。

第三条　LCA第6条和第18条规定的无效仲裁协议

无效仲裁协议是LCA第18条规定的协议类型之一。审理第18条规定的无效仲裁协议时，应注意下列事项：

1. “争议发生在仲裁权限之外的领域”(根据LCA第18(1)条的规定)是指为解决不在LCA第2条范围内的争议而达成的任何仲裁协议。

2. 根据法律规定(根据LCA第18(2)条的规定)“订立仲裁协议的人缺乏签署仲裁协议的权利能力”是指任何非法定代表人或非合法授权代表人的，或是合法授权代表人但行为超出其权力范围的签字人。

原则上，签字人无权签字而签订的仲裁协议无效。对于无签字权的签字人签署的仲裁协议，如果在仲裁协议的签署和执行或者仲裁程序中，有权订立仲裁协议的人已经接受该协议或者知情而没有提出异议的，该协议有效。

3. “订立仲裁协议的人缺乏民事法律行为能力”(根据LCA第18条第3款的规定)是指未成年人以及没有或已经丧失民事行为能力的人。在这种情况下，法院必须收集证据证明仲裁协议的签字人没有法律行为能力，并且必须有签字人出生日期的证明或主管当局的结论或法院的裁定，宣布此人丧失或被限制了法律行为能力。

4. “仲裁协议的形式不符合LCA第16条的规定”(根据LCA第18第(4)条的规定)是指不按照LCA第16条和本决议第7条规定的某一形式达成的仲裁协议。

5. “一方在缔结仲裁协议时受到欺骗、威胁或胁迫”(根据LCA第18条第5款的规定)是指《民法典》第4条和第132条所规定的受欺骗、威胁或胁迫的当事方。

6. “仲裁协议违反法律的禁止性规定”(根据LCA第18(6)条的规定)是属

于《民法典》第128条规定的范围的仲裁协议。

第四条　根据LCA第6条的规定无法履行的仲裁协议

“无法履行的仲裁协议”(根据LCA第6条的规定)属于下列一种仲裁协议类型：

1. 当事各方同意在某一特定仲裁中心解决争议，但该中心已停止运作，没有任何后续仲裁中心，当事各方未能就其他仲裁中心解决争议达成协议。

2. 当事人已经约定了临时仲裁的具体仲裁员人选，但发生争议时，该仲裁员因不可抗力或者其他客观原因不能进行仲裁，或者仲裁中心或者法院按照当事人的约定找不到仲裁员，双方未能就任何替代仲裁员达成一致。

3. 当事各方已就临时仲裁的特定仲裁员的选择达成一致，但在发生争议时，仲裁员拒绝接受指定或相关仲裁中心拒绝指定该仲裁员，且当事各方未能就任何替代仲裁员达成一致。

4. 双方同意在一个特定的仲裁中心解决争议，但也同意适用另一个仲裁中心的仲裁规则，并且为解决争议而选择的仲裁中心的章程不允许适用任何其他仲裁中心的规则，而当事人不同意适用选定的仲裁中心的规则的。

5. 商品和/或服务供应商和消费者在提供商品和/或服务的格式合同中已经有仲裁条款，但是这些条款是由供应商根据LCA第17条预先确定的，而当发生争议时，消费者不同意通过仲裁解决争议。

第五条　根据LCA第7条确定哪个法院对仲裁程序有管辖权

1. 争议的当事人有权约定越南省级人民法院解决在越南仲裁的有关事项。关于选择一个有管辖权的法院的协议必须以书面形式作出，明确说明由法院解决的事项的类型和当事人选择的法院的名称。

如果双方的协议不符合LCA第7(3)条的规定，法院对仲裁程序的管辖权应根据LCA第7(2)条规定的法院的地域管辖权以及LCA第7(3)条规定的法院的级别管辖权来确定。

如：当事人约定选择X区人民法院处理传唤证人的请求，则违反LCA第7(3)条的规定。不接受双方之间的此种协议的法院对仲裁程序的管辖权应根据LCA第7(3)条和第2(e)条确定。

2. 当事人可以约定在争议发生前或者发生后选择一个对仲裁有管辖权的法院。选择仲裁程序的管辖法院的协议，应当遵循只有一个法院对同一当事人之间的一个或者全部仲裁程序具有管辖权的原则。

3. 对指定临时仲裁庭仲裁员的申请具有管辖权的法院的决定：

(a)在涉及多个被申请人的临时仲裁庭需要指定仲裁员的情况下，申请人有权选择任何一个被申请人所在地或其总部所在地的法院。被申请人之一在境外或者总部在境外的，申请人有权选择其住所地或者总部所在地的法院。

(b)在收到指定临时仲裁庭的仲裁员的申请后，接收法院应指示只有LCA第7(2)(a)条中规定的法院之一可供他们选择。选定的法院应命令申请人保证不向其他法院提出申请。

(c)申请人向不同法院提出申请、所有不同法院均已收到申请的，由先受理案件的法院管辖。后受理申请的法院，应当按照下列规定处理：

(c1)如果该法院尚未受理申请，法院应适用CPC第168(1)(dd)条和第311条的规定，将其申请连同所有随附文件、证据和任何法庭费用预付款退还给申请人。

(c2)如果该法院已经受理申请，法院应适用CPC第168(1)(dd)条、第192(1)(i)条和第311条中止审理该案件，并将该案件从审理日程中删除，将其申请书连同所附的所有文件和证据交回申请人。

(c3)各法院决定指定仲裁员的，以申请人选择并按先后顺序先通知被申请人的法院指定仲裁员的决定为准。在这种情况下，根据《法庭费用条例》第39(2)条的规定，申请人仍须承担根据申请人请求的所有法院的仲裁员任命决定请求法院任命仲裁员所产生的费用。

4. 根据LCA第7(2)(b)、(c)、(g)条的规定，具有解决仲裁员替换申请、解决对仲裁庭裁决的投诉、撤销仲裁裁决、注册临时仲裁裁决管辖权的法院应依如下方式确定：

(a)LCA第7(2)(b)条中规定的“仲裁庭解决争议的地点”应根据LCA第3(8)条的规定确定。当事人对争议解决地点没有达成协议，仲裁庭不能确定或者不能明确确定的，申请人应当提交证明文件和/或证据。当事人无法证明的，法院应当指导其请求仲裁庭裁定。法院应依据仲裁庭对争议解决地点的确定，依法审议和决定登记事宜。

(b)LCA第7(2)(c)、(g)条规定的“仲裁庭作出决定的地点”和“仲裁庭作出仲裁裁决的地点”应根据仲裁庭的决定或裁决确定。仲裁庭的决定或者裁决未确定或者未明确确定作出决定或者裁决的地点的，申请人应当提交证明文件和(或者)证据证明。当事人无法证明的，法院应当指导其请求仲裁庭裁定。法院应依据仲裁庭的决定依法审议和决定登记事宜。

(c)LCA 第 7(2)7(2)(c)、(g)条规定的仲裁庭作出决定的地点，以及仲裁庭作出仲裁裁决的地点在海外的，主管法院应为被申请人在越南的总部所在地的法院。被申请人在境外居住或者设置总部的，以申请人居住地或者总部所在地的法院为管辖法院。

5. 确定法院在越南对外国仲裁的管辖权

(a)当进行外国仲裁以解决争议并请求越南法院支持其行动时，越南法院根据 LCA 第 7 条第(2)(a)、(b)、(c)、(d)、(dd)和(e)条的规定对外国仲裁具有管辖权。

(b)越南法院对 LCA 第 7(2)(g)条规定的撤销外国仲裁裁决的请求或临时外国仲裁裁决的登记没有管辖权。外国仲裁裁决在越南的承认和执行，要符合 CPC 关于在越南承认和执行外国仲裁裁决程序的规定。

第六条　LCA 第 13 条规定的抗辩权利的放弃

1. 一方当事人发现另一方违反 LCA 或仲裁协议，但继续进行仲裁程序，并在 LCA 规定的期限内未向仲裁庭或有关仲裁中心提出异议的，该方将丧失在仲裁中或法庭上对任何此种违反提出异议的权利。LCA 没有约定期限的，按照当事人的约定或者仲裁规则确定。当事人没有约定或者仲裁规则没有规定的，必须在仲裁庭作出裁决前提出异议。

2. 在审查一方或多方关于是否存在违反 LCA 或仲裁协议的请求之前，法院应审查文件、证据和仲裁规则，以确定一方或多方是否已经放弃了对此类请求提出异议的权利。

如果法院根据 LCA 第 13 条的规定和本条第 1 款的指导，判定对任何此类违反的抗辩权利已被放弃，放弃抗辩权利的一方就任何此种违反行为无权对仲裁庭的决定提出任何追索权，也无权请求撤销仲裁裁决。法院在决定是否接受一方当事人或多方当事人的请求时，不得依据一方或多方当事人已丧失抗辩权的违反行为。

3. 在考虑撤销仲裁裁决的申请时，法院的审查应符合 LCA 第 682(d)条和第 3(b)条的规定。如果有足够的理由接受或拒绝撤销申请，即使一方或当事人放弃了抗辩的权利，法院仍有权作出决定。

第七条　LCA 第 16 条规定的仲裁协议

1. 同一争议已经达成多个仲裁协议的，适用法律上按时间先后顺序最后达成的仲裁协议。

2. 仲裁协议的内容不明确，可以解释为不同意思的，适用《民法典》进行解释。

3. 因任何交易或合同而产生的权利和义务的任何转让，如已就其订立有效的仲裁协议，则该交易或合同的仲裁协议应继续适用于受让人，除非标的交易或合同的各方另有约定。

4. 在下列任何一种情况下，可以合并争议：

（a）双方同意将其若干争议合并在一个程序中解决；

（b）任何适用的仲裁规则都允许将争议合并在一个程序中解决。

第八条　按照 LCA 第 41 条的规定设立临时仲裁庭

1. 除当事人另有约定外，有下列情形之一的，法院应当根据任何一方当事人的申请指定仲裁员：

(a) 自被申请人收到申请人的仲裁请求之日起三十(30)天期满后，如果被申请人尚未将其选定的仲裁员姓名通知申请人，则法院有权应申请人的申请，代表被申请人指定一名仲裁员；

(b) 在涉及多个被申请人的纠纷中，自最后一名被申请人收到申请人的仲裁请求以及随附的文件和/或证据之日起三十(30)天期满后，且被申请人未能就仲裁员达成一致意见，则应一名或多名被申请人的申请，法院具有管辖权为被申请人指定一名仲裁员；

(c) 自双方选择各自的仲裁员或法院指定任何此类仲裁员之日起十五(15)天期满后，如果两名仲裁员无法就首席仲裁员的任命达成一致，则法院有权根据任何一方的申请指定首席仲裁员；

(d) 如果当事各方同意由一名独任仲裁员解决争议，但自最后一位被申请人收到申请人提出的仲裁请求之日起三十(30)天期满后未达成一致意见，经一个或多个当事方的申请，法院具有管辖权指定唯一的仲裁员。

2. 省人民法院首席法官(the Chief Judge of the Provincial People's Court)自收到申请之日起七(7)个工作日内，指派法官指定仲裁员。主管法院应立即通知争议各方和任何已指定的仲裁员有关申请的登记情况，并应通知指派进行任何仲裁员指定的法官的姓名。

3. 被指派的法官应在指派之日起七(7)个工作日内指定一名仲裁员，但不得召开任何会议或听证会审议申请，也不得传唤双方当事人。

4. 被指派的法官在考虑申请时，应考虑(i)LCA 第 20、21 条的规定；(ii) LCA 第 151(c)条规定的在越南开展业务的仲裁机构的仲裁员名单，详细说明和指导了《商事仲裁法》相应条款的 2011 年 7 月 28 日政府第 63/2011/ND-CP 号法令第 2(4)条和第 19 条；(iii)考虑并作出决定所需的任何随附文件。法院关于指定仲裁员的决定应根据本决议所附表格 01 发出。

5. 仲裁庭应在作出上述决定之日起 3 个工作日内通知各方当事人、仲裁庭和临时仲裁员。

第九条　根据 LCA 第 42(4)条的规定更换临时仲裁员

1. 只有在 LCA 第 42(4)条规定的情况下，法院才应处理和管理临时仲裁员的更换。要求更换仲裁员的一方应当提出书面申请，写明更换仲裁员的情况和理由。

2. 省人民法院首席法官应当自收到申请之日起十五(15)日内指定一名法官代为管理仲裁员的更换工作。主管法院应立即把有关申请通知仲裁庭、临时仲裁庭的仲裁员和争议当事人，并通知受委派指定替换仲裁员的法官的姓名。

3. 自指派之日起七(7)个工作日内，被指派的法官应考虑指派一名替代仲裁员，但不进行任何考虑申请的听证会，也不传唤双方当事人。

4. 在考虑申请时，法官应考虑 LCA 第 20 条和第 21 条以及第 42(6)条中所载的规则，LCA 第 151(c)条中规定的在越南运营的仲裁机构的仲裁员名单，详细说明和指导了《商事仲裁法》相应条款的 2011 年 7 月 28 日政府第 63/2011/ND-CP 号法令第 2(4)条和第 19 条，以及考虑和决定是否必须更换仲裁员所需的任何附带文件。

如果要求更换仲裁员的申请是合理的，根据每一具体情况，法官应考虑有关规定，决定更换仲裁员。撤换仲裁员的请求被驳回的，法官应当作出书面决定，明确说明更换请求被驳回的原因。更换仲裁员的决定应符合本决议发布的 02 号表格。

5. 法院应在作出裁决之日起三(3)个工作日内，将裁决书送交当事人、进行临时仲裁的仲裁庭或仲裁员。

第十条　根据LCA第44条对仲裁庭关于仲裁协议的存在、仲裁协议是否无效或无法履行或仲裁庭的管辖权所作决定的异议和对异议的裁决

1. 对仲裁庭就仲裁协议是否存在、仲裁协议是否无效、无法履行或仲裁庭是否有管辖权作出的决定，当事人有异议的，应当提出申诉。该申请书应包含LCA第44(2)条规定的内容，并应随附符合LCA第44(3)条规定的文件和/或证据。仲裁庭未就其管辖权作出独立裁决的，申请人应当提供证明仲裁庭无权解决争议的文件和证据。

2. 法院应在收到申请书及其所附文件和/或证据之日起五(5)个工作日内通知仲裁庭，法院正在受理和解决异议申请。

3. 法官应依据申请书、所附文件和证据，以及LCA第5、6、18条的规定，判定此类对仲裁协议的存在性、有效性和可操作性的异议是否正当。必要时，法官可以请求仲裁庭就该异议提出意见。

4. 法官应在LCA第44(4)条规定的时限内考虑该异议并作出裁决。该决定应与本决议的第03号表格一致。法院应当自作出解决异议的决定之日起五(5)个工作日内，将该决定送交当事人、仲裁庭、仲裁员和同级人民检察院。

5. 法官对仲裁庭关于是否存在仲裁协议、仲裁协议无效或者不能履行的决定的异议，应当依法受理或者驳回。法院应明确说明接受或不接受的理由和根据，并视具体情况，按下列程序进行：

(a)法院认定不属于仲裁庭管辖范围、不存在仲裁协议、仲裁协议无效或者不能履行的，按照下列程序进行：

(a1)仲裁庭决定终止仲裁的，当事人有权约定和选择其他解决争议的方法。

(a2)如果争议正在由仲裁庭解决，仲裁庭应在收到法院关于异议的裁决之日起十五(15)天内，根据LCA第44(6)条作出终止争议解决的决定。

(a3)仲裁庭已作出仲裁裁决的，一方或多方当事人有权要求法院按照一般程序撤销该仲裁裁决。

(b)法院认定争议属于仲裁庭管辖范围，且仲裁协议存在，该仲裁协议有效或可以履行的，应按以下方式审理：

(b1)如果仲裁庭已经决定中止解决争议的，则应在收到法院关于异议的决定之日起十五(15)天内，按照一般程序重启动仲裁。

(b2)仲裁庭已经作出仲裁裁决的，任何一方均有权要求执行该裁决、登记临时仲裁裁决或请求法院按照一般程序撤销该仲裁裁决。

(b3)如果争议正在由仲裁庭解决，仲裁庭应按照一般程序继续进行仲裁。

第十一条　请求法院按照 LCA 第 46 条和第 47 条的规定收集证据、传唤证人

1. 只有在一方或多方当事人已申请仲裁庭采取必要措施收集证据，但未能成功收集的，法院才能在 LCA 第 46(5) 条和第 46(6) 条规定的情况下收集证据。任何向法院提出的收集证据的申请，必须包括 LCA 第 46(5) 条所规定的所有要素，并附仲裁协议、仲裁请求书、证明当事人已尽力收集证据但未自行收集的有关文件和/或证据。

在本决议第 11 条中，“采取必要措施”是指使用所有允许的方法和选择，要求管理和储存证据的任何个人、机构或组织提供该等证据，但该等个人、机构或组织尚未提供该等证据。

2. 法院收集、保存和移交证据的顺序和程序应符合 LCA 第 46(6) 条和 CPC 可适用的规定。

3. 只有在有充分证据证明：(i) 证人已被仲裁庭有效传唤，但未出庭，且无正当理由缺席，以及 (ii) 证人缺席会妨碍仲裁时，法院方可传唤证人。传唤证人的申请必须包括 LCA 第 47(2) 条规定的所有事项，随附仲裁协议副本、仲裁请求书、有关文件和证明证人已被有效传唤但无正当理由未到庭以及缺席妨碍仲裁的文件和/或证据。

4. 签发决定、传唤和通知证人传唤结果的顺序和程序应符合 LCA 第 47 条和 CPC 可适用的规定。

5. 要求收集证据和/或传唤证人的一方，在提交所需文件和证据的同时，应当按照规定支付收集证据和传唤证人的费用以及举证费用和证人的费用。仲裁庭进行取证、传唤证人的，应当通过仲裁庭支付收集证据和传唤证人的费用和举证费用、证人费用。

第十二条　法院根据 LCA 第 53 条规定申请、更换和撤销临时救济的权力、顺序和程序

1. 争议的任何一方当事人在向仲裁庭提出仲裁请求后(当仲裁程序已经开

始时)，可随时向主管法院提出申请，请求申请一种或多种形式的临时救济，无论仲裁庭是否成立，以及仲裁庭是否已经解决争议。

2. 除非双方另有约定，任何一方有权要求主管法院根据LCA第49(2)条的规定采取一种或多种形式的临时救济。

3. 在提交所需文件和证据的同时，要求申请、替换和撤销临时救济的一方应支付所需申请费用，并应按照规定执行所有担保措施。

4. LCA第48条、第49条、第52条和第53条以及CPC可适用的条款规定了申请、替换或撤销临时救济以及确保法院在采取临时救济期间符合法律的顺序和程序。

5. 当事人一方请求法院采取一种或多种临时救济时，法院应询问当事人是否在该请求之前或之后请求仲裁庭采取一种或多种临时救济。事先没有向仲裁庭提出临时救济请求的，法院应当要求其在申请书中作出承诺，不向其他法院或者仲裁庭提出请求。同时，法院应审查和审议请求书所附的文件，以确定对此类争议是否已经向任何法院或仲裁庭提出了一项或多项临时救济的请求。

(a)如果一方当事方已请求仲裁庭或一家法院采取一种或多种形式的临时救济，则法院应按照LCA第52(5)条的规定将申请书退还当事各方，除非申请书所要求的救济形式超出了仲裁庭的权限。

(b)如果法院发现一方当事人在自己作出临时救济命令后又向另一法院或者仲裁庭提出临时措施请求，应当撤销其已经批准的救济，并将申请和所附文件退还当事人。

第十三条　LCA第62条规定的临时仲裁裁决的登记

1. 根据LCA第62(2)条的规定，如果在临时仲裁裁决作出后一(1)年期满后，一方或双方当事人向法院申请登记该裁决，法院无权审议和处理此类申请。

有理由认为临时仲裁裁决正在主管法院按照撤销仲裁裁决的程序进行审查和解决的，法院收到仲裁裁决登记申请后，应拒绝登记本申请，并应等待申请撤销仲裁裁决的结果。

2. 临时仲裁裁决的注册申请人应准备一份书面申请，并将其连同LCA第62(2)条所要求的文件一起提交给主管法院。

3. 法官审理临时裁决登记申请时，可以不召开听证会或者其他会议进行审查。法官根据自己裁量权，可以传唤一个或者多个当事人就申请临时仲裁裁决登记发表意见。法官应当按照LCA的规定和附送文件对申请进行审查，审查附送文件的真实性，考虑决定是否进行登记。

4. 临时仲裁裁决书和申请书附送文件准确的，应当办理登记。临时仲裁裁决登记的决定应与本决议所附的第 04 号表格一致。

5. 认定裁决不具有法律地位的，应当拒绝登记，退还申请书和所附文件，并立即通知申请人，并明确地说明理由。临时仲裁裁决的登记表格应与本决议所附的第 05 号表格一致。

第十四条　根据 LCA 第 68 条撤销仲裁裁决的理由

1. LCA 第 3(10)条和第 68 条规定的仲裁裁决包括仲裁庭承认 LCA 第 58 条规定的双方当事人达成的协议的决定和 LCA 第 61 条规定的仲裁庭的仲裁裁决。

2. 有下列情形之一的，法院应根据 LCA 第 58 条和第 61 条的规定撤销仲裁裁决：

(a)根据 LCA 第 6 条和第 18 条的规定以及本决议第 2 条、第 3 条和第 4 条指导，“没有仲裁协议或仲裁协议无效”；

(b)“仲裁庭的组成或仲裁程序不符合当事各方的协议或违反 LCA 的规定”是指当事各方就仲裁庭的组成和/或仲裁规则达成协议，但仲裁庭未能遵守这种协议或仲裁庭未能遵守 LCA，并且法院裁定这些违反行为是严重的，如果仲裁庭不能补救或不按照 LCA 第 71(7)条的规定应法院的要求对这些违反行为进行补救，则裁决必须被撤销。

例子：

1. 没有根据 LCA 和和仲裁规则，按 LCA 第 32 条的规定及时有效地把仲裁请求书通知一方，因此该方在仲裁庭的组成中没有被确保享有了权利；此种情况应视为严重违反第 68 条 2(b)项规定的程序。

例子：

2. 双方同意，该争议将由三名仲裁员组成的仲裁庭解决，越南法律将成为解决该争议的实体法。但是，争议是由一名独任仲裁员组成的仲裁庭解决的，虽然一方当事人提出异议但仲裁庭不接受，又适用了新加坡实体法；此种情况应视为严重违反第 68 条第 2(b)项规定的程序。

(c)“该争议不在仲裁庭管辖权范围内”包括仲裁庭意图解决无法通过仲裁解决的争议(如 LCA 第 2 条所述)的情况；或者仲裁庭意欲解决当事人不同意仲裁或者超出仲裁协议范围的争议。

法院原则上只撤销裁决中超出仲裁庭管辖范围的部分，不撤销全部裁决。

如果有可能将仲裁庭裁决中对其有管辖权的部分与对其没有管辖权的部分分开，则对该裁决中其有管辖权的部分不应被撤销。

如果不能把有管辖权的裁决部分和无管辖权的裁决部分分开，法院应撤销整个仲裁裁决。

(d)"仲裁庭作出裁决所依据的当事人提供的证据是伪造的；(或)仲裁员收受争议一方的金钱、财产或者其他物质利益，影响仲裁裁决的客观性、公正性的。"

只有在有证据支持证据伪造请求的情况下，而且这种(伪造的)证据必须与作出裁决有关，影响仲裁裁决的客观性和公正性时，法院才应当审查证据是否伪造。法院应依据LCA的规定、任何可适用的仲裁规则、双方协议以及仲裁庭在解决案件时适用的证据审查和评估规则来确定证据是否伪造。

(dd)"仲裁裁决违反越南法律的基本原则"是指该裁决违反了行为的基本原则，其中最重要的影响是越南法律的发展和实施。

在考虑撤销仲裁裁决的申请时，法院必须确定该仲裁裁决违反了一项或多项法律基本原则，且该原则与通过仲裁解决的争议有关。

法院只有在裁定仲裁裁决有任何内容违反越南法律的一项或多项基本原则，而仲裁庭在作出裁决时并未遵守这些原则后；裁决违反政府利益和/或第三方合法权益的，才应撤销仲裁裁决。

例子：

1. 当事人自愿达成了解决争议的协议，该约定不违背法律和社会公德，但仲裁庭在裁决书中不承认当事人之间的约定。在此种情况下，仲裁裁决违反了《商法》第11条和《民法典》第7条规定的商业领域中自由、自愿的承诺原则。法院应考虑并决定撤销仲裁裁决，理由是该裁决违反了《商法》和《民法典》规定的越南法律基本原则。

例子：

2. 争议一方提供证据证明仲裁裁决是基于胁迫、欺诈、威胁或贿赂作出的。在这种情况，仲裁裁决违反了LCA第4(2)条规定的"仲裁员必须独立、客观、公正"的原则。

第十五条　法院根据LCA第71条的规定考虑撤销仲裁裁决的申请

1. 在指定法官参加合议庭审议撤销裁决申请时，法院首席法官不得指定决定委任或替换仲裁员的法官，也不得指定处理对仲裁庭裁决的任何投诉的法官。

2. 合议庭在审理申请时，不应重新考虑争议的是非曲直，而应仅核实仲裁裁决是否属于 LCA 第 68(2)条规定的情形之一。如果仲裁裁决属于上述情况之一，且仲裁庭没有或无法按照 LCA 第 71(7)条的规定在法院暂停撤销程序后对其进行更正，合议庭应依据 LCA 第 68(2)条中的相关规定决定是否撤销仲裁裁决。如果认为该仲裁裁决不属于 LCA 第 68(2)条规定的情形，合议庭应作出拒绝撤销该仲裁裁决的决定。

3. 在必要时，经任何一方请求，合议庭应根据 LCA 第 71(7)条规定考虑暂时中止对撤销申请的审查。关于暂时中止审查撤销仲裁裁决的申请的任何决定，应按照本决议所附的第 06 号表格作出。

4. 在 LCA 第 71(5)条规定的情况下，合议庭有权决定终止对撤销仲裁裁决申请的审查。终止审查撤销仲裁裁决申请的决定，应按照本决议所附的第 07 号表格作出。

第十六条　LCA 第 72 条规定的与仲裁有关的法庭费用

任何一方请求法院处理与仲裁有关的任何问题，都必须按照《法院诉讼费用条例》和最高人民法院法官委员会《2012 年 6 月 13 日关于指导适用法院诉讼费用的若干法律的第 01/2012/NQ-HDTP 号决议》支付诉讼费用。申请法院收集证据、传唤证人、撤销仲裁裁决、登记临时仲裁裁决时，法院不得要求申请人支付费用，但应当按照一般程序处理。

第十七条　程序表格的签发

本决议发布的司法表格如下：

1.《关于指定仲裁员的决定》(表 01)；

2.《关于替换仲裁员的决定》(表 02)；

3.《投诉解决决定书》(表 03)；

4.《临时仲裁裁决登记决定》(表 04)；

5.《仲裁临时裁决登记通知书》(表 05)；

6.《关于暂时中止撤销仲裁裁决申请的决定》(表 06)；

7.《中止撤销仲裁裁决申请的决定》(表 07)；

8.《撤销仲裁裁决的决定书》(表 08)。

第十八条 LCA 第 81(3)条规定的生效日期

自 LCA 生效之日(2011 年 1 月 1 日)起，无论争议是在 LCA 生效之前还是之后产生的，也无论双方在 LCA 生效之前还是之后签订仲裁协议，双方之间的争议应按照 LCA 进行解决。

在本法生效日前订立的仲裁协议，在本法生效后发生争议，当事人没有新的仲裁协议的，应当以订立仲裁协议时的有关法律规定为依据确定仲裁协议的有效性和效力。

例如，A 公司和 B 公司于 2008 年 6 月 1 日签署了一份合同，其中规定将利用仲裁解决争议。2013 年 8 月 18 日，A 公司将一项合同争议提交仲裁，因为双方没有就争议解决机构达成任何新协议。在此情况下，应根据 LCA 的规定启动并进行仲裁以解决争议；仲裁协议有效性的确定，应当符合《商事仲裁条例》的规定。(仲裁协议的效力依照订立仲裁协议时的法律确定。《商事仲裁条例》自 2003 年 7 月 1 日至 2010 年 12 月 31 日生效)

第十九条 决议的执行效力

1. 本决议由最高人民法院法官委员会于 2014 年 3 月 20 日通过，自 2014 年 7 月 2 日起施行。本决议生效前最高人民委员发布的指导性文件，自 2014 年 7 月 2 日起失效。

2. 在执行过程中出现需要解释或者补充的问题，应当向最高人民法院报告，以便及时得到解释或者指导。

最高人民法院首席法官代表法官委员会

[签名盖章]

TruongHoa Binh

日本《人事诉讼法》

冯　茜[*]译

前　　言

日本国会于2018年4月18日通过了《人事诉讼法等部分改正法律》(平成三十年法律第二十号，2019年4月1日施行)，根据该法对《人事诉讼法》(平成十五年[①]法律第一百零九号)以及《家事事件程序法》(平成二十三年[②]法律第五十二号)作出了修订。本次修订旨在增设婚姻家事案件的国际裁判管辖和外国身份关系判决(决定)的承认执行的规定。自2011年民事诉讼法修订后，日本在订立了明确的财产关系案件国际裁判管辖法律规则。但是婚姻家事案件仍然长期缺乏关于国际裁判管辖的明文规定。法院判决主要依赖过往判例及学说中的解释。本次修订弥补了日本关于婚姻家事问题裁判管辖的立法空白。自此日本形成了相对完整的国际民事裁判管辖规则体系。[③]

修订后的《人事诉讼法》相对旧法的主要变动如下：首先，第一章“总则”第二节“法院”下增加了一个小节(第一小节“日本法院的管辖权”)。该小节包括第三条之二到第三条之五的规定，增加了离婚等人事诉讼案件的国际裁判管辖规定；其次，第十八条增加了原告变更诉讼请求的情形和被告提起反诉的情形下的国际裁判管辖规定(第二款和第三款)；再次，修订了原有的第二十九条第一款以及第三十条，规定了人事诉讼案件准用《民事诉讼法》中法官依职

---

* 冯茜，日本大阪大学法学研究科特任助理教授，法学博士，主要研究方向：国际私法、国际民事诉讼法。

① 公元2003年。

② 公元2011年。

③ 因篇幅限制，本译稿仅选择包含离婚诉讼等人事诉讼案件国际裁判管辖规则的《人事诉讼法》进行翻译，关于非诉程序的《家事事件程序法》的翻译有待日后。

权调查国际裁判管辖相关证据的规定(《民事诉讼法》第三条之十一)、国际裁判管辖判断的标准时点的规定(《民事诉讼法》第三条之十二),以及《民事保全法》中关于申请保全命令国际裁判管辖的规定(《民事保全法》第十一条)。①

人事诉讼法(平成十五年法律第一百零九号)

2018年4月18日公布(平成三十年法律第二十号)修订,2019年4月1日施行

目　　次

① 本次修订的具体章节及条文详见后注。

第一章 总则

第一节 通则

第一条【宗旨】

本法就人事诉讼相关程序，对民事诉讼法(平成八年①法律第一百零九号)的特例等作出规定。

第二条【定义】

本法中的“人事诉讼”，是指下列诉讼及其他以身份关系的形成或确认存否为目的的诉讼(以下称“人事相关诉讼”)。

一、婚姻无效及撤销诉讼、离婚诉讼、协议离婚无效及撤销诉讼和确认婚姻关系存否的诉讼。

二、嫡出否认②诉讼、认领诉讼、认领无效及撤销诉讼、依据民法(明治二十九年③法律第八十九号)第七百七十三条的规定④提起的以确定父亲为目的的诉讼以及确认亲子关系存否的诉讼。

三、收养关系无效及撤销诉讼、解除收养关系诉讼、协议解除收养关系的无效及撤销诉讼以及确认收养关系存否的诉讼。

第三条【最高法院规则】

本法规定之外的关于人事诉讼程序的必要事项由最高法院规则⑤规定。

---

① 公元1996年。

② “嫡出子”即婚生子女。日本法中，自婚姻成立之日起二百日后或婚姻解除或撤销之日起三百日内出生的子女推定为嫡出子(日本《民法》第七百七十二条)。丈夫可以通过“嫡出否认”推翻嫡出子推定(日本《民法》第七百七十四条)。

③ 公元1896年。

④ 根据日本《民法》第七百七十三条，女性在前一段婚姻解除或撤销之日起一百日内再婚后生产，无法根据第772条的规定确定子女的父亲的，由法院确定。

⑤ 日本《宪法》第七十七条第一款赋予了最高法院制定关于程序、律师、法院内部的规则和处理司法实务等事项的规则的权力。

第二节　法院

第一小节　日本法院的管辖权①

第三条之二【人事相关诉讼的管辖权】

符合以下情形的，可以在日本的法院提起人事相关诉讼。

一、对身份关系一方当事人提起的诉讼，该当事人在日本国内有住所的(没有住所的或者住所无法知悉时，有居所的)。

二、对身份关系双方当事人提起的诉讼，其中一方或双方在日本国内有住所的(没有住所或者住所无法知悉时，有居所的)。

三、身份关系一方当事人提起的诉讼，另一方当事人死亡时在日本国内有住所的。

四、身份关系双方当事人都死亡，其中一方或双方死亡时在日本国内有住所的。

五、身份关系双方当事人都有日本国籍的(包括其中一方或双方死亡时有日本国籍的情形)。

六、在日本国内有住所的身份关系一方当事人提起的诉讼，该身份关系当事人在日本有最后共同住所的。

七、在日本国内有住所的身份关系一方当事人提起的诉讼，另一方下落不明的，或另一方的住所所在国就同一身份关系作出的确定判决在日本没有效力的，或其他的可以认定存在特别情势以致日本法院的审理及裁判符合当事人之间的公平或能确保实现适当且迅速的审理的。②

第三条之三【合并关联请求产生的管辖】

同一诉讼中，同时提出人事诉讼请求(仅限于该人事诉讼中一方当事人对另一方的请求)和该请求的原因事实产生的损害赔偿请求的，日本法院对该人事诉讼请求有管辖权时可以在日本的法院提起诉讼。③

第三条之四【关于子女监护处分的裁判案件等的管辖权】

日本法院对撤销婚姻或离婚诉讼有管辖权时，法院对第三十二条第一款规定的子女监护人的指定或其他关于子女监护处分的裁判案件以及同条第三款规

---

① 新增小节。

② 新增条文。

③ 新增条文。

定的指定亲权人的裁判案件有管辖权。

日本法院对撤销婚姻或离婚诉讼有管辖权时，符合家事事件程序法(平成二十三年法律第五十二号)第三条之十二①中规定的情形的，法院对第三十二条第一款规定的关于财产分割处分的裁判案件有管辖权。②

第三条之五【因特别情势驳回起诉】

日本的法院有管辖权时，考虑案件的性质、应诉产生的被告负担的程度、证据的所在地、该诉讼中身份关系的当事人之间的未成年子女的利益及其他情况，认定存在特别情势以致日本法院的审理及裁判会损害当事人之间的公平或妨碍实现适当且迅速的审理的，法院可以全部或者部分驳回起诉。③

第二小节　管辖④

第四条【人事相关诉讼的管辖】

人事相关诉讼，由该诉讼中身份关系当事人有普通审判籍地或其死亡时有普通审判籍地方的家庭法院专属管辖。

根据前款规定无法确定管辖法院时，人事相关诉讼，由最高法院规则规定之地的家庭法院专属管辖。

第五条【请求合并的管辖】

多人提起的或对多人提起的一个人事相关诉讼中，以多个身份关系的形成

---

① 日本《家事事件程序法》第二条之十二："有下列各项规定的情形的，法院对分割财产的审判案件(关于别表二第四款中的事项的审判案件)有管辖权。

一、原婚姻中的夫或者妻一方提出申请的，另一方的住所(没有住所或住所无法知悉的，居所)在日本时。

二、原婚姻中的夫和妻双方都有日本国籍时。

三、在日本国内有住所的原婚姻中的夫或妻一方提出申请的，夫和妻的最后共同住所在日本国内时。

四、在日本国内有住所的原婚姻中的夫或妻一方提出申请的，另一方下落不明时，另一方的住所国就同一身份关系作出的财产分割相关处分的确定判决在日本没有效力的，或其他的可以认定存在特别情势以致日本法院的审理及裁判符合当事人之间的公平，或能确保实现适当且迅速的审理的。"

② 新增条文。

③ 新增条文。

④ 原第一小节。

或确认存否为目的提出多个请求时，尽管存在前条规定，可以在根据同条规定对其中一个请求有管辖权的家庭法院提起诉讼。但仅限于《民事诉讼法》第三十八条前段规定①的情形。

第六条【调解案件所属家庭法院自行处理】

即使家庭法院认为对人事诉讼的全部或部分不属于其管辖，根据《家事事件程序法》第二百五十七条第一款的规定申请调解的案件曾系属于该家庭法院时，考虑调解的经过、当事人的意见及其他的情况，认为有特别必要时，尽管存在民事诉讼法第十六条第一款的规定，② 该家庭法院可以根据申请或依职权自行审理该人事诉讼的全部或部分并作出裁判。③

第七条【为避免诉讼延迟等的移送】

即使对人事诉讼有管辖，考虑当事人及接受询问的证人的住所及其他的情况，为避免诉讼的严重延迟，实现当事人间的公平，认为有必要时，家庭法院可以根据申请或依职权将该人事诉讼的全部或部分移送至其他的管辖法院。

第八条【关联请求诉讼的移送】

系属于家庭法院的人事诉讼请求的原因事实产生的损害赔偿请求诉讼所系属的一审法院认为适当时，可以根据申请将该诉讼移送至家庭法院。接受移送的家庭法院可以自行审理该损害赔偿请求诉讼并作出裁判。

根据前款规定接受移送的家庭法院必须命令合并同款中规定的人事诉讼案件以及移送的损害赔偿请求案件的口头辩论。

---

① 日本《民事诉讼法》第三十八条前段："诉讼标的权利或义务由多个人共同享有或共同担负，或是基于同一事实及法律上的原因的，该多个人可以作为共同诉讼人起诉或被诉。"

② 日本《民事诉讼法》第十六条第一款："第一审法院即使有管辖，当事人申请并获得对方当事人同意时，必须将诉讼的全部或部分移送至申请的地方法院或简易法院。但是，移送将造成诉讼程序严重延迟的，或该申请中除了申请从简易法院移送至所在地的管辖法院之外，被告还就案件实体进行了辩论或在辩论准备程序中进行了申述的，不在此限。"

③ 修订前条文为："家庭法院对人事诉讼的全部或部分没有管辖的情况下，根据家事事件程序法(平成二十三年法律第五十二号)第二百五十七条第一款的规定申请的调解案件曾由该家庭法院办理的，考虑调解的经过、当事人的意见及其他的情况认为有特别必要时，不适用民事诉讼法第十六条第一项的规定，该家庭法院仍可以根据当事人申请或职权，自行审理及裁判该人事诉讼的全部或部分。"

第三小节　参与员①

第九条【参与员】

家庭法院认为有必要时，可以让参与员列席审理或劝试和解，听取其对案件的意见。

每个案件的参与员人数为一人以上。

参与员由家庭法院就每个案件从每年家庭法院事先选任的人员中指定。

根据前款规定选任的人员的资格、人数及其他选任相关的必要事项根据最高法院规则的规定。

根据最高法院规则规定的额度支付参与员旅费、日薪和住宿费用。

第十条【参与员的除斥或避忌】②

民事诉讼法第二十三条至第二十五条的规定③准用于参与员。

对参与员提出除斥或避忌申请时，参与员在对该申请的决定确定之前不得参与被申请的案件。

---

① 原第二小节。

② 日本《民事诉讼法》中审判人员回避制度分成“除斥”和“避忌”（日文原文为“忌避”）。“除斥”，是指基于法律上规定的原因，审判人员（法官、书记员）不得执行职务。“避忌”，是指出现审判人员妨碍裁判公正的情况时，当事人等申请审判人员不得执行职务。

③ 日本《民事诉讼法》第二十三条：“法官有下列各项所列情形的，必须从职务执行中除斥。但是，第六项的情形不妨碍其依照其他法院的委托作为受托法官履行职务。一、法官及其配偶或前配偶是案件当事人，或和案件当事人是共同权利人、共同义务人或偿还义务人的关系的情形。二、法官是当事人的三代以内血亲、两代以内的姻亲或同居亲属的情形。三、法官是当事人的后见人、后见监督人、保佐人、保佐监督人、辅助人或辅助监督人的情形。四、法官是或曾经是案件的证人或鉴定人的情形。五、法官是或曾经是当事人的代理人或辅佐人的情形。六、法官参与了该案的仲裁或被提出不服申诉的前审的审判。有前款规定的除斥原因的，法院可以依职权或依申请作出除斥裁判。”

第二十四条：“法官有妨碍裁判公正的情况的，当事人可以要求该法官避忌。当事人已经在该法官面前进行辩论或在辩论准备阶段进行申述的，不得要求该法官避忌。但是，当时不知道存在避忌原因的，或之后发生避忌原因的，不在此限。”

第二十五条：“合议庭成员法官及地方法院的独任法官的除斥或避忌由该法官所属法院，简易法院法官的除斥或避忌由该法院所在地的管辖地方法院作出决定。地方法院的前款裁判由合议庭作出。法官不得参与关于自己的除斥或避忌的裁判。对认定存在除斥或避忌理由的决定不得申请不服。对认定存在除斥或避忌理由的决定可以提出即时抗告。”

第十一条【对泄露秘密的制裁】

参与员或曾担任参与员者无正当理由泄露因职务获悉的他人秘密的，处一年以下徒刑或五十万日元以下罚金。

第三节　当事人

第十二条【被告适格】

人事相关诉讼中，该诉讼身份关系一方当事人提起诉讼时，除有特别规定的情形外，另一方为被告。

人事相关诉讼中，该诉讼身份关系当事人以外的人提起诉讼时，除有特别规定的情形外，该身份关系双方当事人为被告。其中一方死亡的，另一方为被告。

前两款规定的应成为被告者已死亡，不存在可以成为被告的人时，检察官为被告。

第十三条【人事诉讼的诉讼能力等】

人事诉讼的诉讼程序中的诉讼行为不适用《民法》第五条第一款及第二款、① 第九条、② 第十三条、③ 第十七条④以及民事诉讼法第三十一条、第三十二条一款（含准用同法第四十条第四项的情形）及第二款的规定。⑤

诉讼行为能力受限制者进行前款的诉讼行为，认为必要时，审判长可以根据申请选任律师作为诉讼代理人。

---

① 日本《民法》第五条为关于未成年人民事行为能力的限制规定。

② 日本《民法》第九条为关于成年被后见人民事行为能力的限制规定。日本《民法》中，对因精神障碍限制民事行为能力的自然人的监护制度包括“后见”、“保佐”和“辅助”。“后见”的对象是因精神上的障碍失去正常判断能力的人（第七条）。“保佐”的对象是因精神上的障碍严重缺乏判断能力的人（第十一条）。“辅助”的对象是因精神上的严重障碍缺乏判断能力的人（第十五条第一款）。

③ 日本《民法》第十三条为关于被保佐人民事行为能力的限制规定。

④ 日本《民法》第十七条为关于被辅助人民事行为能力的限制规定。

⑤ 日本《民法》第三十一条和第三十二条为关于宣告失踪的效力和取消宣告失踪的规定。

诉讼行为能力受限制者没有提出前款申请的，审判长也可以命令其选任律师作为诉讼代理人或是依职权选任律师作为其诉讼代理人。

该诉讼行为能力受到限制者向审判长根据前两款规定选任的作为诉讼代理人的律师支付的报酬额，以法院认为适当的金额为准。

第十四条

应当成为人事相关诉讼的原告或被告的人是成年被后见人①时，其成年后见人可以代其起诉或被诉。但成年后见人是该诉讼对方当事人的不在此限。

有前款但书的情形时，成年后见监督人②可以代成年被后见人起诉或被诉。

第十五条【利害关系人参加诉讼】

检察官作为被告的人事诉讼，认为有必要让因诉讼结果导致继承权受到侵害的第三人(以下称“利害关系人”)参加该人事诉讼时，法院可以作出决定要求利害关系人参加该人事诉讼以辅助被告。

法院在作出前款决定时必须事先听取当事人以及利害关系人的意见。

根据民事诉讼法第四十三条第一款的申请③或第一款的决定指定检察官为被告的人事诉讼中的利害关系人，不适用民事诉讼法第四十五条第二款的规定。④

民事诉讼法第四十条第一款至第三款(仅限同款规定中关于诉讼程序中止

① 日本《民法》中的“成年后见”，是家庭法院为因精神上的障碍民事行为能力受到限制的成年人选定后见人帮助其管理财产照看其日常生活的制度(第八百四十三条)。

② “成年后见监督人”是指家庭法院在认为有必要的时候依申请或依职权选任的监督成年后见人事务的人(日本《民法》第八百四十九条、第八百五十一条)。成年后见监督人可以要求成年后见人报告其后见实务或提交财产目录，也可以调查后见事务的执行情况及财产状况(第八百六十三条)。

③ 日本《民事诉讼法》第四十三条第一款：“辅助参加申请必须在明确参加的内容及理由的基础上，向辅助参加的诉讼行为的法院提出。”

④ 日本《民事诉讼法》第四十五条第二款：“辅助参加人的行为和被参加人的诉讼行为相抵触时无效。”

的部分)的规定①准用于前款的利害关系人。

法院可以撤销第一款的决定。

第四节　诉讼费用

第十六条　检察官作为当事人的人事诉讼中，根据民事诉讼法第六十一条至第六十六条的规定②应当由检察官负担的诉讼费用由国库负担。

利害关系人根据民事诉讼法第四十三条第一款或根据前条第一款中的决定参加检察官作为被告的人事诉讼的情形，诉讼费用的负担准用同法第六十一条至六十六条的规定。

第五节　诉讼程序

第十七条【关联请求的合并】

尽管有民事诉讼法第一百三十六条的规定，③ 人事诉讼请求和该请求的原因事实产生的损害赔偿请求可以在同一个诉讼中提出。对该人事诉讼请求有管

① 日本《民事诉讼法》第四十条："诉讼标的只有在共同诉讼人全员合为一体时才可以确定的情形，其中一人的诉讼行为只对全员的利益发生效力；前款规定中，对方当事人对共同诉讼人其中一人的诉讼行为对全员发生效力；第一款规定中，共同诉讼人的其中一人存在中断或中止诉讼程序的原因时，该中断或中止对全员发生效力；(略)。"

② 日本《民事诉讼法》第六十一条："诉讼费用由败诉当事人负担。"

第六十二条："法院可以根据具体情况，要求胜诉当事人负担部分或全部伸张权利或防御不必要的行为产生的诉讼费用，或行为当时诉讼的程度中对方当事人伸张权利或防御有必要的行为产生的诉讼费用。"

第六十三条："由于当事人没有在合适的时期提出攻击或防御的方法，或不遵从指定的日期或期间及其他归责于当事人的事由导致诉讼延迟的，即使该当事人胜诉，法院仍可以要求该当事人负担全部或部分因延迟产生的诉讼费用。"

第六十四条："部分败诉的情形，各个当事人的诉讼费用负担由法院裁量决定。但是，法院可以根据情况，要求一方当事人担负全部诉讼费用。"

第六十五条："共同诉讼人按相同比例分担诉讼费用。但是，法院可以根据情况，要求共同诉讼人连带负担诉讼费用，或通过其他方式负担诉讼费用。法院可以要求实施了权利伸张或防御上不必要行为的当事人负担该行为产生的诉讼费用，不适用前款的规定。"

第六十六条："第六十一条到前条的规定准用于辅助参加人和对该辅助参加提出该异议的当事人之间对因提出异议而产生的诉讼费用的负担关系，以及辅助参加人和对方当事人之间对因辅助参加产生的诉讼费用的负担关系。"

③ 根据日本《民事诉讼法》第一百三十六条，只有同种诉讼程序中的请求才能合并。

辖权的家庭法院可以自行审理该损害赔偿请求诉讼并作出裁判。

以人事诉讼请求的原因事实产生的损害赔偿请求为目的的诉讼，除前款规定外，也可以另向审理该人事诉讼的家庭法院提起。该情形准用同款后段的规定。

第八条第二款的规定准用于前款中的人事诉讼事件以及损害赔偿请求事件。

第十八条【请求的变更及反诉】

人事诉讼程序，尽管有《民事诉讼法》第一百四十三条第一款及第四款、①第一百四十六条第一款②以及第三百条③的规定，在一审或控诉审④的口头辩论终结之前，原告可以变更请求或请求原因，被告可以提起反诉。

因请求的变更日本的法院对变更后的人事诉讼请求没有管辖权时，变更后的人事诉讼请求和变更前的人事诉讼请求是以形成或确认同一身份关系存否为目的的，原告可以根据前款规定变更请求。⑤

日本的法院对下列各项所列以反诉为目的的请求没有管辖权时，符合该各项所定之情形的，被告可以根据第一款的规定提起反诉。⑥

一、人事诉讼请求以形成或确认本诉人事诉讼请求同一身份关系的存否为目的的。

二、人事诉讼请求的原因事实产生的损害赔偿请求该人事诉讼已经在日本的法院进行的。

---

① 日本《民事诉讼法》第一百四十三条："原告在不变更请求的情况下，在口头辩论终结之前可以变更请求或请求的原因。但是该变更导致诉讼程序严重延迟的不在此限。……法院认为请求或请求原因变更不当时，必须依申请或依职权，作出不得变更的决定。"

② 日本《民事诉讼法》第一百四十六条第一款："被告在以本诉目的请求或和防御方法有关的请求为目的的情况下，在口头辩论终结之前可以在本诉所属法院提起反诉。但是，下列各项的情形不在此限。一、反诉的目的请求属于其他法院的专属管辖（当事人根据第十一条的规定通过合意决定的除外）的情形。二、反诉的提起导致诉讼严重延迟的。"

③ 日本《民事诉讼法》第三百条："控诉审中，只有获得对方当事人同意的才能提起反诉。对方当事人没有提出异议并对反诉的实体案件进行辩论的，视为同意提起反诉。前两款规定准用于选定人有关的请求追加。"

④ 日本的司法审级制度为三审终审制。控诉审为第二审。

⑤ 新增款。

⑥ 新增款。

第十九条【民事诉讼法规定的适用除外】

人事诉讼程序不适用民事诉讼法第一百五十七条、① 第一百五十七条之二、② 第一百五十九条第一款、③ 第二百零七条第二款、④ 第二百零八条、⑤ 第二百二十四条、⑥ 第二百二十九条第四款⑦及第二百四十四条⑧的规定以及同法第一百七十九条⑨规定中关于当事人在法院自认的事实的部分。

人事诉讼的诉讼标的不适用民事诉讼法第二百六十六条及第二百六十七条的规定⑩。

第二十条【职权探知】

人事诉讼中，法院可以斟酌当事人没有主张的事实，并依职权调查证据。这种情形下，法院必须就该事实及证据调查的结果听取当事人的意见。

---

① 日本《民事诉讼法》第一百五十七条是关于口头辩论阶段当事人故意拖延提出攻击或防御方法的规定。

② 日本《民事诉讼法》第一百五十七条之二是关于攻击或防御方法的提出过了指定期间阻碍审理计划而被驳回的规定。

③ 日本《民事诉讼法》第一百五十九条第一款是关于当事人在口头辩论时不明确争辩对方主张视为自白该事实的规定。

④ 日本《民事诉讼法》第二百零七条第二款是关于同时询问当事人和证人时应先询问证人的规定。

⑤ 日本《民事诉讼法》第二百零八条是关于若一方当事人无故不出庭则可以认定对方当事人主张为事实的规定。

⑥ 日本《民事诉讼法》第二百二十四条是关于当事人不遵从法院的提出文书命令等时法院认定对方当事人主张为事实的规定。

⑦ 日本《民事诉讼法》第二百二十九条第四款是关于对方当事人无故不提交法院要求提交用以比对笔迹的书写命令的情形可以认定举证主张为事实的规定。

⑧ 日本《民事诉讼法》第二百二十四条是关于在当事人没有在口头辩论时出庭或没有辩论就退庭的情形下法院可以作出终局判决的规定。

⑨ 日本《民事诉讼法》第一百七十九条："当事人在法院自认的事实或明显的事实不需要证明。"

⑩ 日本《民事诉讼法》第二百六十六条："请求的放弃或同意在口头辩论时进行。提出书面表示放弃或同意请求的当事人没有在口头辩论时出庭的，法院或受命法官或受委托法官可以将其视为放弃或同意请求的陈述。"

第二百六十七条："在调解书中记载和解或放弃、同意请求的，该记载和确定判决具有同样效力。"

第二十一条【当事人本人出庭命令】

人事诉讼中，法院询问当事人本人时，可以命令该当事人在指定日期出庭。

民事诉讼法第一百九十二条至第一百九十四条的规定①准用于依据前款被命令出庭的当事人无正当理由不出庭的情形。

第二十二条【当事人询问等停止公开】

人事诉讼的当事人或法定代理人（以下本款及后款中简称“当事人等”）或证人就该人事诉讼标的身份关系的形成或存否确认的基础事项接受询问涉及其私生活重大秘密时，全体法官的一致同意，认定该当事人等或证人在公开的法庭对该事项的陈述显然将对其社会生活造成严重的影响因而无法充分陈述，并且缺少该陈述仅凭其他的证据无法对该身份关系的形成或存否确认作出适当的裁判时，法院可以作出决定对该事项进行非公开询问。

法院作出前款决定时必须事先听取当事人等及证人的意见。

法院根据第一款的规定对该事项进行非公开询问时，在让公众退庭之前必须宣读该决定及理由。该事项的询问结束后必须再次让公众入庭。

第二十三条【检察官的参与】

人事诉讼中，法院或受命法官或受托法官认为必要时，可以要求检察官在指定日期到庭就案件陈述意见。

检察官根据前款规定在指定日期到庭后可以主张事实或提供证据。

第二十四条【确定判决效力涉及范围】

尽管有《民事诉讼法》第一百一十五条第一款的规定，② 人事诉讼确定判决

---

① 日本《民事诉讼法》第一百九十二条：“证人无正当理由不出庭的，法院作出决定，命其负担因此产生的诉讼费用并处以十万日元以下罚款。可以对前款的决定提出即时抗告。”

第一百九十三条：“证人无正当理由不出庭的，处十万日元以下罚金或拘留。犯前款罪行者，根据情况，可以并处罚金和拘留。”

第一百九十四条：“法院可以强制无正当理由不出庭的证人出庭。刑罚中关于强制出庭的有关规定准用于前款。”

② 根据日本《民事诉讼法》第一百一十五条第一款，民事诉讼确定判决，仅对当事人、原告或被告代他人参加诉讼时的他人、当事人的继承人、请求标的物的持有人有效。

对第三人有效力。

以违反《民法》第七百三十二条规定①为理由请求撤销婚姻的案件中，尽管有前款规定，驳回请求的确定判决，仅在前配偶参加了该请求诉讼的情形下对前配偶有效。

第二十五条【判决确定后禁止提起人事相关诉讼】

人事诉讼判决(除因诉讼不适法驳回起诉的判决以外，后款亦同)确定之后，原告不得基于因变更该人事诉讼的请求或请求原因而可以主张的事实就同一身份关系提起人事相关诉讼。

人事诉讼判决确定之后，被告不得基于因提起该人事诉讼的反诉而可以主张的事实就同一身份关系提起人事相关诉讼。

第二十六条【诉讼程序的中断以及承继】

根据第十二条第二款规定以人事关系诉讼身份关系双方当事人为被告时，如果其中一方死亡，则以另一方为被告进行诉讼。该情形不适用民事诉讼法第一百二十四条第一款第一项的规定。②

第十二条第一款或第二款的情形，如果被告都死亡，则以检察官作为被告进行诉讼。

第二十七条【当事人死亡导致诉讼终止】

人事诉讼系属中原告死亡的，除有特别规定的外，该人事诉讼应当终止。

以离婚、嫡出否认，或解除收养关系为目的的人事诉讼系属中被告死亡的，尽管有前条第二款的规定该人事诉讼应当终止。

第六节　补充规则

第二十八条【对利害关系人关于诉讼系属的通知】

人事相关诉讼提起后，法院必须通知利害关系人诉讼的系属。利害关系人为父亲死亡后提起认知诉讼被认定为其子女者以及其他根据最高法院规则规定

① 日本《民法》第七百三十二条："有配偶的人不得重复缔结婚姻。"

② 根据日本《民事诉讼法》第一百二十四条第一款第一项，当事人死亡时由继承人、继承财产管理人或其他法令规定可以继续诉讼者继续诉讼。

认定应当被通知的人。但以可以根据诉讼记录判明该利害关系人的姓名及住所或居所的情形为限。

第二十九条【与民事诉讼法的适用关系】

人事相关诉讼不适用《民事诉讼法》第三条之二至第三条之十，第一百四十五条第三款以及第一百四十六条第三款的规定。①

人事诉讼程序适用《民事诉讼法》规定时，同法第二十五条第一款中的“地方法院独任法官的除斥或避忌由该法官所属法院，简易法院法官的除斥或避忌由该法院所在地的管辖地方法院”变为“家庭法院独任法官的除斥或避忌由该法官所属法院”，同条第二款以及同法第一百三十二条之五第一款、第一百八十五条、第二百三十五条第二款及第三款、第二百六十九条第一款、第三百二十九条第三款以及第三百三十七条第一款中的“地方法院”变为“家庭法院”，同法第二百八十一条第一款中的“地方法院作为一审法院作出的终局判决或简易法院”变为“家庭法院”，同法第三百一十一条第二款中的“地方法院的判决由最高法院，简易法院的判决由高等法院”变为“家庭法院的判决由最高法院”，同法第三百三十六条第一款中的“地方法院及简易法院”变为“家庭法院”。②

第三十条【保全命令案件管辖的特例】

案件实体是人事诉讼案件的保全命令案件，尽管有《民事保全法》(平成元年③法律第九十一号)第十二条第一款的规定，④ 由案件实体的管辖法院或假扣押标的物或诉讼标的物所在地的家庭法院管辖。

---

① 日本《民事诉讼法》第二条之二至第三条之十是关于财产关系案件国际裁判管辖的规定。第一百四十五条第三款和第一百四十六条第三款是日本法院对财产关系案件没有国际裁判管辖权时中间判决和反诉的相关规定。

② 本次修订之前原第二十九条第一款规定为：“人事相关诉讼不适用民事诉讼法第一编第二章第一节，第一百四十五条第三款以及第一百四十六条第三款的规定。”

日本《民事诉讼法》第一编第二章第一节包括第三条之二到第三条之十二的条文。本次修订肯定了《民事诉讼法》第三条之十一、第三条之十二对人事诉讼案件的适用。具体条文规定如下，第三条之十一：“法院可以依职权对关于日方法院管辖权的事项进行证据调查。”第三条之十二：“日本法院的管辖权以诉讼提起之时为标准判断。”

③ 公元1989年。

④ 日本《民事保全法》第十二条第一款是关于实体案件是民事诉讼程序案件时保全命令管辖的规定。

人事诉讼请求和该请求的原因事实产生的损害赔偿请求可以在同一诉讼中进行时，该损害赔偿请求相关的保全命令的申请也可以由假扣押标的物或诉讼标的物所在地的家庭法院管辖。①

第二章　婚姻关系诉讼的特例

第一节　管辖

第三十一条

婚姻的撤销或离婚诉讼中婚姻当事人间有未成年的子女的情形，家庭法院在适用第六条及第七条规定时，必须考虑子女的住所或居所。

第二节　附带处分等

第三十二条【附带处分的裁判等】

法院依申请就夫妻的一方对另一方提起的撤销婚姻或离婚请求的作出认可判决时，必须对子女监护人的指定及其他关于子女监护的处分、关于财产分割的处分以及《厚生年金保险法》(昭和二十九年②法律第一百一十五号)第七十八条之二第二款的规定的处分(以下统称“附带处分”)作出裁判。

前款的情形，法院可以在作出同款的判决时，命令当事人交付子女、支付金钱或为其他财产方面的给付。

---

① 本次修订之前原条文为：

“第三十条【与民事保全法的适用关系等】

1. 案件实体是人事诉讼案件的保全命令案件，不适用《民事保全法》(平成元年法律第九十一号)第十一条的规定。

2. 案件实体是人事诉讼案件的保全命令案件，尽管有《民事保全法》第十二条第一款的规定，由案件实体的管辖法院或假扣押标的物或诉讼标的物所在地的家庭法院管辖。

3. 人事诉讼请求和该请求的原因事实产生的损害赔偿请求可以在同一诉讼中进行时，该损害赔偿请求相关的保全命令的申请也可以由假扣押标的物或诉讼标的物所在地的家庭法院管辖。”

日本《民事保全法》第十一条规定为：“可以在日本法院提起案件实体的诉讼时，或假扣押标的物或诉讼标的物在日本国内时，可以申请保全命令。”

② 公元1954年。

前款的规定准用于法院就撤销婚姻或离婚请求的作出认可判决时对指定亲权人作出裁判的情形。

法院根据第一款进行子女监护人指定及其他关于子女监护的处分裁判或根据前款规定进行指定亲权人裁判时，子女年满十五岁的，必须听取该子女的陈述。

第三十三条【事实调查】

法院进行前条第一款附带处分的裁判或同条第三款指定亲权人的裁判时可以调查事实。

法院认为适当时，可以命令合议庭构成人员，或是委托家庭法院或简易法院进行前款的事实调查(以下简称“事实调查”)。

受命法官或受托法官根据前款规定进行事实调查时，由其履行法院以及审判长的职务。

法院设置询问日期，通过听取当事人陈述进行事实调查的，其他的当事人可以在该日期列席询问。但认为该其他当事人在该日期列席询问有可能阻碍事实调查的，不在此限。

事实调查的程序不公开。但法院可以允许认为适当的人旁听。

第三十四条【家庭法院调查官的事实调查】

法院可以要求家庭法院调查官进行事实调查。

有紧急事由时，审判长可以要求家庭法院调查官进行事实调查。

家庭法院调查官应通过书面或口头的形式向法院报告事实调查的结果。

家庭法院调查官可以对前款规定的报告附上意见。

第三十四条之二【家庭法院调查官的除斥】

民事诉讼法第二十三条以及第二十五条的规定(除关于避忌的部分外)准用于家庭法院调查官。

家庭法院调查官被申请除斥的，该家庭法院调查官在关于该申请的裁判确定之前不得参与被申请的案件。

第三十五条【事实调查部分的阅览等】

根据民事诉讼法第九十一条第一款、第三款或第四款的规定誊写诉讼记录中事实调查相关部分(以下本条称“事实调查部分”)、或交付或复制其誊本或抄录本(以下本条称“阅览等”)的请求，仅限于根据后款或第三款的规定法院许可时，可以提出。

当事人提出事实调查部分的阅览等的许可申请时法院必须许可。但认为事实调查部分中存在阅览等将导致下列危险情形的内容时，仅在法院认为适当时许可。

一、当事人之间有未成年子女，有可能损害子女利益的。

二、有可能损害当事人或第三人的私生活或工作安定的。

三、当事人或第三人会因私生活或工作中的重大秘密被公开，社会生活遭受重大影响或名誉遭受严重损害的。

释明利害关系的第三人提出事实调查部分的阅览等的许可申请时，法院认为适当的，可以允许。

对驳回第二款申请的裁判可以提出即时抗告。①

认定根据前款规定提出即时抗告是以不当延迟人事诉讼相关程序为目的的，原法院必须驳回即时抗告。

对根据前款规定作出的决定可以提出即时抗告。

对驳回第三款申请的裁判不得提出不服申诉。

第三十六条【没有通过判决结束婚姻的情形下关于附带处分的裁判】

在婚姻撤销或离婚诉讼中，没有通过判决结束婚姻时，已经申请附带处分并且该附带处分事项在婚姻终结时没有确定的，受诉法院必须审理该附带处分并作出裁判。

第三节　和解和请求的放弃及同意

第三十七条

离婚诉讼中的和解(仅限于和解离婚。本条以下亦同。)以及请求的放弃及同意，适用《民事诉讼法》第二百六十六条(第二款中关于同意请求的部分除外)以及第二百六十七条的规定。但同意请求仅限于不需要进行第三十二条第

① 抗告是当事人对日本法院作出的“决定”(类似于我国民事诉讼制度中的裁定)、“命令”的不服申诉手段。从提起的期限来看，抗告可以分为“通常抗告”和“即时抗告”。通常抗告没有限定期间，只要存在抗告的利益就可以提起。而即时抗告的当事人必须在被告知裁判结果起的一个星期内提起抗告(日本《民事诉讼法》第三百三十二条)。

一款规定的关于附带处分的裁判或同条第三款规定的亲权人指定裁判的情形。

离婚诉讼不得根据《民事诉讼法》第二百六十四条①及第二百六十五条的规定②进行和解。

离婚诉讼中，在《民事诉讼法》第一百七十条第四款的当事人不得在同条第三款规定的日期③达成和解或同意请求。

第四节　履行的确保

第三十八条【履行劝告】

关于根据第三十二条第一款或第二款(含同条第三款准用的情形，下同)的规定通过裁判确定的义务，权利人提出申请时，作出裁判的家庭法院(上诉法院作出该裁判时，一审家庭法院)可以调查该义务的履行情况，劝告义务人履行义务。

前款的家庭法院可以委托其他家庭法院进行前款规定的调查及劝告。

第一款的家庭法院及前款的受委托法院可以要求家庭法院调查官进行第一款规定的调查及劝告。

婚姻的撤销或离婚诉讼中，可以根据第三十二条第一款或第二款规定通过裁判确定的义务最终通过和解确定时，该义务的履行准用前三款的规定。

第三十九条【履行命令】

怠于履行第三十二条第二款规定的裁判确定的支付金钱或其他以财产上的给付为目的的义务的，认为适当时，作出该裁判的家庭法院(上诉法院作出该裁判时，第一审家庭法院)可以根据权利人的申请，规定合理的期限，命令义务人履行义务。该命令必须就命令作出前义务人怠于履行的义务的全部或一部分作出。

---

① 日本《民事诉讼法》第二百六十四条规定当事人出庭有困难的可以事先提出书面同意法官准备的和解条款。

② 日本《民事诉讼法》第二百六十五条规定法官可以根据当事人申请定立和解条款。

③ 日本《民事诉讼法》第一百七十九条规定为："法院可以要求当事人提出准备书面。……法院认定当事人居住地相隔较远或认为有其他适当的理由时，可以听取当事人的意见，根据最高法院规则的规定，采用法院及双方当事人同时通话的方法，在辩论准备程序之日进行该程序。但是仅限于一方当事人在该日期出庭的情形。在前款的日期没有出庭但参与同款程序的视为在该日期出庭。5.(略)。"

前款的家庭法院根据同款的规定作出义务履行命令的，必须听取义务人的陈述。

婚姻的撤销或离婚诉讼中，可以根据第三十二条第二款的规定通过裁判确定的支付金钱及其他以财产上的给付为目的的义务，最终是通过和解确定的情形，该义务的履行准用前两款规定。

根据第一款(含前款的准用情形)的规定收到义务履行命令的人无正当理由不遵从该命令时，作出义务履行命令的家庭法院以决定的形式，处十万日元以下的罚款。

可以对前款的决定提出即时抗告。

第四款的决定准用《民事诉讼法》第一百八十九条①的规定。

第四十条　删除

第三章　亲子关系诉讼的特别规定

第四十一条【嫡出否认诉讼的当事人等】

丈夫在子女出生前死亡的或没有在《民法》第七百七十七条②规定的期间内提起嫡出否认诉讼的，有可能损害该子女的继承权的人、或丈夫的其他的两代以内血亲不得提起嫡出否认诉讼。该诉讼自丈夫死亡之日起一年以内不得提出。

丈夫在提起嫡出否认诉讼之后死亡的，根据前款规定可以提出嫡出否认诉讼的人可以在自丈夫死亡之日起六个月以内继受诉讼程序。民事诉讼法第一百二十四条第一款后段的规定③不适用该情形。

---

① 日本《民事诉讼法》第一百八十九条规定为："本章规定的罚款裁判根据检察官的命令执行。该命令和具有执行力的债务名义有同一效力。罚款裁判的执行根据《民事执行法》(昭和五十四年法律第四号)及其他关于强制执行的法令。但是，执行前不需要送达裁判。《刑事诉讼法》(昭和二十三年法律第一百三十一号)第五百零七条的规定准用于罚款裁判的执行。罚款裁判执行后对该裁判(以下本款称"原裁判")提出即使抗告的，抗告法院认定该即时抗告合理撤销原裁判作出新的罚款裁判的，在该金额的限度内视为已经执行了罚款裁判。原裁判执行获得的金额超过该罚款金额时，必须返还超过部分。"

② 日本《民法》第七百七十七条："嫡出否认的诉讼必须在丈夫得知子女出生之时一年以内提起。"

③ 日本《民事诉讼法》第一百二十四条第一款后段是关于一般民事案件中继受诉讼程序资格的规定。

第四十二条【认知诉讼的当事人等】

认知诉讼是以父或者母为被告的，其死亡后以检察官为被告。

第二十六条第二款规定准用于根据前款规定以父或者母为该诉讼被告其死亡的情形。

子女在认知诉讼提起后死亡的，其直系后代或法定代理人可以在《民法》第七百八十七条但书规定的期间①经过之后，子女死亡之日起六个月以内继受诉讼程序。该情形不适用民事诉讼法第一百二十四条第一款后段的规定。

第四十三条【以确定父亲为目的的诉讼当事人等】

子女、母亲、母亲的配偶或前配偶可以提起民法第七百七十三条规定的以确定父亲为目的的诉讼。

以下各项所列的人提起前款诉讼的，以该各项规定的人为被告。该各项规定的人死亡后以检察官为被告。

一、子女或母亲、母亲的配偶及前配偶(其中一方死亡的，另一方)。

二、母亲的配偶、母亲的前配偶。

三、母亲的前配偶、母亲的配偶。

第二十六条的规定准用于根据前款规定确定的被告死亡的情形。

第四章　收养关系诉讼的特别规定

第四十四条

第三十七条(第一款但书除外)的规定准用于解除收养关系诉讼中的和解(仅限于根据和解解除收养关系)以及请求的放弃及同意。

附则　抄

(略)

---

① 自父亲或母亲死亡之日起三年。

英联邦《承认与执行外国判决示范法》

潘志芳[*]译　钱振球[**]校

为承认与执行外国判决，本示范法商定如下条文：

第一条　简　称

本法可以简称为《外国判决法20XX》。

第二条　解　释

1. 在本法中：

“法院”是指下列法院：

(1)有民事管辖权的法院；或

(2)只对根据该国法律有权提出的基于引起刑事诉讼的行为而要求损害或赔偿的民事索赔具有刑事管辖权的法院。

“外国判决”是指最终判决，无论其如何称谓，包括判决、裁定、法令、决定或者法院工作人员所作出的确定或者执行费用的令状。该最终判决是由外国法院判决依据第五条所确定的管辖权依据所作出的判决，且该判决为金钱性或者非金钱性判决。

“判决债权人”是指所作出外国判决支持其诉讼请求的人。

“判决债务人”指根据外国判决承担义务的人。

“金钱判决”是指根据该判决，应以给付一定价款为内容的外国判决。

“非金钱判决”是指下列外国判决：

(1)判决以特定方式履行合同义务；

(2)判决一项或多项动产转让；

---

* 潘志芳，厦门大学法学院博士研究生。

** 钱振球，上海交通大学凯原法学院博士后。

(3)判决禁止判决债务人以特定方式作为。

“判决来源国”是指作出外国判决的国家或该国家的组成部分。

2. 外国判决应视为最终判决，尽管在起源国法院

(1)该判决的上诉仍为未决；

(2)申请上诉的期限尚未届满。

第三条　适用于可分割的外国判决

如果外国判决中包含可分割的要素，并且根据本法只有外国判决的一部分有权得到承认或(视情况而定)有权得到执行，本法关于承认、登记和执行的规定应适用于该部分。

第四条　排除范围

1. 本法不适用于外国判决：

(1)关于自然人的地位和法律能力；

(2)有关家庭法事项，包括有关赡养义务、婚姻财产和因婚姻或类似关系而产生的其他权利或义务的事项；

(3)因破产、无力偿债、和解或类似程序而产生的；

(4)追缴税款；

(5)追缴罚款或罚金；

(6)承认另一外国的判决；或

(7)在本法生效前已开始的诉讼中提出的。

2. 不能仅因为诉讼当事人一方是国家包括政府、政府机构或者任何代表国家行事的人这一事实，就将判决排除在本公约适用范围之外。

3. 本公约的任何规定不应影响国家或者国际组织自身及其财产所享有的特权和豁免。

第五条　判决来源国的管辖权

1. 在下列情况下，判决来源国法院被视为具有管辖权：

(1)判决债务人明确同意接受法院管辖；

(2)因自愿参加诉讼程序而提交法院管辖权的判决债务人；

(3)判决债务人是诉讼的原告或反请求人；

(4)判决债务人为个人，其惯常居住位于判决来源国；

(5)判决债务人不是个人，是判决来源国所注册的公司；在来源国行使其

中央管理权，或其主要营业地点在来源国；或其在来源国行使中心管理权；

(6)判决债务人是判决来源国法院的被告，在判决来源国拥有办事处或营业场所，而诉讼涉及通过该办事处或营业场所或在该办事处或营业场所进行的交易；

(7)与在判决来源国已经或应该履行的合同义务有关的诉讼；

(8)在起源国发生的与侵权或非合同义务和不法行为有关的诉讼；

(9)与来源国的不动产所有权纠纷有关的诉讼程序；

(10)与在来源国设立的信托或在来源国设立的信托资产的有效性或管理有关的诉讼，而受托人、财产托管人或受益人的普通住所或主要营业地均在来源国；或者来源国法院是信托文书中指定的对此有管辖权的国家的法院；

(11)相关的诉讼纠纷判决债务人提供的关于产品或服务和使用的商品和服务被收购或判定债权人时判决债权人通常居住在国家的起源和通过正常渠道销售贸易的起源。

2. 就本条而言，任何人仅因下述全部或其中一项或多项目的(有条件地或以其他方式)在法律程序中出现而被视为已移交法院管辖：

(1)对法院的管辖权提出异议；

(2)要求法院以应将有关争端提交仲裁或由另一国法院裁决为理由，驳回或中止诉讼程序；

(3)保护在诉讼中被扣押或可能被扣押的财产，或使其获得释放。

第一节　外国判决的承认

第六条　外国判决的承认

1. 除本条下列规定外，外国判决应在[……]的任何法律程序中得到承认，而无须办理任何登记或其他手续，而对双方均有约束力，以作为索偿的抗辩或某项问题的结论性证明。

2. 在任何情况下，法院不得在[……]根据是非曲直审查外国的判断。

3. 外国判决在[……]中不得承认如果在[……]的诉讼中以该判决为依据，

(1)同一当事方之间具有相同主题事项的诉讼由[……]法院审理，在导致判决的程序开始前已开始；

(2)判决与[……]项下作出的判决不一致]或在另一外国，但在后一种情况下，判决符合[……]国承认的条件；

(3)所作的判决是在违反程序公平和自然正义原则的程序中作出的；

(4)判决明显违反[……]的公共政策；

(5)判决以欺诈方式取得。

第二节　金钱判决的执行

第七条　执行登记

如果一项金钱判决在本法项下有权得到承认，并且在起源国具有强制执行力，则判决债权人可以在[……]登记执行该判决。

第八条　不得使用其他执行方式

1. 由外国判决所产生的判决债项的普通法诉讼在此废止。

2. 外国判决不得在[……]执行。[除依照本法登记外]。

第九条　登记的效力

1. 一旦依据本法登记，该金钱判决如同法院判决一样可强制执行。

2. 除本条下列规定外，法院对依本法登记之外币判决，与对其本身判决，具有相同的管辖权和控制权，且该判决可依适用于法院判决之程序执行。

3. 金钱判决登记在这个行为可能不是强制出售或其他任何处置财产的判决债务人时效到达之前判决债务人已收到通知后的30天内登记的外国的判决，或任何时间，法院[……]可能会允许。

4. 根据本法登记的金钱判决可在[……]执行仅在来源法律规定的时效期间内，或外国判决在该国可强制执行之日起的[10]年内，以两者中的较早者为准。

第十条　金钱判决的登记

1. 债权债权人在[……]向法院提交判决书：

(1)该判决书或该判决书经核实或核证或以其他方式核实的副本；

(2)如判决书不是[英文]文本，则该判决书的核证译本应译成[英文]；

(3)有文书载明第五条中的一个或多个管辖权依据，原审法院因此对案件享有管辖权，和法院可能要求的其他此类信息。

2. 判决债权人应向判决债务人发出关于债权判决登记的通知。

(1)指明所依据的是第五条所述的一项或多项管辖权依据，以声称原审国法院具有作出外国判决的管辖权；

(2)通知判定债务人有权在收到根据第十一条撤销登记的通知后 30 天内提出申请；

(3)判决命令支付以[……]货币以外的货币表示的款项，并声明判决书项下应支付的款项将为[……]在位于[……]的银行购买等值另一种货币所必需的货币在[登记日期][转换日期]的营业结束之日。

3. 第二款的目的在于，转换日期的最后一天，之前的一天判断债务人使得判决支付债权人根据登记外国判决，银行在第二款中提到的报价金额(货币单位)的[……]相当于另一种货币。

第十一条 利息

根据本法登记的金钱判决所判金额的应付利息为：

1. 根据来源国法律对该金额所产生的利息，自外国判决在该国成为强制执行之日起至紧接登记之日前之日止；

2. 该数额根据[……]法律所产生的利息，由登记日起计算。

第十二条 申请撤销外国判决登记

1. 判定债务人可在收到登记通知后 30 天内提出申请，为拟撤销的金钱判决进行登记。

2. 满足下列条件，外国法院登记应撤销：

(1)判决来源国法院在根据给判决债务人的通知中所述第五条的理由或理由作出判决的诉讼中没有管辖权；

(2)外国判决因任何理由不应根据本法获得承认；

(3)判决已获满足；

(4)判决在判决来源国不能执行[或在原籍国上诉悬而未决，或可提出此种上诉或请求上诉许可的时间尚未届满]。

3. 如根据第(2)(d)款撤销登记，判定债权人可以该款所指明的情况不再存在为由，向法院申请许可重新登记该外国判决。

第十三条 执行中止

法院将在其认为适当的情况下，在任何规定和时效的范围内，法院可以在执行程序的任何一方申请中止令或限制执行金钱判决，如果在来源国上诉是未决的，或者该判决仍处于上诉期，或者其上诉期尚未届满。

第十四条　损害赔偿的限制

1. 如果法院在判决债务人申请，确定资金——判断包括一个金额添加到补偿性损害赔偿作为惩罚性或多个损害赔偿或其他非赔偿性质的，应当限制执行外国判决的赔偿金的相似或类似的损失可以被授予[……]。

2. 如果法院在判决债务人申请，确定金钱判决，包括补偿性赔偿金的数额过多的情况下，它可能会限制执法的话，但授予数量不能少于，法院可以授予在这种情况下。

3. 在本条中，对损害赔偿的提述包括在来源国进行诉讼的费用和开支。

第三节　非金钱判决的执行

第十五条　非金钱判决的登记

1. 判决债权人可向法院申请登记非金钱判决。

2. 申请书应附有：

(1)该判决书或该判决书经核实或核证或以其他方式核实的副本；

(2)如判决书不是[英文]文本，则该判决书的核证译本应译成[英文]；和

(3)有文书载明第五条中的一个或多个管辖权依据，原审法院因此对案件享有管辖权，和法院可能要求的其他此类信息。

3. 判决债权人应按照法院规则将其提出申请的情况通知判决债务人，并将其向法院申请行使第十六条规定的修改外国判决的权力的情况通知判决债务人。

第十六条　法院对于非金钱判决的权力

1. 在非金钱判决的情况下，经任何一方申请，法院可：

(1)作出命令，要求对判决进行必要的修改，以使该判决在[……]可执行，除非判断不易被如此修改；

(2)作出命令，规定执行判决所使用的程序。

2. 满足下列条件之一的，法院应拒绝准予登记：

(1)起源国法院在根据给判决债务人的通知中所指明的第五节的理由或理由作出判决的诉讼中没有管辖权;

(2)该判决因任何理由在本法项下无权获得承认;

(3)判决已获满足;

(4)该判决因其性质而不能在[……]执行,而不可能作出修订以使其可强制执行;

(5)判决在来源国不能执行,或上诉处于未决,或可提出上诉或请求上诉许可的期限尚未届满。

3. 在以下情况下,法院可根据任何一方的申请,下令中止或限制非金钱判决的执行,但须遵守法院认为在有关情况下适当的任何条款及执行期限:

(1)法院本可以就其根据[……]法院的法令和规则作出的命令或判决;

(2)判定债务人已在原籍国提起或打算提起撤销、变更或获得与外国判决有关的其他救济的诉讼。

4. 非货币判决可在[……]执行仅在起源国法律规定的期间内,或该判决在该州强制执行之日起的[10]年内,以两者中的较早者为准。

第四节　一般规定

第十七条　法院规定

本法所规定的诉讼有关的实践和程序,包括费用,适用法院的规则。

第十八条　废止和过渡条款

1. 废止[以前关于外国判决的立法]。

2. 尽管[以前关于外国判决的立法]已废止,该法仍适用于本法生效前在诉讼程序中作出的外国判决。

通过《非洲大陆自由贸易区协定》实现区域贸易制度自由化
——挑战与机遇*

Chidebe Mattew Nwankwo，Collins Chikodili Ajibo** 著
王　婷　林梦圆*** 译

目　　次

一、引　　言

全球贸易统计数据表明，非洲地区尚未充分发挥其巨大的内部市场所提供

* 本文是国家社科基金研究专项项目“非洲本土化立法研究”的阶段成果(项目编号：19VJX062)和北京外国语大学校级项目“后疫情时代下非洲大陆自贸区对中国投资的影响研究”的阶段性成果。

** Chidebe Mattew Nwankwo，尼日利亚大学埃努古校区法学院博士及高级讲师；Collins Chikodili Ajibo，尼日利亚大学埃努古校区法学院博士及高级讲师。

*** 王婷，北京外国语大学非洲学院讲师，中国非洲研究院非洲法律研究中心成员，主要研究方向：非洲法、中非关系。林梦圆，北京外国语大学非洲学院绍纳语师资研究生。

的巨大潜力。① 非洲已有超过12亿的人口，国内生产总值(GDP)合计2万亿美元，但非洲内部贸易仍有许多增长空间。② 长期以来，非洲领导人意识到，遭受重创的非洲经济需要一个高效的区域经济组织予以支持，于是为了促进地区经济一体化，他们创立了若干重叠的区域经济组织。然而由于非洲国家缺乏政治意愿及制度所带来的挑战，各种贸易协定难以有效适用。虽然缺乏强有力的地区和国家治理结构，但秉承着泛非主义精神的非洲一直致力于实现区域一体化。

2018年3月21日，非洲44个国家在卢旺达基加利签署《非洲大陆自由贸易区协定》(AfCFTA)，③ 这是根据《拉各斯行动计划》(*Lagos Plan*)和《阿布贾条约》(*Abuja Treaty*)④的规定，寻求建立非洲经济共同体(African Economic Community, AEC)的里程碑。在第22个批准书文本提交后，《非洲大陆自由贸易区协定》第23条所要求的最低批准门槛已被满足，《非洲大陆自由贸易区协定》于2019年5月30日生效。在2019年7月7日的非洲联盟(以下简称非盟)元首首脑峰会期间，非盟和非洲贸易部长们最后敲定非洲大陆自由贸易区协定的有关支持文件，以推动启动《非洲大陆自由贸易区协定》正式实施阶段。有关支持文件包括：货物贸易减让表(schedules of tariff concessions on trade in goods)、原产地规则(rules of origin)、线上非关税壁垒监测与消除机制(online non-tariff barriers monitoring and elimination mechanism)、数字支付结算平台(digital payments and settlement platform)、非洲贸易观测门户网站(African

① World Trade Statistical Review 2018, World Trade Organization, at 66-77.

② 参见“African Continental Free Trade Area: Questions and Answers”(UN Economic Commission for Africa), https://www.uneca.org/publications/african-co ntinental-free- trade-area-questions-answers(2020年7月15日最后访问)。最新统计数据显示，北美各州之间的贸易占55%，欧洲各国贸易占70%，而非洲各国间贸易仅占非洲地区总贸易的18%：V Songwe, M Biteye, “The AfCFTA, the Catalyst for Africa's Growth”(1 November 2018), The New Times, https://www.newtimes.co.rw/opinions /afcfta-catalyst-africas-growth#. W9vVvKM7hok.twitter); G Kogi “Debunking Free Trade in Africa: Ramifications of the African Continental Free Trade Area (Kigali Declaration)”, https://www.academia.edu/ 36912332/DEBUNKING_FREE_TRADE_IN_ARICA_RAMIFICATIONS_OF_THE_AFRICAN_ CONTINENTAL_FREE_TRADE_AREA_KIGALI_DECLARATION).

③ 非洲大陆自由贸易区由55个非洲联盟(AU)成员国和8个非盟承认的区域经济共同体组成，其贸易自由化框架各不相同，其中有三个区域共同体有一个三方一体化倡议。

④ 这两个条约计划分六个阶段建立非洲经济共同体，到2028年达到全面一体化。参见Key Pillars of Regional Integration in Africa, 2018, UN Economic Commission for Africa。

Trade Observatory Portal）。①

《非洲大陆自由贸易区协定》试图在区域经济共同体（Regional Economic Communities，简称 RECs）所取得的一体化成果基础上，分阶段实现非洲国家间的贸易自由化。② 带着这个目标，《非洲大陆自由贸易区协定》致力于促进非洲内部贸易，推动区域价值链并融入全球经济发展进程，刺激竞争力、创新力和工业化发展，进而加快非洲地区的社会经济发展。③

《非洲大陆自由贸易区协定》作为大规模区域性项目，也是非洲联盟《2063 年议程》的旗舰项目。《2063 年议程》是非洲地区 50 年内社会经济转型的洲际蓝图。④ 同时，《非洲大陆自由贸易协定》也是推动作为世界最落后地区的非洲实现联合国“2030 年可持续发展目标”（Sustainable Development Goals，SDGs）的关键性倡议。《非洲大陆自由贸易区协定》不仅仅是一个货物贸易协定，它还涵盖了服务贸易、投资便利化、知识产权以及竞争政策规定。⑤

本文根据非洲国家普遍存在的情况，对非洲大陆自由贸易区下的多边贸易体制的潜在影响进行深入分析。第一部分将在多边主义背景下论述非洲大陆自由贸易区，第二部分分析了《非洲大陆自由贸易区协议》在服务和其他关键领域的挑战和潜力，第三部分分析了区域霸权对确保协议生效所起到的作用，第四部分则展望了非洲大陆自由贸易区的前景。

---

① 《〈非洲大陆自由贸易区协定〉确保塞拉利昂和撒哈拉共和国提交文本后，达到 22 份批准书的最低门槛》（AU Press release，2019. 4. 29），https：//au. int/en/pressreleases/20190429/afcfta-agreement-secures-minimum-threshold-22- ratification-sierra-leone-and，2020 年 7 月 13 日最后访问。

② 非盟内共有 8 个认可的区域经济共同体：阿拉伯马格里布联盟、东部和南部非洲共同市场、萨赫勒-撒哈拉国家共同体、东非共同体、中部非洲国家经济共同体、西非国家经济共同体、政府间发展管理局和南部非洲发展共同体。

③ Assessing Regional Integration in Africa VIII，2017，UN Economic Commission for Africa，at 11.

④ 除其他目标外，《2063 年议程》追求：基于泛非主义理想和非洲复兴愿景的政治上团结的、一体化的非洲；善政、民主、尊重人权、正义和法治的非洲；和平安全的非洲；拥有强大文化认同、共同传承、共享价值观和道德观的非洲；以人为本追求发展，充分发挥女性和青年潜力的非洲；成为国际社会中强大、团结而富有影响力的行为体和合作伙伴的非洲。

⑤ G Eramus，“The AfCFTA：Overview and implication”，2018. 7. 4，https：//www. tralac. org/publications/article/13221-the-afcfta-overview-and-implications. html，2020 年 7 月 13 日最后访问。

二、多边主义与《非洲大陆自由贸易区协定》

区域贸易协定(RTAs)与世界贸易组织所管理的多边贸易体制(MTS)关系密切。① 学者们的一致认为，实现区域和多边倡议之间的对接需要国家积极处理好内外部协同关系。② 发展中国家在履行世贸组织制度义务的同时，在享受区域主义权利问题上面临两难困境。发展中国家的议程是试图设计和实施战略性贸易方案。该方案将对国家、区域及多边自由化进行利益排序，以便国家能从贸易自由化和监管投入中实现发展利益的最大化。③

在《1994 年关税与贸易总协定》(GATT)第 24 条④和《服务贸易总协定》(GATS)第五条,⑤ 以及关贸总协定缔约国全体通过的《对发展中国家的差别、更优惠待遇及对等和更充分参与问题的决定》(授权条款)⑥等框架下，区域贸易协定在法律制度上与多边贸易体制并不互斥。以上规定承认了贸易安排的五种主要形式：自由贸易区(FTAs)，成员根据世贸组织义务互相达成自由贸易;⑦ 关税同盟，即实行统一对外贸易政策的自由贸易区;⑧ 成立于自由贸易区和关税同盟之前的临时协定;⑨ 优惠贸易安排，确保欠发达国家间的贸易自

① 参见 J Baghwati "US Trade Policy: The Infatuation with FTAs", in J Bhagwati and A Krueger The Dangerous Drift to Preferential Trade Agreements (1995, AEI Press) 1; R Leal-Arcas "Proliferation of Regional Trade Agreements: Complementing or Supplanting Multilat-eralism", (2011) 11 Chicago Journal of International Law 597; P Lamy "Is Trade Multilateralism Being Threatened by Regionalism", in S Baru and S Dogra (eds.) Power Shifts and New Blocs in the Global Trading System (2015, International Institute for Strategic Studies) 61.

② M Mashayekhi, L Puri and T Ito "Multilateralism and Regionalism: The New Interface", 2005, UN Conference on Trade and Development.

③ M Mashayekhi, L Puri and T Ito, "Multilateralism and Regionalism: The New Interface", 2005, UN Conference on Trade and Development.

④ (1994) 1867 UNTS 190.

⑤ (1994) 1867 UNTS 183.

⑥ 该授权条款可见于 https://www.wto.org/english/docs_e/legal_e/enabling1979_e.htm，2020 年 7 月 13 日最后访问。

⑦ 《1994 年关税与贸易总协定》(GATT)第 24 条第 8 款。

⑧ 《1994 年关税与贸易总协定》(GATT)第 24 条第 5 款(a)项。

⑨ 《1994 年关税与贸易总协定》(GATT)第 24 条第 5 款(a)和(b)项。

由化；① 服务领域的经济一体化协定。② 这些安排贯穿各个领域，且按照国际法规则运作，形成了一个贸易组织网络，为世贸组织制度增加了更多的不确定性。③

显而易见，“意大利面碗”④现象是国际贸易长期存在的挑战。这一困境的特点是各国在参与多个区域贸易协定的同时，试图加入多边贸易体制中。该现象阻碍了关键发展政策的实施，限制了发展中国家的谈判权力。多边主义和区域主义一致性和兼容性的相互作用一直存在于全球贸易体系中，引起了学者们的广泛关注。尽管区域主义对多边贸易体系存在潜在影响，但是区域贸易协定的数量还是持续增加，截至 2020 年 7 月已有 305 个区域贸易协定生效。⑤

（一）支持与反对区域主义的观点

对于区域主义同时存在支持与反对的观点。从积极的方面看，区域贸易协定被视为保障签署国快速推进各种商品和服务自由贸易的平台。由于相邻的地理位置、文化及经济联系等因素，区域贸易协定还为签署国提供了解决新问题的试验田，因此可以将区域贸易协定视为促进贸易发展的基石，建立更开放自由的多边贸易体制。实际情况中，许多新一代区域贸易协定明确敦促缔约国确保其制定的规则应与世界贸易组织规则相符。⑥ 这表明了一种认识：区域贸易

① 《授权条款》第 2 款(c)项。

② 《服务贸易总协定》第 5 条。

③ 根据《授权条款》，各国可改变其纵向及横向优惠制度。一方面，发达国家可向所有发展中国家或最不发达国家提供普遍的非互惠优惠，也就是垂直优惠制；另一方面，发展中国家间自由地互相提供优惠的市场准入，形成水平优惠制。参见 HM Otieno “Existing in the Eternal Twilight Zone of WTO Consistency：The case of the African Continental Free Trade Agreement”，（2019. 1. 25） Afronomics Law，http：//www. afronomicslaw. org/2019/01/25/existing-in-the-eternal-twilight-zone-of-wto-consistency-the-case-of-the-africa-continental-free-trade-agreement，2020 年 7 月 13 日最后访问。

④ Bhagwati 在其著作“US trade policy”中创造该术语，参见 J Baghwati “US trade policy：The infatuation with FTAs”，in J Bhagwati and A Krueger The Dangerous Drift to Preferential Trade Agreements，1995，AEI Press，p. 1.

⑤ 参见世界贸易组织“Regional trade agreements：Facts and Figures”，https：//www. wto. org/english/tratop_e/region_e/region_e. htm#facts，2020 年 7 月 13 日最后访问。

⑥ 例如，欧盟与非洲、加勒比和太平洋国家于 2000 年达成协议，根据《科托努协定》第 36(1)条进行经济伙伴关系协定(见注 26)的谈判，逐步消除“它们之间的贸易壁垒并加强与贸易有关的所有领域的合作”，以便设计符合世贸组织规则的贸易安排。

自由化与世贸组织规则之间的联系应以协议的形式正式确定。

对于发展中国家来说，区域贸易协定是拓宽区域经济一体化进程的核心，是国家发展战略不可或缺的一部分，因为它们缺少用于维持或增加商品和服务在世界贸易市场份额的政策选择。此外，发展中国家也大多缺乏促进经济可持续发展和加强其与全球经济有效融合的能力。因此，通过区域贸易协定形成更大的区域市场被视为实现全面区域一体化，并发挥其一系列经济、政治和社会影响的踏脚石。①

从发达国家与发展中国家签订的，包含发展伙伴关系条款的自由贸易协定中可推断出，发达国家似乎更强调贸易协定中涵盖服务、投资和其他贸易相关问题。例如非洲、加勒比和太平洋地区国家（ACP）和欧洲联盟（EU）签订的《科托努协定》②指出，减少并最终消除贫困是太平洋地区国家集团实现可持续发展③和逐步融入全球经济的先决条件。④ 为了实现这一目标，该协定强调了可持续经济增长、发展私营部门、增加就业和获得生产资源对非加太地区国家可持续发展的重要性。⑤

区域贸易协定对全球贸易带来的一个负面影响，民粹主义、内向型、歧视性和保护主义为特点的贸易实体可能在全球市场上争夺势力范围。⑥ 例如，覆盖全球市场大部分份额的区域贸易协定可能使非成员国处于不利地位，导致出

① 参见 J Baghwati，“US Trade Policy：The Infatuation with FTAs”，in J Bhagwati and A Krueger The Dangerous Drift to Preferential Trade Agreements，1995，AEI Press，p. 1.

② 《科托努协定》由当时的 15 个欧盟成员国和 78 个“非加太集团”成员国于 2000 年 6 月在科托努签署，于 2005 年 6 月 25 日进一步修订。

③ 值得注意的是，可持续发展在美国“虾事件”之后才开始在世贸组织法中占据突出地位（见下文脚注 92）。世贸组织法和可持续发展之间的关系目前尚未确定，而世贸组织成员国正在使用创新手段实现贸易和可持续发展的统一。参见 MW Gehring，“WTO Law and Sustainable Development”，in D Armstrong（ed.），Routledge Handbook of International Law（2009，Routledge）375.

④ 《科托努协定》第 1 条。

⑤ 《科托努协定》还有以下目标：“应尊重个人权利，满足基本需要；促进社会发展，公平分配增长条件。应鼓励和支持区域和次区域一体化，以促进非加太地区国家贸易和私人投资方面融入世界经济一体化进程。提高国民能力和社会凝聚力、改善民主社会和市场经济；制定一个积极和有组织的公民社会所必需的体制框架；在政治、经济和社会等各个领域，应系统地考虑妇女的状况和性别问题；包括气候变化在内 的自然资源和环境的可持续管理原则应在伙伴关系的每一个阶段都适用并纳入范畴。”

⑥ WTO“Regional Trade Agreements”，https：//www.wto.org/english/tratop_e/region_e/region_e.htm#facts，2020 年 7 月 13 日最后访问。

现净贸易转移而非净贸易创造。①同样，继续寻求世贸组织框架内更深入的一体化和参与区域贸易协定，可能会限制发展中国家采取积极的国家发展战略以解决供应能力问题。政策工具如补贴、投资激励、绩效要求和政府采购中的内容，以及应对发展挑战的其他产业政策都可能遭受影响。世贸组织已经建立了限制使用其中部分工具的机制，但仍以特殊性和差别待遇的形式为其提供了灵活性的政策空间。因此，在区域贸易协定下对更广泛的问题作出更严格的承诺可能会阻止多边层面享有灵活性。

（二）《非洲大陆自由贸易区协定》对多边主义的影响

研究《非洲大陆自由贸易区协定》对多边主义的影响具有必要性。《非洲大陆自贸区协定》在规模和级别上皆无前例，它试图建立面向非洲的货物市场和服务市场，实现企业、人员和资本的自由流动。预计到 2030 年，非洲市场将拥有 17 亿人口，累计消费者和企业支出将达到 6.7 万亿美元。② 以此，预计《非洲大陆自由贸易区协定》将通过与多个区域经济组织（RECs）以及大陆内部贸易自由化和便利化制度进一步协调和扩大非洲内部贸易。③ 根据该协定，各国承诺对 90%的货物取消关税，其余 10%货物的关税将在之后的阶段逐步取消。

联合国非洲经济委员会估计，有效执行《非洲大陆自由贸易区协定》的同时，努力协调改善贸易相关的基础设施，降低进口关税和过境成本。那么到 2022 年，《非洲大陆自由贸易区协定》将为非洲带来 52.3%的内部贸易增长。④ 预计这个数字在消除非关税壁垒后，还应翻一番。⑤ 更为关键的是，人们期望非洲内部的贸易增长将促使低生产率和劳动密集型产业向生产率更高、技术密

---

① 关于贸易保护主义在国际贸易中的影响，参见 R Fouda "Protectionism and Free Trade: A Country's Glory or Doom"，（2012） 3 International Journal of Trade, Economics and Finance 351.

② A-K Satchu "Is Free Trade a Silver Bullet for African Prosperity?"（2018. 3. 20） TRT World, https: //www. trtworld. com/opinion/is-free-trade-a-silver-bullet-for-african-prosperity-16355.

③ AU "CFTA: Continental Free Trade Area"， https: //au. int/en/ti/cfta/about.

④ 参见"African Continental Free Trade Area: Questions and answers" （UN Economic Commission for Africa）， https: //www. uneca. org/publications/african-co ntinental-free- trade-area-questions-answers.

⑤ L David and S Babajide "Launch of the Continental Free Trade Area: New Prospects for African Trade?"，（2015） 4/6 ICTSD Bridge Africa 8.

集型工业和服务转变，这将进一步创造就业机会，脱贫致富、加速发展。

有效执行《非洲大陆自由贸易区协定》可能带来的益处值得褒扬，然而这些数字只是预测，没有考虑该协议在多边体系中的实际运作情况。每个非洲国家都是至少两个区域贸易协定的成员，这使“意大利面碗”困境在区域严重化，导致各国卷入多个区域贸易协定中，涉及诸如投资和竞争政策、采购、劳工、环境、人权等众多问题领域。① 如果不适当管理这些区域贸易协定，它们将成为发展的绊脚石，而不是非洲经济共同体所设想的基石。

（三）通知

适当解决关于《非洲大陆自由贸易区协定》与世贸组织制度相容性难题的关键，是向有权接收此类知会的委员会发出通知。根据《关税与贸易总协定》第 24 条和《服务贸易总协定》第 5 条规定，区域贸易协定委员会②负责落实区域贸易协定的透明化。此外，贸易与发展委员会③管理《授权条款》下的所有制度安排。显然，《非洲大陆自由贸易区协定》将协调现有的区域贸易协定，包括近年来结缔的“三方自由贸易区协议”（Tripartite Free Trade Agreement，TFTA），因而密切跟踪非洲大陆当前优惠贸易安排的知会，以确认《非洲大陆自由贸易区协定》的落实情况。目前，非盟公认的 8 个区域经济共同体中，东部和南部非洲共同市场（Common Market for Eastern and Southern Africa）④、东非共同体（East African Community）⑤、西非国家经济共同体（Economic Community of West African States）⑥、中部非洲经济与货币共同体（Economic and Monetary Community of Central Africa）⑦、南部非洲关税同盟（Southern African

① 一个展现非洲区域贸易协定运作相互矛盾的展览，参见 JT Gathii African Regional Trade Agreements as Legal Regimes，2013，Cambridge University Press.

② 该委员会审议个别区域贸易协定，负责主持关于协定对多边贸易体制的全局性影响的讨论。参见“The Committee on Regional Trade Agreements”，https：//www. wto. org/english/tratop_ e/region_e/regcom_e. htm.

③ 该委员会是审议和协调世贸组织发展工作的焦点。

④ 根据《授权条款》，东部和南部非洲共同市场于 1995 年 5 月 4 日接到知会。

⑤ 根据《授权条款》及《服务贸易总协定》第 5 条，东非共同体分别于 2000 年 10 月 9 日和 2012 年 8 月 1 日接到知会。

⑥ 根据《授权条款》，西非国家经济共同体于 2005 年 7 月 6 日接到知会。

⑦ 根据《授权条款》，中部非洲经济与货币共同体于 1999 年 7 月 21 日接到知会。

Customs Union)[1]和南部非洲发展共同体(South African Development Community)[2]都已接到通知。[3]

若贸易优惠安排的成员皆为发达国家，或发达国家与发展中国家的组合，例如南部非洲关税同盟和南部非洲发展共同体，则适用《关税与贸易总协定》第24条的规定。《授权条款》的横向条款(第2条第3款)适用于成员均是发展中国家。《区域贸易协定》要成为“合格”的多边贸易体制，要满足世贸组织一贯坚持的一系列法律要求。值得注意的是，《授权条款》关于取消关税的要求一般比《关税与贸易总协定》第24条更为宽松。第24条第8款第2项要求取消贸易上所有方面的关税和其他限制性商业条例，而《授权条款》仅要求相互降低关税。因为大多数非洲国家处于“发展中”或“最不发达”之间，《非洲大陆自由贸易区协定》极可能符合《授权条款》的规定，并应根据该条款得到知会。

《非洲大陆自由贸易区协定》极广的范围使它可能面临诸多挑战。虽然其文书被称为自由贸易协定，但它近似于“全面伙伴关系协定，因为规则将超越货物贸易、服务、投资、竞争和知识产权”。[4] 不应对通知和资格认证问题掉以轻心，这是《非洲大陆自由贸易区协定》成员国同时作为世贸组织成员必须面对的基本问题。相对于《授权条款》的规定和《关税与贸易总协定》第24条的复杂要求，《非洲大陆自由贸易区协定》目前有关“通知”的规则仍存在制度缺陷。

基于这些考虑，《非洲大陆自由贸易区协定》的首选安排是根据《关税与贸易总协定》第24条和《服务贸易总协定》第5条进行通知。原因是：第一，南部非洲关税同盟和南部非洲发展共同体都是根据《关税与贸易总协定》第24条进行通知。因为自《关税与贸易总协定》生效以来，南非在世贸组织中自称是

---

① 根据《关税与贸易总协定》第24条，南部非洲关税同盟于2007年6月25日接到知会。

② 根据《关税与贸易总协定》第24条，南部非洲发展共同体于2004年8月2日接到知会。

③ 阿拉伯马格里布联盟、政府间发展管理局和三合一自由贸易区尚未得到知会。西非经济货币联盟于1999年10月27日根据《授权条款》接到知会。参见WTO “Regional trade agreements: Database information system”, http://rtais.wto.org/UI/PublicMaintain RTAHome.aspx.

④ 参见Trade Law Centre (TRALAC) “African Continental Free Trade Area: Questions and Answers ”, https://www.tralac.org/documents/resources/faqs/2377-african-continental-free-trade-area-faqs-june-2018-update/file.html.

发达国家；第二，《非洲大陆自由贸易区协定》条款的范围将适当要求《关税与贸易总协定》第 24 条和《服务贸易总协定》第 5 条作为资格认证和通知的合理条款。这不是忽略《授权条款》规定的理由，而正是预期中《非洲大陆自由贸易区协定》创造的贸易效益①预示着多边贸易体制最终的良好前景。

（四）在非洲争夺权力和影响力

从理论上讲，《非洲大陆自由贸易区协定》似乎是一个及时的、经过深思熟虑的贸易文书，但要取得成功不仅需要提出合理的条款及远大的目标。重要的是，成员国必须权衡世界各地的社会政治和历史中的贸易情况，这可能改变全球经济。Akinkugbe 认为，非洲国家应警惕“当代国际和区域对权力和影响力的争夺”对《非洲大陆自由贸易区协定》可能造成的影响。② 在国际层面，非洲目睹了中国、俄罗斯和美国直接在其地盘上的权力争夺；在区域层面，《非洲大陆自由贸易区协定》的谈判和最终执行将取决于自殖民主义以来一直存在的复杂的政治、经济、社会因素的影响。这些影响因素及由此产生的贸易联盟范式是参与《非洲大陆自由贸易区协定》谈判的非洲领导人和政策专家们必须积极处理的关键要素。③

在多边对话中，目前形势下的自由贸易有时缺乏支撑国际贸易协定的国家利益。因此，全面运作的《非洲大陆自由贸易区协定》将使非洲新的经济秩序与其他由少数经济大国控制的多边贸易体制相抗衡。非洲大陆自由贸易区必须采取措施，在全球经济强国的利益争夺中维护自身的非洲利益。非洲已成为这些大国的战场，而这些大国必须意识到《非洲大陆自由贸易区协定》可能带来的竞争威胁。例如，中国的一带一路政策已经取得了不可小觑的进展，并引起

---

① 参见 D Luke，“Making the case for the African Continental Free Trade Area”（2019. 1. 15），Afronomics Law，http：//www. afronomicslaw. org/2019/01/12/ making-the-case-for-the-african-continental-free-trade-area-2/.

② 参见 OD Akinkugbe “Negotiating the AfCFTA in the Shadow of International and Regional Struggle for Power：A Caution！”（2019. 1. 20），Afronomics Law，http：// www. afronomicslaw. org/2019/01/19/negotiating-the-afcfta-in-the-shadow-of-international-and-regional-struggle-for-power-a-caution/.

③ 参见 OD Akinkugbe “Negotiating the AfCFTA in the Shadow of International and Regional Struggle for Power：A Caution！”（2019. 1. 20），Afronomics Law，http：// www. afronomicslaw. org/2019/01/19/negotiating-the-afcfta-in-the-shadow-of-international-and-regional-struggle-for-power-a-caution/.

了美国的注意。① 欧盟通过可持续投资和就业联盟与非洲国家结成伙伴关系，进一步加剧了大国争夺非洲市场的紧张局势。非洲国家必须确保不会迎合这些超级大国之间在多边贸易体制控制权上的竞争。同样，《非洲大陆自由贸易区协定》的谈判代表必须足够谨慎，以免被引诱、妥协于财政援助或基础设施发展项目的陷阱中。

在区域层面，非洲国家应摒弃其被殖民的历史，坚持达成实施《非洲大陆自由贸易区协定》的共同愿景。《非洲大陆自由贸易区协定》的签署和通过无疑象征着该地区贸易的里程碑。然而，争夺区域权力及殖民主义遗留问题加深了经济合作的不信任，加之非洲国家间抬头的保护主义，为《非洲大陆自由贸易区协定》在洲际层面提出了新的挑战。在《非洲大陆自由贸易区协定》蕴含了非洲发展的希望背景下，非洲国家应有意识地去努力解决非洲大陆面临的历史、政治、经济和社会等问题。唯有如此，《非洲大陆自由贸易区协定》的有效实施才能成为现实。非洲领导人和政策制定者必须确保已经吸取过去尝试实现非洲大陆贸易自由化的失败教训，绝不可让《非洲大陆自由贸易区协定》重蹈覆辙。

三、《非洲大陆自由贸易区协定》的挑战与机遇

《非洲大陆自由贸易区协定》的兴起似乎掩盖了非洲国家在本发展阶段和该技术能力范围内该考虑的事实。毫无疑问，这个协定将为非洲人民提供大量机会，同时也将带来固有的挑战，如若处理不当，自由贸易协定将陷于停滞。②

（一）市场准入和竞争压力

《非洲大陆自由贸易区协定》旨在建立货物和服务自由流动的单一市场，推动非洲内部贸易自由化，消除关税和非关税贸易壁垒。③《非洲大陆自由贸

① 参见 B Girard，“What Will the US-China Trade War Mean for Africa? The Collateral Damage and Potential Opportunities，as Seen from Uganda，Nigeria，and Ethiopia”（2018. 10. 25），The Diplomat，https：//thediplomat. com/2018/10/what-will-the-us-china-trade-war-mean- for-africa/.

② UN Conference on Trade and Development（UNCTAD）African Continental Free Trade Area：Challenges and Opportunities of Tariff Reductions（2018，UN）.

③ AfCFTA，art 3.

易区协定》将逐步纳入自由化、非歧视和互惠等基本原则。① 《非洲大陆自由贸易区协定》的《货物贸易议定书》②和《服务贸易议定书》也有类似规定。《服务贸易议定书》第19条规定："对作出市场准入承诺的部门，除了在其承诺义务的计划表中列出外，对于其某一地区分部门或在整个国境内，不能维持或采用下述限制措施：(a)采用数量配额、垄断和专营服务提供者方式，或以要求测定经济需求的方式，来限制服务提供者的数量；(b)采用数量配额或要求测定经济需求的方式，来限制服务交易或资产的总金额；(c)采用配额或要求测定经济需求的方式，来限制服务交易的总数或以数量单位表示的服务提供的总产出量；(d)采用数量配额或要求测定经济需求方式，来限制某一服务部门或服务提供者为提供某一具体服务而需要雇佣的自然人的总数；(e)要求服务提供者通过特定的法人实体或合营企业，才可提供服务的限制措施；(f)对参加的外国资本限定其最高股权比例或对个人的或累计的外国资本投资额予以限制。"

在自由化和市场准入方面，非洲大陆自由贸易区成员国的收入差距最大，与东南亚国家联盟和加勒比共同体等类似贸易组织收入差距达两倍以上。③ 非洲三大经济体(埃及、尼日利亚和南非)贡献了非洲50%以上的累积生产总值，而六个主权岛屿国家的总贡献仅为1%。④ 这就导致三大经济体将会比非洲大陆自由贸易区其他成员国在利用准入市场条款方面拥有更多的机会，同时也给本国的产业造成不小的竞争压力，并对受援国的出口能力产生寒蝉效应。

《非洲大陆自由贸易区协定》下的贸易补偿措施包括反倾销和反补偿措施⑤、全球保障措施⑥、优惠保障措施，以应对进口到缔约国的产品突然激增，给国内生产者造成或可能造成严重损害的情况；⑦ 保护新兴产业⑧等其他各种

① AfCFTA, art 5.

② Protocol on Trade in Goods, art 2 and part III.

③ R Akeyewale, "Who Are the Winners and Losers in Africa's Continental Free Trade Area?" (2018. 10. 17), World Economic Forum, https://www.weforum.org/agenda/2018/10/africa-continental-free-trade-afcfta-sme-business/.

④ R Akeyewale, "Who are the Winners and Losers in Africa's Continental Free Trade Area?" (2018. 10. 17), World Economic Forum, https://www.weforum.org/agenda/2018/10/africa-continental-free-trade-afcfta-sme-business/.

⑤ Protocol on Trade in Goods, art 17.

⑥ Protocol on Trade in Goods, art 18.

⑦ Protocol on Trade in Goods, art 19.

⑧ Protocol on Trade in Goods, art 24.

情况。[1] 成员国无疑能依仗这些条款保障其国家经济利益和产业政策。

此外，除南非以外，大多数非洲国家缺乏具有跨国性质和跨境贸易能力的运营公司及机构，埃及和尼日利亚在一定程度上也存在这种情况。实际上，中小企业(SMEs)为非洲提供了80%以上的就业机会和50%的国内生产总值，而制造业仅占非洲国内生产总值总额的10%左右。[2] 这转化为少数全体占据主导地位，并可能使竞争力较弱的群体面临数千个工作岗位的风险。《非洲大陆自由贸易区协定》认识到成员国在发展水平上的差距，并在规定中指出，缔约国应根据其确保全面和互利的货物贸易目标，向处于不同经济发展水平或具有其他缔约国承认的独特性提供灵活性。[3] 这些灵活性还包括在个案基础上执行协定的附加过渡期。

除了灵活性之外，仍存在其他潜在挑战。最初，尼日利亚拒绝签署该协议。该国劳工大会称其为“新的，极其危险且影响范围极广的新自由主义政策倡议”。[4] 此外，他们担心，由于国内缺乏电力、公路、铁路等基础设施，大多数公司将被迫迁往邻国，为国内市场输送大量制成品，而这预计将导致尼日利亚国内的大量失业，并造成社会凝聚力的丧失。同样，一些已经签署协议的非洲国家在批准协定上有所拖延，影响到2019年1月启动协定第二阶段的先决条件，该阶段涉及投资、知识产权和竞争政策。

(二)搭原产地规则的便车

原产地规则构成确定产品的国家来源所需的标准,[5] 原产地规则的重要性基于关税和限制通常取决于进口产品的原产地，不同政府关于原产地规则的行为在历史上就有所区别。虽然实质性改革的要求已得到广泛承认，但有些国家政府适用改变税则办法，有些国家适用从价百分比标准，还有些国家适用制造

---

① Protocol on Trade in Goods, part VIII.

② 参见 R Akeyewale, “Who are the Winners and Losers in Africa’s Continental Free Trade Area?” (2018. 10. 17), World Economic Forum, https://www.weforum.org/agenda/2018/10/africa-continental-free-trade-afcfta-sme-business/.

③ Protocol on Trade in Goods, art 6.

④ 参见“Nigeria: AfCFTA Will Go on without Nigeria, Says Obasanjo” (2019. 5. 27), https://allafrica.com/stories/201905280030.html.

⑤ WTO “Technical Information on Rules of Origin”, https://www.wto.org/engl ish/tratop_e/roi_e/roi_info_e.htm.

或加工作业表法。① 原产地规则在这些情况下不可或缺：执行某些贸易政策措施和商业政策手段，如反倾销税和保障措施；确定进口产品是否得到最惠国待遇或其他优惠待遇；贸易统计；原产地标记的监管；进口配额的管理；政府采购。②

原产地规则可以是优惠原产地规则或非优惠原产地规则，优惠原产地规则适用于区域贸易协定和关税同盟等互惠性贸易优惠，或有利于发展中国家和最不发达国家的非互惠优惠。③ 相反，非优惠原产地规则适用于无任何贸易优惠的情况，即贸易必须遵守最惠国待遇原则。世贸组织原产地规则附件二规定，该协定关于非优惠原产地规则的一般原则和要求涉及透明度、积极标准、行政评估、司法审查、变更不溯及既往和保密性的一般原则和要求也适用于优惠原产地规则。④

在审议自由贸易区的原产地规则时，遇到的一个棘手问题是如何统一和采用普遍适用的标准，⑤ 目前尚未确定非洲大陆自由贸易区的优惠原产地规则将如何处理该情况。⑥《非洲大陆自由贸易区协定》⑦原产地规则第 4 条规定，产品在该缔约国取得或在该国经历了实质性变化，则视为来自该缔约国。⑧ 在现有的区域经济共同体有着不同的原产地制度规则。例如，东南非共同市场一般的增值标准为 35%，而南部非洲发展共同体使用的是具体产品原产地规则。这些差异可能会持续一段时间，因为《非洲大陆自由贸易区协定》在其基本原

① WTO "Technical Information on Rules of Origin", https://www.wto.org/engl ish/tratop_e/roi_e/roi_info_e.htm.

② WTO "Technical Information on Rules of Origin", https://www.wto.org/engl ish/tratop_e/roi_e/roi_info_e.htm.

③ WTO "Technical Information on Rules of Origin", https://www.wto.org/engl ish/tratop_e/roi_e/roi_info_e.htm.

④ WTO "Technical Information on Rules of Origin", https://www.wto.org/engl ish/tratop_e/roi_e/roi_info_e.htm.

⑤ WTO Preferential Rules of Origin for Least Developed Countries (ministerial decision, 19 December 2015) WT/MIN(15)/47-WT/L/917.

⑥ 参见 Protocol on Trade in Goods, art 13 and AfCFTA, annex 2 on Rules of Origin, art 2.

⑦ 非洲大陆自由贸易区协定附件二。

⑧ 非洲大陆自由贸易区协定附件二，第 6 条规定，如产品符合下列标准之一，则不能被视为在该缔约国经历了实质性变化：增值、非原产材料含量、税则品目变更、特定工艺。这应与附件四保持一致，其中要求货物符合所列具体规则的，即符合原产地货物的资格。

则中承认，现有的区域经济共同体自由贸易协定是非洲大陆自由贸易区的基石，也是维持区域经济共同体有效运作的最佳做法。① 此外，《非洲大陆自由贸易区协定》第19条还规定，如有缔约国加入了区域一体化程度高于非洲大陆自由贸易区的其他区域经济共同体、区域贸易安排和关税同盟，那么这些缔约国应保持他们更高的地位。目前尚未确定《非洲大陆自由贸易区协定》将如何协调其采用的原产地规则与区域经济共同体的原产地规则，但明确的是协商沟通是必备的条件。

由于原产地规则有助于防止转运，有效的执行对于成员国内部的成功至关重要。由于制造业仅占非洲国家国内生产总值总额的10%左右，不能排除较发达的制造业经济体从中搭便车的可能性，这些经济体具备了较发达的法律和体制的先决条件，这是尼日利亚制造商协会(Manufacturers Association of Nigeria)劝阻尼日尔利亚总统签署《非洲大陆自由贸易区协定》的理由之一。该协会指出，在市场准入和原产地规则的执行问题得到恰当解决之前，它们不会支持通过和批准《非洲大陆自由贸易区协定》。一些非洲国家已经与非洲以外的国家签订了贸易协定，令人担忧的是，这些非非洲国家可能会以搭便车的形式，乘《非洲大陆自由贸易区协定》之机，以优惠的条件进入非洲市场。

例如，有人认为由于摩洛哥既是西非经济共同体成员国，又与欧洲联盟签订贸易协定，那么欧盟的企业就可以将摩洛哥作为进入西非市场的平台，而摩洛哥正是西共体最大的市场。有人认为这将使尼日利亚的许多制造商和工厂因为丧失竞争力而倒闭，② 导致失业和财政损失。可以说，与非洲以外的国家签订类似贸易协定的其他非洲自由贸易区成员也将面临类似的情况，市场准入具有决定性影响。

这虽然对现实形势作了评估，但不应该抑制支持《非洲大陆自由贸易区协定》的积极运行。无论如何，随着《非洲大陆自由贸易区协定》的生效，消费者将更重视产品的高质量和负担得起的价格。此外，原产地规则纳入了大量旨在防止规避协定的条款。灰色地带将实现强有力和严格地执法。在非洲大陆自由贸易区成员国中普遍存在着体制弱点和内部控制不力的现象，这可能为第三方力量利用漏洞提供正当理由。正因如此，一旦《非洲大陆自由贸

① 非洲大陆自由贸易区协定附件二，第5条(b)款(1)项。

② 参见N Ekekwe，“Our President Should Sign AfCFTA Free Trade after Strengthening ‘Rule of Origin’ Clause”(2018.3.23)，https://www.tekedia.com/president-should-sign-afcfta-free-trade-after-strengthening-rule-of-origin-clause.

易区协定》得以批准并生效，就应加大力度，确保在执行原产地规则方面的透明度。

（三）能力建设

非洲国家在执行非洲自由贸易区议程时遇到的最大挑战之一是能力限制。① 除了运输基础设施，特别是许多区域的国家间铁路连接不通甚至完全断联之外，非洲还需要加强贸易便利化、海关合作和信息技术基础设施方面的能力。《货物贸易议定书》第 29 条规定，秘书处将与缔约国、区域经济共同体一同合作，提供贸易和贸易相关问题方面的技术援助和能力建设，以便执行议定书。秘书处将寻找并获得这些方案所需资源的途径。同样，《服务贸易议定书》第 27 条承认技术援助、能力建设和合作的重要性，以补充服务自由化，支持缔约国努力加强其服务供应能力，并促进议定书的执行和实现其目标。根据该议定书，缔约国同意在可能的情况下，与发展伙伴合作，调集资源，并采取措施支持国内举办相关培训以提高服务贸易的能力建设。

《货物贸易议定书》和《服务贸易议定书》的确认识到了普遍存在的能力制约问题，并为解决这些问题作出了实质性规定。同样，议定书认可国际机构和发达经济体等发展伙伴的援助对于促进履行各项义务至关重要。由于大多数非洲国家处于发展阶段，技术援助和能力建设将更多来自外部而非内部，即来自区域和多边机构，这意味着效率将渐进提高。来自区域和多边机构的技术援助和能力建设无疑会产生费用，而目前尚不清楚发展伙伴的资金将如何落实、是否将偿还、由谁偿还。

此外，大多数非洲国家缺乏自由贸易区有效运作的基础设施。与欧盟不同，非洲大多数地区没有跨国铁路以方便重型货物的运输，成员国似乎也没有计划建造这种基础设施。而如果没有便利的跨国铁路网络，《非洲大陆自由贸易区协定》在目标和原则方面的有效实施将受到影响。除此之外，多数非洲国家如尼日利亚还缺乏稳定的电力供应。如前所述，尼日利亚最初拒绝签署《非洲大陆自由贸易区协定》，因为人们担心企业和工厂可能迁往电力供应更好的

① UNCTAD "Unleashing Africa's Economic Integration Potential: The Case of Trade Facilitation-led Reforms under the African Continental Free Trade Area (AfCFTA)" (side-event 2, organized by UNCTAD African Regional Office and the Trade Policy Training Centre in Africa, 2018. 11. 28), https://unctad. org/en/Pages/MeetingDetails. aspx? meetingid=2011.

邻国而将导致该国大规模工厂关闭、财政损失和失业。①《货物贸易议定书》第29条和《服务贸易议定书》第27条除了承认能力限制外，也没有关于如何建设基础设施的具体规定。

（四）区域经济共同体与《非洲大陆自由贸易区协定》原则的协调

《非洲大陆自由贸易区协定》成员同时也签署了各种区域经济共同体协议，而这些区域经济共同体设立了互补或相互矛盾的义务。协调平行的成员资格和与《非洲大陆自由贸易区协定》重叠义务的方案尚不清楚。《非洲大陆自由贸易区协定》第3条指出，该协定的部分目标是解决重叠成员身份的问题，并加快区域和大陆一体化进程。然而，目标还包括需要促进资本和人员流动，并促进投资，在缔约国和区域经济共同体倡议和发展的基础上，需要依赖区域经济共同体的最佳做法以促进资本和人员流动。

《非洲大陆自由贸易区协定》第5条强调保留现有的法律体系。② 同样，《服务贸易议定书》第18条要求缔约国在考虑到最佳做法和区域经济共同体的现行法律的情况下，通过为每个部门制定监管框架，就具体部门的义务进行谈判。这些规定表明，区域经济共同体保留与建立《非洲大陆自由贸易区协定》保持一致的最佳做法。目前尚不清楚的是，如何在遵守《非洲大陆自由贸易区协定》义务的情况下维护区域经济合作。③

此外，三方自由贸易区和《非洲大陆自由贸易区协定》的目标和原则同样需要协调。三方自由贸易区是东南非共同市场、南部非洲共同体和东非共同体组成的联合自由贸易协定。27个成员国中，已有24个国家签署了协议。像其他区域经济共同体一样，目前该贸易区尚未确定如何与《非洲大陆自由贸易区协定》协调共存。《建立非洲经济共同体条约》（阿布贾条约）宣言第4条规定，作为更广泛目标的一部分，非洲大陆应在现有和未来的经济共同体之间逐步协调和统一其政策，促成建立一个统一的经济共同体。也就是说，非洲经济共同

---

① 参见上文“市场准入和竞争压力”部分和下文“尼日利亚对《非洲大陆自由贸易区协定》最初的反对”部分。

② TRALAC “African Continental Free Trade Area”，https：//www. tralac. org/documents/resources/faqs/2377-african- continental-free-trade-area-faqs-june-2018-update/file. html.

③ 参见 CC Ajibo，“Regional economic communities as the building blocs of African Continental Free Trade Area Agreement：Challenges and way forward”（2019. 2. 4），Afronomics Law，http：//www. afronomicslaw. org/2019/02/04/regional-economic-communities-as-the-building-blocs-of-african-continental-free-trade-area-agreement-challenges-and-way-forward/.

体的目的是根据逐步实现总体目标的一般原则，加强区域一体化，从而在所有贸易领域实现建立非洲经济一体化的支点。

（五）非关税壁垒的潜在影响

自由贸易协定旨在消除关税和非关税壁垒。关税易于发现和解决，而非关税壁垒较为微妙，处理较为复杂。联合国公布了多种形式的非关税壁垒。① 非关税措施指的是“除普通关税以外，可能对国际货物贸易、贸易数量或价格或两者均具有经济影响的政策措施”。② 非关税措施包括技术措施、非技术措施和出口措施。③

技术措施涵盖卫生和植物检疫措施；贸易技术壁垒、装运前检验和其他手续。可能限制贸易的非技术措施包括：应急贸易保护措施；非自动许可证、配额、与世贸组织《实施卫生与植物检疫措施的协议》和《技术性贸易壁垒协议》无关的禁止和数量控制措施；价格控制措施，包括额外税收和收费；金融措施；影响竞争的措施；与贸易有关的投资措施；分配限制；对售后服务的限制；补贴，不包括出口补贴；政府采购限制；知识产权；原产地规则。④ 出口措施包括与出口有关的措施。

如上文所述，非关税壁垒形式多种多样，分类无法详尽无遗。有人指出该分类“并未判断国际贸易中使用的这些政策干预的合法性、充分性、必要性和是否带有歧视”，这样的分类是“以数据库的格式组织信息”。⑤ 这些措施大多是非歧视性的政府规章，旨在维护安全、消费者健康和环境。虽然这些措施往往“完全合法和正当，但各国遵守不同的要求对于寻求出口的公司尤其是中小型企业来说，可能复杂而又昂贵”。⑥ 为了“促进监管趋同，提高透明度，防止和解决[非关税措施]造成的贸易摩擦，而不是挑战其合法目标”，世贸组织和

① 参见 UNCTAD The International Classification of Non-Tariff Measures（2015，UN）.

② UNCTAD The International Classification of Non-Tariff Measures（2015，UN），at 1.

③ UNCTAD The International Classification of Non-Tariff Measures（2015，UN），at 3.

④ UNCTAD The International Classification of Non-Tariff Measures（2015，UN），at 3.

⑤ UNCTAD The International Classification of Non-Tariff Measures（2015，UN），at 2.

⑥ International Trade Centre-European Commission Navigating Non-Tariff Measures：Insights from a Business Survey in the European Union（2016），at 1，http：//www. intracen. org/uploadedFiles/intracenorg/Content/Publications/Navigating_Non_Tariff_Measures_ITC_EC__final_Low-res（1）. pdf.

区域贸易协定纳入了关于非关税措施的规则。①

《非洲大陆自由贸易区协定》通常不允许贸易中的非关税壁垒，但实际执行通常具有挑战性。世界上超过70%的最不发达国家都在非洲，这些国家的特点就是脆弱的中小企业和低效率的公司。因此，这些国家有可能采用非关税壁垒以促进某些歧视性目标，如保护本土企业。此外，《非洲大陆自由贸易区协定》成员国缺乏有效调查非贸易壁垒复杂应用的技术能力，如果管理不当，诉诸这些措施中的一项或多项，即可能阻碍自由贸易目标的实现。

(六)非贸易问题

《非洲大陆自由贸易区协定》似乎没有充分缓解相关国家对于解决贸易和非贸易问题之间重叠关系的担忧，如环境可持续性、劳工权利和人权等问题。非贸易问题可表现为某些目标。② 第一，使贸易政策符合执行国的经济政策和发展目标；第二，追求公共政策目标，如产品的健康和安全标准、环境可持续性、劳工权利和人权，目前尚未清楚《非洲大陆自由贸易区协定》将如何解决这些非贸易问题。尤其由于非洲大陆的极度贫困和巨大的收入差距，使劳工权利也受到了影响。一些非洲领导人和机构因为侵犯公民人权而臭名昭著，更糟糕的是，脆弱的机构阻碍了诉诸司法的机会。《非洲大陆自由贸易区协定》显然很难在实际中、在原则上解决这些关切，主要是因为非洲领导人缺乏问责和透明的制度，他们最终将通过适当的机构监督《非洲大陆自由贸易区协定》的行政管理。

显然，贸易和非贸易问题之间的互相作用在国际贸易关系中并不新鲜，常被从自由贸易和公平贸易，或自由角度和公正贸易的角度来看待。③ 世贸组织关于贸易和非贸易问题的判例表现既冲突，又一致。而世贸组织争端解决机制对贸易和非贸易问题的反应引来诸多谴责，批评者认为世贸组织“在非贸易法

① International Trade Centre-European Commission Navigating Non-Tariff Measures: Insights from a Business Survey in the European Union (2016) at1, http://www.intracen.org/uploadedFiles/intracenorg/Content/Publications/Navigating_Non_Tariff_Measures_ITC_EC__final_Low-res(1).pdf.

② UNCTAD Non-Tariff Measures: Economic Assessment and Policy Options for Development (2018, UN), at 18.

③ C Lumina, Free Trade or Just Trade? The World Trade Organisation[sic], Human Rights and Development (part 1) at 20 (2008) Law, Democracy & Development, https://www.ajol.info/index.php/ldd/article/view/52892.

下保护国家权利方面走得太远，做得不够”。① 另一些人指责世贸组织上诉机构在司法上过于激进，② 而另一些人则认为，各国应能依靠国际法保护非贸易问题。③ 世贸组织上诉机构在一些案件中承认了贸易和非贸易问题之间的相互关系。④ 然而，除了承认问题之外，世贸组织并没有郑重或成功地纳入非贸易问题。⑤

发展中国家往往反对将非贸易问题纳入世贸组织谈判，认为这是发达国家的伎俩，它们预计无法遵守这些问题而限制其市场准入。⑥ 随着部分与国际法相悖的“2030 可持续发展目标”的颁布，贸易与非贸易问题之间的相互作用将得到更广泛的审查。然而，在世贸组织层面，贸易和非贸易问题间关系的有效解决仍然远未实现。如果将这一不确定因素转移到《非洲大陆自由贸易区协定》的执行层面上，而该协定的大部分签署国在环境治理、保护劳工及人权方面都有优异的记录，其结果将是灾难性的。此外，该协定签署前，民间社团也未曾经历过适当的意向调查。没有充分证据表明，在结缔协定之前进行了人权影响评估和环境保护压力测试。

四、尼日利亚伊始反对《非洲大陆自由贸易区协定》

尼日利亚私营部门拒绝签署《非洲大陆自由贸易区协定》，原因之一是缺

① 参见 C Thomas，“Should the World Trade Organization Incorporate Labor and Environmental Standards?”，（2004）61 Washington & Lee Law Review 347 at 358.

② J Bhagwati，“Afterword：The Question of Linkage”，（2002）96 American Journal of International Law 126 at 133-34（arguing that the WTO Appellate Board should avoid making drastic changes to existing environmental laws）.

③ J Pauwelyn，“The Role of Public International Law：How Far Can We Go?”，（2001）95 American Journal of International Law 535 at 566.

④ WTO Appellate Body，EC—Tariff Preferences WT/DS246/AB/R，adopted 20 April 2004，para 94；WTO Appellate Body Report on United States Import Prohibition of Certain Shrimp and Shrimp Products WT/DS58/AB/R（12 October 1998），para 154；WTO Dispute Panel Report on United States Standards for Reformulated and Conventional Gasoline WT/DS2/R（29 January 1996）.

⑤ L Bartels “Social Issues：Labour，Environment and Human Rights”，http：//www. worldtradelaw. net/articles/bartelsfta. pdf. download.

⑥ K Suneja，“India Rejects Move to Include Non-trade Issues in WTO”（2017. 12. 11），Economic Times，https：//economictimes. indiatimes. com/news/economy/fo reign-trade/india-rejects-move-to-include-non-trade-issues-in-wto/articleshow/62017009. cms.

乏有效的协商，而在非盟大陆自由贸易区技术工作组会议上提出尼日利亚的立场时，没有反映主要利益攸关方的意见。① 因此人们一直担心尼日利亚基础设施普遍衰退(特别是电力的缺乏)将迫使大量公司迁往基础设施更好的邻国，而使邻国产品更多地进入尼日利亚市场。有人认为，尼日利亚将从而失去对制造业企业的控制。经过几个月的磋商，尼日利亚最终于2019年7月签署了《非洲大陆自由贸易区协定》。②

同样，尼日利亚拒绝签署《经济伙伴关系协定》。该协定旨在建立16个西非国家(包括毛里塔尼亚)和欧洲联盟(欧盟-西非国家经济共同体伙伴关系)之间的自由贸易区。尼日利亚总统拒绝签署协议的理由是"我们的工业无法与欧洲效率更高、技术更先进的工业相竞争"。③ 因而加入《非洲大陆自由贸易区协定》和欧盟-西非国家经济共同体伙伴关系可能会使尼日利亚成为生产力更高、效率更高的经济体的成品倾销地。此外，《非洲大陆自由贸易区协定》将进口关税降至90%的目标将导致廉价货品进口激增，并增加可能超出国内市场的货物走私。《非洲大陆自由贸易区协定》加速或阻碍尼日利亚工业化的可能性很大程度上取决于政府对其条款的政策反应，以及政府为指导其实施而建立的评估、监测和评价制度。总的来说，《非洲大陆自由贸易区协定》的利益和潜力远大于其潜在的缺陷，应鼓励尼日利亚支持该协议，它无法阻止市场一体化的浪潮，这也是一个新的规范。

五、对未来的思考

挑战固然存在，《非洲大陆自由贸易区协定》将为包括尼日利亚在内的签署国带来许多诸多有利之处。多个经济一体化和大型贸易集团已出现在世界各地，非洲大陆也不例外。《非洲大陆自由贸易区协定》在全球范围内提升了非

---

① "Nigerian Manufacturers Ask President Buhari to Keep off AfCFTA" (21 March 2018) Sahara Reporters, http://saharareporters.com/2018/03/21/nigerian-manufacturers-ask-president-buhari-keep-afcfta.

② 参见 Anderson Tax LP, "Nigeria: President Signs the Agreement Establishing the African Free Trade Continental Area" (2019.7.17), http://www.mondaq.com/Nigeria/x/826642/international+trade+investment/President+Signs+The+Agreement+Estab lishing+The+African+Continental+Free+Trade+Area.

③ C Giles, "Nigeria Rejects West Africa-EU Free Trade Agreement" (6 April 2018) CNN, https://edition.cnn.com/2018/04/06/africa/nigeria-free-trade-west-africa-eu/index.html.

洲国家的影响力。在理想的情况下，该协定将协调统一非洲各国的贸易目标和经济利益，并在全球层面的条约谈判中利用这种一致性，对非洲国家产生影响。该协定的最不发达国家成员将从共同谈判的立场中获得最大利益，因为它们脆弱的经济对应着弱小的谈判能力。与授权欧盟委员会代表成员国进行谈判的《里斯本条约》一样，《非洲大陆自由贸易区协定》最终可能产生相应的机构权威，具有谈判能力和特权，使非洲国家能最大限度发挥作为多边集团进行谈判的优势。

《非洲大陆自由贸易区协定》计划在有能力和资源的多个国家进行更多的基础设施投资。企业更愿意在具备高效可行的基础设施的环境中开展业务。缺乏可行基础设施的国家，包括良好的交通网络和电力，可能很快就会在争夺资本的竞争中落败。对尼日利亚这样多年来有能力和资源投资于基础设施，却公然拒绝这样做的国家来说，竞争力下降的前景将迫使它明智地利用资源，并建设可行的基础设施。同样的情况也适用于其他资源丰富却挥霍无度的《非洲大陆自由贸易区协定》成员国。

除此之外，《非洲大陆自由贸易区协定》将为消费者提供海量选择、有进步空间的产品及服务。随着贸易自由化带来的激烈竞争，产品和服务的质量将大大提升，但不能完全忽视可负担得起的价格潜力。尽管各机构可能会在签署《非洲大陆自由贸易区协定》的问题上争吵不休，但消费者在产品和服务的多样性方面将获得巨大利益。最重要的是，如果在监测、数据收集和数据评价方面作出重大努力并迅速采取行动；对投诉和异常情况作出反应并予以纠正，《非洲大陆自由贸易区协定》将发挥最佳作用。这要求成员国机制的透明度和问责制，以及各级资源的重大投入。最终一定会让协定中的缺陷转化为对成员国的承诺。

六、结　　论

《非洲大陆自由贸易区协定》的签署将为非洲国家的社会经济发展提供巨大机遇。经济一体化带来的自由化和市场准入将为整个非洲大陆的企业提供广阔的市场机遇。经济一体化降低了经营成本，促进商业规则的统一。自由贸易协议几乎覆盖世界每个地区，而《非洲大陆自由贸易区协定》追随了自由贸易协议的发展趋势。尽管《非洲大陆自由贸易区协定》提供了巨大的机遇，但人们对其固有的缺陷仍深表怀疑：尼日利亚等国对利用原产地规则进入非洲市场的代理公司持有保留意见；此外，基础设施存在严重缺陷，某些区域几乎不存在国际运输基础设施；机构薄弱、能力不足、缺乏问责制和机制透明度的现象普遍存在，将对自由贸易协定的成功实施产生重大影响。然而，鉴于贸易自由化显现的益处而言，如减少企业间贸易壁垒、丰富消费者的选择、降低商业成本以及统一贸易规则的固有利益，《非洲大陆自由贸易区协定》将为非洲带来更好的未来。

解决投资争端国际中心仲裁被申请人实务指南*

刘美邦　潘辉文　陈延忠 译**

目　次

---

* 本文为解决投资争端国际中心（ICSID）发布的实务指南 *Practice Notes for Respondents in ICSID Arbitration*，英文版下载地址为 https：//icsid. worldbank. org/en/Documents/resources/Practice%20Notes%20for%20Respondents%20-%20Final. pdf.

** 刘美邦，北京德恒律师事务所合伙人；潘辉文，厦门市集美区人民法院法官；陈延忠，厦门海事法院审监庭庭长，高级法官。

一、本文目的

尽管国家或者国家实体可启动国际投资的仲裁，它们更多是作为被申请人。各国经常询问应对投资仲裁请求的实务指南，特别是该国之前未参与过仲裁的情况。本文中的信息主要解答国际投资争端解决中心（以下简称“ICSID”）会员国或投资者最常见的问题。本文也为回应仲裁申请及准备案件提供了一些实用的组织性的建议。本文并不提供任何法律建议或政策指导且并非详尽的仲裁指南。

二、引　　言

ICSID 仲裁可由各国在国际投资协定、投资合同或者投资立法中约定。投资协定系由国家间协商签订；投资合同系由国家与外国投资者协商签订；外国投资立法系由国家立法者制定。通常这些文件中允许外国投资者在产生纠纷时可以选择在 ICSID 仲裁。仲裁可根据 ICSID 公约或者 ICSID 附加便利机制及相关规则进行。上述规则的全部文本可在 ICSID 网站上获得。ICSID 也可以管理根据《联合国国际贸易法委员会仲裁规则》进行的仲裁或者管理临时仲裁规则进行。关于 ICSID 如何管理非 ICSID 仲裁案件的信息，可以在 ICSID 网站获得。

三、争端预防指南

（一）冲突预防机制

许多国家将预防或避免争议作为投资者与国家之间争议解决的总体路径的组成部分。关于避免或预防争议的研究，并非本文目的，但可以大致总结以下要点：

第一，在签署投资文件时，国家应当考虑国内立法与国际法律义务，确保二者没有冲突。

第二，非常重要的一点是，应当确保各级政府官员全面认识到本国所负的投资义务。这能让他们识别潜在的不合规的措施并确保政府行为与投资义务相一致。让政府养成遵守投资义务的意识，有很多方法。这些方法包括对会导致投资责任的相关问题设立核验清单，以及对政府官员进行国家投资法律文件方面的整体范围培训等。培养政府官员对于(其负责)项目以及外国直接投资决策的责任心的培训是尤为有效的。许多国际投资协议也适用于地方政府实体，如省、州和市。因此，在争议防范中也将此类实体包括进来是非常必要的。此外，如果争议中也涉及地方政府实体的行为，该地方实体也应当被纳入下述准备步骤中。

有些国家建立了正式的争端防范和管理制度。该制度包含了有关国家投资责任的培训、审查潜在措施与投资义务的一致性，建立发现并解决由外国投资者发起的潜在纠纷的早期预警系统，或委派特定部门或机构作为协调或领导投资仲裁的机构。

提高上述意识的另一方面是国家要跟踪仲裁投资领域的最新进展。这项工作能让官员评估国家对其国际承诺的遵守程度，评估投资法律文件创设的潜在的责任的性质及范围，并可采取任何必要的纠正措施。这项工作也能够帮助国家决定是否需要对已生效的条约进行修改、解释或采取其他正式的行动步骤。当新案例登记、仲裁庭组成或者仲裁裁决发布时，ICSID 网站为用户提供了免费提醒服务。此外还有若干免费网站提供投资仲裁案例。

(二)起草注意事项

国际投资法律文件应当谨慎仔细地起草。应当以清楚的语言阐明该条约、合同或者立法的意图。在设计投资协定时，比较有用的一个做法是，对违反本文件的情形作出概念性规定，并规定可采取哪些救济手段，及该救济手段可如何获取。

(三)起草投资协定的特别注意事项

当一项投资争端产生时，仲裁庭在适用投资协定条款前首先必须对该条条款作出解释。仲裁庭将适用 1969 年《维也纳条约法公约》(下称《维也纳公约》)进行解释。根据《维也纳公约》的规定，解释者要根据通常含义来解释条约术语、上下文、目的及宗旨。因此，使用清楚明白的语言来准确起草条约对于避免争端产生是至关重要的。

《维也纳公约》也允许使用某些准备资料作为解释的补充资料。因此条约签订双方应在谈判过程中设立一整套准备资料以保证争端产生时可以使用这些准备资料。

如果该条约是以多种语言拟定的，则非常重要的一点是需要清晰地指明以哪一种(些)语言文本为准。如果某一条约的作准文本多于一个，则所有作准文本都应当反映各方意图并保证其含义最大可能地接近。(起草者)应严谨审慎地通篇核验每一种语言文本的语法适用是否合适，是否前后一致，是否合理使用了强制性和裁量性的词语(如 may/shall)，是否使用了正确的动词时态，是否正确地交叉引用了该条约中的其他部分等细节。

起草条约时可以向有经验的投资法律和仲裁专家咨询以保证条约用语吸收了解释条约条款的最优的实践和最新案例的精髓。

一旦起草完毕，条约要根据国内和国际程序的要求实施。这是指投资协定的批准和在国内立法中采纳条约内容(如需要)。国家应当保证其已经采取了所有必要措施遵守条约条款的规定。

(四)制定一个投资协定范本

有些国家会制定一个投资协定范本以供与其他国家谈判时使用。制定投资协定范本是一种保证该国全面地解决东道国如何在投资协定中补足监管权以及如何保护外国投资的方法。即使一国没有投资协定范本，考虑协定范本中应当如何规定也是非常有益的，因为这为起草协定提供真知灼见。

(五)审批条款

如协定中设定了审批条款，亦即要求外国投资者按照东道国法律获得相应审批的条款，该国家应当保证其有相应作出是否准许该投资的行政决策能力，并应为该审批决策提供配套清晰流程。

(六)利益拒绝条款

如协定中设定了允许缔约各方拒绝利益的条款(投资协定的缔约国保留对特定种类的投资者及/或出现协定中规定的特定原因时拒绝为对方提供协定承诺的利益的条款)，那么各国应当审慎引用这类条款，注意适用条款的特定步骤以及时间限制。

四、仲裁前阶段

（一）争端存在的通知

仲裁被申请国可能收到非正式的争端通知，甚至早在仲裁提起之前。当然，被申请国也可能因为申请人依据适用的法律文件的规定发出正式通知或者发出正式仲裁请求通知而知道潜在的仲裁。

1. 非正式通知。通常投资者在正式提请仲裁之前，会尝试通过非正式渠道解决争端。例如，投资者可以与东道国主管政府官员或驻东道国领事官员联络探讨已产生的问题。一国可能收到外国投资者发来的信函，告知该国的某项官方行为、措施或者疏忽导致了投资者在国际投资协定、合同或者投资法律项下的权利受到不利影响。这对于被申请国而言是一个很好来评估状况并决定其是否能够解决该争端的机会。国家应当规定相关内部程序，确保有关信息得以转达到负责解决纠纷的相关官员处。如果该国设立了投资仲裁的专门机构，在这一阶段也可咨询该机构。

2. 正式通知。一些投资法律文件要求外国投资者向东道国发出正式的通知，说明其对东道国提出索赔主张。ICSID 仲裁规则与附加便利仲裁规则并未要求索赔主张要通过正式通知发出，国家方通过收到仲裁请求才得知对方提出索赔。但建议国家通过仲裁请求的通知来确认（对方提出了）索赔。再次强调，（国家）应当设立内部程序保证此类通知能够得以转达到负责解决纠纷的相关官员。

（二）解决争端的机会

通常在争端之初最能够达成双方一致同意的解决方案。因此，各国在收到争端通知后应尽快地、积极主动地评估解决方案的成本效益。这种评估主要包括以下方面：

1. 对于对方提出的主张中己方的潜在责任作出初步评估：这是对于特定案件的初步评估。然而一国也可系统地考虑解决方案。

2. 深思熟虑得出双方可一致同意的解决方案的条款：通常包括融资条款，也可能包括非融资条款。非融资条款通常涉及与保持投资者在东道国继续运营的相关条款。

3. 考虑有哪些能够促成争端尽早解决的现有机制：一国可能有意通过非正式或者正式的谈判、调停、早期中立评估或其他方式尽早解决争端。

4. 同投资者进行初步讨论：这种讨论对于了解争端背景、相关事实请求、投资者的法律诉请很有帮助。这种讨论可作为正式的“冷处理”阶段讨论的一部分而进行，也可以在没有正式冷处理要求情况下在双方一致同意下而进行。此类讨论通常是在“毫无偏见”的基础上秘密进行，这样即使通过此过程无法达成解决方案，各当事方在未来仲裁过程中也不受任何约束。

5. 如果各方达成了一致的争端解决方案，应当通过文件的形式向各方明确所有条款。该文件内容可包括适当的危险责任条款。

6. 所有的纠纷都可以在任何仲裁庭作出裁决之前（通过上述措施）解决，各方可能希望与仲裁同时或在仲裁的不同阶段同时采取上述措施。如果各方有意如此，则应对（争端）解决和仲裁等各种方式进行周全的协调。

（三）争端解决的早期准备阶段

早期准备阶段对于确保被申请人尽可能地有效处理该案件至关重要。越早进行越好。比较理想的情况是，在该国知晓争端存在之时就进行这种准备。然而，在收到仲裁请求时，这种准备是必然要开始了。

（四）“全政府”方法

国际仲裁案件可能涉及不止一个政府实体。（出现这种情况）可能是因为在申请人提出的索赔请求中涉及数个政府实体，或者因为数个政府部门可能都对申请人提出的索赔请求涉及的政策负责。相似地，多个政府部门可能也同时对该国在仲裁中的答辩工作负责。鉴于此，仲裁被申请国应当：

1. 确认该争端主要参与者。确认哪些官员和部门与被申请人的主张利益最相关，或者角色最重要，并应当参与到案件准备过程中。所有涉事的政府实体并非是同等重要的，因而确定负责促进该案件进程的政府实体，并建立机制保证相关人员及时了解案件信息是非常重要的。这一点可以包含官员与律师的例会、确保该部门信息通畅的联络人例行更新提醒等。

2. 组建团队。仲裁被申请国应当确认参与案件进程的特定人员，准确分工，并明确职责。这些人员应当包含律师和相关部门的官员。

3. 协调是关键。不同政府实体的利益各异，因而在代表仲裁被申请国的团队内部进行富有成效的辩论是非常重要的。同样重要的是建立统一、及时的决策和工作推进机制。

4. 设立决策程序：明确谁做决定，谁来指导律师。在案件仲裁进程开始并确立各方必须遵守的时间节点后，明确报告事项指导律师和报告制度是最重要的。仲裁被申请国团队中的每名成员都应当了解决策程序，并应迅速行动。

（五）法律事务代理

在案件进程中，仲裁被申请国应尽快确定其代理律师。被申请国应当知晓不同种类的代理方案及其各自的优势和劣势。

利用内部法律顾问是比较节约成本的，特别是如果该国面临数个正在进行的案件的情况。此外，这能提高内部法律顾问的业务水平，也有利于他们在未来投资协定或合同争议中继续从事代理的工作。但从另一个角度说，建立培养这种专业人才是很耗费时间和资源的，并非对于所有国家都是理想之选。如果选用此方案，内部法律顾问应当有足够时间进行案件的准备和陈述工作。

一国还可在仲裁进程中聘用外部律师。这种方式可以让该国选择具有仲裁和国际投资业务专长的专家(参与进来)，提供必要的支持。这种方式的花费很可能比使用内部法律顾问要高，但对于不具有足以应对仲裁的，并做好准备充分的内部法律团队的国家而言，这种方式总体上能更有效地调动资源。

有些国家组建了内部和外部律师相结合的团队。这使得该国能够在应对正在进行的投资仲裁时既借力于外部力量，又能为未来可能面临的案件和谈判储备内部力量。

在选用外部律师时，国家应当注意以下几方面：

1. 确保提前完成采购政策和选用程序。这样做的目的是为了保证案件在仲裁早期准备过程中也不受选用外部律师手续的影响。

2. 明确代理人选要求。通常包括国际投资法、国际公法以及国际仲裁的专业水平，也可能包括对于某一特定行业或者与该案相关的其他资质的专业水平。此外，还应进一步考虑该顾问是否与可能被提名的仲裁员或者本案对方当事人存在利益冲突。

3. 明确资历等级要求以及可以/必须由内部或者外部律师做的任务。国家应建立不同年资等级律师搭配使用的代理律师团队，即量才施用等级体系。通过明确哪些工作可以由年资较低等级的律师完成，哪些应当由年资等级高的律师解决才能够有效控制成本。

4. 清晰地理解外部律师的角色。这包括他们将如何与国家官员共同工作，他们如何获得指导，如何提交阶段性进展报告等。为避免产生混乱，有些国家会为国家部门和外部律师设立联络人。

5. 清晰地理解律师的费用结构、收费情况、预计成本，并建立定期收取和审核财务票据的机制。

6. 有些政府要求通过招标程序确定外部律师，并要求律师为政府官员进行培训，以便于政府官员汲取该案的办理经验。

无论选择内部还是外部律师，仲裁被申请国都应当保证有足够的人员参与该案件。例如，法律助理、秘书、职员、信息技术人员也是案件团队组成中不可或缺的组成人员。

(六)案件决策策略

仲裁被申请国必须要同其律师商议确定案件的整体策略。有些决策通常是在案件早期作出，随着案件仲裁进程不断推进，很多决策可能会再被修正。这其中，被申请国应当从以下几个方面考虑，并作为案件策略：

1. 一致性与可信性。所有仲裁被申请国的论点不能仅仅基于该案件作出，而应当从一个更广阔的视角，应当考虑到该国所有过去的或其他正在进行的案件的立场。该国的任何论点都应当保证让其他的论点站得住脚，与其政策保持一致。

2. 风险管理。在案件进程中，各方都必须决定其所希望的提出的论点和请求的程度。一方出于时间、资源、效果分析或者欲集中精力解决案件主要问题等方面的考虑，未必希望提出所有他所能提出的请求。这是被申请国与其律师需要共同作出的战略决定。

3. 仲裁庭的构成。仲裁庭的构成是案件进程中最重要的决策之一，且是在案件早期就决定的。【在下文仲裁庭的组建部分中将详细阐述。】

4. 仲裁的前置条件。有些投资协议中包含了提起仲裁的前置条件。这些条件可能是强制性的或者可自愿选用的，并可能影响到管辖权。例如：

(1)投资者是否必须出具弃权文书？有一些投资协议要求为投资者放弃其同时向多个争端解决机构提出主张的权利，并要求出具正式的弃权文书。

(2)是否有冷处理期？多数投资法律文件中都要求投资者在开始提起争端解决处理前，要等待一定时间。这些文件也可能要求投资者与国家先协商或者尝试解决争端的其他方法。

(3)是否有用尽当地救济的要求？有一些协议要求投资方在提起仲裁前要先向当地行政机构或者法院请求解决纠纷。

(4)是否适用时效或者时限？有一些投资法律文件要求投资者须在相关事件发生后的一定时限内提起(争端解决)请求，如超过此限，则该请求权会因时效经过而消灭。

5. 实体要点。国家方面的答辩要点是什么？国家是否要提出任何附加请求或者反请求？（仲裁）所使用的时间表是什么？

6. 国家责任。一个国家通过其官员和雇员来行事。此外，一个国家有可能赋予国家机关或者私人实体相关权力，代其行使某些政府职权。仲裁庭经常依据联合国国际法委员会公布的《国家对国际不法行为的责任条款》来确定某一官员个人或者机构的行为如何被认定为国家行为。（被申请国）应当考虑这一问题在仲裁中引起争议。

7. 合并审理。在同时进行的仲裁中是否有相关联或类似的案件？它们是否可被合并审理？平行审理会导致产生额外费用或者造成裁决互相矛盾。合并审理类似或者关联案件就可以避免此类情况的发生。

8. 先决反对。是否应当因该案件具有 ICSID 仲裁规则第 41(5)条定义的明显缺乏实体依据的情形而提出先决反对？

9. 管辖权与可采纳性。是否有关同意和管辖的条件都已达成？

10. 临时措施。投资者是否有可能请求仲裁庭采取临时措施以保护其权利？被申请国是否会请求采用临时措施？

11. 证据与文件出示。被申请国是否需要仲裁申请人掌握的文件？是否准备提供被申请人可能要求的或者支持其答辩意见的文件【见下文，文件披露。】

12. 损害赔偿。对申请人损害赔偿请求金额的评估，必要时，可请求专家协助。

13. 仲裁庭上辩论的焦点。案件由仲裁庭裁决，不是律师，也不是管理机构。因此，应当针对仲裁庭制定辩护策略而不应（单纯地）反对对方律师或者管理机构。

（七）媒体策略

投资者与国家的仲裁越来越被认为是公共事件。因此，被申请国应当将媒体策略作为其案件整体策略的组成部分。这意味着：

1. 一国应当确定管理公众获取文件和听证的规则。这些规定可以在条约、法律或合同、ICSID 规则（参见第 48 条）、《毛里求斯透明度公约》以及一旦该案件进入流程时的其他的相关程序中找到依据。此外，一国可能希望采用比适用的条款所要求的更高的透明度。所有被申请国的案件团队成员，包括律师与官员都应当知晓并遵照国家关于透明度的规定执行。

2. 指派一人担任发言人负责与案件相关的媒体问询，这对于防止案件前后矛盾是非常有益的做法。这个做法包括制作内部“问题答疑”或者“常见问题解答”的文件，这些文件应当随着案件进程而不断更新，并由案件团队制作完成。

（八）预算

案件各方应负责承担案件仲裁的费用。主要费用种类包含：

1. 代理费用。此为目前为止仲裁中最大的一笔费用，通常占据整个仲裁费用的80%或者更多。这笔费用包含聘请律师的费用、专家费用、证人费用等，律师费由一方与其律师协商确定。律师费可能基于多种形式确定，如按小时计费、风险代理费、封顶费或者成交费等。各方都应保证其清楚知晓其律师的收费标准。

2. 仲裁员的酬劳和花费。这是整个仲裁费用中的第二大费用，通常占到整个费用的14%~16%。在ICSID里，仲裁员酬劳每天封顶为3000美元。

3. 行政费用。ICSID每年行政费用是32000美元，通常由申请人和被申请人平摊（每一方16000美元）。此外，ICSID会收取庭审记录、翻译等费用。ICSID雇员不收费或者使用世界银行开庭室和相关设施也无须支付费用。

ICSID仲裁庭有权依据ICSID规则第61条收裁决费用。根据案件的复杂程度和耗时长短，其收费各有不同。

通常来说，仲裁被申请方从以下几方面考虑筹集案件费用：

1. 经费来源。该国应在案件起始阶段就保证一定的资金来源，以便于支付可能发生的各类费用。

2. 经费可获得性。复杂的经费批准程序可能会阻碍案件准备工作。获取案件经费的要求不一定能遵照国家的财政流程，这一问题在仲裁案件开始就应该予以处理。

3. 预算。国家官员应当建立以预估成本为基准的预算体系，这些预估成本包括律师费用、仲裁员费用、机构费用。应当在预算中列入偶然费用，因为在仲裁过程中可能发生不可预见事件的花费，预算应当定期更新。

4. 合同。应当考虑是否要求签订任何合同（如法律、专家证人等），并与有关部门确认负责签署执行此类合同的机构。

5. 账务。一国应在整个仲裁程序中保存好花费记录。为协助各方，ICSID秘书处会定期向仲裁各方发布财务报告，列明ICSID和仲裁员收取的酬劳以及费用明细。任何一方在任何时间都可以要求ICSID出具（由其负担的）案件已产生的详细付款清单（发票）。一旦结案，ICSID会保证所有付款清单已结清，并在托管账户的资金中确认最终缴费明细。如果该笔资金在付清所有账款后还有剩余，ICSID会退换给相关仲裁方。

6. 管理成本。案件过程中的每一个步骤都有可能影响到案件的预算。因此，谨慎决定所要采取的行动和辩护策略可以起到节约成本的作用。

五、仲裁的各个步骤

在仲裁过程中，每一方都应知晓后面的步骤，并做好相应的准备。向ICSID提起的仲裁的各步骤如图1所示：

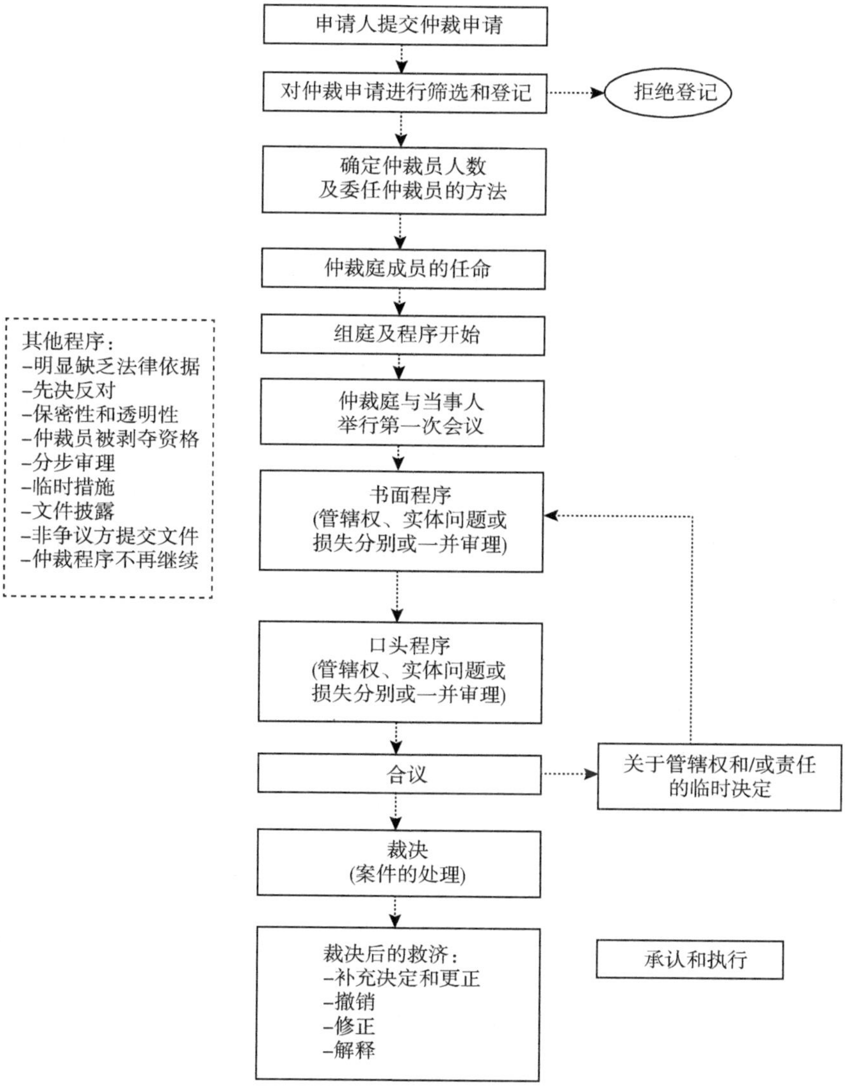

图1

六、仲裁请求书

如果投资者或东道国选择在ICSID进行仲裁，可提交一份仲裁请求书开始仲裁程序。仲裁请求书可依照《ICSID公约》或《ICSID附加便利机制规则》提交。

（一）收到仲裁请求书

仲裁请求书应明确当事方、投资、争端的性质、适用的法律文件和当事方达成仲裁合意的方式。详细的事实和法律意见可在随后的程序中阐述。

在某些案件中，请求方（申请人）会明确ICSID应送达仲裁请求书副本的具体政府部门。而在另外一些案件中，申请人由于对应送达的对象不确定，可能会请求ICSID将副本送达给东道国若干政府部门。东道国应尽快将这些副本转送给相关的国家机关。如果东道国已经指定某一机构负责此类案件，还应向该机构送达一份请求书副本。

为保险起见，ICSID还会向被申请国驻华盛顿的大使馆送达一份请求书的副本，确保相关国家机关能够收到该请求书。东道国可向其华盛顿大使馆指示此种通知应转送的部门，并应当在收到之时尽快转送。

为避免可能的拖延，东道国可将负责接收来自ICSID仲裁请求书的国家部门的名称和地址通知ICSID。除此之外，有些东道国会在协定或合同中指定送达地址。这一做法同样有效，但东道国应确保及时更新该送达地址。

（二）立案通知

在收到仲裁请求书后，ICSID会指定一名律师职员负责该申请，并就仲裁请求书是否符合立案条件进行审查。除非案件“明显超出”中心的管辖权，否则将予以立案。作出这一决定的依据是申请人提交的文件以及申请人对ICSID秘书处所提问题的回复。秘书长作出立案决定的时间很快，平均时间为收到请求后的21日内。有时被申请人有意就仲裁请求书不应立案提交书面意见阐明其立场，任何此种信函，被申请人应在收到仲裁请求书后尽快提交。

若仲裁请求书未明显超出中心的管辖权，秘书长会向双方签发一份立案通知书，告知双方中心已立案登记双方之间的争端并分配一个案号。对争端进行立案并不影响仲裁庭对其管辖权的审查。

七、仲裁庭的组建

仲裁庭的组建主要涉及两个方面：仲裁员的数量和指定仲裁员的方法。

当事方可就指定仲裁员的方式达成合意。适用于案件的协定、合同或立法都可能规定仲裁庭的组建方式。投资仲裁中最经常采用的两种方法是：

(1)申请人与被申请人各指定一名仲裁员，当事方就仲裁庭主席达成一致意见；

(2)申请人与被申请人各指定一名仲裁员，由两名仲裁员指定仲裁庭主席(可能与当事方沟通)。

尽管三人仲裁庭是投资仲裁中的常态，但采用独任仲裁员的形式可以节省时间和费用。因此，被申请人应考虑是由一名还是三名仲裁员来审理案件。

当事方选择仲裁员是整个仲裁过程中的一个重要环节，为此强烈建议被申请国参与到仲裁庭的组建之中。未参与仲裁庭的组建并不影响仲裁庭的成立(《ICSID 公约》第 37 条第 2 款 b 项，《ICSID 附加便利机制规则》第 6 条、第 9 条)。

当事方如果无法在仲裁请求书立案之日起 60 日内就仲裁庭的组建方式达成一致意见，任何一方可援引《ICSID 公约》第 37 条第 2 款 b 项所规定的初始方式。该初始方式允许每一方指定一名仲裁员并就仲裁庭主席达成一致。《ICSID 附加便利机制规则》的相应条款规定在第 9 条。

一旦确定组建仲裁庭的方式，当事方便可以着手指定仲裁员。如果在仲裁请求书立案之日起 90 日内，仍有一名或多名仲裁员无法得到指定，任何一方可请求 ICSID 行政理事会主席依照《ICSID 公约》第 38 条或《ICSID 附加便利机制规则》第 6 条第 4 款指定任何尚未被指定的仲裁员。

一旦仲裁庭组建，仲裁程序将正式开始。特定的强制时间表将从这一节点开始适用。当事方应当在仲裁庭组建后做好遵守时间表的准备，案件团队应准备好详细的日程表以应对提交文件及时限的要求。

八、仲裁员的选择

对于理想仲裁员的标准，律师和当事人见仁见智。律师通常会考虑备选仲裁员的经验及其过往仲裁裁决和学术作品。律师可能还会与曾参加该备选仲裁员案件庭审的其他律师进行交谈，审查备选仲裁员的书面决定和作品，或听取其在会议上的发言。不分先后顺序，通常考虑的标准包括：

(1)国际投资法专业知识；

(2)国际公法专业知识；

(3)仲裁，特别是投资仲裁的经验；

(4)与案件标的或具体法律领域相关的专业知识；

(5)利益冲突问题；

(6)语言能力；

(7)可投入仲裁程序的时间。

除上述标准之外，仲裁庭主席还应能够有效主导仲裁、及时作出命令和裁决并为仲裁庭营造合作和高效的工作环境。

当事方指定的仲裁员和指定前的访谈。在 ICSID 仲裁中，当事方指定的仲裁员并非该指定一方立场的支持者。所有仲裁员，包括首席仲裁员必须依照《仲裁规则》第 6 条或《ICSID 附加便利机制规则》第 13 条的规定，签署一份独立和公正声明。

当事方和律师在任何时候均不得与任何仲裁庭成员单独讨论案件内容。某些当事方会在指定仲裁员之前安排对可能指定的仲裁员进行访谈。此种访谈的主要目的在于确保仲裁员有足够的时间处理案件并且不存在利益冲突。在指定前的访谈中必须避免谈及案件的是非曲直。

国籍规则。《ICSID 公约》第 39 条和《仲裁规则》第 1 条第 3 款，或《ICSID 附加便利机制规则》第 7 条规定，仲裁庭的多数仲裁员不得为争端一方的缔约国国民和其国民是争端一方的缔约国的国民。只有在双方一致同意的情况下，才可指定与争端一方国籍相同的仲裁员。

仲裁员资格的取消。如一方认为仲裁员不符合选任要求，可在仲裁庭组建之后申请取消该仲裁员的资格。取消申请必须在申请事由出现后尽快提交，否则将导致申请被驳回。取消资格常见理由包括仲裁员缺乏独立性和公正性。

九、初次费用预交请求

费用由当事方预交并应当涵盖程序的相关费用，包括 ICSID 的管理费和支出，以及仲裁员的费用和支出。《ICSID 仲裁员费用和支出备忘录》可在 ICSID 网站下载。代理费用(律师和证人)由当事方自行负担。

ICSID 在案件立案后会为每一个案件设立一个计息的托管账户。案件的费用请求由 ICSID 秘书处作出并适用中心的行政和财务规定。依照规定第 14 条第3款，仲裁庭一旦组建，当事方应尽快向中心预付首笔款项。首笔预付款的支付时间应在首次开庭之前。因此，在立案之后，当事方必须尽快准备预付的资金。之后，依照预估的案件可能发生的费用，当事方定期向中心预付款项。除非当事方已经预付足够的款项，中心无须提供任何服务。

请求的预付款金额因个案而有所不同，一般是基于未来3~6个月可能发生的费用在与仲裁庭主席协商后确定。一般来说，一方首笔预付款的金额通常是10万~20万美元，而且费用预交请求在仲裁庭组建之后会立即发送给当事方。

如果请求的预付款没有在30日内足额支付，ICSID秘书长会将这一情况通知当事方并邀请任何一方当事人按要求付款。如果款项在15日内仍未支付，秘书长可以要求仲裁庭中止程序，最终可能导致案件程序的终止。

十、仲裁庭首次开庭

依照《仲裁规则》第13条或《ICSID附加便利机制规则》第21条的规定，仲裁庭应当在组建后的60日内安排首次开庭。尽管当事方可以通过协议延长这一期间，ICSID为了加快推进程序，致力于在60日内尽快安排首次开庭。

仲裁庭的首次开庭属于程序会议，目的在于确定仲裁如何进行。首次开庭可以面对面，也可以通过电话或视频会议的形式进行以节约费用和简化程序。在议程所要讨论的事项较少的情况下，当事方一般会同意首次开庭以电话或视频的形式进行。

在首次开庭之前，ICSID秘书处会向双方发送议程稿，列举当事方将要讨论的事项。这些事项包括适用的仲裁规则、仲裁费用、程序每一阶段的时间、程序的书面和口头阶段所涉及的程序问题以及证据的处理。秘书处还会向当事方提供程序令稿，要求当事方明确所同意的事项，对于不同意的事项陈述相关意见。首次庭审中，仲裁庭主席将检查议程上的所有事项，对每一事项的相关意见给予当事方确认的机会。当事方仍无法达成一致的事项将由仲裁庭成员协商后确定。首次开庭后，仲裁庭发出程序令，明确当事方达成一致的事项和仲裁庭对相关议程事项的决定。

（一）程序时间表

一旦案件程序开始，首个程序令中会明确每一具体步骤的强制时间表。程序令的计划应尽可能地有远见和可行，确保当事方和仲裁庭预留必要的时间，避免仲裁庭需要回过头确定进一步的日期。当事方通常依照强制时间表“向后计划”以确保遵守进度表。当事方应当在程序令中陈述其对作出决定和裁决的预期。

(二)开庭地点

ICSID 程序可在全世界各个地区进行。

ICSID 在华盛顿特区的世界银行总部和巴黎的世界银行会议中心拥有大型的听证场地。除此之外，ICSID 还有权使用世界银行其他办公室的场地或基于与其他仲裁机构的协议安排，使用其他仲裁机构的场地。

开庭地点对于依照《ICSID 公约》作出的仲裁裁决的可执行性没有任何影响。这与依照《ICSID 附加便利机制规则》和 UNCITRAL 规则作出的仲裁裁决形成鲜明对比。在适用后两者的情况下，仲裁地决定了仲裁庭决定和仲裁裁决的审查地和审查的可行性。

(三)程序语言

ICSID 有三种官方语言：英语、法语和西班牙语。对首次开庭所采用的语言，当事方应当将其意见告知 ICSID 仲裁庭秘书。另外，程序语言通常由当事方协商一致或由仲裁庭依据《仲裁规则》第 22 条或《ICSID 附加便利机制规则》第 30 条的规定，在首次庭审中作出决定。程序语言的确定应当考虑实际和预算因素。文件翻译费或庭审口译费上升迅速。当事方可以通过选择单一程序语言或约定特定文件无须翻译来解决这一问题。ICSID 可以为案件所需的任何语言提供口译和笔译人员。

(四)保密性和透明度

当事方、ICSID 和仲裁庭的保密性和透明度义务在此讨论。所适用的透明度条款应在首次庭审中确定，当事方必须在仲裁过程中遵守。

(五)仲裁庭秘书和助理

ICSID 为每一个案件指派一名仲裁庭秘书。每一位仲裁庭秘书均是律师，由中心的律师助理和法律助理协助。他们的主要工作是为当事方和仲裁庭提供协助，确保程序的高效运行。虽然无法提供法律意见，当事方经常咨询 ICSID 仲裁庭秘书有关实务方面的信息。ICSID 秘书属于中心的雇员，当事方无须另外支付报酬。如果 ICSID 秘书因为案件原因需要出差，出差费用在案件的托管账户中支出。

除了仲裁庭秘书，在某些案件中仲裁庭还会申请一名助理。在任命助理之前，仲裁庭主席会将助理人选告知当事方，确认其他仲裁员对任命没有异议，向当事方提供该助理的简历并请求当事方的同意。助理应当签署有关保密、公正和利益冲突的承诺书。助理的报酬标准在与当事方讨论后确定，直接从案件托管账户支付。助理的职责在提议助理人选的时候与当事方讨论后确定。

十一、早期书面答辩与其他程序

（一）临时措施

任何一方可请求仲裁庭在仲裁程序的任一阶段建议采取临时措施以维护自身权利。由于临时措施的性质属于紧急请求，《仲裁规则》第 39 条第 2 款规定："仲裁庭应当优先考虑（临时措施）请求。"临时措施请求甚至可以在仲裁庭尚未组建之前提出，在此情形下，秘书长将确定当事方提交书面意见的时限，以便在仲裁庭成立之后可以处理这一请求。临时措施规定在《ICSID 附加便利机制规则》第 46 条。

（二）第 41 条第 5 款：对明显缺乏法律实质争点的异议

被申请人可以援引《仲裁规则》第 41 条第 5 款或《ICSID 附加便利机制规则》第 45 条第 6 款的规定，请求尽早驳回"明显缺乏法律实质争点"的诉求。正如规则的措辞所示，该请求的证明标准较高。此种异议必须涉及明显或显而易见的法律缺陷，而且不需要深入探寻案件事实。

规则第 41 条第 5 款规定了快速程序，申请必须在仲裁庭组建后 30 日内、首次开庭之前提出。此种申请通常会在首次庭审中处理。仲裁庭一旦组建，必须尽快对异议作出决定。因此，如果申请人有意依据规则第 41 条第 5 款提出申请，应当在程序的早期提出。

（三）法庭之友意见书及非当事方的参与

非争端当事方的实体可以请求仲裁庭准许其提交非争端当事方书面意见。仲裁庭在决定是否准许非争端当事方参加程序之前会征求争端当事方的意见。如果非争端当事方被准许参加程序，仲裁庭将准许争端当事方对非争端当事方的书面意见发表意见。

在首个程序令中非争端当事方的参与预留时间大有益处。

十二、书面程序

（一）证据

在收集证据时，一国将需要：

1. 确定反驳申请人主张或支持被申请人抗辩所需的事实；
2. 确定包含此种事实的文件或文件类型；
3. 确定保管此种文件的政府机构或官员。

代表被申请国官方收集文件面临的一大挑战在于文件可能存放于政府的各个机构。相关文件记录可能是电子格式，也可能是纸质格式。

投资仲裁中案件文件的堆积速度很快。因此，申请人如何检索和组织仲裁中使用的文件十分重要。应尽早建立一个标签分类清楚的文件保存系统。这一系统可以是纸质版本的储藏室，但是当事方通常会采用某些形式的电子文件管理系统以便收集和检索相关记录。在文件数量繁多的情况下，这一做法可大大减轻负担。

东道国应做好准备应对申请人提出的文件披露请求。东道国还应注意，申请人的信息请求还可以通过其他获取信息的政府机制取得，如信息自由立法。东道国确保自身拥有完整的一套通过相关立法或其他途径公开的文件至关重要。

（二）证人和专家

当事方应当考虑是否可以就相关事实达成一致，以便免于通过证人和文件证明此种事实。可以在庭前会议（《仲裁规则》第 21 条第 1 款、《ICSID 附加便利机制规则》第 29 条第 1 款）或仲裁的早期阶段解决这一问题。

东道国在程序中应当尽早确定所有潜在的事实证人，找到并与他们联系，确保他们可以作证并确认他们的作证意愿。事实证人可以提交书面说明并以程序语言以外的其他语言作证。如此情况，其书面和（或）口头证言需要翻译成程序语言。事实证人如果参加听证的话，可以要求报销如差旅费（机票和酒店）等费用。

当事方还可以使用专家证人以应对案件的不同问题，如法律专家、行业专家或赔偿评估专家。专家通常是付费证人。东道国应当谨慎、有策略地选择专家以实现功用最大化和费用最小化。专家可能需要某些文件或事实证人的声明作为其专家意见的基础。一般来说，专家会与律师一起准备专家报告。

事实证人提交有关相关事项的说明，专家提交报告，这些说明和报告属于答辩意见的组成部分。因此，当事方必须确保其证人和专家注意并能够遵守程序日程表的截止日期，并且能够参加听证。

（三）书面诉辩文书

当事方在其书面诉辩文书中提出其事实主张、法律意见和救济请求。

1. 当事方书面诉辩文书的顺序通常首先从申请人对实质争点的意见开始（除非案件分步审理，参见下文）。

2. 如果东道国有意依照《仲裁规则》第 41 条第 1 款或《ICSID 附加便利机制规则》第 45 条第 2 款的规定提起管辖权异议，可在提交对实质争点的反驳意见前请求分步审理。同时，东道国可以请求仲裁庭中止实体程序，在另外的初步程序阶段对管辖权异议作出裁决（称为实体和管辖权的“分步审理”）。分步审理通常在首次程序会议和首个程序令中予以处理。

3. 仲裁庭将单独处理仲裁管辖阶段所提出的分案审理请求，在作出是否同意或驳回的意见之前，允许反对方提交对分案审理请求的书面意见。

（1）如果东道国的分案审理请求得到准许，实体程序将被中止，在当事方提交有关管辖权的书面申辩文书后就管辖权问题进行听证。

i. 如果仲裁庭认定其不具有管辖权，就管辖权问题作出仲裁裁决，案件终结。

ii. 如果仲裁庭认定其具有管辖权，就管辖权问题作出决定，案件进入实体阶段。

（2）如果东道国的分案请求被驳回，案件将继续推进，管辖权和实体问题将在同一程序阶段解决。

无论是在管辖权还是实体阶段，当事方通常可以提交两轮的书面申辩意见，第一轮是意见和反驳意见，第二轮是回复和辩驳。每一书面申辩意见都附有支持材料，通常是以证人陈述、专家报告、事实罗列和（或）法律权威意见的形式。

（四）文件披露

一方可向仲裁庭申请，要求对方披露该申请方认为与案件相关且由对方持有、保管或控制的文件。文件披露在案件听证前进行。通常是在第一轮和第二轮书面申辩意见之间进行，但是依据个案情况可以作出调整。文件披露的范围和顺序一般规定在首个程序令中，也可能规定在之后的程序令中。被申请人及其律师应当在整体案件策略中考虑文件披露的范围和时间点。除了别的因素之外，这些问题将对案件所需的人力资源和预算产生影响。

关于文件披露的适用规则通常由当事方协商一致或仲裁庭决定。仲裁庭在决定是否以及在何种程度上披露文件时，经常参考《2010 年国际律师协会国际仲裁取证规则》。

东道国在知悉争端时应尽快采取措施确定和保存相关文件证据。东道国的文件保存系统在文件披露阶段的重要性更为突出，可以记录东道国请求和收到的文件以及已经向东道国请求和东道国已经提供的文件。

拒绝披露相关文件可能导致另一方向仲裁庭提出申请以确定相关文件是否应当披露。在 ICSID 程序中，文件披露申请通常是以雷德芬表格的形式进行，该表格包含有以下六栏由当事方和仲裁庭填写：

1. 请求方请求的数量；
2. 请求的文件或文件类型；
3. 请求文件的关联性或重要性；
4. 回应方对请求的回复或异议——这通常涉及保密特权主张，如律师客户特权或行政特权；
5. 请求方对异议的回应；
6. 仲裁庭对文件是否应当披露的裁决。

不遵守仲裁庭的文件披露命令可能导致仲裁庭对不披露方作出不利推定并影响费用的承担。

十三、口头程序

ICSID 秘书处负责庭审活动的后勤安排，包括预定场地、聘请庭审记录员和口译员。如果当事方有相关特殊需求，应尽早告知 ICSID 秘书处和仲裁庭。

（一）因公出行证明

某些情况下，一方或双方的代表需出行至开庭地点。这种情况下，这些代表需要签证，并可依照条例第 31 条的规定向 ICSID 秘书处申请出具因公出行证明，以取得签证。因公出行证明是发给相关大使馆的官方函件，证明程序依照 ICSID 公约进行、程序的具体地点和日期、参加者情况。申请签证应尽早提出，避免最后一分钟问题，也避免签证申请被拒绝。

(二)后勤安排告知函

庭审前一个月左右，ICSID 秘书处会向各当事方发出“后勤安排告知函”。告知函的目的是告知当事方目前后勤安排的相关信息，并要求提供后续安排所需要的信息。

告知函的相关信息通常包括：

1. 庭审日期和场所地址。这些信息虽然已在几个月前便已告知，但告知函可作提醒之用。

2. 房间分配。除了开庭使用的房间之外，各当事方均被分配一件专用房间(break out)，专供该当事方庭审期间使用。

3. 庭审记录。ICSID 秘书处负责安排庭审的庭审记录服务。服务通常包括实时记录、记录的单独的电脑(按照程序约定使用的语言)、每天庭审结束后的庭审笔录完整副本。

4. 口译。如果程序使用的语言有一种以上，或是有证人以程序使用的语言以外的语言出庭作证，就需要口译。经当事方申请，ICSID 秘书处从世界银行口译员全球网络聘请口译员。口译可以选择同声传译或交替传译。交替传译会延长庭审时间，所以较少采用。

5. 熟悉场地时间。庭审前一至二日，允许当事方进入庭审房间和专用房间，以便组织材料和熟悉场地。

6. 打印和互联网接入。ICSID 庭审场所为所有参加者提供打印服务和无线互联网接入服务。

7. 餐饮。如当事方有需求，ICSID 秘书处可提供场所内餐饮服务。

8. 参加人员名单。告知函要求当事方提供所有参加者的姓名，包括证人和专家、参加熟悉场地的人员、接收庭审笔录的人的电子邮件地址以及其他需要的信息。

(三)庭前组织会议

庭前组织会议由仲裁庭(或代表仲裁庭的首席仲裁员)和当事方参加。一般在庭审前 2~4 周举行。

庭前组织会议通常以电视电话方式举行。ICSID 秘书处负责保障电视电话会议。当事方根据仲裁庭批准的议程表提供联合说明，表明哪些事项双方已经达成一致，哪些事项尚未达成共识。

议程表通常列出了需要商定的各种组织、行政及后勤事项：

1. 每天庭审的开始和结束时间；
2. 各当事方陈述的总小时数；
3. 各当事方的参加人员完整名单；
4. 口头陈述的顺序；
5. 各当事方请求的事实证人和专家证人、证人出庭的次序、证人盘问的时间、证人的隔离；
6. 口译员和庭审记录员的要求；
7. 电子案卷的使用；
8. 庭审后文书及材料的提交以及费用说明表的提交。

仲裁庭或当事方也可以在上述议程表上添加项目。

在庭前组织会议上，仲裁庭将逐一核实各项议程安排，如当事方对相关事项达成一致，则予以确认。如当事方有分歧，仲裁庭将在听取双方意见基础上寻求最大公约数。如当事方仍然不能就具体事项达成一致，仲裁庭则会周全考虑，并在其后告知其决定。当事方的律师应做好就争议事项发表意见的准备。

庭前组织会议结束后，仲裁庭将作出命令或通知，告知各当事方会议上取得的共识以及仲裁庭就各方未达成一致事项上的决定。

（四）庭前准备

根据各当事方依照后勤安排告知函提交的信息，秘书处将会为参与庭前准备的人员准备好安全通行证，以便庭前准备人员进入庭审场所和专用房间。领取安全通行证一般需要提交政府颁发的带有照片的身份证件，例如护照。

当事方通常利用庭前准备阶段在庭审场所和专用房间搬运和放置文件材料，便于庭审时使用。庭前准备还可以用来进行技术测试，例如，测试庭审阶段播放的 PPT。

庭前准备日也是庭审记录员进行准备工作的时间，特别是需要提供同步字幕以及各当事方和仲裁庭均需要单独显示器的情况。

（五）庭审

根据各当事方依照后勤安排告知函提交的信息，参加庭审尚未在庭前准备中领取安全通行证的其他人到达庭审场所，并提交带照片的身份证件后，秘书处为其提供安全通行证。

由仲裁庭秘书领导的专门 ICSID 小组同时参加庭审，并协助仲裁庭开展工作，为当事方提供行政、程序或后勤服务。

庭审中，各当事方均有机会向仲裁庭当面陈述其主张，对另一方提出的事实证人和专家证人进行盘问。程序的次序已在庭前组织会议上预先商定。通常是各当事方先陈述其主张，其后是事实证人盘问，专家证人盘问，最后是各方当事人最后陈述。

庭审通常早上九点开始，晚上五点至六点结束，早上、午餐和下午各休息一次。具体主要是取决于各当事方的约定。仲裁庭秘书负责按照各方事先预定的方法，记录各当事方使用的时间。通常是使用 Chess Clock，确保各方当事人时间平等分配。

1. 证人盘问。证人作证前，首席仲裁员会要求证人宣读承诺如实作证的宣言(《ICSID 仲裁规则》第 35 条第 2 款)。证人的盘问方式在程序命令或庭前组织会议上已事先规定。通常，证人盘问为初步询问，多数情况下还包括交叉盘问，个别还有再度盘问和再度交叉盘问。一般而言，并非所有提交证人证言的证人都要出庭作证。事实证人出庭作证前通常需要隔离。

2. 专家证人盘问。与事实证人情况相类似，专家证人也需要宣读承诺如实作证的宣言(《ICSID 仲裁规则》第 35 条第 3 款)。仲裁庭可以决定专家证人不陈述，直接就专家报告进入交叉盘问阶段，还可以决定允许专家先向仲裁庭进行陈述，然后由另一方进行交叉盘问。不同当事方的专家证人通常分别出庭作证，但是有些仲裁庭则会要求意见冲突的专家证人同时出庭(被称为专家会议或 hot tubbing)。一般而言，专家证人不隔离。

如庭审公开或网络直播，则由 ICSID 秘书处负责安排。有意观看庭审的可以访问 ICSID 网站观看案件视频。此外，ICSID 也乐意安排庭审前各当事方参观各种设施，便于当事方使用。

十四、开庭后的申请与程序

如果未事先商定，仲裁庭将在庭审结束后闭庭前与各当事方讨论开庭后的申请及程序。仲裁庭可能会要求当事方解决某些具体问题。其他问题还包括：

1. 是否允许更正笔录，如何更正笔录，更正的最后期限；

2. 是否有庭审后提交的文书，如果有，注明数量多少，页数限制、格式、提交的最后期限；

3. 是否有费用说明或费用请求要提交，回合的数目、格式、页数限制、最后期限。当事方的代理人应准备在适当时候就上述问题发表倾向性意见。

开庭后提交的材料通常包括庭审后的文书或申请或是费用说明。费用说明通常是一至二页的文件，载明费用项目以及相关费用金额。费用申请则是以书状形式，提出自己一方的费用请求，并反驳对方的费用请求。

当事方可以请仲裁庭告知大致多长时间可以作出最终裁决。ICSID 的做法是仲裁庭定期向当事方通报相关进展情况。

十五、开庭后文件处理

通常情况下，各当事方均会将文件资料带离庭审场所，如果有遗忘材料，则会要求销毁处理或是邮递寄回。

十六、程 序 终 止

当事方完成各自的陈述后，仲裁庭将依照《ICSID 仲裁规则》第 38 条第 1 款或《ICSID 附加便利机制规则》第 44 条第 1 款的规定，发出通知，宣告程序终止。一旦程序终止，各当事方不得再补充提交证据，除非是符合《ICSID 仲裁规则》第 38 条第 2 款或是《ICSID 附加便利机制规则》第 44 条第 2 款规定的情况。程序终止后，也不得就仲裁员资格提出质疑。

十七、仲裁庭决定与裁决

(一)以何名义?

ICSID 制度下只有决定、命令和裁决。“临时决定”实际上就是决定，“最终裁决”就是裁决。这一点与依照 UNCITRAL 规则作出的裁定有所不同。

决定的作出意味着程序还在继续进行，裁决则代表程序的最终结果。例如，如果程序分段为管辖权阶段和实体阶段，管辖权决定表明仲裁庭认为其有管辖权，有权审理案件实体问题。相比之下，如果是管辖权裁决则意味着仲裁庭认定其对案涉争端没有管辖权，无权审理实体问题，即程序终止。

(二)决定或程序命令?

决定或程序命令，两种形式并没有进行正式区分。但从实际操作角度来看，实体问题倾向于用决定，而程序问题则倾向于用程序命令。

（三）裁决

裁决作出后，ICSID 秘书处负责将裁决认证副本发送给当事方并将裁决原本提交中心档案室。裁决的正式时间即是裁决发送给当事方的时间。如有需要，当事方可以向 ICSID 秘书处索取额外裁决副本。根据 ICSID 公约第 48 条第 5 款和规定第 22 条第 2 款或《ICSID 附加便利机制规则》第 53 条第 3 款的规定，未经当事双方的许可，ICSID 秘书处不得公开裁决，但应将裁决节选公之于众。

裁决阶段可能会发生保密和透明度问题。国家可能会收到一些问题，其应当根据总体的透明度政策和媒体策略进行答复。当事方有时会要求仲裁庭提前几日告知将作出实体裁决，以确保当事国能够调集相关人员阅读裁决，并迅速提出应对措施。同时，当事国也可以能够提早安排新闻发言人就裁决相关媒体问题作出回复。

十八、裁决后的阶段

当事国的代表和律师应及时阅读裁决，就裁决的含义和后果进行会商。在此基础上，当事国可能希望制订行动计划，例如，采取措施执行裁决、遵守裁决或提起裁决后程序。依照 ICSID 公约，裁决后的救济手段为补正、解释、修改或撤销。

依照 ICSID 公约第 53 条的规定，ICSID 公约裁决是有拘束力的，理应得到争端各当事方的遵守。依照第 54 条的规定，所有成员国均应承认公约作出的裁决具有拘束力，并在其领土内履行该裁决所加的财政义务，如同该裁决是该国法院最终判决一样。因此，裁决既可以在争端的当事国领土内得到执行，也可以在另一成员国的领土内得到执行。

各国应记住：依照第 54 条第 3 款的规定，ICSID 裁决在成员国内的执行主要是由执行地国关于判决执行的国内法规定予以调整。

如果是《ICSID 附加便利机制规则》案件，依照规则第 52 条第 4 款的规定，裁决对所有当事方都具有拘束力。争端的国家当事方可以依照《ICSID 附加便利机制规则》第 55、56、57 条的规定以及仲裁地法律的规定，申请裁决后救济措施。《ICSID 附加便利机制规则》第 19 条规定便利仲裁程序只能在《1958 年联合国关于外国仲裁裁决的承认与执行的公约》的成员国境内举行。

结　　语

ICSID秘书处，特别是分配给案件的ICSID仲裁庭秘书可以解答关于ICSID实践的任何其他问题。有关ICSID仲裁的更详细信息和程序每一步的详细说明也可登录ICSID网站查询。

书评

艺术与法律融合的新里程

——评介我国首部《艺术法》教材的理论体系构建*

李 伟**

目 次

一、引言:《艺术法》的时代要求与现实意义

在经济全球化、文化多元化的冲击下,国际化、规范化的艺术法理论体系,成为延续一国民族文化脉络、保护一国文化艺术发展的重要根基,尤其对于拥有数千年民族文化艺术积淀以及全球最大的艺术品市场交易份额的中国而

* 本文是2020年教育部人文社会科学研究青年基金项目"丝绸之路文化遗产保护的法律冲突和协调机制研究"(20YJC820024)和2020年江西省高校人文社会科学研究青年项目"'一带一路'跨境投资下文化遗产保护的法律机制研究"(FX20203)的阶段性成果。

** 李伟,法学博士,江西师范大学政法学院讲师。

言,① 则是一个极具学术研究价值的理论体系。我国艺术法较之欧美国家起步较晚，尽管国内学者自“85 艺术新潮”后纷纷提出构建我国艺术法的理论框架,② 但仍处于碎片化状态且至今未形成有机独立的艺术法理论体系，直接导致我国现行法律与艺术发展实际相脱离，多数艺术从业人员因缺乏法律意识而使得近年来艺术争议频发且难以协调，从而影响我国艺术市场规范化以及文化产业链法治化建设进程，点燃艺术与法律融合的新引擎迫在眉睫。作为中华人民共和国成立以来第一位在艺术法领域开疆辟土并自成体系的学者，郭玉军教授在长达数十年艺术法学研究中，按照科学全面、规范有序以及符合中国艺术发展实际的艺术法理论布局，集国内外艺术法大家之所成，创古今艺术法研究之所新，形成极具历史前瞻性和科学系统性的中国艺术法研究成果，并将其精髓融为《艺术法》一书。

《艺术法》契合中共中央“把握社会主义先进文化前进方向，坚持创造性转化和创新性发展”的基本要求,③ 以落实《中华人民共和国文化产业促进法(草案送审稿)》(以下简称《文化产业促进法(草案)》)“坚定文化自信，建设社会主义文化强国”之宗旨，系国内首次在文化产业化时代大背景下，着力点燃艺术与法律融合的引擎：规范艺术创作主体与客体的权利范畴，确保艺术传播主体与媒介的有序运营，完善艺术公众与私人收益的投资规则，强化艺术国内外流转的市场规制。四个融合点前后衔接，相辅相成，从不同维度深入探索与艺术品、艺术家相关的知识产权保护以及艺术品继承、资助、收藏、拍卖、鉴定、担保、保险、税收、借展、贸易、海外流失以及刑法保护等诸多法律问题，以构建中国的艺术法理论体系。《艺术法》一书是国内首部以“尊重文化、传承文脉、发展文明和共生文息”为理念撰写的著作。具言之，本书以“重民本、尚和合、求大同”思想理念为前提，秉正“尊重文化”立场深入挖掘优秀文化内涵，将其蕴含的法律思想、艺术价值与时代特征和世界艺术与法律的未来发展要求相结合，以践行“传承文脉”这一重要使命，在世界艺术与法律交互融合的大环境下进一步激发文化艺术在“发展文明”中的生机与活力，对于实

① 从 2018 年中国拍卖行业协会联合 Artnet 发布的《2017 中国文物艺术品全球拍卖统计年报》来看，中国大陆文物艺术品拍卖的国际份额占全球中国文物艺术品拍卖市场的 70%以上，而在全球艺术品拍卖市场中，中国占据了三分之一的份额。

② 参见刘国林：《确立我国艺术法体系的构想》，载《美术》1989 年第 5 期，第 58~61 页。

③ 中共中央办公厅、国务院办公厅印发《关于实施中华优秀传统文化传承发展工程的意见》，2017 年 1 月 25 日发布并实施。

现文化层面的人类命运共同体下“共生文息”，增强国家文化软实力、维护国家文化安全、推进国家文化治理能力现代化和文化艺术产业化，有着重要意义。基于此，本文拟从艺术创作、艺术传播、艺术使用以及艺术流转四个方面，对《艺术法》一书作一评介。

二、尊重文化，创新艺术创作法律理论框架

对文化艺术的推崇，源于以爱琴海为地域中心、古典艺术高度繁荣发达的古希腊时期，频繁的艺术活动使得以苏格拉底为代表的古希腊思想家们开始对“艺术是什么”进行深度思考，并将重视艺术来源视为尊重文化的传达表现。因此，艺术创作被纳入拥有严格法律和民主机制的古希腊城邦艺术制度框架内且被赋予“重要且不可违背的规范”地位，① 达到新的艺术追求和古老的法律规范之间的融合与统一。直至今日，人类未曾停止过对文化艺术的尊重和探索，以柏拉图、黑格尔等哲学家为代表的“客观精神说”、② 以亚里士多德为代表的“现实模仿说”③以及马克思主义理论中的“艺术本质说”④等学说的标新立异，均彰显着人们寻求艺术创作的规范化的历史轨迹。因此，从该层面上来讲，尊重文化，即在尊重和包容不同国家、社会、民族文化差异性和多样性的同时，构建法学理论在艺术领域的客观基础，以确保艺术创作主体和艺术创作客体为被纳入艺术法律保护体系中，从而为文化艺术的继承、保护、弘扬和利用奠定坚实的法律根基。

---

① ［德］康拉德·费德勒著：《论艺术的本质》，丰卫平译，译林出版社 2017 年版，第 32 页。

② 古希腊哲学家柏拉图认为，现实是艺术的直接根源，而“理式”是艺术的最终根源；一切现实事物都是模仿“理式”的，而艺术又是模仿现实事物的，是“理式”的摹本。德国古典美学集大成者黑格尔在对艺术本质的探寻上也表达了类似的观点，他认为“美是理念的感性显现”，“艺术的主要任务在于用感性形象来表现理念”。

③ 亚里士多德扬弃了柏拉图的客观唯心主义观点，肯定了“模仿”现实的艺术的真实性，并认为艺术反映现实，这个现实生活不仅包括客观存在的自然界，也包括人们的社会生活。

④ 马克思指出人类为满足物质生活和精神生活分别进行的生产活动称为物质生产和精神生产。艺术生产作为一种特殊的精神生产，则是为了满足人们的审美需要。马克思在其著作《1844 年经济学—哲学手稿》中将“艺术”和“生产”联系起来并从实践活动出发考察艺术问题：一方面，艺术的起源离不开人类的实践活动，艺术是对社会现实生活的反映；另一方面，艺术又凝聚着艺术家主观的审美理想和情感愿望。

(一)构建精神权利和表达自由为内容的艺术创作主体保护理论

艺术创作是人类为自身审美需要而进行的精神生产活动，是一种独立的、纯粹的、高级形态的审美创造活动，而艺术家作为艺术创作最重要的主体，对其合法权益的尊重则是维护艺术创作原始动力之上的柴薪。当代西方艺术领域将“现实中根本没有艺术这东西，只有艺术家而已”奉为圭臬，① 艺术家的权利若无法得到法律保障，艺术繁荣与文明进步的愿景也难以实现。在艺术创作主体权利保护上，《艺术法》一书契合《文化产业促进法(草案)》“尊重和保障公民、法人和非法人组织的创作自由，激发全民族文化创新创造活力”的创作生产要求，将艺术家的定位从尊崇和维护世人所司空见惯的道德和法律的卫道士变成了打破一切陈见和规范的批判者，在国内率先着手从艺术家的精神权利、表达自由等人身权利方面开展相关理论研究，使得艺术家在置身于与其本身相关的法律纠纷中或受到侵犯时，能够及时、有效地维护自身合法权益。

1. 对艺术家精神权利的正当保护

真正的艺术生命只显现在具有艺术禀赋的某些群体身上，他们可以将视觉感知和精神活动所引发的内心波动转化为确定的、有形的艺术产物，② 因此为确保这种源源不断的精神活动，需要法律为这种非财产性权利提供有效保护，以调动这些艺术家艺术创作积极性。所以，除了赋予艺术家可自行决定是否将艺术作品公之于众的发表权、标明作品与自身的关联并使身份得以被公众知晓的公开权，以及修改与保护艺术作品完整的权利等精神权利。《艺术法》借鉴他国关于艺术家精神权利法律规定，引进艺术家基于正当理由收回公开发表艺术作品的收回权、当艺术作品被他人占有时为行使某种著作权而享有的接触权，以及决定其是否要放弃精神权利的权利。③ 当艺术家面临发表权与隐私权冲突、艺术作品被冒名或剽窃时，基于“真实意图”理论以及“署名淡化”理论

---

① ［英］贡布里希：《艺术发展史》，范晁中译，天津人民美术出版社 1991 年版，第 4 页。

② ［德］康拉德·费德勒：《论艺术的本质》，邵京辉译，中国文联出版社 2018 年版，第 100 页。

③ 美国《视觉艺术家权利法》就艺术家可否放弃其精神权利作出了明确的规定，创作者的精神权利不得转让，但可以放弃。参见郭玉军、向在胜：《美国法中视觉艺术家的精神权利——以美国〈1990 年视觉艺术家权利法〉为中心》，载《湖北美术学院学报》2003 年第 1 期，第 28 页。

而创造性提出艺术家精神权利侵权救济方案。① 由此在艺术创作精神权利内容及其救济途径上构建起全方位的且行之有效的保护理论体系。

2. 保障"理性"的艺术表达自由

"自由"的精神内涵自近代以来建立在"理性"的基础之上，艺术家"有按照自己意愿的方式运用自己的智慧保全自己的天性的自由",② 从自身出发，"在寻求自己的利益的基础上，以理性为指导，而行动和保持自我的存在"。③ 黑格尔则结合文艺复兴的艺术自由精神提出"自由理性"，体现出对艺术家创作自由的理性划分。④ 古雅典时代亚瑟王国与罗马共和国禁止剧作家和演员在戏剧中用同名者来损害其他公民的声誉的法令，发展至今，艺术家的表达自由早已从私人领域踏入公共领域，国家管理权力的逐步介入使得其对艺术发展进行现实和潜在的控制。⑤ 为使这种控制更为人本化，《艺术法》基于黑格尔的意志理念并结合艺术史将这种艺术表达自由权细分为政治表达自由、思想表达自由，但两者的实现有赖于民事权利(生理、安全、情感、受人尊重、自我实现)⑥以及获取国家文化产业资助的权利。⑦ 与此同时，还需受政治、道德、公法以及私法的限制,⑧ 以解放思想，保障艺术家个人在法律范畴内得以发展其能力和才智——实现其各种潜在资质——的必要条件以及个人提升自我，完善自我，维护尊严，实现价值，以推动国内创意设计服务业的理性发展。

(二)建立版权法和商标法为内容的艺术创作客体保护理论

艺术与法律的联系可以用这样一句话来概括："法律以各种方式穿透艺

① 参见郭玉军主编:《艺术法》，武汉大学出版社 2019 年版，第 108~111 页。

② [英]霍布斯:《利维坦》，黎思复、蔡廷弼译，商务印书馆 1985 年，第 97 页。

③ 斯宾诺莎:《伦理学》，贺麟译，商务印书馆 1958 年版，第 173 页。

④ 参见刘旭光:《近代欧洲艺术精神的起源：文艺复兴时期佛罗伦萨的文化与艺术》，商务印书馆 2018 年版，第 10 页。

⑤ 张慰:《艺术自由的文化与规范——中国宪法第 47 条体系解释的基础》，载《政治与法律》2014 年第 6 期，第 60 页。

⑥ 郭玉军、梅秋玲:《论美术家表达自由的权利及其限制》，载李双元主编:《国际法与比较法论丛》第九辑，中国方正出版社 2004 年版，第 72 页。

⑦ 郭玉军、李华成:《国际文化产业财政资助法律制度及其对中国的启示》，载《河南财经政法大学学报》2013 年第 1 期，第 51 页。

⑧ 郭玉军主编:《艺术法》，武汉大学出版社 2019 年版，第 152~163 页。

术，并创造了它自己与这种知识活动的共生关系”。[①] 因而较之于依赖生产过程的标准化和模式化而批量化产出的一般物质产品，对于音乐、戏剧、舞蹈、美术、摄影、电影、曲艺、杂技等艺术作品而言，每件艺术作品凝聚着艺术家对生活的独到发现和理解，体现艺术家鲜明的艺术风格和美学追求，都应是独一无二的“知识活动”，也注定与法律共存。基于这种独创性和可识别性，作为知识产权的载体之一的艺术作品，本身既具有创作客体的功能，也具有识别商品或服务来源的功能，兼具著作权和商标权的经济属性，这也是与当下艺术作品法律保护的“版权化”以及“商标化”趋势相一致，不仅是数字经济时代的一种表征，更是落实当前我国文化精品战略的重要手段之一。

1. 以公权力保护艺术作品版权和商标权

作为对艺术作品享有版权的艺术家，在其作品创作过程中“生存”并超越自我，保护艺术家的版权，即保护艺术版权人对其作品的著作财产权。《艺术法》着重分析我国有关著作权相关立法规定，借鉴他国在该领域的前瞻性理论，考虑到版权经济权利的可移转性、可继承性以及社会性等特征，将艺术作品版权以保护期限、合理使用、法定许可、公共秩序保留等形式加以法律限制。[②] 因为作为私权而存在的版权，无法在绝对性私权框架之下生存，[③] 缺乏公权力的正当干预，私权力的过度扩张反而会阻碍艺术作品的流通与传播。这在艺术作品的商标法保护上也同样适用：满足商标构成要素要求和商标注册条件的艺术作品标题、艺术作品角色、艺术作品风格等，在把艺术作品潜在商业价值转化为现实市场价值的同时，也需受商标法律法规的约束，否则就会产生同一标题的艺术作品涌现而对艺术市场正常交易造成干扰，必然导致艺术作品与创作者之间特定联系的弱化，使得该作品本身的艺术价值也将随之降低或消失。

2. 建立行之有效的艺术创作侵权救济体系

“有权利必有救济”（*Ubi jus*, *ibi remedium*），这一古老的普通法原则在本书

---

① ［英］巴塞尔·马克西尼斯：《艺术与法律中的善与恶》，甘瑛译，法律出版社 2013 年版，第 114 页。

② 郭玉军主编：《艺术法》，武汉大学出版社 2019 年版，第 245 页。

③ 李君：《版权：私权抑或特权》，载《河北法学》2013 年第 3 期，第 162 页。

中也得以充分体现。当艺术作品版权遭遇侵权时,① 在侵权认定上,《艺术法》借鉴美国法院司法实践中确立的“接触机会”和“实质相似”相结合的认定方法,② 创新性设立相似艺术作品侵权认定的三大原则：第一，以艺术作品本身为依托，摈弃主观偏见和臆断，同时充分考虑其特性；第二，根据思想、表达二分法，应仅对艺术作品的载体形式进行比较；第三，既保护原艺术作品版权人的利益，也要顾及相似作品版权人的合法权益。③ 而当艺术作品商标权保护遭遇困境时，打破传统的“制止混淆”认定标准,④ 将“反淡化理论”(Anti-Dilution)引入艺术法领域，在保障艺术作品及其创作者的良好声誉免受不法侵害行为的弱化和玷污的同时，也在最大程度上确保公众免受讹误。概言之，《艺术法》致力于突破国外研究的藩篱，从双重维度建立起富含中国底蕴、中国特色的艺术创作侵权救济理论体系和学术体系。

三、传承文脉，深化艺术传播法律理论实践

当前世界各国文化艺术交流日趋频繁并呈多元化走势，以构建人类命运共同体为主旨的“传承文脉”也被各国提上生态文明建设的重要议程。而“传承文脉”的核心要务之一，即如何保护好、发展好、传播好本民族文化传统，广泛弘扬本国优秀文化，唤醒不同国家和不同民族“文化自然意识”以及“民族文化意识”，推动人类不同历史阶段和不同社会性质的艺术的融合与发展，实现不

① 艺术作品版权侵权主要包括：(1)未经艺术作品创作者许可，擅自发表其作品；(2)未经合作作者许可，将与他人合作创作的艺术作品当作自己单独创作的作品发表；(3)没有参加创作，为谋取个人名利，在他人艺术作品上署名；(4)歪曲、篡改他人艺术作品；(5)剽窃他人艺术作品；(6)未经作者许可，擅自以复制、展览、发行、改编等方式使用作品的；(7)使用他人艺术作品，未按规定支付报酬；(8)制作、出售假冒他人署名的艺术作品的。

② 如果原告证明被告有接触原告作品的机会，同时原被告作品之间有“实质性相似”，即可认定侵权行为存在。但是，如果被告作品与原告作品有明显的实质性的相似，即使没有掌握被告有接触机会的证据，也可推定为抄袭。[美]伦纳德·D. 杜博夫、克里斯蒂·O. 金：《艺术法概要》(第4版)，周林译，知识产权出版社2011年版，第119页。

③ 郭玉军主编：《艺术法》，武汉大学出版社2019年版，第259页。

④ TRIPs协议第16条第1款规定，注册商标所有人应享有专有权，防止任何第三方未经许可而在贸易活动中使用与注册商标相同或近似的标记去标示相同或类似的商品或服务，以造成混淆的可能。另外，德国、法国及英国的商标法都以产生混淆或存在“混淆的可能”作为认定商标侵权时予以考虑的不可或缺的因素。

同国间跌宕起伏的政治、经济等矛盾冲突中的文化艺术协调与合作,[①] 这也是我国《文化产业促进法(草案)》"大力传播优秀作品"和"境外推广"的核心要务之一。因此,传承文脉的关键在于艺术传播,以艺术传播者为代表的传播主体,借助于特定媒介实现艺术家及其艺术作品与社会活动的联结,这是一国文化艺术的内在价值、审美认知得以实现的最终途径,使艺术活动融于全球人类社会活动的宏大系统之中,从而有助于艺术家深刻把握时代审美意识,才能创作出更多真正符合时代需要的艺术作品,需要法律从传播主体和传播媒介两种维度确保这种艺术活动的规范性与合法性。

(一)弥补艺术传播主体法律保护理论的不足

广泛的艺术家资源是艺术传播的根基,包括表演者、民间文学艺术作品的传播人以及非物质文化遗产传承人等在内的艺术传播者是艺术传播的桥梁,两者在提升公众人文认知的艺术符号推广、艺术作品信息来源的艺术资讯发布,以及"子闻诏乐,三月不知肉味"的艺术情感分享等方面共同影响着艺术文明的构建进程。而个体生存与发展的内在需求,促使法律赋予并保障艺术文明下公民的权利,这在艺术传播领域体现得更为显著:艺术家和艺术传播者作为特定的公民群体,对其作品享有的经济权利或精神权利一个重要特征是其经济权利的行使并不以所有权为基础,[②] 集中于实现艺术市场文化消费规制与艺术创作激励机制的平衡、扩大文化经济收益与传承优秀艺术文明的互补。

1. 明确艺术家的法定传播主体定位

艺术家作为艺术传播链的重要一环,甚少对其传播主体地位加以明确,原因在于从 19 世纪以来的艺术家保护焦点长期注重对其观念、思想以及创造力上。[③] 实际上艺术家依附于其艺术创作而取得的经济权利,依据 1886 年《保护文学和艺术作品伯尔尼公约》以及 1974 年《世界版权公约》,包括复制权、发

---

① 张朝霞、赫丽萍主编:《艺术传播新理念与新方法论丛》,知识产权出版社 2013 年版,第 6 页。

② 有形财产的权利与无形权利的行使需要遵循不同的法律规则,目前世界上大多数国家遵循著作权与载体所有权的转移彼此独立的基本原则,即"权不随物转"。参见郭玉军、向在胜:《论美术作品著作权与原件所有权》,载《湖北美术学院学报》2001 年第 3 期,第 72~73 页。

③ [英]杰拉尔丁·A. 约翰逊:《文艺复兴时期的艺术》,李建群译,外语教学与研究出版社 2015 年版,第 172 页。

行权和出租权在内的复制性权利、包括改编权、摄制权、汇编权、翻译权在内的演绎性权利，包括表演权、广播权、信息网络传播权、展览权在内的传播性权利，以及包括追续权(Droit de Suite)、[1]公共借阅权和商品化权在内的其他类型经济权利，从本质上来看为艺术传播的重要途径。[2]只是目前经济权利内容较为广泛，加之各国在经济发展水平和法律文化价值观等因素上的差异，对艺术家经济权利的规定大相径庭而间接影响艺术家的传播主体认同。因而《艺术法》基于艺术传播的“艺术经济”角度，鼓励艺术家在供应链中自从行业协会脱离出来后，通过“艺术推广”来增加自身知名度和个人收入。[3]这也是其追本溯源、且深入探讨每一经济权利背后的国际立法演变、法理基础差异以及各国司法实践的初衷所在，也为艺术家在国内层面构建了以艺术传播为核心、全方位覆盖且高保护标准的经济权利法律保护体系。

2. 赋予艺术传播者固有的精神权利

与艺术家固有的经济权利不同，艺术传播者的精神权利则是人们通过不断斗争而提出：在人际传播时期，人们争取的是在公共场合公开艺术理念的权利；进入印刷时代，人们利用纸质印刷媒介对外传播艺术；后来随着电子媒介的出现，人们提出一种更广泛的“通过任何媒介并不顾国界搜集、接收和传播艺术资讯”的权利。[4]在今日，各国艺术立法则向前迈出的实质性一步：承认全人类的自由传播权，而这与《艺术法》一书所倡导的维护艺术传播者精神权利的理念相契合，目的在于为表演者、传播本民族或本区域生活历史、自然环境、风俗习惯等的民间文学艺术作品创作者以及传播独特技艺或知识的非物质文化遗产传承人的人身权、表明身份的权利、保护表演形象不受歪曲的权利提

---

① 追续权(Droit de Suite)是艺术作品创作者及其继承人享有的一种不可转让、不可放弃和不可剥夺的，并且可以要求分享在保护期限内因每次公开转售艺术作品原件而获取收益的权利，目前仅为法国、德国、意大利等少数发达国家的著作权立法所认可。郭玉军、陈云：《论美术作品的追续权》，载漆多俊主编：《经济法论丛》(第三卷)，中国方正出版社2000年版，第223~224页。

② 实践中，艺术家经济权利可能还与艺术家的某些人身性权利息息相关，如艺术家的肖像权，基于艺术家个人作品而给艺术家带来的社会影响，非法使用艺术家肖像者则会产生额外经济利益，此肖像权侵犯行为无疑会给艺术家带来经济损害。参见郭玉军、向在胜：《论美术、摄影作品著作权与肖像权的冲突与协调》，载《湖北美术学院学报》2002年第2期。

③ 郭玉军主编：《艺术法》，武汉大学出版社2019年版，第180~181页。

④ 陶小军、王菡薇主编：《艺术市场学》，商务印书馆2017年版，第91页。

供法律保护框架，以激发更多表演者、民间文学创作者以及非遗传承人参与到艺术创作中来。① 与此同时，本书突破传统的精神权利保护固有范畴，肯定麦卡锡(McCarthy)教授所提出的“公开权是每一个自然人固有的、对其人格要素的商业使用进行控制的权利”这一学说，积极借鉴他国公开权立法及相关司法实践，② 率先从中国视角审视公开权，构建起艺术传播者的公开权保护与限制理论体系，③ 有效弥补了当前国内对艺术传播者隐私立法保护的不足。

(二)实现艺术传播媒介规范运行理论的重组

纵观人类艺术传播的发展史，是以文本传承为基础的经典文化到以传播媒介为手段的大众文化的蜕变史，更是艺术家从闭门造车式的艺术创作到在“媒介化的生存”中将媒介与艺术融合并发挥艺术最大化功用的进步史。因此，传播媒介毫无违和地成为艺术的重要组成部分，这一部分也成为艺术参与当下世界、与社会现实对接的一条通道：艺术也可以成为媒介，一种传播的载体，或是一个传播的过程，譬如许多艺术作品即在传播中不断得以完成的。从这个意义上来说，传播媒介也就不再仅仅是艺术价值的实现途径，而是艺术领域的重要角色之一，这也是《艺术法》一书赋予传播媒介的法律主体身份的缘由，使得以艺术博览会、博物馆、画廊以及艺术资助为主要传播媒介的法律规范成为艺术创作形式革新与文化艺术消费的有力助推。

1. 从行会自治到媒介传播的历史范式

借助媒介传播艺术滥觞于意大利文艺复兴时期佛兰德斯地区的画家行会——圣路加行会(Guild of Saint Luke)，作为艺术家和收藏家、艺术经销商之间的、且有着绝对艺术传播垄断特权的行会组织而存在，但对艺术市场公平竞争的破坏反而使得其发展受限。④ 后来随着欧洲乃至全球艺术市场的自由主义和开放性愈加显著，以艺术博览会、博物馆、画廊等为代表的新传播媒介逐渐

---

① 郭玉军主编：《艺术法》，武汉大学出版社 2019 年版，第 128~132 页。

② 1995 年出版的美国《反不正当竞争法重述》第三版对“公开权”作出了定义：“未经他人同意以商业目的擅自使用他人姓名、肖像或其他人格要素，从而非法占有他人人格的商业价值。”

③ 郭玉军主编：《艺术法》，武汉大学出版社 2019 年版，第 116 页。

④ 刘君：《从手艺人到神圣艺术家：文艺复兴时期意大利艺术家阶层的兴起》，商务印书馆 2018 年版，第 59 页。

取而代之，而艺术家与这些新传播媒介之间的新法律关系超越旧法的调整范畴。① 以机构传播为主的艺术博览会、博物馆以及画廊等艺术机构和从文艺复兴延续至今、以物质传播为主的艺术资助和艺术收藏，不排除每一传播媒介在艺术作品供给者(包括艺术家)与消费者之间所发挥的促成市场交易属性，机构传播所涉及的委托、代理、居间、行纪等法律问题，以及物质传播所涉及的投资问题难以通过某一部法律直接加以规定，更加大了艺术传播理论形成的难度。

2. 兼具“交易”和“非交易”的传播媒介

从艺术市场交易角度来看，画廊作为艺术品一级市场而存在，艺术博览会则作为艺术品二级市场，它们在艺术传播过程中相互联结，因此在艺术作品的价格决定机制、税收机制、盈利模式等方面都是利益关联；从非艺术市场交易角度来看，博物馆作为非营利性的公共艺术机构不同于单向传播的艺术资助和艺术收藏，在相应评审机制、馆藏品管理以及知识产权理论上形成全面的艺术公益保障体系。② 而源于文艺复兴时期佛罗伦萨的艺术品佣金制度的艺术资助，以及使艺术史脱离了静止“美”成见而促进艺术品投资市场发展的艺术收藏，③ 则构成约束国家主体行为和私人主体行为的法律保障体系，目的在于保护艺术品价值和传播艺术理念的同时，也促使国家文化产业化的蓬勃发展。概言之，《艺术法》一书抛弃此消彼长、互相排斥的艺术传播媒介竞争立场，而是使不同媒介在艺术传播中相互借鉴，相互协调，使新旧媒介在法律交锋中融合重组，探索中华文化国际传播与交流新模式，综合运用法律保护不同传播媒介，构建全方位、多层次、宽领域的中华文化艺术传播新格局。

---

① 郭玉军、黄芬：《艺术品寄售中的法律问题研究》，载《武汉大学学报(哲学社会科学版)》2014 年第 1 期，第 62 页。

② 参见郭玉军、李伟：《欧美博物馆文物托管制度对我国的启示》，载《中国博物馆》2016 年第 1 期，第 67 页。

③ 由于当时的艺术家无法像现在一样把自己创造的艺术品拿到艺术交易市场去公开标价出售，所以在文艺复兴时期艺术家们的创作大多数是要先有赞助人巨大的资金投入作保障的，艺术家为了从富有的赞助人那里赢得订单——赞助人既包括从教皇到王侯、再到贵族和殷实市民的个人，也包括市议会、行会、同业公会和宗教组织之类的较大组织——首要的一点是艺术家必须顺应他们所服务的出资者的社会、政治和宗教期望，而创作完成的艺术品也会独属于赞助人所有并将其收藏。参见[英]杰拉尔丁·A. 约翰逊：《文艺复兴时期的艺术》，李建群译，外语教学与研究出版社 2015 年版，第 11 页。

四、发展文明，完善艺术使用法律理论基础

发展文明是多元文化传承与交流后的必然结果，体现出文化艺术作为民族精神内核的强烈张力。在不同的历史文明时期，由于人的价值关系有着不同的特性，用以反映时代文明的艺术也表现出不同的特性：原始文明中价值关系的粗浅性和简单性使得原始艺术较为直接和机械；现代文明中价值关系的高级性和复杂性使得现代艺术的使用形式较为深刻和理性。所以说，在艺术文明领域，艺术家及艺术作品持有人的价值通过艺术使用来衡量，并对艺术价值的实现产生直接影响。换言之，艺术文明的进步与艺术市场供求关系衍生下的艺术使用所带来的经济价值统一于艺术作品的商品形态上。《艺术法》一书则将艺术使用视为发展文明的一种硬条件，其建立在艺术价值基础上并在艺术市场中实现艺术作品自身的应有价值和社会价值。而就艺术使用形式而言，艺术作品公众近用为引导艺术作品创作及流向、振兴国家文化产业、增加政府和社会公益文化事业等发挥着重要作用，艺术作品私人收益则为艺术作品进入艺术市场流通领域的真实性以及艺术作品市场价值的最终实现奠定有力前提。

(一)强调文化普世价值的艺术作品公众近用保护理论

艺术作品公众近用(Public Access to Artwork)最早可追溯至19世纪意大利教皇的御用外交官安东尼奥·卡诺瓦(Antonio Canova)在1815年法国巴黎会议上提出将那些被拿破仑从意大利掳掠走的艺术品，置于Museo Chiaramonti公共博物馆以供意大利民众近距离观赏。① 这一概念发展到今日，已然演化为艺术作品使用的公共利益原则，即基于国家或全体民众接触和欣赏艺术作品的平等权利，提升艺术在国民价值观中的潜移默化的引导作用以及在国民经济中的地位。《艺术法》一书运用税收和借展两种方式，借助国家公权力来实现艺术作品的跨国流动以及国家之间的艺术交流，② 这也是对联合国教科文组织1976年《关于文化财产国际交流的建议》中“各成员国依其本国立法修改关于税收及关税的现行法规并采取一切其他必要措施，以便使之可能或易于为文化财产国

① Eric Jayme, “Globalization in Art Law: Clash of Interest and International Tendencies”, *Vand. J. Transnat'l L.*, Vol. 38, No. 1, 2005, pp. 927-929.

② 郭玉军主编：《艺术法》，武汉大学出版社2019年版，第595页、第637~638页。

际交流的目而进行的文化财产永久或暂时的进出口及过境”之规定的细化，① 对于发展中国通其他国家之间的艺术作品公众近用以及彰显中华艺术价值有着重要意义。

1. 税收之于艺术作品的国民利益

从国内角度来看，艺术作品税收不仅关系到国家的财政收入和国民经济的健康运行，税收的刺激或抑制也会对一国的政权稳定和民族的文化根基产生长远的影响。《艺术法》一书借鉴欧美各国在文化产业人员、“文化区域”以及文化行业的税收优惠实践，就拍卖行、投资商、艺术家及画廊这些纳税主体在税收种类、征收方式、纳税方式、价值鉴定等方面对艺术作品的税收问题进行全方位的深入分析，② 创新艺术人才税收优惠政策，以适应当前中国艺术作品市场规模的不断拓展和艺术金融产业的发展壮大之趋势；而从国际角度来看，促使不同国家的艺术作品所体现的意识形态、价值取向的相互影响和融合，也是本书所构建的艺术作品关税理论的核心。其将一国艺术作品进出口税收与艺术作品贸易市场联系起来，尤其当前中美贸易战为艺术品关税注入更多不确定因素，应把关税结构放到有效保护理论框架下加以审定，在实现进口税收逐步减免以促进艺术作品回流和艺术产业发展的同时，③ 逐步取消非关税措施，充分发挥关税配额的作用，④ 运用经济学上的国民福利原则和有效保护原则确保中国在国际艺术作品贸易中的根本利益。

2. 借展之于艺术作品的资源共享

不同于前者的经济杠杆作用，源于罗马法上“使用借贷”（commodatum or

---

① 参见郭玉军主编：《国际法与比较法视野下的文化遗产保护问题研究》，武汉大学出版社 2011 年版，第 408 页。

② 郭玉军、李华成：《欧美文化产业税收优惠法律制度及其对我国的启示》，载《武汉大学学报（哲学社会科学版）》2012 年第 1 期，第 5~8 页。

③ 中国每年从美国进口商品的规模在 1300 亿~1500 亿美元，如果我国对美方 2000 亿美元采取数量上的对等反制，则很有可能将增税商品扩展到美国进口到我国的所有商品，包括艺术品、工艺品与文物古董，这样就会对内地文物艺术品拍卖市场产生较为明显的影响。如果中国政府将从美国输入我国的文物、艺术品和工艺品都反制加收 10%关税，再加上原有进口关税与 17%的增值税，必然会对中国文物回流内地带来更大的阻力，首先影响到美国藏家送拍内地，他们可能更会选择美国、中国香港的拍卖行而不会选中国内地的拍卖行来拍卖。

④ 郭玉军主编：《艺术法》，武汉大学出版社 2019 年版，第 632 页。

loan）概念的艺术作品借展，① 这一艺术使用形式对于扩大艺术品所属国（人）的国际文化影响力及实现双方艺术资源共享有着重要意义。从宏观层面来讲，它可以利用“公众近用”暂时平衡争议国家间在流失海外艺术作品上的利益，创造文化交流的和谐国际环境；从微观意义来讲，对于被借方而言，借展是一种有效的文化营销方式，而对于观者而言，可带来视觉上的享受和国民文化修养上的提升。《艺术法》一书着眼于借展的诸上优势，在整合艺术作品借展在大陆法系“使用借贷”“租赁”性质与普通法系“委托占有”制度（law of bailments）②性质基础之上，将“公众近用”扩大适用到博物馆馆际间借展，以及博物馆向收藏家、艺术家借展，对与借展相关的一般法律问题（借展双方权利义务）以及保险、司法扣押、版权等特殊法律问题的深入分析，③ 为当前艺术作品借展立法相对碎片化的我国而言，在推动艺术使用国内立法的专业化、体系化以及构建跨国艺术使用立法模式发挥着理论前瞻性作用。

（二）强化艺术投资主旨的艺术作品私人收益权利

若公众近用强调国家利用艺术作品税收和艺术作品借展给整个社会及国民带来的普遍性文化收益，那么以艺术作品鉴定、担保以及保险为代表的私人收益，则强调艺术市场主体从事艺术投资行为所获得的自身收益。虽然目前艺术作品私人投资尚未达到一枝独秀的程度，但在现实中已成为与股票、房地产并列为三大热门投资对象。中国古代曾有“粮油生意一分利，珠宝字画万分利”之生意经代代相传，恰如其分地道明艺术作品市场的兴衰始终在投资领域所占据的重要分量。但只涨不跌的投资市场和源源不断的私人收益是绝对不存在的，艺术品投资的巨大收益与未知风险并存，艺术法这一宏观调控工具的运用使得艺术活动的边际社会净收益高于边际私人净收益，从而降低艺术市场的过度供给而产生的负面外部效益并提升艺术作品的价值上升空间。因此，艺术作品鉴定、担保以及保险领域所承担的正面外部效益，即“非使用者效益”（non-user benifits）应则成为约束和管制艺术市场私人收益的必然途径。④

---

① 郭玉军主编：《国际法与比较法视野下的文化遗产保护问题研究》，武汉大学出版社2011年版，第415页。

② Robert C. Lind, Robert M. Jarvis & Marilyn E. Phelan, *Art and Museum Law: Cases and Materials*, Carolina Academic Press, 2002, p. 598.

③ 郭玉军主编：《艺术法》，武汉大学出版社2019年版，第656~663页。

④ 参见［瑞士］布鲁诺·S. 弗雷：《艺术与经济学：分析与文化政策》（第二版），易晔、郝青青译，商务印书馆2017年版，第2页。

1. 从传统收藏到现代投资

《艺术法》一书在日益强化投资主旨的艺术市场背景下，将艺术作品私人收益的法律环境从传统收藏型市场过渡至现代投资型市场，因为艺术作品投资收益的前提要件，即艺术作品本身的价值受到市场的认可，而市场对于艺术作品价值高低的评判，系决定私人收益的基本条件。实现这一条件的基础在于，科学地构建艺术作品鉴定、担保以及保险的法律约束机制，以发挥艺术市场的正面外部效益。就风险控制体系而言，该书认为艺术作品鉴定是基于艺术市场中的赝品风险而存在，而艺术作品保险则是基于艺术作品可能发生的毁损风险而设立。① 前者系私人在艺术收益的先决问题，体现为鉴定证书法律效力、鉴定专家的权利义务以及鉴定错误所引发的法律责任；而后者系私人在艺术收益上的安全问题，充分回答了泰瑞·特里夫(Terry Terriff)“谁或什么的安全”以及“谁或什么在威胁安全”两个问题，② 具体表现为艺术作品保险利益、如实告知义务、保证条款、弃权与禁止抗辩、损失赔偿、保险欺诈等法律问题。看似几无关联的两者，却在本书中以相互独立却相互协调的方式奠定了我国艺术使用理论的风险防控基础，也对艺术家、拍卖师、鉴定师、经纪人、艺术评论家、文物修复师、艺术评估师、艺术交易员等艺术从业人员在艺术投资市场中的权利义务、资质培训、职业操守等内容予以建立和完善。

2. 艺术品交换价值的金融化

但随着社会发展的不断演进以及艺术使用朝着艺术品投资基金与资金信托的金融化方向发展，使得艺术作品物权的使用与实现方式也在经历着变革——由最初偏向于对其使用价值的支配，转向对其交换价值的支配，③ 并利用其交换价值为私人获得融资，但我国在艺术品金融上的法律不匹配使得国内艺术品金融建设较为滞后。因此，《艺术法》一书在对比研究大陆法系和英美法系下艺术作品上的质权、所有权保留、留置权以及担保权益的竞合和受偿顺序等相关规定以及司法判例，目的在于加速艺术作品的使用价值向交换价值转换，适应当前艺术金融创新的需求，为艺术市场提供一种融进担保权益附合的新的价

---

① 参见郭玉军主编：《艺术法》，武汉大学出版社 2019 年版，第 559 页。

② Terry Terriff, *Security Studies Today*, Cambridge: Polity Press, 1999, p. 193.

③ 云大慧、贾桂茹主编：《艺术品投资法律风险防范》，法律出版社 2018 年版，第 213 页。

金偿付方式,① 创建符合中国艺术市场实际的艺术作品担保权益的物权法定模式或意思自治模式，以及艺术作品质押融资模式和其风险控制机制，也为健全我国多层次、多元化、多渠道的文化产业金融服务体系，推动文化资源与金融资本有效对接提供理论基础。

五、共生文息，构造艺术流转法律理论模型

文艺复兴时期盛行以宗教和神话为主题的艺术作品自产自销，并未带来欧洲艺术市场的蓬勃盛兴，却推动了当时欧洲中产阶层对于绘画作品的巨大需求。尤其以 17 世纪的荷兰在生产、商业、金融等领域的高度繁荣以及经纪人、经销商等艺术中介的出现，行会与教会在艺术领域的权威让位于自由、开放和共生共息的艺术市场秩序，皆使得荷兰在世界范围内率先形成较为完整的艺术流转形态，被认作现代意义上“共生文息”的开端。② 罗素曾批评黑格尔用“对立”替代“差异”，建立“文化艺术差异无论是一元化还是多元发生，只要处于同一世界，都会建立有机联系”的“共生”思想哲学,③ 为不同特色、处于不同发展阶段的艺术文明和谐共存奠定有力根基，也促使艺术作品在一级市场(primary market)和二级市场(secondary market)④之间的复杂流转逐渐呈现出趋同性特征。《艺术法》一书顺应“万物并育而不相害，道并行而不相悖”之道，以构建人类命运共同体和生态文明建设为文息共生之前提，对艺术商品化、全球化冲击下的各类主体与艺术市场之间的关系进行明晰，确定艺术作品流转的国内法律管制体系和国际法律管制体系，从空间和时间两种维度为我国古代和现当代艺术作品各种法律问题提供了相对完整的理论构建参考模型，实现文化意义上的“各美其美，美人之美；美美与共，天下大同”。

---

① 参见郭玉军主编:《艺术法》，武汉大学出版社 2019 年版，第 527~556 页。

② 参见李春:《欧洲 17 世纪美术》，中国人民大学出版社 2004 版，第 225 页。

③ 张顺、张建军:《罗素的形式蕴涵思想辨析——三论从形式蕴涵看“实质蕴涵怪论”》，载《湖南科技大学学报(社会科学版)》2016 年第 4 期，第 34 页。

④ 一级市场就是艺术品流入市场的第一个渠道，一般指的是艺术家的经纪商。经纪商通常是画廊的经营者，通过画廊空间定期展示、销售所代理的艺术家作品。另外尚有一种私人中介(private dealer)，没有店面或只接受预约、或只对特定客户提供服务，靠居中穿线达成交易，从中赚取佣金或差价。而所谓的二级市场，就是艺术品从经纪商手上卖走后，经回流(resale)进入拍卖场。

(一)推动艺术作品国内流转管制理论的嬗变

自中国汉魏时期，以“佣书”“佣画”等为代表的“卖书于市”为国内艺术市场的雏形，到城市商品经济空前繁荣的明代，艺术市场有“近至京师，远至闵楚川广，风流文翰，照应一时，其亦盛矣”之势,[①] 直至20世纪90年代《美术品经营管理办法》的颁布则标志中国当代艺术市场的形成，所以从市场经济的历史维度来看，艺术作品的国内流转是艺术商品化发展的必然产物，但这种流转的现实途径并非都是合法正当的市场流动，也包括非法的艺术作品流动,[②] 前者需从私法角度分析艺术作品作为艺术家遗产的继承以及艺术作品的市场拍卖而产生的法律问题，而后者需从公法角度探讨艺术作品的国内非法流转而产生的刑事问题。这也是《艺术法》一书植根于国内艺术市场的演变历史和发展实践，以及着力构建艺术作品国内流转管制理论框架的缘由所在，维护作为市场交易客体的艺术家遗产的艺术作品继承权和艺术作品拍卖的交易权，打击侵犯艺术作品刑事犯罪以及扰乱国内艺术市场经济秩序的行为。

1. 纵向流转和横向流转相结合

当作为遗产而存在艺术作品系艺术家生前通过画廊、博览会、公开拍卖等市场交易方式所得的他人创作的艺术作品，那么这些艺术作品在被继承时，具有了“二次流转”的属性。但不同于艺术家本人生前所创作的艺术作品所蕴含精神权利与经济权利的著作权，收藏艺术作品的“二次流转”是财产权的流转。基于此，艺术家的遗产继承较之一般遗产继承兼具知识产权属性和财产权属性，而这在《艺术法》一书中也得以详尽展现：设立艺术家遗产继承的继承法、著作权法和税法相结合的法律理论模型，以及采用遗嘱信托保护艺术家遗产,[③] 可以说，本书所界定的艺术家遗产继承是单一纵向的流转模式。而作为纯粹文化商品而存在的艺术作品被拍卖时，则体现出的是多重市场主体(拍卖行、拍卖师、委托人、竞买人和买受人等)之间的横向流转模式，这种模式能

---

① 王鏊:《石田先生墓志铭》，文渊阁四库全书本。

② 参见何鸿:《艺术品市场管理与研究》，中国美术学院出版社2011年版，第47页。

③ 艺术家以立遗嘱的方式，把财产交付信托，预先以立遗嘱方式，将财产的规划内容，包括交付信托后遗产的管理、分配、运用及给付等，详订于遗嘱中，等到遗嘱生效时，再将信托财产转移给受托人，由受托人依据信托的内容，也就是艺术家的遗嘱所交办的事项，管理处分信托财产。参见郭玉军主编:《艺术法》，武汉大学出版社2019年版，第228页。

够有效解决因虚假拍卖和真伪不明的艺术作品拍卖所引发的恶意操作、虚假成交以及“不保证条款”等问题，[1] 强化拍卖协会在拍卖市场规制中的地位，以充分发挥拍卖在我国艺术作品市场交易风向标和价格晴雨表的巨大作用。

2. 对国内艺术犯罪的全面规制

“艺术与犯罪相结合时，意味着艺术市场的正常运转急需国家公权力的强制介入。”[2]当艺术市场无法自发调整和管制艺术犯罪行为时，艺术作品刑法保护机制的建立则十分必要，因为艺术作品在市场流转中的不同属性所关联的犯罪也不同。艺术作品的财产属性决定其可以被盗窃、侵占和欺诈，其知识产权属性决定其可以被假冒注册商标、被侵犯著作权或销售侵权复制品，其市场属性决定其可以被运用到保险诈骗和合同诈骗，而其管理权属性决定其可以被走私、倒卖、盗掘或故意损毁，但目前国内在艺术立法上的碎片化，使得上述犯罪在法律规制上缺乏理论依据甚至存在空白。《艺术法》一书的面世并非仅为弥补这些空白而探索艺术公权力保护的新途径，更多的是扭转当前国内艺术流转刑事立法上的分散化走势，努力营造全社会共同参与艺术保护和艺术市场正常运转的良好环境。

（二）实现艺术作品国际流转管制理论的革新

自人类历史文明有记录时伊始，艺术作品与战争冲突、领土侵占以及民族离合等相伴相生，由此引发的艺术品国际争议，则成为艺术品国际流转法律诞生的根源。即使在和平时期，艺术作品的非法流转使得其蜕变为贸易中的纯粹商品，脱离其赖以生存的文化滥觞，从而引发跨国艺术作品争议。中国早于先秦时代就开始诸侯国之间的艺术作品对外贸易活动，至隋唐时期，中国与海外各国之间的艺术作品贸易达到空前繁荣。[3] 在鸦片战争中帝国主义列强用坚船利炮打开清政府闭关锁国的大门后，荷兰、英国以及法国先后建立的、带有亦官亦民性质的东印度公司与中国之间的瓷器交易，使得当时中国成为世界艺术

---

① 我国《拍卖法》规定了拍品的瑕疵担保责任，该法一方面规定了委托人、拍卖人的瑕疵担保责任，另一方面又规定了所谓的“不保证条款”。在拍卖实践中，几乎所有的拍卖人都引用该条款对抗买受人的瑕疵责任请求权，这也成为艺术品拍卖法律纠纷双方当事人争议的焦点之所在。

② 郭玉军主编：《艺术法》，武汉大学出版社 2019 年版，第 803 页。

③ 王长松、杨裔：《中国艺术品进出口贸易分析》，载《湖南社会科学》2014 年第 3 期，第 242 页。

品贸易重要市场之一。时至今日，随着“一带一路”文化建设的逐步开展，中国文化产品和服务“走出去”的步伐加快，中国在全球艺术市场贸易所占份额不断增长并成为重要艺术品市场国之一。文化国际主义与文化民族主义的分歧，使得我国陷入保护本国艺术作品、追索海外流失中国艺术作品及打击艺术作品国际犯罪的多重法律困境。《艺术法》一书在艺术作品的国际流转管制的关键问题，即如何有效运用现行国际法规则和国际惯例解决艺术作品国际市场贸易的所有权争议、法律适用争议以及返还争议等，以构建艺术作品跨境流转争议解决机制为核心的国际合作框架。

1. 基于两大法系的国际艺术争议解决模型

艺术作品国际流转争议解决的合作框架既具有综合性又具有宏观性，这种合作框架本身需以国际私法、国际经济法以及国际刑法为研究载体，因为较之纯粹的国内市场流转，艺术品国际流转所涉及的法律问题更为复杂。① 英美法系国家和大陆法系国家基于本国法律与文化传统，在艺术作品贸易以及海外流失问题上的所有权处理所采取的做法并不一致，尤其在时效规则、所有权转移与善意取得上的法律制度存在较大差异；② 在艺术作品贸易中的法律适用问题上，传统国际私法规则、统一国际实体法(国际公约)以及强制性规则在赝品、错误标记、来源不明的艺术作品，以及被盗艺术作品、国有化或征用艺术作品、非法出口艺术作品等争议所适用的范围亦大相径庭。③ 而《艺术法》一书遵循“共生共存，和而不同；和实生物，同则不继”之思想，在对两大法系在相关立法与司法实践深入分析，以及对相关国际公约(如《1970 年 UNESCO 公约》《1995 年 UNDROIT 公约》)探讨的基础之上，为诸上争议的解决提供了有力的理论参考模型，为包括中国在内的艺术作品国际贸易参与国在争议解决机制以及相应国际艺术市场规则制定上创造话语权的发挥平台。

2. 进一步完善艺术犯罪的国际刑法规制

较之前者所依赖载体的相对成熟性，合作框架下的艺术作品国际刑法保护

① 郭玉军、甘勇：《美术作品国际流转中的法律问题》，载《法商研究》2000 年第 6 期，第 45 页。

② 郭玉军、王秀江：《论文化财产国际争议中的冲突及其解决——以文化为视角》，载《西北大学学报（哲学社会科学版)》2009 年第 7 期，第 47 页。

③ 郭玉军、高升：《文化财产争议国际仲裁的法律问题研究》，载《当代法学》2006 年第 4 期，第 72 页。

则长期游离于艺术作品保护和文物保护的边缘，间接影响国家之间在打击跨国艺术作品犯罪或跨国文物犯罪的力度。为改变这一境地，本书编者基于多年的艺术作品刑法保护研究经验积累，结合各国文物保护刑法理论，提出艺术作品的经济价值和知识产权密切相关的“非文物的一般艺术作品犯罪”以及与其文化价值密切相关的“属于文物的艺术作品犯罪”。从刑事司法管辖权以及刑事司法协助两个角度切入一般艺术作品的国际刑法保护，① 针对后者则纳入文化财产保护国际公约体系中予以保护。尽管目前这些国际公约的适用空间和时间相对有限，但《艺术法》一书以这些公约为参考蓝本，创新性设立容纳个人、组织以及国家等责任主体在内的“毁坏、盗窃、非法转移文化财产罪”，② 将非国家珍贵文物置于与国家珍贵文物与同等刑事保护范畴，③ 实现了我国在艺术作品国际刑法理论模型构建上以及艺术流转国际合作框架上的前瞻性研究和实质性进步。

六、结　　语

弗兰西斯·培根用拉丁文曾为艺术下过定义：“艺术是人与自然的相乘”（Ars est homo additus naturae），强调人与自然的和谐方成艺术。有学者将这种定义理解为“人事之法天”，即人对于自然规则的被动效法之状态，人的艺术创造需服从于法律，艺术不可僭越法律，由法律保护艺术，实现艺术与法律的和谐，造化之秘与心匠之运，沆瀣融会。④《艺术法》一书在探讨艺术与法律的关系上，则努力实现这一艺术愿景，将艺术法理论研究推至新的高度，融合武汉大学艺术法研究中心平台多年来所取得的相关丰硕研究成果，力求旁征博引、博采众长，从而使得本书在卷帙浩繁的同时却又不失包罗万象，以丰硕的理论成果勾勒出了艺术法的广博精髓，呈现出艺术法的丰富内涵，描绘出艺术

① 参见郭玉军、王雨田：《美术作品的刑法保护》，载《湖北美术学院学报》2000 年第 3 期，第 74 页。

② 在国际刑法中，当一国以故意毁损、掠夺或以其他方式迫使被占领国出口、转移文物艺术作品时，国家可构成当然主体。我国刑法与此有所差异，根据刑法分则第五章相关规定，一般认为单位不构成相关犯罪的主体，如盗窃罪、抢劫罪、故意毁坏财物罪等。参见郭玉军主编：《艺术法》，武汉大学出版社 2019 年版，第 838 页。

③ 参见郭玉军、黄旭巍：《毁损美术作品的刑法思考》，载《现代法学》2003 年第 3 期，第 13 页。

④ 钱钟书：《谈艺录》，商务印书馆 2011 年版，第 18 页。

法的发展蓝图，从而在整体上使其形成一个多元化、跨学科的艺术法框架，在艺术法律理论体系的探索征途中点燃艺术与法律融合的新引擎。

我们希望在借《艺术法》一书全面了解艺术法的方方面面并审视我国在构建艺术法理论体系的进步及不足的同时，从现实意义来看，也是实现历史与现实的并重，继承与创新的并行，对内提升国家文化软实力，对外彰显中华艺术精神，构建更为国际化、体系化以及产业化的艺术法律实践框架。通过实践发展进一步加强艺术法理论研究，构建更为全面化的艺术法学科，在全球文化艺术发展的新起点上推动我国文化产业立法变革，从而实现民族文化艺术创造力与国家文化产业软实力在时间脉络与空间竞争中的新跨越，更好地为建设社会主义文化强国服务，以致力于与各国共同构建有利于世界文化艺术“五色交辉，相得益彰；八音合奏，终和且平”这一和谐、和平、和美发展之文明体系，在人类命运共同体与文化共同体中实现我国艺术法律的不断进步。